不二養生 1-1

유마경 공부
維摩經 工夫

不二養生 1-1

유마경 공부
維摩經 工夫

정암 편저

하늘북

삶의 지혜

현대사회는 지식의 전문화 시대입니다.

전문지식이 없으면 사업을 구상하기 어렵고 좋은 직장을 찾기도 쉽지 않으며 직장생활에서 자신의 능력을 발휘하기란 더욱 쉽지 않습니다.

지식은 지혜에 의해서 살아 움직일 수 있습니다.

살아 움직이는 지식은 능동적으로 일에 대처하고 일의 속성을 정확히 파악하며 순간의 직감력을 발휘하는 힘으로 작용합니다.

지혜가 없는 지식은 막상 일에 당면하면 마치 죽어 있는 고목처럼 일처리의 힘으로 작용되기가 쉽지 않습니다.

성인의 말씀은 어떻게 지혜를 일깨울 것인가에 대해 밝히고 있습니다.

성인의 말씀을 담아둔 경전공부에서 지식이 살아 있는 힘으로 작용할 수 있게 돕는 지혜를 얻게 됩니다.

지혜는 지식을 살아 있는 힘으로 작용할 수 있게 도울 뿐만 아니라 생명의 근원인 법신(法身)과 계합하는 힘으로 작용합니다.

법신은 자아(自我)의 생사를 초월하여 항상 변함없이 여여(如如)합니다.

법신과 계합하면 죽음을 두려워할 필요 없습니다.

왜냐하면 법신은 생사(生死)가 없기 때문입니다.

삶의 지혜를 일깨우고 법신과 계합하는 이치를 《유마경(維摩經)》 공부에서 성취합니다.

《유마경》의 핵심은 불이법문(不二法門)입니다.

불이(不二)란 평등·조화·화합을 뜻합니다.

불이의 이치는 실참실구(實參實究)에서 체득되며 실참실구할 수 있는 불이좌선(不二坐禪)의 이치를 《유마경공부》로 체득합니다. 그래서 《유마경공부》는 선 수행을 돕는 공부이며, 《유마경공부》그 자체가 바로 선 수행입니다.

《유마경공부》로 생사해탈과 인생행복의 불이지혜를 성취하면서 동시에 경전공부의 기초인 용어개념과 한문풀이의 실력을 함께 향상할 수 있도록 매 단원을 경문낭독, 경문해석, 방편설법으로 구성했습니다. 《유마경공부》에서 반드시 알아야할 용어는 경문해석 아래 수행용어에서 설명했습니다.

경문낭독에서 표점 이외 끊어 읽기 점(.)을 두었습니다.
만약 끊어 읽기 점(.)이 없으면 읽으면서도 그 뜻이 무엇인지 모르며, 낭독 또는 독송하면서 잘못 끊어 읽으면 경전의 참 뜻을 알기가 쉽지 않습니다.
예를 들면 《금강경》에 '불고수보리'라는 문장이 자주 반복됩니다.
이것을 한문으로 '佛告須菩提'로 표현하며 '부처님께서 수보리존자에게 말씀하시기를'의 뜻입니다.
'佛'은 부처님이고, '須菩提'는 수보리존자이며, '告'는 '말씀하시기를'입니다.
그래서 '불.고.수보리'하고 끊어 읽습니다. 이것을 '불고, 수보리'또는 '불, 고수보리'하고 읽는 것은 괜찮습니다. 그러나 만약 '불고수, 보리' 또는 '불고, 수, 보리'하고 읽는다면 경전공부가 쉽게 되지 않겠죠!
뜻은 정확히 모르지만 용어에 맞게 끊어 읽다보면 어느 순간 경전의 이치와 통하게 됩니다. 이것을 문리(文理)가 났다고 표현합니다.

경전을 보면 볼수록 어렵다는 말을 많이 듣습니다.
그것은 전문용어의 개념이 명확하게 정립되어 있지 않기 때문입니다.

대부분 경전이 철학을 원료로 삼고 있습니다. 철학은 우주만물의 이치입니다. 물론 《유마경》 공부하는 자신도 그 속에 포함되어 있습니다.

철학은 눈으로 보이는 사물의 현상처럼 이것은 자동차, 저것은 자장면하고 쉽게 알 수 없습니다. 더욱 난해한 점은 개념마다 독립성을 지니고 있으면서 동시에 서로 불가분의 관계로 구성되어 있습니다. 마치《반야심경》에 나오는 '색즉시공 공즉시색, 색불이공 공불이색'처럼!

우리는 '자동차는 자동차요, 자장면은 자장면이다.'고 단정 지으며 그것을 당연한 진실로 믿고 있습니다. 이것을 고정관념이라 합니다.

고정관념으로 인해 다양한 분별심이 생겨납니다.

이러한 고정관념을 바탕으로 경전을 받아들이면 경전의 이치를 고정관념화 시키면서 '자동차는 자동차, 자장면은 자장면'의 현상의 모양만을 받아들이고 내면의 이치는 체득하지 못해 분별심만 키우게 됩니다.

그런 결과 자신이 무엇인가 아는 것이 많게 느껴져서 다른 사람의 공부모습을 옳다 그르다 판단하게 되며 막상 이치를 드러내어 보여야할 때 말문이 막혀 경전의 지혜가 발현되지 못하는 경우가 많습니다.

고정관념에 근거해서 경전을 공부하면 색은 색이고, 공은 공이라고 인식하며, 색이 곧 공이요 공이 곧 색이라는 이치를 함께 받아들이기는 쉽지 않습니다.

자동차가 어찌 자장면이 될 수 있으며, 자장면이 어찌 자동차가 될 수 있느냐는 것이죠. 어불성설이라고 자신도 모르게 대뇌의식 속에서 단정 짓습니다. 그래서 큰스님과 훌륭한 법사님의 법문을 많이 듣지만 자신의 마음속에 느껴지는 것은 재미난 이야기의 줄거리뿐입니다. 졸음 또는 산만함을 방지하기 위해서 덤으로 한 목소리만 받아들이고, 마음의 큰 문을 열어 지혜를 발현하게 돕는 가르침은 흔적 없이 사라집니다.

우리가 분명히 알 수 있는 것은 그동안 틀지어진 고정관념을 내려놓고 경전공부에 임해야 한다는 것입니다. 그렇게 했을 때 개념이 선명하게 정립되고, 선명하게 정립된 개념을 바탕으로 만사만물이 둘이 아닌 불이(不二)의 이치를 체득하여 삶을 풍요롭게 돕는 큰 지혜가 발현되어 나옵니다.

  법(法)의 문에 들어서게 해주신 명선 큰스님, 법의 향에 젖게 해주신 백운 큰스님, 법의 선열을 베풀어주신 평전 큰스님, 법이 중생과 함께함을 일깨워주신 정여 큰스님, 법과 내가 둘이 아님을 밝혀주신 루우열 교수님, 법은 법신이며 법계이며 제법임을 일깨워주신 남회근 대사님, 그리고 모든 선지식께 머리 숙여 경배 드립니다.
  자료정리를 도와준 은선 선생님, 집필에 힘을 실어준 우선 선생님, 항상 변함없이 등불을 밝혀주시는 하늘북 선생님께 진심으로 감사드립니다!

유마경 공부로 삶의 지혜 성취하시길 기원합니다!

2009년 봄
불이방에서 **정암** 합장

목 차

- 선 수행을 돕는 유마경 공부 /11
- 유마경 공부의 필요성 /15
- 유마경 공부방법 /18
- 유마경 명칭 /22
- 유마경 요지 /26
- 유마경 14품 줄거리 /27

1. 불국품
  1 모인 대중 /56
  2 보적의 게송 /93
  3 보살정토 /117
  4 청정한 마음 /130

2. 방편품
  5 유마의 방편수행 /140
  6 색신과 법신 /150

3. 제자품
  7 불이좌선 /166
  8 여법한 가르침 /176
  9 평등한 자비심 /183
  10 언어의 환상 /196
  11 근기설법 /206
  12 실상 /212
  13 불이천안 /218
  14 죄무자성 /224
  15 진정한 출가 /235
  16 육신의 질병 /240

4. 보살품

17 과거 미래 현재 /252
18 직심도량 /262
19 무진등 /277
20 법보시 /291

5. 문수사리문질품

21 상이 없는 모습 /302
22 병의 원인과 성질 /308
23 병의 위로와 조복 /318
24 보살행 /330

6. 부사의품

25 불가사의 /342

7. 관중생품

26 관중생 /362
27 자비희사 /367
28 무주 /373
29 집착과 해탈 /380
30 남녀평등 /391

8. 불도품

31 깨달음의 성취 /400
32 진흙 속의 연꽃 /408
33 유마의 노래 /416

9. 입불이법문품
　34 불이선경의 다양한 문　　　　　　／436

10. 향적불품
　35 향기의 밥　　　　　　　　　　　／466
　36 향기설법과 언어설법　　　　　　／479

11. 보살행품
　37 불사　　　　　　　　　　　　　／492
　38 무진법문　　　　　　　　　　　／506

12. 아축불품
　39 관여래　　　　　　　　　　　　／528
　40 유마의 고향　　　　　　　　　　／534

13. 법공양품
　41 법공양의 공덕　　　　　　　　　／546

14. 촉루품
　42 혜명　　　　　　　　　　　　　／560

선 수행을 돕는 유마경 공부

경전공부

경전공부(經典工夫)는 크게 세 가지로 나누어 설명할 수 있습니다.

1. 참선수행(參禪修行)을 돕는 경전공부입니다.
2. 철학탐구(哲學探究)를 돕는 경전공부입니다.
3. 수지독송(受持讀誦)을 돕는 경전공부입니다.

같은 경전이지만 무엇을 목적으로 하느냐에 따라 공부하는 방법이 달라집니다.
물론 이 셋 모두가 궁극에는 대도(大道)를 성취하여 생사를 초월한 자재인생(自在人生)을 실현하는데 목적이 있습니다.
그러나 그것을 실현하는데 있어 다양한 방법이 있으며 그 중에서 대표적인 방법이 위에 제시한 세 가지입니다. 이것은 공부하는 마음가짐에 기준해서 구분한 것입니다.

화두(話頭), 관법(觀法), 명상(冥想) 등 현상을 초월하여 곧바로 자성(自性)을 일깨우는 선 수행하는 선지식(善知識)이 경전을 공부하면 그것은 참선수행을 돕는 경전공부가 됩니다.
자신을 포함하여 우주(宇宙)의 이치(理致)를 학문적으로 연구(研究)하는 선지식(善知識)이 경전을 공부하면 그것은 철학탐구를 돕는 경전공부가 됩니다.
왕생극락(往生極樂) 또는 현실의 다양한 문제를 풀기 위해 기도신앙(祈禱信仰)하는 선지식(善知識)이 경전을 공부하면 그것은 수지독송을 돕는 경전공부가 됩니다.

경전공부는 한 부의 경전을 선택해서 처음부터 끝까지 또는 일부분 내용을 정성껏 몸과 마음으로 받아들이는 수행입니다.

불교에는 많은 종류의 다양한 경전이 있습니다.

불교경전에는 경율론(經律論)이 모두 포함됩니다. 부처님께서 말씀하신 '경'과 '율' 이외에도 후대 선지식이 저술한 '논'이 모두 경전에 해당됩니다.

경(經)과 율(律)과 논(論)을 합해서 삼장(三藏)이라 하며 이 셋을 모두 통달한 스님을 삼장법사라 부릅니다.

예부터 중국에서 스님의 존칭으로 법사(法師)의 용어를 사용하고 있습니다.

우리나라에선 재가수행자 중 다른 사람을 능히 지도할 수 있는 수행력을 갖춘 선지식을 법사라 칭하여 스님과 동등하게 대우합니다. 법에 있어 승속이 평등하다는 이치를 잘 일깨우고 있는 실천수행입니다.

책이름 마지막에 '경(經)'자가 있으면 부처님께서 말씀하셨거나 또는 부처님께서 인정하신 내용을 담은 경전을 뜻합니다.

그러나 부처님 이외에도 후대 선지식이 하신 말씀 중 경이란 이름으로 되어 있는 책이 있습니다. 예를 들면 혜능대사의 말씀을 모아 만든 《육조단경》입니다. 이것은 비록 부처님께서 직접 하신 말씀은 아니지만 부처님 말씀처럼 훌륭한 가르침이라고 후대 사람들이 인정한 것이죠.

저술한 책을 저자 자신이 직접 경이라 이름 붙인 경우는 극히 없습니다. 왜냐하면 자신의 글을 부처님의 말씀과 동등하게 격상시켜 경이라 칭한다면 좀 그렇지요! 불교의 수행은 하심(下心)으로부터 입문하는데요.

문장의 구성내용에 기준해서 경전을 크게 두 가지로 나누어 볼 수 있습니다.

직접 집필한 경전과 그분의 말씀을 모아 후대 사람이 책으로 엮은 경전입니다.

부처님의 말씀을 담은 경전은 모두 후대 사람이 책으로 엮은 것입니다. 그 대표적인 예로 부처님의 말씀을 모아 만든 경전은 모두 글 첫 부분에 '여시아문'이란 문구가 있습니다.

여시아문(如是我聞)은 '제가 이와 같이 들었습니다.'의 뜻입니다.

이때 '저'는 아난존자인 경우가 대부분입니다. 아난존자가 부처님을 가장 오래 모셨지요. 부처님이 입적하신 다음 대도를 성취한 대아라한들이 모여 부처님의 말씀을 정리할 때 아난존자가 대표로 나와 부처님께서 하셨던 말씀을 다시금 말했고 그것을 대아라한들이 옳고 그름을 판단해서 결정했습니다.

이처럼 후학이 정리해서 만든 책을 '어록(語錄)'이라 합니다.

사실 부처님 말씀을 모아 엮은 책은 모두가 어록인 셈이죠. 물론 우리 함께 공부하는 유마경도 여기에 해당됩니다.

중국에서 선(禪) 문화가 발전하면서 불립문자(不立文字) 즉 '문자를 내세우지 않는다.'를 표방으로 삼은 선종이 크게 발전했습니다.

우리가 알고 있는 대부분 고승은 모두가 선종출신의 선사라고해도 과언이 아닙니다. 물론 선 문화가 발전하기 이전에도 훌륭한 선지식이 많았습니다. 제가 말씀드리는 것은 혜능선사의 선종이 탄생한 당나라 중엽 이후부터를 의미합니다.

불립문자를 강조한 선종에서는 후학을 지도할 때 글이 아닌 말 또는 단순한 행동을 주로 선택했습니다. 그것은 글에 비해 후학에게 본성을 일깨우기가 그만큼 용이했기 때문입니다. 후학이 그러한 말씀이나 행동으로 표현한 스승의 가르침을 모아 다시 책으로 엮었으며 그것을 어록이라 합니다. 그래서 선사의 가르침은 대부분 어록으로 정리되어 있습니다.

그런데 재미있는 것은 책을 가장 멀리할 것을 강조한 불교의 수행문파가 선종(禪宗)인데 묘하게도 선종에 관한 글이 가장 많습니다. '언어를 초월해서 선 수행해라. 언어에 집착하지 말라!'는 이치를 일깨우기 위해 그 방대한 글이 필요했을까요?

또 한가지는 현상의 초월을 불교의 어느 종파보다 강조했던 선종에서 부처님, 가섭존자로부터 보리달마를 거쳐 육조혜능으로 이어지는 선맥(禪脈)을 매우 강조하고 있습니다.

후대 선사들도 그리고 지금까지도 임제종 또는 운문종 등 선맥이 자신에게 이어지고 있다는 이러한 현상적인 측면을 강조하고 있습니다.

논리적으로 보면 큰 모순이 아닐 수 없습니다.

그래서 선종에서 가장 크게 깨부수는 것 중에 하나가 논리적인 표현입니다.

글을 타파했던 선종에서 왜 가장 많은 글을 남겼는지, 왜 그러한 흔적에 불과한 많은 글을 남겨야만 했는지, 그리고 그림자에 불과한 조상의 족보를 그렇게 중요시했는지, 《유마경》 공부하면서 그 이치를 함께 체득하죠!

옛날부터 선 수행의 길잡이로 삼던 경전은 《유마경(維摩經)》을 포함해서 《금강경(金剛經)》, 《능가경(楞伽經)》, 《능엄경(楞嚴經)》, 《원각경(圓覺經)》, 《법화경(法華經)》, 《화엄경(華嚴經)》, 《열반경(涅槃經)》, 《보살계경(菩薩戒經)》, 《기신론(起信論)》, 《중론(中論)》, 《조론(肇論)》, 《신심명(信心銘)》, 《육조단경(六祖壇經)》, 《증도가(證道歌)》 등 많은 경전이 있습니다.
경전마다 대도(大道)의 세계를 표현하고 있으며, 어떻게 하면 그러한 대도를 성취할 수 있는지를 주요 내용으로 삼고 있습니다.

경전 대부분이 대도(大道)의 세계와 성취방법을 주로 이치적으로 표현하고 있는데 비해 《유마경》은 그러한 이치를 지금 우리가 생활하고 있는 이 삶 속에서 성취할 수 있는 방법을 함께 밝히고 있습니다.
즉 세상살이를 떠나지 않고 대도를 성취할 수 있다는 것이죠! 그 예를 《유마경》〈불도품〉에서 '진흙에서 청정한 연꽃이 피어나온다.'는 것으로 비유하고 있습니다. 우리가 살고 있는 이 세상은 진흙탕과 같습니다. 선과 악, 시와 비, 전쟁과 평화, 욕망과 비참 등 무수히 많은 것들이 서로 얽히어 딱 부러지게 '이것이 바로 청정이다.'고 표현할 수 없습니다. 마치 한 사람 마음속에 무수히 많은 생각들이 얽혀 있어서 무엇이 진정한 나의 생각인가를 알기 어려운 것과 같은 이치입니다.
《유마경》 불이선(不二禪)의 수행정신을 강조한 구마라즙대사는 《유마경주석》에서 '모든 것이 인연화합(因緣和合)으로 만들어져 그 무엇 하나 실체(實體)가 없다.'고 밝히고 있습니다.
사실 이 말씀은 선 수행의 길잡이 역할을 하는 모든 경전의 공통된 가르침이기도 합니다.

유마경 공부의 필요성

우리가 생존하고 있는 현대사회에서는 여러 가지 면에서 안심(安心)을 얻기가 쉽지 않습니다.

다양한 문화를 함께 접하면서 사람마다 내면에 일어나는 생각의 충돌현상으로 인해 의식이 복잡하게 분산되어 있는 것이 현대인의 특징 중에 하나입니다.

넓고 광활한 세계를 무대로 삼아 수없이 많은 곳을 왕래하지만 정작 편안하게 안심하며 지낼 어느 한 곳 얻기가 쉽지 않은 점이 현대인의 또 하나의 특징입니다.

'이곳이 바로 나의 안식처이다.'
'이 사람이 바로 나의 반려자이다.'
'이 직업이 바로 나의 맞춤형이다.'

자신이 접촉하고 인식하는 모든 사물에 있어 위와 같이 확고하게 단정하기가 쉽지 않습니다.

심지어 자신이 무엇을 하고 싶은지, 또는 지금 무엇을 하고 있는지도 정확히 판단하지 못할 때가 많습니다.

어느 땐 '왜 살지?' 하고 삶 자체의 의미를 상실하는 경우도 있습니다.

그러나 우리는 존재하고 있습니다.

생존하고 있다는 그 자체를 무엇보다도 소중하고 의미 있게 받아들여야 합니다.

큰마음으로 깨어 있을 때 우리의 생활은 제약적인 외부환경의 틀에 얽매이지 않고 옛 선지식들이 몸의 작은 틀을 초월해서 우주와 벗 삼으며 생사에 초연한 것처럼 우리도 그와 같은 자재인생을 실현할 수 있습니다.

마음을 자신의 안식처로 삼아 정진할 때 큰마음으로 깨어 있게 됩니다.

정진(精進)하는 도량(道場)을 밖으로부터 만들게 되면 그곳은 현상으로 만들어진 환경이라서 언제든 누군가에 의해 또는 주변의 변화로 인해 방해받게 됩니다.

마음을 중심도량으로 삼아 정진할 때 모든 환경이 자연스럽게 좋은 수행처가 되어줍니다.

마음을 도량으로 삼아 선 수행하는 방법이 《유마경》에 잘 전개(展開)되어 있습니다.

《유마경공부》를 통해 선 수행에 필요한 많은 이치를 체득(體得)합니다.
《유마경공부》를 통해 자신이 처한 환경에서 우주처럼 큰마음을 일깨웁니다.
《유마경공부》를 통해 생사에 초연한 자재인생(自在人生)을 실현합니다.
《유마경공부》로 이와 같은 수행력을 성취할 수 있는 것은,
우리 자신 내면에 법신(法身)을 갖추고 있기 때문입니다.
법신은 불신(佛身)으로 불성(佛性)이라 표현하며 한 글자로 표현하면 바로 불(佛)입니다.

불(佛)!

새벽 종소리와 함께 울려 퍼지는 장엄염불의 한 대목에 불(佛)의 이치가 잘 밝혀져 있습니다.

천상천하무여불   시방세계역무비   세간소유아진견   일체무유여불자
天上天下無如佛   十方世界亦無比   世間所有我盡見   一切無有如佛者

- **천상천하**(天上天下): 천상(天上)은 하늘나라 즉 천상세계를 뜻합니다. 천하(天下)는 이 세상을 뜻합니다. 여기에서 천상천하는 우주법계 전체를 의미합니다.
- **무여불**(無如佛): 부처님과 같은 이가 없다. 부처님은 석가모니불을 뜻합니다. 그러나 선 수행자의 입장에서 보면 불(佛)은 바로 자신의 불성(佛性), 즉 법신(法身)입니다.
  - 종합해서 해석하면: **천상천하에 부처님보다 더 수승한 것 없다.**

- **시방세계**(十方世界): 우주법계. 천상천하는 지금 내가 존재하는 이 지점에서 우주법계를 가리키는 것이며, 시방세계는 객관적인 우주법계를 지칭하고 있습니다.
- **역무비**(亦無比): 역(亦): 역시, 또한. 무비(無比): 비교할 수 있는 그 무엇이 없다. 그 무엇도 (부처님)과 비교할 수 없다.
  - ▪ 종합해서 해석하면: **시방세계에도 부처님과 비교할 그 무엇 없다.**

- **세간소유**(世間所有): 세간(世間)은 우리가 살고 있는 이 세상. 소유(所有)는 이 세상에 있는 모든 것들.
- **아진견**(我盡見): 아(我): 내가. 진견(盡見): 다 보아도, 모두 보아도.
- **일체**(一切): 모든 것이.
- **무유**(無有): 없다. 일반적으로 무(無) 한 글자만 써서 없다 표시합니다. 그러나 시구 등에서 글자 수를 맞추기 위해 무유(無有)라 쓰며 뜻은 같습니다.
- **여불자**(如佛者): 부처님과 같은 이. 부처님과 같이 수승한 그 무엇.
  - ▪ 종합해서 해석하면: **세상에 있는 모든 것 다 보아도 부처님과 같이 수승한 것 없다.**

유마경 공부 방법

선 수행하는 선지식이 《유마경》을 쉽게 받아들일 수 있게 하고자 각 장(章)마다 유마경 공부하는 방법을 경문낭독, 경문해석, 방편설법의 세 단원으로 나누어 정리했습니다.

경문의 길이와는 관계없이 선 수행에 도움 되는 의미성을 제목으로 삼아 《유마경》 14품을 모두 42장으로 나눴습니다.(목차 참고)

경문낭독(經文朗讀)

끊어 읽기 쉽게 용어를 기준으로 경문 중간에 작은 점을 두었습니다.

옛 한문(漢文)은 지금처럼 체계화된 문법이 없었습니다.

그래서 한 문장을 놓고서도 여러 가지 방법으로 해석이 가능합니다.

어떤 경우엔 그러한 해석이 서로 다른 의미가 되기도 하고 어떤 경우엔 비록 해석 방법은 다르지만 그 뜻은 모두 일맥상통합니다.

이러한 한문의 특징으로 인해 어떤 문장에 따라서는 끊어 읽는 방법도 여러 가지가 될 수 있습니다.

여기서는 처음 경전공부하시는 선지식의 편리를 위해 보편적인 방법을 선택했으며 한글발음도 함께 두었습니다.

아직 한문공부가 부족한 선지식은 경문을 낭독할 때 처음에는 한글발음 위주로 보면서 읽다가 익숙해지면 점점 한문만 보면서 낭독합니다.

이러한 공부효과를 돕기 위해 한글발음은 연하게 표시했습니다.

우리나라에서 경전을 낭독하는데 편리한 방법으로 예부터 현토(懸吐)를 사용했습니다. 한문 뒤에 '니라', '하며' 등의 표시방법으로 그 현토만 보고도 그 문장이 나열인지 의문인지 마침인지 등을 쉽게 알아볼 수 있습니다.

그러나 여기에선 현토를 사용하지 않고 현대 언어부호인 ', . ; :「」' 등을 사용했습니다.

그것은 경문을 낭독하는데 현토를 사용하면 그 사용한 글자 수만큼 낭독하는 분량이 늘어나기 때문입니다.

현대인은 매우 바쁜 일과 속에 시달리고 있습니다.

그러한 바쁜 생활 속에서도 짬을 내어 대도(大道)의 이치를 체득하려는 선지식의 편의를 고려했습니다.

또한 경문(經文)만을 낭독했을 때 오는 법열(法悅)을 함께 즐길 수 있는 점도 감안했습니다.

여기에서 표시한 것처럼 끊어 읽다보면 경전에 대한 감각이 자연스럽게 형성됩니다.

책을 읽는 것처럼 끊어 읽어도 되고 염불하는 것처럼 독송해도 됩니다.

크게 소리 내어 읽을수록 경전을 온 몸으로 받아들여 마음의 청정(淸淨)뿐만 아니라 기혈이 순조로워지는 건강효과(健康效果)를 함께 얻을 수 있습니다.

경문해석(經文解釋)

경문해석을 공부할 때 의식을 집중하여 생각으로 받아들입니다.

많은 경문이 여러 가지 뜻을 함께 함축하고 있습니다.

그것을 장황하게 해석하면 매우 산만해져 경문에 내재하고 있는 근본 이치를 상실하기 쉽습니다.

마치 나무의 잎사귀나 가지에 치우쳐 그 뿌리를 망각하는 경우와 같습니다.

만약에 뿌리를 없애면 그 나무는 겉보기엔 멀쩡하지만 이미 생명력을 상실한 것처럼, 《유마경》을 공부하지만 문자에 치우쳐 경문 내면에 흐르는 불이법문(不二法門)의 이치를 망각하면 뿌리 없는 나무처럼 아무리 열심히 공부해도 수승(殊勝)한 지혜(智慧)가 발현되는 수행성취(修行成就)를 얻기란 쉽지 않습니다.

경전의 내면에 흐르는 불이법문의 큰 줄기를 근원으로 삼아 경문을 해석했습니다.

처음엔 난해한 느낌이 있어도 인내심을 갖고 꾸준히 공부하시면 마치 맑은 거울 속에서 자신의 밝은 모습을 보는 것처럼 경문의 이치가 확연히 드러나게 됩니다.

선 수행자가 반드시 알고 있어야 할 용어는 밑줄을 그어 표시하고 '수행용어'에서 설명했습니다.

처음 발심한 선 수행자도 굳은 신심만 있으면 《유마경》의 원문도 함께 공부할 수 있도록 《유마경 사전》을 따로 두어 용어와 한문을 함께 공부할 수 있게 정리했습니다.

경전에 나오는 용어를 모두 깊이 있게 이해한다는 것은 쉽지 않으며, 또 그렇게 할 필요 없습니다.

왜냐하면 경전을 공부하는 목적이 선 수행에 도움 되는 이치를 얻고자 함에 있기 때문입니다.

다양한 용어를 마치 단어 암기하듯 외우면 잡다한 지식을 담아두는 경우가 되어 오히려 일념(一念)의 정진에 방해될 수 있습니다.

그러나 학문연구(學問硏究)를 목적으로 공부하는 경우에는 모든 용어의 개념정리를 당연히 잘 해야 되겠지요.

수행용어에서 이미 설명한 용어가 뒤에 반복되어 나오는 경우에는 설명을 생략했습니다.

선 수행자가 알고 있으면 도움이 되는 용어는 한자(漢字)를 함께 두었습니다.

방편설법(方便說法)

대도(大道)를 성취한다는 점에서 모든 선 수행자가 같은 길을 가고 있습니다.

그러나 사람마다 내면의 생각과 주변의 환경이 다르기에 같은 깨달음을 추구하고 있지만 그것을 성취하기 위해 걷고 있는 수행의 길은 모두 다르다고 할 수 있을 정도로 다양합니다.

마치 무수히 많은 사람이 있지만 똑 같은 사람이 없는 것과 같은 이치입니다.

이러한 각기 다른 생각과 환경을 지닌 사람이 모두 깨달음을 성취할 수 있는 것은 다양한 수행의 길이 있기 때문이며 다양한 길을 제시한 가르침을 방편설법이라 표현합니다.

이러한 점에서 불교의 가르침은 모두가 방편설법입니다.

과거에 많은 선지식이 유마경의 주석을 정리했습니다.

'유마경주석'이란 유마경의 뜻을 자신의 입장에서 새롭게 해석한 내용입니다.

예부터 가장 인정받고 있는 유마경주석서는 구마라즙(鳩摩羅什), 승조(僧肇), 도생(道生) 세 분 대선지식(大善知識)의 가르침을 함께 모아 엮은 《유마힐소설경주(維摩詰所說經註)》입니다.

구마라즙대사는 몇 천 명의 제자를 두었는데 승조대사와 도생대사는 그 중에서 사대제자(四大弟子)에 속합니다.

사대제자가 모두 《유마경》을 주석했는데 아쉽게도 이 두 분의 주석만 전해오고 있습니다.

유마힐을 약칭으로 유마라 하는 것처럼 구마라즙도 약칭으로 앞의 두 글자를 생략하고 나즙이라 부릅니다.

이 책에서 유마, 나즙, 승조, 도생 네 분만 존칭의 용어로 '대사(大士)'를 사용하고 나머지 분들은 모두 스님, 보살, 선사, 선지식, 존자, 거사 등의 용어를 사용했습니다.

대사(大士)는 보살(菩薩)의 뜻입니다.

발보리심(發菩提心)하여 자리이타(自利利他)의 수행정신으로 세상에 노닐면, 그 분이 스님이든 재가이든 귀신이든 선녀이든 곧 보살(菩薩)이요 대사(大士)입니다.

발보리심(發菩提心)이란 '반드시 대도를 깨닫겠다'는 선 수행정신이며, 자리이타는 '자신의 대도 성취를 위해 정진하면서 동시에 중생을 함께 이롭게 한다.'는 보살의 자비정신(慈悲精神)입니다.

'방편설법'은 나즙, 승조, 도생 세 분 선지식의 주석내용을 중심으로 삼아 《유마경》의 불이법문 이치체득을 돕는 내용으로 정리했습니다.

이처럼 유마대사의 불이선(不二禪) 수행정신을 나즙·승조·도생 세 분의 가르침을 통해 밝히고 있어 이분들의 호칭을 '대사(大士)'라 했으며, 존칭의 의미에서 모두가 평등(平等)합니다.

《유마힐소설경주(維摩詰所說經註)》에 담긴 세 분 대사의 가르침이 모두 선 수행에 도움되는 법문이지만 책이 지니고 있는 분량의 한계성을 고려해서 아쉽지만 담을 수 있는 만큼의 내용만을 선별했습니다.

유마경 명칭

《유마경》 명칭은 크게 두 가지가 있습니다.
《유마힐소설경(維摩詰所說經)》과 《불가사의해탈경(不可思議解脫經)》입니다.
《유마경》의 가르침이 있게 된 동기에 대해 나즙대사는 다음과 같이 설명하고 있습니다.

유마대사는 묘희(妙喜)라는 세계에서 이곳에 와 자유롭게 노닐면서 인연 따라 중생을 이롭게 하며 지내다가 돌아갈 때가 되어 마지막으로 세상을 이롭게 하는 가르침을 남기고자 함께 수행하는 도반 오백동자에게 부처님을 친견하게 하고 본인은 환자의 모습으로 집에 머물렀다.
오백동자는 이미 공덕을 쌓고 선행을 닦아 모두 동정(動靜)의 선정과 지혜를 갖추고 있다.
유마대사가 병으로 함께 오지 못한 것을 알게 된 부처님이 병문안을 보내면서 청정한 세상을 펼치는 불이법문 회상이 전개되었다.
이처럼 유마경이 만들어지게 된 동기와 주요 내용이 유마대사로 인한 것이어서 경(經) 이름을 유마힐소설경(維摩詰所說經)이라 부처님께서 정하셨다.
유마힐소설경은 '유마대사가 말씀한 가르침'이란 뜻이다.

경(經)이라는 뜻에 대해 승조대사는 다음과 같이 밝히고 있습니다.

경(經)은 항상 변함없는 진리라는 의미이다.
예와 지금은 같지 않지만 대도(大道)를 깨닫는 이치는 고금(古今)에 변함없다.
이러한 가르침은 어떤 성현이나 마구니 그 누구도 바꾸거나 훼손할 수 없다.

또 하나의 명칭인 《불가사의해탈경》의 뜻에 대해 나즙대사는 다음과 같이 표현하고 있습니다.

해탈(解脫)은 삼매(三昧), 신족(神足)이라고도 칭한다.
바르게 수행하거나 법도를 세우는 힘이며 크고 작은 모든 사물이 서로 상응할 수 있고 뜻에 따라 만물이 변화하며 모든 법(法)에 자재하여 걸리는 바 그 무엇도 없는 것을 해탈이라 한다.
능히 하는 그 무엇이 당연히 그러하지만 사물이 그러함을 알지 못하니, 이것을 부사의(不思議)라 하며 또한 법신대사(法身大士)라 칭한다.
생각하면 바로 상응하니 굳이 선정에 들어간 다음 따로 마음 쓸 필요가 없다.
마음이 항상 자재로우며 그 무엇에도 얽매이는 바 없어 해탈이라 한다.
만약에 곧바로 법공(法空)에 대한 이치를 밝히면 사람들이 평소 습관에 의해 그것을 믿으려 하지 않는다.
그래서 먼저 사물의 현상을 드러내 보여 마음이 따라 오도록 한다.
그 다음 '모든 사물은 일정한 자성(自性)이 없다.'는 이치를 밝히어 '사물에 정해진 성(性)이 없다.'는 이치를 체득하게 한다.
그런 다음 '사물의 성(性) 그 자체도 허상(虛想)이다.'는 공(空)의 깊은 이치를 체득하게 한다.
보살은 이미 이와 같은 깊은 공(空)의 도리(道理)인 무정성(無定性)의 이치를 알고 있기에 마음 따라 사물이 자연스럽게 상응(相應)하게 된다.
이것이 곧 부사의(不思議)이며 공(空)의 명확한 증득(證得)이다.
이러한 불이법문의 종지(宗旨)를 이 경에서 명확히 드러내고 있어 유마경을 또 다른 명칭으로 '불가사의해탈경(不可思議解脫經)'이라 한다.

'부사의'는 '불가사의'와 같은 의미로 《불가사의해탈경》을 《부사의해탈경》이라고도 표현합니다.
경(經)의 두 명칭의 의미로 보았을 때 《유마힐소설경》은 현상(現象)의 입장에서 표현한 반면 《불가사의해탈경》은 법공(法空)의 입장에서 표현하고 있습니다. 전자를 '유(有)'라 하고 후자를 '공(空)'이라 말하며 이때 유는 '색(色)'의 뜻입니다.

불교의 대부분 경전은 공(空)과 유(有)를 서로 조화롭게 전개시키면서 만들어져 있습니다. 그중에 어느 경전은 공(空)의 입장을 주요내용으로, 어떤 경전은 유(有)의 입장을 주요 내용으로, 또 어떤 경전은 공(空)과 유(有)가 서로 조화로운 입장을 주요 내용으로 삼고 있습니다.

《유마경》은 마지막의 경우에 해당하여 경(經)의 명칭도 공(空)과 유(有)에 해당하는 이름이 하나씩 있습니다. 이 중에서 유(有)에 해당하는 《유마힐소설경》을 약칭으로 《유마힐경》 또는 《유마경》으로 부르고 있습니다.

유마(維摩)의 본래 이름은 유마힐(維摩詰)이며 이것을 한문의 뜻으로 번역하면 정명(淨名) 또는 무구칭(無垢稱)입니다. 그래서 《유마경》을 《정명경(淨名經)》 또는 《설무구칭경(說無垢稱經)》이라고도 칭합니다.

경의 두 명칭 중에서 주로 《유마힐소설경》의 이름을 사용하고 있는 것은 중생을 이롭게 하기 위한 방편입니다.

나즙대사 말씀처럼 바로 법신(法身)의 이치를 말하면 사람들이 아예 믿으려 하지 않기 때문이죠!

이 경의 두 가지 명칭에 대해 승조대사는 다음과 같이 밝히고 있습니다.

뜻이 깊고 현묘(玄妙)해서 작은 마음으로 수행(修行)하는 사람이 헤아려 알 수 없기에 부사의(不思議)라 한다.

마음을 어떻게 운용(運用)해도 걸리는 바 없고 어떤 사물(事物)도 얽매이게 할 수 없기에 해탈(解脫)이라 한다.

이 경의 처음 시작인 정토(淨土)에서부터 법공양(法供養)까지 비록 그 안에서 밝히고 있는 바는 서로 같지 않으나 부사의해탈(不思議解脫)에서는 모두 한 가지여서 이 경 이름을 부사의해탈경(不思議解脫經)이라 칭한 것이다.

유마힐소설경은 사람의 이름으로 경(經)의 명칭을 삼은 것이요, 부사의해탈경은 법(法)의 이름으로 경(經)의 명칭을 삼고 있다.

이것은 곧 법(法)에 해당하는 경(經)의 이름이 있어서 궁극의 이치로 들어가는 도리(道理)를 표방하게 되고, 사람에 해당하는 경(經)의 이름이 있어서 사람으로

인해 대도(大道)를 선양할 수 있게 된다.

　나즙대사는 공유불이(空有不二)의 입장에서, 승조대사는 인법불이(人法不二)의 입장에서 유마경의 명칭을 설명하고 있습니다.
　이처럼 유마경은 일상생활 속에서 우주의 이치와 생명의 삶이 뼈와 피부에 직접 와 닿는 불이법문(不二法門)의 가르침으로 구성되어 있습니다.

　공(空)!
불교를 접하는 대부분 사람이 특히 선 수행자가 가장 호감 갖는 용어입니다.
그러나 그 의미를 명확히 알기란 정말 쉽지 않습니다.
불교경전을 한문으로 번역하던 초기에는 공(空)을 무(無)로 번역한 경우가 많았습니다.
공(空)을 노자(老子)에 나오는 무위자연(無爲自然)의 무(無)의 의미로 이해한 것입니다.
즉 있다는 유(有)의 상대어인 없다는 무(無)의 뜻으로 받아들인 것이죠.
불교경전(佛敎經典)에서 표현하고 있는 공(空)의 개념(槪念)이 노자도덕경에서 밝히고 있는 무(無)와 여러 가지 면에서 같지 않습니다.
《유마경》은 처음부터 끝까지 공(空)의 개념을 밑바탕으로 삼아 형성되어 있습니다.
마치 나무의 뿌리처럼!
나즙대사는 '유마경의 전체 색깔이 정토(淨土)이다.'고 표현하고 있습니다.
정토(淨土)가 나무의 가지와 잎에 해당한다면 공(空)은 나무의 뿌리에 비유할 수 있습니다. 뿌리가 있어서 잎과 가지가 있습니다.
그와 마찬가지로 공(空)이 있어서 정토(淨土)가 건립됩니다.
뿌리가 견고할수록 나무의 잎과 가지가 풍만한 것처럼 공(空)이 깊을수록 선 수행자가 건립하는 정토가 충만하게 됩니다.
법신(法身)과 정토(淨土)가 둘이 아닌 불이법문의 이치를 유마경 공부를 통해서 체득하게 됩니다.
깊은 공(空)을 바탕으로 건립되는 충만한 정토를 《유마경》 공부를 통해서 성취하게 됩니다.

유마경 요지

《유마경》의 핵심은 불이법문(不二法門)입니다.

불이법문을 보살행의 실천인 정토(淨土)의 입장에서 이해하면 세상사 모든 것이 불이법문 아닌 것이 없습니다.

불이법문을 보살도의 이치인 성공(性空)의 입장에서 이해하면 사람들의 모든 생각이 불이법문 아닌 것이 없습니다.

《유마경》 제9품 〈입불이법문품〉에서 밝히고 있는 것처럼 불이법문은 선 수행자에 따라 달리 표현되어집니다.

어떤 불이(不二)의 문(門)으로 대도(大道)와 계합(契合)되더라도 그 수행자에게는 본인이 체득한 그 문이 바로 《유마경》의 요지(要旨)가 됩니다.

그렇기 때문에 제가 여기에서 '이것이 바로 유마경의 요지'라고 밝힌다면 그것은 저의 선 수행 경지에서 체득하고 있는 유마경의 요지이며 이것이 진정한 유마경의 요지인 것은 아닙니다.

그래서 누구나 '이것이 바로 유마경의 요지'라고 표현할 수 있는 것이죠!

왜냐하면 유마경 공부하시는 모든 선지식이 각기 유마경의 불이법문에서 성공(性空)을 초석으로 삼아 정토를 건립하기 때문입니다.

제가 여기에서 '이것이 유마경의 요지이다.'고 단정하면 오히려 이 책으로 유마경 공부하시는 선지식(善知識)의 타고난 선근(善根)을 일깨우는데 방해될 수 있습니다.

마치 부루나존자의 가르침이 수승한 근기의 초심수행자가 대도(大道)로 들어가는데 방해되었던 것처럼!

유마경 14품 줄거리

한 부의 경전 내용을 이해하기 쉽게 큰 줄거리로 나눈 것을 '품(品)'이라 표현합니다.
유마경은 모두 14품으로 구성되어 있으며 그 순서는 다음과 같습니다.

1. 불국품(佛國品)
2. 방편품(方便品)
3. 제자품(弟子品)
4. 보살품(菩薩品)
5. 문수사리문질품(文殊師利問疾品)
6. 부사의품(不思議品)
7. 관중생품(觀衆生品)
8. 불도품(佛道品)
9. 입불이법문품(入不二法門品)
10. 향적불품(香積佛品)
11. 보살행품(菩薩行品)
12. 아축불품(阿閦佛品)
13. 법공양품(法供養品)
14. 촉루품(囑累品)

1. 불국품 줄거리

'불국(佛國)'은 '불국토(佛國土)'의 약칭으로 '부처님의 나라'라는 뜻이며 깨끗한 땅인 '정토(淨土)'를 의미합니다.

나즙대사는 《유마경》 주석에서 『유마경의 처음에서 끝까지 전체 내용이 정토(淨土)를 표현하고 있어 불국품을 제일 앞에 두었다.』고 설명하고 있습니다.

〈불국품〉의 줄거리는 크게 모인 대중, 보적의 게송, 보살정토, 청정한 마음의 네 단원으로 구성되어 있으며, 그 주요 내용은 다음과 같습니다.

1. 모인 대중(大衆)

가르침을 받고자 부처님 회상에 모인 대중이 출가한 비구 비구니 스님을 포함해서 훌륭한 수행력을 갖춘 보살대중, 그리고 유마대사의 수행도반인 500명의 동자 등 다양한 사람들, 저 멀리 하늘나라에서 온 다양한 우주인 등 많은 대중이 모였습니다.

그중에서 유마경에서 강조하고 있는 대상은 보살대중(菩薩大衆)입니다. 수행력이 출중한 대선지식들이며 그분들이 갖춘 능력을 주요 내용으로 전개하고 있습니다.

2. 보적의 게송(偈頌)

많은 대중이 모인 가운데 500명의 동자를 대표해서 보적(寶積)보살이 부처님의 수승한 공덕과 지혜를 찬양하는 게송을 읊습니다.

이 게송의 주요내용은 부동(不動)의 법신(法身)은 공(空)하다는 이치입니다.

3. 보살정토(菩薩淨土)

게송을 읊은 다음 보적보살은 부처님께 보살의 정토가 어떻게 건립되는지 묻습니다. 이에 대해 부처님께서 '보살의 정토는 다양한 종류가 있으며 그러한 인연(因緣)이 함께하는 중생이 모여서 보살정토가 이룩되며 궁극에는 마음이 청정하면 국토가 청정하다.'는 이치를 밝힙니다.

4. 청정(清淨)한 마음

보살정토가 어떻게 세워지는가를 듣고 난 사리불이 다음과 같은 회의합니다.

"우리의 스승이신 부처님께서 보살수행하고 계실 때 분명 청정한 마음이셨을 텐데, 지금 우리가 있는 이 세상은 왜 더럽고 혼탁한 것들이 이렇게도 많을까?"

세상이 더럽게 보이는 것은 중생의 마음에 분별이 있어서 그런 것이며, 이 국토는 항상 청정한다는 것을 부처님께서 법력으로 드러내어 대중에게 보입니다.

이와 같이 크게 네 단락으로 구성되어 있는 〈불국품〉의 핵심 내용은 사물의 현상을 좇지 말고 마음의 근원인 법신(法身)을 일깨우라는 가르침입니다.

모든 것이 마음으로부터 비롯되어 나온다는 이치입니다.

선 수행할 때 마음을 도량으로 삼아야 된다는 것이죠!

자신의 마음을 떠나 진정한 선 수행 도량을 찾으려 하지 말라는 뜻입니다.

이미 마음을 도량으로 삼고 있으면 자신이 어디에 있든 그곳이 바로 청정한 수행도량이 된다는 이치입니다.

이것은 공간으로 주어진 모든 것을 똑같은 작용으로 단일화 시킨 것이 아니라 선 수행할 때 먼저 마음자리를 분명하게 정하면 몸이 거처할 장소는 자연스럽게 상응(相應)한다는 뜻입니다.

마음자리란 견지(見地)를 의미합니다.

견지란 선 수행자의 마음이 집중되어 있는 곳입니다.

마음자리를 자성(自性)에 두면 어느 때 어디서나 항상 초연하게 깨어 있는 상태를 유지할 수 있습니다.

만약에 마음자리를 분별하는 표면의식에 두게 되면 일어나는 생각 따라 자신의 마음도 함께 움직여 혼란 속에서 헤매게 됩니다.

선 수행자가 항상 본성에 계합되어 있으려면 먼저 자신의 수행이 바로 중생을 이롭게 하는 보살행(菩薩行)이라는 불이정신(不二精神)으로 깨어 있어야 한다는 이치를 〈불국품〉 공부를 통해서 체득하게 됩니다.

2. 방편품 줄거리

〈방편품〉은 유마의 방편수행(方便修行)과 색신(色身)과 법신(法身)의 가르침으로 구성되어 있습니다.

'색신과 법신'에서 인생무상의 이치를 밝히고 있는데, 이것은 재가수행자를 일깨우는 가르침입니다.

출가 수행자에 대한 가르침은 〈제자품〉에서, 보살수행자에 대한 가르침은 〈보살품〉에서 다루고 있습니다.

《유마경》에서 선 수행자를 크게 세 종류로 나누고 있습니다.

출가하지 않고 정진하는 수행자, 출가하여 정진하는 수행자, 보살로 정진하는 수행자입니다.

출가하지 않고 정진하는 수행자를 재가수행자라 합니다.
출가하여 스님이 되어 정진하는 수행자를 출가수행자라 합니다.
발보리심 하여 자리이타를 실천하는 수행자를 보살수행자라 합니다.
출가수행자와 재가수행자는 겉모습을 보고 알 수 있습니다.
그러나 보살수행자는 마음으로 판단하며 겉모습만 보고는 알 수 없습니다.
마음에 자리이타의 보리심이 있으면 재가수행자든 출가수행자든 보살수행자가 됩니다.
보살수행자는 재가자도 있고 출가자도 있습니다.
예를 들면, 지장보살은 출가수행자이고 문수보살과 관세음보살은 재가수행자입니다.

출가하지 않고 정진하는 재가수행자는 재가상(在家相)에 집착하기 쉽습니다.
선 수행에 방해되는 재가상의 대표적인 집착은 몸입니다.
몸을 자신의 중심으로 삼고 모든 것을 몸에 기준해서 생각하고 살아갑니다.
몸의 죽음을 무엇보다 두려워하고 몸과 연관된 재물, 직위, 가족 등을 마치 자신의 것으로 착각하면서 지냅니다.

스님이 되어 정진하는 출가수행자는 출가상(出家相)에 집착하기 쉽습니다.

스님은 불(佛)·법(法)·승(僧) 삼보에 포함되어 있기에 만인의 존경을 받아야 한다는 아상(我相)입니다.

《금강경》에서 지적한 것처럼 아상은 선 수행에 절대적인 방해요소입니다.

출가승의 선 입문은 아상을 내려놓는, 즉 무아상(無我相)으로부터 시작하며 이것을 방하착(放下着)이라 표현합니다.

자리이타(自利利他)의 평등정신(平等精神)으로 정진하는 보살수행자는 보살상(菩薩相)에 집착하기 쉽습니다.

선 수행에 방해되는 대표적인 보살상은 자신이 정토를 건립하여 중생을 이롭게 하는 보살이라는 상입니다.

보살상(菩薩相)은 대승상(大乘相)으로 내가 정진하는 수행법은 대승이고, 그 이외 법은 소승이라는 집착으로 평등정신(平等精神)을 상실한 모습입니다.

이처럼 《유마경》은 선 수행자가 자신이 처한 입장에서 지혜롭게 정진력을 향상할 수 있도록 체계화되어 있는 경전입니다.

5. 유마의 방편수행(方便修行)

유마대사는 〈불국품〉에서 밝힌 거룩한 보살이 지니고 있는 수행력과 같은 또는 그보다 수승한 공덕(功德)과 지혜(智慧)를 두루 갖추고 있습니다.

육바라밀(六波羅密) 수행으로 세상 사람을 이롭게 하고, 재가수행자로 가족과 함께 지내지만 그의 생활규범이 여법(如法)하여 모든 사람의 수행 귀감이 되고 있으며, 어떤 사람을 만나도 그에게 부합된 방법으로 인도하여 수행성취를 돕는 유마대사의 중생을 이롭게 하는 덕행(德行)을 찬탄한 내용입니다.

6. 색신(色身)과 법신(法身)

색신(色身)의 무상(無常)함과 법신(法身)의 불변(不變)함을 일깨우는 내용입니다.

재가수행자는 사물(事物)에 쉽게 집착합니다.

사물 중에서 가장 대표적인 것이 자신의 몸입니다.

몸은 자신이 이 세상에 존재하는 근거입니다.

몸이 없으면 그 무엇도 없다고 인식하기에 몸을 중심으로 자신과 가까운 가족, 직위, 재물, 명예 등을 마치 자신의 몸처럼 자신의 일부로 생각합니다.

사람들은 몸이 없으면 그 모든 것이 함께 사라진다고 인식하기 때문에 유마대사는 병문안 온 재가수행자를 상대로 몸을 예로 들어 무상(無常)의 이치를 일깨우면서 그들로 하여금 법신(法身)의 본래면목(本來面目)을 체득할 수 있도록 불이법문의 이치를 밝히고 있습니다.

3. 제자품 줄거리

부처님께 직접 가르침을 받고 정진에 전념한 출가수행자가 수만 명인데 그 중에서 수행력이 가장 수승한 열 분을 십대제자라 합니다.

부처님께서 십대제자에게 자신을 대신해서 유마대사의 병문안을 부탁하지만 모두 과거에 있었던 유마대사와의 사연을 이야기하면서 부처님을 대신해서 병문안 갈 수 있는 자격이 되지 않는다고 사양합니다.

이때 병문안 갈 수 없는 이유로 밝힌 열 가지 내용은 출가수행자가 사물에 집착하여 미혹된 상황에서 다시금 선 수행정신을 일깨우게 돕는 가르침입니다.

열 가지란 **불이좌선**, **여법한 가르침**, **평등한 자비심**, **언어의 환상**, **근기설법**, **실상**, **불이천안**, **죄무자성**, **진정한 출가**, **육신의 질병**에 대한 선 수행정신입니다.

이러한 가르침은 외형의 모습으로 보았을 때 출가 수행자에게 해당한 가르침이지만 선 수행의 근본정신(根本精神)에서 보면 모든 선 수행자에게 해당됩니다.

왜냐하면 선 수행이란 재가·출가·보살의 상(相)을 초월해서 이루어지기 때문입니다.

7. 불이좌선(不二坐禪)

좌선은 선 수행자에게 가장 기본입니다.

좌선(坐禪)은 앉을 좌(坐)자와 참선 선(禪)자를 합해 앉아서 선 수행한다는 뜻이며, 이것을 줄여서 선(禪)이라 칭합니다.

혜능선사의 선법(禪法)에서 『좌선이란 앉아 있을 때뿐만 아니라 행주좌와(行住坐臥) 어묵동정(語默動靜) 일상생활 어느 때나 선(禪) 아닌 것이 없다』고 강하게 주장하는데, 그 근거가 바로 《유마경》의 불이좌선(不二坐禪)입니다.

조용한 숲을 찾아 좌선하는 사리불존자에게 진정한 좌선이 무엇인가를 밝힌 유마대사의 가르침입니다.

8. 여법(如法)한 가르침

재가수행자에게 법을 설하고 있던 목건련존자에게 여법하게 설법할 것을 일깨운 유마대사의 가르침입니다.

무엇이 여법(如法)한 설법인가?

법(法)에 차별상을 두지 않고 베푸는 가르침입니다.

가르침을 베푸는 사람과 가르침을 받는 사람이 서로 베푼 바 없고 받는 바 없는 상태에서 여법한 설법이 성취됩니다.

9. 평등(平等)한 자비심(慈悲心)

가난한 집만을 찾아 걸식하는 가섭존자에게 평등심(平等心)으로 임할 것을 일깨운 유마대사의 가르침입니다.

선 수행자에게 평상심(平常心)은 평등심(平等心)으로 유지되어야 합니다.

평등한 마음상태를 놓쳤을 때 무엇인가에 쉽게 집착하게 됩니다.

그러한 '평등심은 번뇌(煩惱)하지 않으면서 동시에 번뇌를 떠나지 않은 자비심(慈悲心)에서 유지된다.'는 이치를 밝히고 있습니다.

10. 언어(言語)의 환상(幻想)

유마대사의 집에 와서 걸식하는 수보리존자에게 다양한 공(空)의 이치를 일깨운 유마대사의 가르침입니다.

모든 법이 불이법문으로서 깨달음의 도리 아닌 것이 없다는 이치를 밝히고 있습니다.

부처님 제자 중에서 누구보다도 공(空)에 밝은 수보리존자인데 유마대사의 변재에 그만 어리둥절하여 평등심을 상실하였습니다.

그때 유마대사는 수보리존자에게 '언어(言語)란 환상(幻想)'이기에 그 말에 현혹되지 말 것을 일깨웁니다.

11. 근기설법(根器說法)

시원한 나무 그늘 아래서 새로 출가한 스님들을 위해 설법하고 있던 부루나존자에게 근기설법(根器說法)할 것을 일깨운 유마대사의 가르침입니다.

모든 수행자를 획일적으로 인도하면 그에 부합되지 않은 사람은 수행문에 제대로 들어갈 수 없습니다. 근기가 낮아서 못 따라가는 경우도 있지만 수승한 근기라서 그 낮은 가르침을 따르지 못하는 것입니다. 마치 코끼리가 오솔길로 갈 수 없는 것처럼!

12. 실상(實相)

부처님께서 설법하신 다음 가전연존자가 그에 대한 보충설명을 베풀고 있을 때, 사물의 현상으로 법(法)의 요지(要旨)를 설명하지 말고, 본래 청정한 실상(實相)의 입장에서 선수행의 중요 개념인 무상(無常), 고(苦), 공(空), 무아(無我), 적멸(寂滅)의 이치를 밝혀야 된다고 일깨운 유마대사의 가르침입니다.

13. 불이천안(不二天眼)

아나율존자가 자신의 천안(天眼)에 대한 능력을 말하고 있을 때 선 수행자가 신통의 능력을 드러내 표현하는 것은 중생을 미혹시키는 행위라고 일깨운 유마대사의 가르침입니다.

그러한 능력이 있다고 생각하는 그 자체가 현상에 집착된 것이며 본성(本性)의 입장에서 보면 삼라만상 모든 것이 자신의 마음으로부터 비롯되지 않은 것이 없는데 그 무엇 신통 아닌 것이 있겠는가!

14. 죄무자성(罪無自性)

두 스님이 계율을 범한 후 죄책감으로 선 수행을 제대로 이어갈 수가 없었습니다.
계율의 스승인 우바리존자를 찾아가 참회하면서 해탈하는 가르침을 구했습니다.
우바리존자는 자업자득이라는 보편적인 인과응보의 이치를 말했으며, 그 말을 들은 두 스님은 마음이 더욱 불안해졌습니다.
이때 유마대사가 나타나 우바리존자의 지혜롭지 못한 계율의식을 일깨웁니다.
'죄(罪)는 자성(自性)이 없는데 그것이 어찌 선 수행에 방해되겠는가! 어떠한 상황에서도 수행자를 안심시켜 제대로 정진할 수 있게 돕는 것이 가르침의 목적이거늘 우바리 그대는 어찌 짐을 지고 무거워하는 사람에게 짐을 더 보태는가!'

15. 진정한 출가(出家)

동자들이 나후라존자를 찾아 출가했을 때 얻어지는 공덕에 대해 물었습니다.
나후라존자가 스님이 되었을 때 주어지는 공덕에 대해 말하고 있을 때 유마대사가 나타나 그를 질책합니다.
'출가의 목적이 무위법(無爲法)을 성취하기 위함인데 어찌 공덕이 있다 없다 논할 수 있겠는가!'

16. 육신(肉身)의 질병(疾病)

부처님께서 몸이 편찮으셔서 아난존자가 우유를 얻기 위해 바라문집 대문 앞에서 걸식하고 있을 때 유마대사가 나타나 묻습니다.

"왜 이리 일찍 걸식하러 나왔소?"
"예, 유마대사님! 부처님께서 아프셔서 우유를 구하러 나왔습니다."
그때 유마대사는 아난존자를 꾸짖습니다.

"어찌 부처님이 아플 수 있겠는가! 부처님이 아프다는 이야기를 다른 문파의 수행자들이 들으면 어떻게 생각하겠는가! '자신의 병도 다스리지 못하면서 어찌 다른 사람의 마음을 일깨울 수 있겠는가!' 하고 비판하지 않겠는가!"

같은 경우라도 언어의 표현방식에 따라 그 의미가 달라진다는 것을 알 수 있는 대목입니다. 마치 이조시대 때 대선지식인 진묵선사가 술이라 말하면 마시지 않고 곡차라 말하면 즐겨 마셨던 것처럼!

4. 보살품 줄거리

출가대중에서 자신을 대신해 병문안 갈 사람이 없자 부처님께서 보살대중에서 병문안 갈 선지식을 찾았습니다. 그러나 보살대중 또한 출가대중처럼 병문안 갈 수 없는 사연을 말씀드리면서 사양했습니다. 미륵, 광엄, 지세, 선덕의 네 분 보살의 사연내용으로 보살품이 구성되어 있습니다.

17. 과거 미래 현재(過去 未來 現在)

미륵보살이 자신이 석가모니 부처님을 이어 다음 부처가 된다는 수기(授記) 받은 이야기를 하고 있을 때 유마대사가 나타나 그에게 수기의 평등성(平等性)을 일깨운 가르침입니다.

부처가 되는 것이 선 수행의 목적이며 선 수행자의 염원입니다. 그런데 부처가 되겠다는 생각이 부처가 되는데 큰 방해요소로 작용합니다. 그것은 일반적으로 부처가 된다면 언제 된다는 '언제'라는 시간의 관념이 형성되기 때문입니다.

부처가 된다는 것은 본성(本性), 즉 법신(法身)을 체득하는 것인데 법신이란 시간과 공간을 초월해서 존재하기 때문에 시간이나 공간의 개념을 마음에 지니고 있으면 그것은 현상의 분별의식으로, 분별을 떠나서 존재하는 법신과 상응(相應)할 수 없게 됩니다.

시간은 크게 과거 현재 미래로 구분됩니다.

과거에서 현재로, 현재에서 미래로 이어집니다. 그런데 과거 현재 미래의 순서를 여기에선 과거 미래 현재의 순으로 표현하고 있습니다.

과거심불가득(過去心不可得), 미래심불가득(未來心不可得), 현재심불가득(現在心不可得)의 이치를 우리는 이 단원을 공부하면서 확연히 체득하게 됩니다.

18. 직심도량(直心道場)

좌선하기 좋은 도량(道場)을 찾아 나선 광엄보살에게 유마대사는 마음이 곧 진정한 도량이라는 이치를 일깨웁니다.

예부터 수많은 선 수행자가 좋은 수행도량을 찾고 있습니다.

좋은 수행도량이란 일반적으로 인적이 없는 고요한 장소를 뜻합니다.

사람이 없는 곳이 정진하기 좋다는 것은 선 수행에 가장 큰 방해요소가 사람이라는 의미를 내포하고 있습니다.

그러나 선 수행의 깊은 내면을 들여다보면 꼭 그렇지는 않습니다.

낮은 경계의 선정(禪定)에서 사람으로부터 형성되는 분별의식이 방해요소로 작용합니다.

깊은 선정에선 자연환경 모든 것이 방해요소 아닌 것이 없기에 사물의 경계에서 진정한 선 수행도량을 찾기란 불가능합니다.

왜냐하면 법신이란 사물의 경계를 초월해서 발현되기 때문입니다.

항상 여여(如如)하게 불변하는 마음의 근본자리를 도량으로 삼아 정진할 때 세상사 모든 사물이 선 수행을 돕는 환경으로 작용하여 생사(生死)와 열반(涅槃)이 둘이 아닌, 번뇌(煩惱)와 보리(菩提)가 둘이 아닌 불이선경(不二禪境)에 계합하게 됩니다.

마음의 근본자리를 직심도량(直心道場)이라 하며, 이러한 선 수행도량을 이 단원 공부에서 성취하게 됩니다.

19. 무진등(無盡燈)

마왕이 제석천왕으로 변신하여 지세보살을 뵙고 데리고 온 수많은 시녀를 보시합니다.

지세보살은 출가한 스님으로서 시녀를 거절합니다.

그때 유마대사가 나타나 마왕이라는 것을 밝히고 자신이 대신 시녀들을 받아들입니다.

유마대사는 그 여인들에게 욕락(慾樂)의 무상(無常)함을 일깨우고 법락(法樂)의 선열(禪悅)을 깨닫게 합니다.

마왕이 다시 시녀들을 데리고 갈 때 유마대사는 그들에게 무진등(無盡燈)의 이치를 일깨웁니다.

한 등불에서 수많은 등불이 점화되어 밝게 빛날 수 있는 지혜(智慧), 즉 자신 내면에 지니고 있는 혜명(慧命)의 등불에 의해 주변 사람이 함께 대도(大道)를 성취하게 된다는 자리이타의 불이정신(不二精神)입니다.

20. 법보시(法布施)

선덕보살은 집에서 많은 사람에게 먹고 쓰는 재물을 베푸는 칠일법회를 열었는데 마지막 날 유마대사가 찾아와 법보시의 중요성을 일깨웁니다.

'마음을 일깨우는 법보시(法布施)가 없이 현상을 돕는 재물보시만 베풀게 되면, 사물이란 항상 변화하기 때문에 수레바퀴처럼 고통과 쾌락이 반복되는 삶이 지속될 뿐이다. 만약 베푸는 사람과 받는 사람이 생사를 초월해서 자재할 수 있는 불변의 법신을 체득하려면 마음을 일깨우는 법보시가 이루어져야 된다.'는 것을 강조하고 있습니다.

5. 문수사리문질품 줄거리

부처님께서 마지막으로 문수보살에게 부탁합니다.

"그대가 다녀오면 어떻겠소?"

"저도 마찬가지로 능력이 안 되지만 명을 받들어 다녀오겠습니다."

이렇게 병문안이 이루어지면서 세상을 이롭게 하는 유마경의 불이법문이 드러나게 됩니다.

제5품은 **상이 없는 모습, 병의 원인과 성질, 병의 위로와 조복, 보살행**의 네 단원으로 구성되어 있습니다.

21. 상(相)이 없는 모습

문수보살과 유마대사의 거룩한 법담(法談)을 듣고자 많은 대중이 문수보살을 따라 유마대사의 집으로 갑니다.

병문안 온 문수보살을 보고 유마대사는 반가워서 말씀합니다.

"오, 문수사리여! 오는 바 없이 와서 보는 바 없이 보고 있구려!"

문수보살이 화답합니다.

"그래요. 유마대사여! 이미 왔기에 다시 오는 바 없고, 이미 떠났기에 다시 가는 바 없지요. 왜냐하면 오지만 그 온 곳이 없고 가지만 그 간 곳이 없기 때문입니다. 보는 바 역시 그와 같아서 보는 그 무엇도 없이 당신을 보고 있구려!"

문수보살과 유마대사는 첫 만남부터 불이법담(不二法談)으로 이어집니다.

대화가 서로 통하는 수행도반(修行道伴)이 있다는 것은 정말 큰 행복입니다.

22. 병(病)의 원인(原因)과 성질(性質)

병들게 된 원인을 묻자 유마대사는 '중생이 병들면 보살은 대비심(大悲心)으로 그에 상응(相應)하는 병이 생깁니다. 마치 아이가 병들면 그 엄마도 함께 마음병이 생기는 것처럼!'이라고 대답합니다.

어떤 질병인가 묻자 유마대사는 '나의 병은 형상이 없어서 볼 수가 없습니다. 몸의 병도 아니며 마음의 병도 아닙니다.'고 대답합니다.

'병의 원인과 성질'의 대화 사이에 방안이 텅 비어 있는 것을 비유로 공(空)의 도리(道理)를 드러냅니다.

이것은 곧 '보살의 마음은 텅 빈 허공과 같아 건립하는 정토에 함께 동참하는 중생의 병에 상응할 뿐이다.'는 이치입니다.

23. 병(病)의 위로(慰勞)와 조복(調伏)

질병이 있는 선 수행자를 위로할 때 먼저 몸의 무상(無常)함을 말하면서도 몸을 싫어하는 생각이 들지 않도록 일깨웁니다. 자신이 곧 만병을 치유하는 의왕(醫王)이 되어 본인의 병뿐만 아니라 다른 사람의 병도 능히 치유할 수 있다는 자리이타의 보살정신을 일깨워줍니다.

선 수행자 자신에게 병이 있을 때 다음과 같이 스스로를 일깨웁니다.

'나의 이 병은 전도망상(顚倒妄想)으로부터 생긴 것이다. 전도망상은 환상이라 그 실체가 없으니 바로 공(空)하다. 공하다고 생각하는 그것도 병인데 이 공병(空病) 또한 공하다. 그러한 전도망상의 의식에 묶여 있으면 결박(結縛)이요 자유로우면 해탈(解脫)이다.

방편(方便)과 지혜(智慧)가 조화로운 수행이 이어지면 이미 질병이 있다 없다는 분별상(分別想)을 초월하게 된다.'

24. 보살행(菩薩行)

보살행(菩薩行)을 통해 보살도(菩薩道)를 성취합니다.

보살행은 발보리심 하여 자리이타를 함께 실천하는 수행입니다.

발보리심(發菩提心)은 도(道)를 성취하겠다는 마음으로 이것이 곧 선 수행정신입니다.

만약 자리이타의 보살행을 실천하면서 자신의 지혜를 체득하는 내면의 정진을 소홀히 하고 남을 돕는 외부의 이타행(利他行)에 편중되면 이 수행자는 뿌리가 약한 덩치 큰 나무의 꼴이 되어 쉽게 흔들려 안심(安心)을 유지하기가 어렵게 됩니다.

이것은 사회에서 말하는 복지에 해당되며 진정한 자리이타의 보살수행이 아닙니다.

여기에서 유마대사는 '무엇이 진정한 보살행인가?'에 대해 불이법문의 이치로 그 진면목(眞面目)을 밝히고 있습니다.

6. 부사의품 줄거리

25. 불가사의(不可思議)

제5품 〈문수사리문질품〉에서 유마대사와 문수보살이 대화하는 동안 모든 대중이 두 분 대선지식의 법담을 서서 경청하고 있었습니다.

사리불이 문득 생각합니다.

"이 많은 대중이 모두 어디에 앉지?"

유마대사가 그 생각을 알고 사리불을 질책합니다.

"그대는 법을 듣는데 어찌 자리 타령을 하고 있는가!"

사리불의 걱정은 노파심이었습니다.

'유마대사의 방은 불과 한 평 남짓한 조그마한 공간인데 수만의 대중이 어디에 자리할 것인가?' 하고 주인인 유마대사를 대신해서 걱정한 것이죠.

주인은 손님을 접대해야하니까요!

유마대사는 우주에서 가장 웅장한 사자좌(獅子座) 수만 개를 옮겨와 방장실(方丈室)에 여유롭게 배치합니다. 그리고 모든 대중을 빠짐없이 사자좌에 모십니다.

사자좌란 불법(佛法)의 가르침을 설할 때 앉는 자리 이름으로 법좌라고도 합니다.

유마대사의 방 이름이 방장실(方丈室)입니다.

선종 사찰에서 그 절의 가장 큰스님을 방장스님이라 칭하고 주석하는 방 이름을 방장실이라 합니다.

가장 훌륭한 스님과 그분이 기거하는 방 이름을 모두 유마대사의 방 이름을 본떠 부르고 있습니다.

《유마경》이 선 수행에 미친 영향이 얼마나 큰가를 알 수 있는 일면입니다.

고승대덕(高僧大德)도 유마대사의 삶을 귀감(龜鑑)으로 삼아 보살행(菩薩行)을 실천하고 있는 것이죠!

조그마한 공간에 지구보다 더 큰 유마회상을 건립하였습니다.

얼마나 큰 신통입니까?

이 뿐만 아닙니다.

《유마경》에 나오는 유마대사의 법력은 무한합니다.

조그마한 겨자씨 안에 삼천대천세계의 우주를 통째로 집어넣으니까요!

한 손에 우주를 들어 빙빙 돌리기도 합니다.

과연 이러한 신통이 선 수행을 통해서 정말 얻어지는 것일까요?

불교 안팎에서 가장 논쟁이 많은 내용이며 선 수행자의 의식 속에 크게 맴도는 의심 덩어리입니다.

우리함께 〈부사의품〉 공부할 때 그 세계에 노닐어보죠!

7. 관중생품 줄거리

〈관중생품〉은 **중생, 자비희사, 무주, 집착과 해탈,** 남녀평등의 다섯 단원으로 나눠 설명할 수 있습니다.

26. 중생(衆生)

첫 번째로 중생을 어떻게 관(觀)할 것인지에 대해 문수보살이 유마대사에게 묻습니다.

"물속에 달처럼 인식한다."

"거울 속에 형상처럼 인식한다."

이러한 마음상태는 수행할 때 무아(無我)의 경지에 몰입하는데 중요한 마음가짐입니다.

나의 마음과 통하는 상대가 실체(實體)로 존재하고 있다는 생각에 의해 서로의 반연(攀緣)이 연결되어집니다. 이것을 인연(因緣)이라 하며 업식(業識)이라 합니다.

달마선사의 가르침처럼 외식제연(外息諸緣), 즉 밖으로 사물과, 특히 사람과의 인연을 쉬어야 도(道)의 문(門)에 들어갈 수 있다는 이치입니다.

27. 자비희사(慈悲喜捨)

그렇다면 선 수행자는 사람 대하기를 돌보듯 하라는 것인가?

그렇지 않습니다. 자신의 청정한 마음을 발현하기 위해 그와 같이 생각하라는 것이며, 중생을 대할 때 마치 엄마가 아이를 보살피듯 정성껏 상응해야 합니다.

이것을 자비희사의 보살정신이라 합니다.

28. 무주(無住)

자비희사 정신으로 외부의 중생과 대할 때 쉽게 희로애락의 감정에 빠져갈 수 있습니다. 그래서 선 수행자는 무주(無住)를 근본으로 삼아 세상사에 상응해야 합니다.

무주란 어느 한 곳에 머물지 않는 마음으로 사람, 재물, 명예 등 그 무엇에도 집착되지 않은 상태를 뜻합니다.

29. 집착(執着)과 해탈(解脫)

유마대사와 문수보살의 대화를 듣고 있던 천녀가 환희심(歡喜心)에 젖어 허공에서 꽃을 뿌립니다.

가사에 와 닿는 꽃을 사리불이 털어내는 모습을 보고 천녀가 묻습니다.

"왜 꽃을 털어내고 있습니까?"

"꽃이 몸에 있는 것은 여법하지 못하기 때문이오!"

"꽃은 그러한 분별이 없는데 스님께서 분별을 일으키고 계시는군요. 출가한 스님이 분별하는 것이 여법하지 못한 것이죠!"

집착(執着)에서 해탈(解脫)로 이어지는 천녀와 사리불존자의 대화에서 모든 법이 해탈의 상(相) 아닌 것이 없다는 이치를 밝히고 있습니다.

일반적으로 성문(聲聞)과 연각(緣覺)의 수행자를 소승(小乘)이라 칭하고, 보살(菩薩)의 수행자를 대승(大乘)이라 칭합니다.

그러나 진정한 선(禪) 수행에서는 선 수행하는 자신의 그 모습이 바로 성문이요 연각이며 보살이라고 밝힙니다.

왜냐하면 대승의 큰마음에는 모든 법이 다 포함되어 있기 때문입니다.

30. 남녀평등(男女平等)

《유마경》은 한편의 희극처럼 매우 현장감 있게 구성되어 있습니다.

마치 무대연출을 보고 있다는 느낌이지요.

특히 천녀의 신통에 의해 사리불이 여자의 모습인 천녀로 변하고 천녀가 남자의 모습인 사리불로 바뀐 장면에선 더욱 그렇습니다.

이 단원에서 선 수행자의 남녀차별의식을 타파한 남녀평등정신이 밝혀집니다.

사회적 위치에 있어 남녀가 평등하다는 외형의 모습을 강조하고 있는 것이 아닙니다.

여성 수행자 내면의식에 깊이 뿌리내려 있는 '나는 업장이 두터워 여자로 태어났다. 어찌 깨달음을 논하겠는가. 업장소멸이나 열심히 하여 다음 생에 남자로 태어나 수행해야지!' 하는 차별 관념을 타파하는데 이 단원의 의의가 있습니다.

8. 불도품 줄거리

제7품이 주로 만물(萬物)이 공(空)하다는 실상(實相)의 입장에서 전개된 것이라면 〈불도품〉에선 현상을 드러내 그 내면의 본성을 일깨우는 가르침으로 구성되어 있습니다.

깨달음의 성취를 어떻게 얻는지 밝힌 다음 그러한 깨달음은 마치 **진흙 속의 연꽃**이 피어나듯 세상사에서 성취된다는 이치를 강조하고 있습니다.

마지막으로 자재인생의 도리를 밝히는 **유마의 노래**가 이어집니다.

31. 깨달음의 성취(成就)

문수보살이 유마대사에게 묻습니다.

"선 수행자가 어떻게 하면 불도(佛道)를 통달할 수 있습니까?"

"비도(非道)에서 수행하면 불도를 통달합니다."

어떠한 곳, 어떠한 모습에서도 청정한 마음을 유지하고 있는 상태를 비도(非道)라 합니다.

선 수행자는 어떠한 불합리한 상태에 놓이더라도 또는 자리이타의 보살행을 실천하기 위해 자신이 비굴함 등 어떤 모습으로 비춰지더라도 그러한 외형의 현상에 집착되지 않고 항상 청정(淸淨)한 마음을 유지해야 된다는 것을 강조하고 있습니다.

32. 진흙 속의 연꽃

이번에는 유마대사가 문수보살에게 묻습니다.

"무엇이 여래(如來)의 종자입니까?"

"몸, 무명, 애정, 탐진치, 전도망상 등 모든 번뇌가 여래의 종자입니다."

번뇌가 있기에 그로부터 벗어나 부처가 되고자 선 수행합니다.

번뇌가 없다면 깨달음도 존재하지 않습니다.

그래서 번뇌가 여래의 씨앗, 즉 불성(佛性)이 된다는 이치를 밝히고 있습니다.

33. 유마의 노래

가족과 재물, 지식 등 삶에 대해 묻자 유마대사는 노래로 답합니다.

"지혜는 선 수행자의 어머니

방편은 선 수행자의 아버지

중생을 인도하는 모든 선지식이

지혜와 방편에서 발현하네!"의 게송을 시작으로 선 수행자의 삶이 어떠해야 하며, 어떠한가에 대해 밝히고 있습니다.

9. 입불이법문품 줄거리

〈입불이법문품〉은 《유마경》의 핵심내용에 해당합니다.

어떻게 불이문(不二門)에 들어가 도를 성취하는지 직접적으로 밝히고 있는 가르침입니다.

34. 불이선경(不二禪境)의 다양한 문(門)

(1) 먼저 유마대사가 대중에게 각기 성취한 불이법문의 이치에 대해 말씀할 것을 권합니다. 그에 응해 여러 보살이 자신들이 체득한 불이법문에 대해 이야기합니다.

서른 한 분의 선지식이 상대적인 개념을 예로 들어 '그 차별되는 현상의 본성에서는 이미 차별이 존재하지 않는다는 불이(不二)의 이치를 체득하면 그것이 바로 입불이법문(入不二法門)이다.'는 이치를 밝히고 있습니다.

여기에서 밝힌 서른 한 가지의 상대적인 개념은 선 수행자가 체득하고 있어야할 중요한 선법(禪法)입니다.

그것은 다음과 같습니다.

1. 생(生)과 멸(滅)
2. 아(我)와 아소(我所)
3. 수(受)와 불수(不受)

4. 구(垢)와 정(淨)

5. 동(動)과 염(念)

6. 일상(一相)과 무상(無相)

7. 보살심(菩薩心)과 성문심(聲聞心)

8. 선(善)과 불선(不善)

9. 죄(罪)와 복(福)

10. 유루(有漏)와 무루(無漏)

11. 유위(有爲)와 무위(無爲)

12. 세간(世間)과 출세간(出世間)

13. 생사(生死)와 열반(涅槃)

14. 진(盡)과 부진(不盡)

15. 아(我)와 무아(無我)

16. 명(明)과 무명(無明)

17. 색(色)과 색공(色空).　　　　　　오온(五蘊): 색수상행식(色受想行識)

18. 사종이(四種異)와 공종이(空種異).　　사대(四大): 지수화풍(地水火風)

19. 안(眼)과 색(色).　　　　　　　　육식(六識): 안이비설신의(眼耳鼻舌身意)

　　　　　　　　　　　　　　　　　육경(六境): 색성향미촉법(色聲香味觸法)

20. 보시(布施)와 회향일체지(回向一切智).

　　　　　육바라밀(六波羅密): 보시(布施)지계(持戒)인욕(忍辱)정진(精進)선정(禪定)지혜(智慧)

21. 공(空)과 무상(無相)과 무작(無作).　　삼해탈문(三解脫門)

22. 불(佛), 법(法), 중(衆).　　　　　　삼보(三寶)

23. 신(身)과 신멸(身滅)

24. 신(身), 구(口), 의(意).　　　　　　삼업(三業)

25. 복행(福行)과 죄행(罪行)과 부동행(不動行)

26. 아(我)와 아(我) 아닌 것

27. 모든 상(相).　　　　　　　　　　일체법(一切法)

28. 암(暗)과 명(明)

29. 열반(涅槃)을 좋아하는 것과 세간(世間)을 싫어하는 것
30. 정도(正道)와 사도(邪道)
31. 실(實)과 부실(不實)

(2) 불이법문의 이치를 밝힌 보살대중이 문수보살에게 입불이법문(入不二法門)의 도리(道理)를 묻자 다음과 같이 대답합니다.

"나의 생각으로는 모든 법에 대해 말하는 바 없고 드러내 보여 알리는 바도 없으며 모든 문답(問答)을 떠났을 때 이것이 바로 불이법문에 들어간 것입니다."

(3) 문수보살이 말을 마치고 유마대사에게 그 도리를 묻자 유마대사는 말없이 묵언(默言)으로 응합니다.

그러자 문수보살은 크게 찬탄합니다.

"정말 그렇습니다! 유마대사의 말없는 묵언이야말로 진정으로 불이법문에 들어간 이치를 밝히고 있습니다."

10. 향적불품 줄거리

35. 향기(香氣)의 밥

점심시간이 되자 유마대사는 신통으로 보살 한 분을 만들어 향적불이 계시는 중향국으로 보내 향기 나는 밥을 그릇에 가득 얻어옵니다.

이때 중향국의 수많은 보살이 함께 따라옵니다.

외형으로 보기에는 한 사람 또는 몇 사람이 먹으면 될 양인데 유마대사의 집에 모인 그 많은 대중이 모두 만족스럽게 식사했는데도 부족함이 없습니다.

향기 나는 밥을 먹은 그 자체로써 수행력이 저절로 향상되어 해탈을 얻게 됩니다.

36. 향기설법(香氣說法)과 언어설법(言語說法)

공양을 마친 다음 유마대사가 중향국에서 온 보살에게 묻습니다.

"향적여래께서는 어떻게 설법하십니까?"

"우리나라의 부처님께서는 언어로 설법하지 않고 단지 향기로써 모든 대중을 인도하십니다. 선 수행자가 향기 나는 나무 아래 앉아 그 향기와 상응하면 자연스럽게 깊은 삼매에 들어 도(道)를 성취합니다."

이번엔 중향국 보살이 유마대사에게 묻습니다.

"이곳 부처님께서는 어떤 방법으로 중생을 인도하십니까?"

"이곳 중생들은 거칠고 아상이 높으며 의심이 많고 집착이 강해서 깨달음으로 인도하기가 쉽지 않습니다. 그래서 이곳 부처님께서는 그에 상응하는 방법으로 지옥·아귀·축생 등 고통스러운 세상을 보이면서 강한 어투로 다스립니다. 그리고 세간과 열반·지옥과 극락, 정도와 사도, 유위와 무위, 죄업과 복덕, 탐욕과 자비 등 다양한 상대적인 용어를 사용해서 수행의 문에 들게 한 다음 불이본성(不二本性)을 깨우치게 인도합니다. 그것은 곧바로 법신(法身)을 말하면 믿지 않기 때문이죠! 이곳 중생들을 깨달음으로 인도하기란 정말 쉽지 않습니다."

11. 보살행품 줄거리

37. 불사(佛事)

유마대사가 문수보살에게 말씀합니다.

"함께 부처님을 친견하고 예배 공양드리는 것이 어떻겠습니까?"

"정말 좋은 생각이십니다. 그러기에 지금이 가장 적절한 때입니다."

유마대사는 오른손으로 수만 개의 사자좌와 모든 대중을 받쳐 들고 암라수 동산에 있는 부처님 숙소에 도착합니다.

부처님께서 말씀하십니다.

"중생을 이롭게 하는 모든 보살행이 불사(佛事) 아닌 것이 없다.

선 수행자의 보살행뿐만 아니라 그 보살행을 실천할 때 함께 하는 환경, 물건, 시간 등 모든 사물 또한 좋은 불사(佛事)이다."

38. 무진법문(無盡法門)

부처님께서 유위법(有爲法)과 무위법(無爲法)이 둘이 아닌 불이법문을 말씀합니다.

유위법은 변화하기 때문에 다함이 있는 법, 즉 진법문(盡法門)이고 무위법은 다함이 없는 법, 즉 무진법문(無盡法門)입니다.

선 수행자는 유위법도 떠나지 않고 무위법에도 머물지 않으면서 수행해야 자신의 지혜를 향상시켜 도(道)를 깨달으면서 동시에 정토가 함께 건립되어 중생을 이롭게 한다는 이치를 밝히고 있습니다.

12. 아축불품 줄거리

39. 관여래(觀如來)

관여래(觀如來)는 여래를 관(觀)한다는 뜻으로 '마음으로 여래를 본다.'는 의미입니다.

부처님께서 유마대사에게 묻습니다.

"그대는 여래(如來)를 보러 왔는데 어떻게 여래를 보겠는가?"

"자신의 실상(實相)을 보듯 여래를 봅니다."

유마대사는 불이법문의 이치로 '여래는 이렇게 보는 것이다.'고 밝히고 있습니다.

여래(如來)는 곧 자신의 본성(本性)입니다.

본성은 보고 또는 안보고 하는 현상의 변화로 표현할 수 없습니다.

부처님께서 이미 '어떻게 보는가?' 하고 물었기에 '이렇게 봅니다.'고 대답한 것입니다.

그때 '실상(實相)을 보듯 봅니다.'고 답한 것은 실상은 진실한 상(相)으로 공성(空性)의 입장에서 본성을 드러낼 때 실상이라 표현합니다.

'상(相)'은 이미 현상으로 드러난 모습을 뜻합니다.

40. 유마의 고향(故鄕)

사리불의 질문으로 유마대사가 이 세상에 태어나기 전에 부동여래가 계시는 묘희국의 성인이었다는 것을 알게 됩니다.

유마대사의 신통으로 대중들이 묘희국의 여래와 대중, 그리고 산천초목을 보고 크게 환희심을 일으킵니다.

마지막으로 사리불이 《유마경》을 낭독·수지·사경·해석했을 때 얻게 되는 공덕과 불이법문의 이치를 체득했을 때 갖추게 되는 수승한 공덕에 대해 밝힙니다.

13. 법공양품 줄거리

41. 법공양(法供養)의 공덕(功德)

부처님께서 법공양(法供養)을 통해 큰 공덕과 지혜를 성취한 예를 들면서 가르침을 펴신 내용입니다.

법공양은 발보리심 하여 선 수행에 들어선 그때부터 시작되는 정진입니다.

자신의 깨달음을 위해 경전을 공부하는 것도 법공양입니다.

다른 사람의 깨달음을 돕기 위해 경전공부를 권하고 가르치는 것도 법공양입니다.

'이 공부는 자신의 정진을 위함이고 저 가르침은 남의 정진을 위함이다.'는 분별의식 없이 공부하고 가르치는 불이법문의 이치를 《유마경》 공부에서 체득하게 됩니다.

14. 촉루품 줄거리

42. 혜명(慧命)

마음의 등불!

마음의 지혜등불!

길거리와 집 그리고 사무실 등 우리가 살고 있는 공간에 몸의 움직임을 돕는 등불이 많습니다. 만약에 불빛이 없다면 어두운 밤에는 그 무엇도 하기가 힘들게 됩니다.

마음 또한 그러합니다.

마음이 밝게 깨어 있어야 사물과 순조롭게 상응할 수 있습니다.

만약에 마음이 깨어 있지 못하면 의식이 혼탁해져서 일에 쉽게 부딪치며 자아상실의 정신불안 현상으로 삶 그 자체가 괴로움입니다.

마음은 지혜(智慧)로 일깨워집니다.

경전(經典)은 마음을 일깨우는 지혜등불입니다.

가능한 오랜 세월 많은 사람이 《유마경》 공부를 통해 자신의 지혜등불을 밝힐 수 있게 하고자 부처님께서 여러 제자들에게 간곡히 부탁합니다.

"혜명(慧命)의 등불을 잘 간수하여 후대에 널리 전해지도록!"

"불이법문의 이치를 체득한 선지식이 계속 이어지도록!"

《유마경》은 부처님이 계신 도량에서 시작하여 그곳에서 회향합니다.

하루 동안에 이루어진 가르침이지요!

〈불국품〉에서 〈촉루품〉까지 한걸음 한걸음씩 공부하는 과정에서 '이것이 바로 불이법문(不二法門)이구나!' 하고 크게 와 닿습니다.

개경게(開經偈)

무상심심미묘법(無上甚深微妙法)
백천만겁난조우(百千萬劫難遭遇)
아금문견득수지(我今聞見得受持)
원해여래진실의(願解如來眞實義)

개법장진언(開法藏眞言)
『옴 아라남 아라다』 (3번)

- **개경게**(開經偈): 경(經)을 여는 게송.

경은 법신체득을 돕는 가르침입니다.

법신의 체득을 통해서 선 수행자는 생사를 해탈하고 염불수행자는 극락에 왕생합니다. 경전을 공부할 때 먼저 '개경게에서 옴 아라남 아라다'까지 지극정성으로 독송하면서 경전의 이치와 계합하는 청정심을 일깨웁니다.

- **무상심심미묘법**(無上甚深微妙法): 무상, 심심, 미묘는 모두 마지막 글자인 법(法)을 수식하는 용어입니다. 우리가 공부하는 경전을 법이라 하며 불법승의 법을 뜻합니다.
- **무상**(無上): 매우 수승함. 더 이상 높은 (가르침)이 없음. 최고의 (가르침).
- **심심**(甚深): 매우 수승함. 더 이상 깊은 (가르침)이 없음. 최고의 (가르침).
- **미묘**(微妙): 매우 수승함. 더 이상 미묘한 (가르침)이 없음. 최고의 (가르침).
- **백천만겁난조우**(百千萬劫難遭遇): 백천만겁: 한량없이 많은 세월.

  난(難): 어렵다. 조우(遭遇): 만나다. 난조우: 만나기가 어렵다.
  - 종합해서 해석하면: **백천만겁토록 만나기 어려운 무상하고 심심하고 미묘한 법**

- **아금문견득수지**(我今聞見得受持): 한자 한 글자씩 내려가면서 해석하면 됩니다.

제가[아(我)] 지금[금(今)] 듣고[문(聞)] 보아[견(見)] 얻어[득(得)] 받아[수(受)] 지니오니[지(持)]
- **원해**(願解): 원하옵나니 ~ 를 알게 해 주옵소서!
- **여래진실의**(如來眞實義): 여래의 진실한 뜻. 여래: 부처님.
  - 종합해서 해석하면: **제가 지금 듣고 보아 얻어 받아 지니오니 여래의 진실한 뜻 알게 해 주옵소서!**

- **개법장진언**(開法藏眞言): 법장을 여는 진언.

법장(法藏)은 법이 보관되어 있는 창고로 법(法) 그 자체를 뜻합니다.

진언(眞言)은 소리를 통해 법신과 계합하는 가르침입니다. 음성 그 자체에 법신을 일깨우는 신비한 힘이 내재되어 있습니다. 법을 열게 도와주는 신비한 소리가 '옴 아라남 아라다'이며 이것을 주문(呪文), 진언, 다라니(多羅尼)라 칭합니다.

일반적으로 짧은 주문을 진언이라 표현하고 긴 주문을 다라니라 표현합니다.

예: 신묘장구대다라니는 비교적 길죠! 정구업진언은 비교적 짧죠!

1

불국품

1. 모인 대중
2. 보적의 게송
3. 보살정토
4. 청정한 마음

1. 모인 대중

경문낭독

如是 我聞。
여시 아문。

一時, 佛 在 毗耶離 菴羅樹園, 與 大比丘 衆 八千人 俱。
일시, 불 재 비야리 암라수원, 여 대비구 중 팔천인 구。

菩薩 三萬二千, 衆所 知識, 大智 本行 皆悉 成就。
보살 삼만이천, 중소 지식, 대지 본행 개실 성취。

諸佛 威神 之所 建立, 爲 護法城 受持 正法, 能 師子吼 名聞 十方,
제불 위신 지소 건립, 위 호법성 수지 정법, 능 사자후 명문 시방,

衆人 不請 友而 安之, 紹隆 三寶 能使 不絶, 降伏 魔怨 制 諸 外道,
중인 불청 우이 안지, 소륭 삼보 능사 부절, 항복 마원 제 제 외도,

悉已 淸淨 永離 蓋纏, 心 常 安住 無閡 解脫, 念 定 總持 辯才 不斷。
실이 청정 영리 개전, 심 상 안주 무애 해탈, 염 정 총지 변재 부단。

布施、持戒、忍辱、精進、禪定、智慧及 方便力 無不 具足。
보시、지계、인욕、정진、선정、지혜급 방편력 무불 구족。

逮 無所得, 不起 法忍, 已能 隨順 轉 不退 輪, 善解 法相 知 衆生根,
체 무소득, 불기 법인, 이능 수순 전 불퇴 륜, 선해 법상 지 중생근,

蓋 諸 大衆 得 無所畏, 功德 智慧 以修 其心, 相好 嚴身 色像 第一,
개 제 대중 득 무소외, 공덕 지혜 이수 기심, 상호 엄신 색상 제일,

捨 諸 世間 所有 飾好, 名稱 高遠 踰於 須彌, 深信 堅固 猶若 金剛,
사 제 세간 소유 식호, 명칭 고원 유어 수미, 심신 견고 유약 금강,

法寶 普照 而雨 甘露, 於衆 言音 微妙 第一, 深入 緣起 斷 諸 邪見,
법보 보조 이우 감로, 어중 언음 미묘 제일, 심입 연기 단 제 사견,

有無 二邊 無復 餘習, 演法 無畏 猶 師子吼, 其所 講說 乃如 雷震。
유무 이변 무부 여습, 연법 무외 유 사자후, 기소 강설 내여 뇌진。

無有量, 已過量, 集衆 法寶 如 海導師, 了達 諸法 深妙 之 義,
무 유량, 이 과량, 집중 법보 여 해도사, 요달 제법 심묘 지 의,

善知 衆生 往來 所趣 及 心 所行, 近 無等等 佛 自在慧、十力 無畏、
선지 중생 왕래 소취 급 심 소행, 근 무등등 불 자재혜、십력 무외、

十八 不共, 關閉 一切 諸 惡趣門, 而生 五道 以現 其身。
십팔 불공, 관폐 일체 제 악취문, 이생 오도 이현 기신。

爲 大醫王 善療 衆病, 應病 與藥 令得 服行。
위 대의왕 선료 중병, 응병 여약 영득 복행。

無量 功德 皆 成就, 無量 佛土 皆 嚴淨, 其 見聞者 無不 蒙益,
무량 공덕 개 성취, 무량 불토 개 엄정, 기 견문자 무불 몽익,

諸有所作 亦不 唐捐, 如是 一切 功德 皆悉 具足。
제 유소작 역불 당연, 여시 일체 공덕 개실 구족。

其名 曰: 等觀 菩薩, 不等觀 菩薩, 等 不等 觀 菩薩, 定 自在王 菩薩,
기명 왈: 등관 보살, 부등관 보살, 등 부등관 보살, 정 자재왕 보살,

法 自在王 菩薩, 法相 菩薩, 光相 菩薩, 光嚴 菩薩, 大嚴 菩薩,
법 자재왕 보살, 법상 보살, 광상 보살, 광엄 보살, 대엄 보살,

寶積 菩薩, 辯積 菩薩, 寶手 菩薩, 寶印手 菩薩, 常 擧手 菩薩,
보적 보살, 변적 보살, 보수 보살, 보인수 보살, 상 거수 보살,

常 下手 菩薩, 常慘 菩薩, 喜根 菩薩, 喜王 菩薩, 辯音 菩薩,
상 하수 보살, 상참 보살, 희근 보살, 희왕 보살, 변음 보살,

虛空藏 菩薩, 執寶炬 菩薩, 寶勇 菩薩, 寶見 菩薩, 帝網 菩薩,
허공장 보살, 집보거 보살, 보용 보살, 보견 보살, 제망 보살,

明網 菩薩, 無緣觀 菩薩, 慧積 菩薩, 寶勝 菩薩, 天王 菩薩, 壞魔 菩薩,
명망 보살, 무연관 보살, 혜적 보살, 보승 보살, 천왕 보살, 괴마 보살,

電得 菩薩, 自在王 菩薩, 功德 相嚴 菩薩, 師子吼 菩薩, 雷音 菩薩,
전득 보살, 자재왕 보살, 공덕 상엄 보살, 사자후 보살, 뇌음 보살,

山相 擊音 菩薩, 香象 菩薩, 白香象 菩薩, 常 精進 菩薩, 不休息 菩薩,
산상 격음 보살, 향상 보살, 백향상 보살, 상 정진 보살, 불 휴식 보살,

妙生 菩薩, 華嚴 菩薩, 觀世音 菩薩, 得大勢 菩薩, 梵網 菩薩,
묘생 보살, 화엄 보살, 관세음 보살, 득대세 보살, 범망 보살,

寶杖 菩薩, 無勝 菩薩, 嚴土 菩薩, 金髻 菩薩, 珠髻 菩薩, 彌勒 菩薩,
보장 보살, 무승 보살, 엄토 보살, 금계 보살, 주계 보살, 미륵 보살,

文殊師利 法王子 菩薩, 如是 等 三萬二千 人。
문수사리 법왕자 보살, 여시 등 삼만이천 인。

復有 萬 梵天王 尸棄 等, 從餘 四天下 來詣 佛所 而 聽法。
부유 만 범천왕 시기 등, 종여 사천하 래예 불소 이 청법。

復有 萬二千 天帝, 亦 從餘 四天下 來在 會坐, 幷餘 大威力 諸 天龍神,
부유 만이천 천제, 역 종여 사천하 래재 회좌, 병여 대위력 제 천룡신,

夜叉 乾闥婆, 阿修羅 迦樓羅, 緊那羅 摩睺羅伽 等 悉來 會坐。
야차 건달바, 아수라 가루라, 긴나라 마후라가 등 실래 회좌。

諸 比丘 比丘尼, 優婆塞 優婆夷, 俱來 會坐。
제 비구 비구니, 우바새 우바이, 구래 회좌。

彼時, 佛與 無量 百千 之 衆, 恭敬 圍遶 而 爲 說法。
피시, 불여 무량 백천 지 중, 공경 위요 이 위 설법。

譬如 須彌山王 顯於 大海, 安處 衆寶 師子 之 座, 蔽於 一切 諸 來 大衆。
비여 수미산왕 현어 대해, 안처 중보 사자 지 좌, 폐어 일체 제 래 대중。

경문해석

이와 같이 제가 들었습니다.

어느 때 부처님께서 비야리성의 암라수 동산에
팔천 명의 훌륭한 스님들과 함께 계셨습니다.

그리고 삼만 이천 명의 보살(菩薩)도 함께 계셨습니다.
그분들은 큰 지혜(智慧)와 덕행(德行)을 갖춘 대선지식(大善知識)으로,
정토(淨土)를 건립하여 정법(正法)을 보호하며
사자후(獅子吼)로 시방세계(十方世界)를 포용(包容)하고
스스로 도반(道伴)을 자청하여 선(禪) 수행(修行)을 도우며
삼보(三寶)의 정법(正法)이 빛나게 하고
마구니와 외도를 항복받으며
몸과 마음이 청정(淸淨)하여 언제나 평안하고
무애(無碍), 해탈(解脫), 정념(正念), 선정(禪定),
총지(摠持)를 성취(成就)하여 변재(辯才)에 막힘이 없으며
보시(布施), 지계(持戒), 인욕(忍辱), 정진(精進), 선정(禪定), 지혜(智慧)의
육바라밀(六波羅密)과 방편(方便)의 힘을 부족함 없이 모두 갖추었습니다.

그뿐만 아니라
무소득(無所得)의 경지(境地)에 이르러 무생법인(無生法忍)을 성취하고
경계(境界)에 순응(順應)하여 불퇴전(不退轉)의 법륜(法輪)을 굴리며

모든 법상(法相)과 중생(衆生)의 근기(根器)를 잘 알아
대중(大衆)을 포용하는 무소외(無所畏)를 얻었으며
공덕(功德)과 지혜로 마음을 닦아 훌륭한 모습이 자연스럽게 발현(發顯)되어
화장과 치장으로 몸을 꾸밀 필요가 없습니다.

그분들의 명성은 수미산(須彌山)보다 높고
깊고 견고한 믿음은 금강(金剛)과 같으며
법보(法寶)로 세상을 이롭게 함이 감로(甘露)의 비 뿌리듯 하니
세상의 모든 소리 가운데 미묘(微妙)함이 제일(第一)입니다.
연기(緣起)의 이치(理致)를 깊이 깨eke고
온갖 사견(邪見)을 모두 끊어
유(有)와 무(無)가 둘이 아닌 불이선경(不二禪境)에 노닐면서
사자처럼 두려움 없이 강설(講說)하니
그 소리 천둥번개 같고 그 깊이 무엇으로도 측량할 수 없으며
그 법장(法藏) 해도사(海導師)와 같습니다.

모든 법의 깊고 미묘한 이치를 통달(通達)하고
중생의 분별(分別)과 행위(行爲)를 잘 알며
비교할 수 없이 평등(平等)한 부처님의 자재(自在)로운 지혜에 가까워
십력(十力), 사무외(四無畏), 십팔불공법(十八不共法)을 모두 갖추어
중생이 고통 받는 육악취문(六惡趣門)을 왕래(往來)하면서
모든 중생의 해탈(解脫)을 돕습니다.
때로는 의사가 되어 질병치료를 돕고
공덕과 정토(淨土)를 성취하여
함께하는 사람이 모두 그와 같은 공덕과 지혜를 성취하게 돕습니다.

그분들의 이름은

등관보살	부등관보살	등부등관보살	정자재왕보살
법자재왕보살	법상보살	광상보살	광엄보살
대엄보살	보적보살	변적보살	보수보살
보인수보살	상거수보살	상하수보살	상참보살
희근보살	희왕보살	변음보살	허공장보살
집보거보살	보용보살	보견보살	제망보살
명망보살	무연관보살	혜적보살	보승보살
천왕보살	괴마보살	전덕보살	자재왕보살
공덕상엄보살	사자후보살	뇌음보살	산상격음보살
향상보살	백향상보살	상정진보살	불휴식보살
묘생보살	화엄보살	관세음보살	득대세보살
범망보살	보장보살	무승보살	엄토보살
금계보살	주계보살	미륵보살	문수사리법왕자보살

등 모두 삼만 이천 명의 보살대중이었습니다.

또 범천왕 시킨 등 만 명의 브라만과
만 이천 명의 제석천왕이 찾아와 같이 자리에 앉았습니다.
그 밖에 위력을 갖춘 천신과 용신, 야차, 건달바, 아수라, 가루라,
긴나라, 마후라가 등이 왔고, 여러 비구(比丘), 비구니(比丘尼),
청신사(清信士), 청신녀(清信女)가 와서 자리했습니다.

그때 부처님께서 한량없이 많은 대중으로부터 공경 받으며 둘러싸여 있는
모습이 마치 수미산이 큰 바다 가운데 우뚝 솟아 있음과 같았습니다.
　사자좌(獅子座)에 앉아 계시는 부처님의 법력(法力)에 의해
　모든 대중이 평온한 상태로 선정에 들었습니다.

 수행용어

• 제가

아난존자를 뜻합니다. 유마경 공부하는 선지식은 '제가' 바로 자신이라 생각하면서 경문을 받아들입니다. 유마경의 내용을 밝히고 있는 사람이 바로 자신이라는 신념(信念)으로 공부하면 선 수행에 도움 되는 불이법문(不二法門)의 이치와 더욱 쉽게 상응(相應)합니다.

• 부처님

석가모니불(釋迦牟尼佛)입니다. 왕생극락을 발원하는 선지식은 '부처님'이라는 말을 들으면 바로 아미타불(阿彌陀佛)이 떠오릅니다. 선 수행자는 '부처님'이라는 말 또는 글을 듣거나 보면 곧바로 설산 수행으로 보리수나무 아래에 앉아 선 수행하면서 깨달음을 성취한 석가모니불이 떠올라야 합니다. 부처님을 자신과 같은 선 수행자의 입장에서 인식해야 합니다.

• 보살(菩薩)

세상을 이롭게 하는 자비심(慈悲心)과 불도(佛道)를 반드시 성취하겠다는 보리심(菩提心)이 조화로운 자리이타(自利利他)의 보살행(菩薩行)을 실천하는 선(禪) 수행자입니다.

보살은 크게 두 종류입니다. 이미 크게 깨우치고 공덕을 쌓은 대선지식과 아직 그러한 경지에 도달하지 못한 선지식입니다. 그러나 똑같이 보살의 이름을 사용합니다. 그것은 선 수행이 법신(法身)을 일깨우는데 있기 때문입니다.

법신은 현상을 초월해서 존재하기에 지혜(智慧)와 공덕(功德)을 먼저 갖추었다 또는 뒤에 갖춘다는 차별이 없습니다. 왜냐하면 법신은 지혜와 공덕의 크고 작음과 상관없이 항상 여여(如如)하기 때문입니다. 누구에게나 차별 없이!

• 지혜(智慧)

선 수행은 불도(佛道)를 성취하는데 있습니다. 불도의 성취는 지혜에 의해서 발현됩니다. 지혜(智慧)는 선 수행자가 불도를 성취하겠다는 마음을 일으킨 것으로부터 불도를 성취하기까지 야밤의 불빛과 같습니다. 어두운 밤길에 불빛이 없으면 한 걸음도 앞으로 나아가기가 어렵습니다. 그래서 지혜가 없는 것을 무명(無明)이라 표현합니다. 밝음이 없다는 뜻으로 곧 마음에 지혜등불이 없다는 의미입니다.

　육바라밀은 선 수행의 길입니다. 선 수행으로 불도를 원만히 성취하려면 여섯 가지의 수행이 조화롭게 이루어져야 합니다. 지혜는 이 여섯 가지의 조화로운 수행이 이뤄질 수 있게 방향을 잡아주는 길잡이와도 같습니다.

　육바라밀의 처음이 보시(布施)입니다. 이때 보시란 지혜가 바탕 된 무상보시(無相布施)를 의미합니다. 만약 지혜가 없는 단순한 보시인 경우 그것은 일반적인 복지 개념의 선행(善行)에 불과합니다. 이것은 곧 팔정도(八正道)에서 정견(正見)과 같습니다. 정견은 바른 견해(見解)입니다. 모든 사물을 올바로 볼 수 있는 지혜의 마음입니다. 정견이 바탕 된 생각, 삶, 선정(禪定) 등이어야 그것이 진정으로 선 수행을 돕는 방편(方便)으로 작용합니다.

・ **덕행**(德行)

　공덕과 지혜는 선 수행의 쌍두마차와 같습니다. 다른 사람의 선 수행을 위하는 이타행(利他行)에서 성취됩니다. 자신의 불도(佛道)를 성취하면서 다른 선 수행자의 불도성취를 함께 돕는 것이 선 수행자의 보살행입니다. 이것을 자리이타(自利利他)라 표현하며 새의 두 날개에 비유하여 '여조양익(如鳥兩翼)'이라 부릅니다.

　새의 두 날개가 서로 조화롭게 발달했을 때 잘 날아오를 수 있습니다.

　선 수행 또한 그와 같아 자리(自利)와 이타(利他)의 보살행이 조화롭게 이뤄질 때 정진력이 향상됩니다. 선정(禪定)이 바탕 된 이타행(利他行)에서 공덕이 성취됩니다.

　만약 선정력(禪定力)이 뒷받침되어있지 않은 상태에서 다른 선 수행자의 불도(佛道) 성취를 위할 경우 그 마음은 순수하고 착하지만 그것이 결코 상대방의 수행 향상에 도움이 되는 것은 아닙니다. 오히려 '좋은 일 하고 뺨 맞듯' 역효과를 일으킬 수 있습니다.

　그것은 '도(道)의 성취가 깊을수록 마장의 위험 또한 많다.'는 이치와 같습니다.

　작은 마장은 작은 수행력으로 능히 다스릴 수 있지만 큰 마장은 그에 상응하는 법력이 있을 때 다스릴 수 있습니다. 그러한 법력(法力)은 선정(禪定)에서 향상됩니다. 오랜 시간 결가부좌 명상을 유지하면 선정(禪定) 또한 깊을 텐데, 왜 남과 부딪침이 있는가?

　그것은 몸이 오랜 시간 결가부좌의 즐거움을 만끽한 것이지, 지혜(智慧)가 발현되는 마음이 그와 같이 오랜 시간 명상에 노닌 것이 아니기 때문입니다. 다시 말하면 몸과 상응하는 분별의식에서 명상한 것이며, 그러한 분별의식을 초월한 본성(本性)이 발현되는 일념(一念)에서 선정에 몰입한 것이 아니기 때문입니다.

어떻게 하면 지혜에 발현되는 선정에 노닐 수 있는가?

무상(無常)의 이치를 체득하면 선정 중에 몸에 얽매이지 않고, 공(空)의 이치를 체득하면 선정 중에 지혜가 발현됩니다. 이러한 이치체득을 유마경공부에서 성취합니다.

- 대선지식(大善知識)

선지식(善知識)은 선 수행으로 불도(佛道)를 성취한 분 또는 불도성취를 위해 선 수행하는 분을 뜻합니다. 이미 불도를 성취한 분을 앞에 큰대(大) 자를 붙여 존경하는 의미에서 대선지식이라 칭합니다. 즉 문수보살, 관세음보살 등을 대보살이라 칭하는 것과 같습니다.

부처님의 많은 제자 중에서 가섭존자, 수보리존자 등 십대제자를 역시 대제자라 부릅니다. 법력이 수승한 스님을 큰스님이라 호칭하는 것 역시 그와 같은 도리입니다.

선 수행자의 호칭은 매우 많습니다. 신분·직책·수행력 등의 차등에 의해 붙여진 명칭입니다. 이것을 혜능선사는 통합해서 선지식(善知識)이라 불렀습니다.

선지식(善知識)이라는 그 뜻이 참 좋습니다. 불도(佛道)를 성취하는 자성(自性)을 갖추고 있다는 뜻입니다. 자성(自性)은 불성(佛性), 법신(法身) 등으로 통용됩니다.

이미 불도를 성취한 분, 아직 성취하지 못한 분 모두가 선지식입니다. 왜냐하면 선 수행이란 법신(法身)을 성취하는데 있기 때문입니다. 그러한 법신은 발현 했던, 발현 중이든 항상 우주만물과 평등하게 상응합니다.

- 정토(淨土)

정토와 관련된 경전이 한문으로 번역되면서 정토를 실현하려는 선지식이 많았으며, 특히 《유마경》이 지혜등불로 드러나면서 세간(世間)에서 정토(淨土)를 실현하려는 선지식이 많았습니다. 정토는 실현하는 방법에서 보았을 때 크게 두 가지의 모습이 있습니다.

이 두 문(門)은 자성을 일깨워 궁극에 불도를 성취한다는 근본입장에서 보았을 때 차별이 없습니다. 단지 밟아가는 길에 차이가 있을 뿐입니다.

첫째는 남의 정토에 들어가는 방법입니다.

다른 부처님의 품안에 자신이 들어가는 방법으로 이것을 타방정토(他方淨土)라 부릅니다. 마치 아이가 엄마 품안에 있는 것과 같습니다. 자신이 들어가고자 한 부처님의 명호(名號)

또는 그와 관련된 경전(經典), 주문(呪文) 등을 일념(一念)으로 염불독송(念佛讀誦), 신해수지(信解受持)합니다.

정토세계(淨土世界)는 우주 곳곳에 있습니다. 동서남북 사방, 간방, 시방 어디에나 불보살(佛菩薩)이 건립하고 있는 정토세계가 있습니다. 자신이 그곳에 태어나길 원하거나 또는 그 부처님의 보호를 받으면서 불도성취(佛道成就)하길 원(願)하면 지극정성(至極精誠)으로 염불(念佛)하면 됩니다.

어떤 상태의 지극정성이죠? 일념(一念)상태의 지극정성입니다. 일념(一念)으로 이어지는 염불독송이면 능히 그 부처님 나라에 갈 수 있습니다. 목숨이 끊기는 그 순간에 일념이 유지되어야 합니다. 죽는 그 순간, 그 찰나가 왕생정토(往生淨土)하는데 결정적인 역할을 합니다. 목숨이 사라지는 그 순간은 매우 고통스럽고 혼침한 상태에서 의식이 밝게 깨어 있기가 참으로 어렵습니다. 의식(意識)이 밝게 깨어 있을 때 일념(一念)의 유지가 가능합니다.

죽을 때 편안히 은은한 미소 지으면서 '안녕(安寧)'하고 떠날 때 왕생정토로 이어집니다. 살아 있을 때보다 더 좋은 곳으로 가니 당연히 즐거운 마음에서 기쁜 표정이 나타나는 것입니다. 만약 죽음에서 그렇지 못하면 그 사람은 왕생정토보다는 고통이 이어지는 윤회(輪廻)가 기다리고 있겠죠!

둘째는 자신의 정토를 건립하는 방법입니다.

유심정토(唯心淨土)입니다. 자신의 마음을 도량의 중심으로 삼아 불국토(佛國土)를 건립합니다. 이 정토세계는 자신뿐만 아니라 많은 선지식이 와서 함께 불도(佛道)를 성취하는 청정(淸淨)한 도량으로 선 수행자의 대부분이 선택한 길입니다.

유심정토의 선 수행자는 자신의 마음 안에 정토를 건립하고 있습니다. 새로운 하나의 나라를 건립한 것과 같습니다. 즉 법(法)의 나라를 세운 것입니다.

나라가 있으면 당연히 그 안에 사람이 있겠죠!

만약 다른 사람이 없는 혼자만 존재하는 나라라면 좀 그렇겠죠!

타방정토에 있는 선지식은 그 나라 안에 자신이 살집 한 채를 장만한 것과 같습니다.

이와 같이 모든 선 수행자는 각기 정토를 갖추고 있습니다. 그 정토가 독립된 나라 또는 어느 나라에 속해 있는 집으로 존재하고 있습니다. 비록 외형의 도습에는 차별이 있지만 불도(佛道)의 성취엔 차별이 없습니다. 자신에게 맞는 길을 선택하면 됩니다.

- **정법**(正法)

선 수행법을 정법(正法) 또는 불법(佛法)이라 하며, 약칭으로 선법(禪法)이라 합니다.

선법(禪法)을 닦는 목적은 아뇩다라삼먁삼보리를 성취하는데 있습니다. 아뇩다라삼먁삼보리를 약칭으로 보리(菩提)라 하며, 보리를 성취하는 마음을 보리심(菩提心)이라 하고, 보리를 성취하는 길을 보리도(菩提道)라 합니다.

정법은 바로 보리도를 뜻합니다. 정법은 불법승(佛法僧) 삼보의 법(法)에 해당합니다.

큰마음에서 보았을 때 우주 삼라만상의 일체법(一切法)이 정법 아닌 것이 없습니다.

왜냐하면 보리도는 상대성(相對性)을 초월한 불이법문(不二法門)이기 때문입니다.

불이법문(不二法門)은 정(正)과 사(邪)의 상대적인 개념을 초월해서 존재합니다.

선 수행자는 《유마경》을 공부할 때 경문의 가르침을 받아들이면서 경문의 문자에 집착하지 않습니다.

문자를 통해 경문의 이치를 체득하면서 동시에 문자개념의 틀을 방하착(放下着)합니다.

이와 같이 경전공부 했을 때 경문의 가르침이 자신의 선 수행에서 정법(正法)으로 작용합니다.

- **사자후**(獅子吼)

선 수행정신을 일깨우는 가르침을 사자후라 합니다. 자신에게 정법으로 와 닿으면 그것은 곧 사자후입니다. 인도에서 동물 중에 사자가 으뜸입니다. 사자는 다른 어떤 짐승도 두려워하지 않습니다. 그래서 마음 놓고 소리 낼 수 있습니다.

무엇에 구애 받음 없이 정법(正法)을 드러내는 가르침을 사자후라 합니다. 만약 우리나라처럼 사자가 없는 곳에서 부처님의 가르침이 발현되었다면 아마도 호후(虎吼)라 했을 것입니다. 즉, 호랑이의 목소리에 비유했겠죠!

선 수행에 필요한 많은 가르침이 형상을 예로 들어 표현하고 있습니다. 선 수행자는 그 형상이 지닌 의미를 받아들이면서 그 형상의 모양에 집착하지 않습니다.

선 수행에 주요정신인 자비(慈悲)·지혜(智慧)·만행(萬行)을 관세음보살, 문수보살, 보현보살과 연관시켜 선 수행정신을 선양하고 있습니다. 선 수행자는 그분들을 통해 자신의 수행정신을 일깨우며 그러한 의미상징에 얽매이지 않습니다. 왜냐하면 그것은 선 수행개념을 일깨우기 위해 관음, 문수, 보현을 드러낸 것이며 그분들의 이름과 형상 그 자체가 중요한 것이 아니기 때문입니다.

부처님 또한 마찬가지입니다. 그분께서 보리도를 성취할 수 있는 훌륭한 가르침을 체계화하셨기에 그러한 정신을 존경하고 배우는 것이며, 그러한 보리도를 성취하는 법(法)을 만들었기 때문에 의지하는 것이 아닙니다. 왜냐하면 보리도란 부처님이 드러내 보였던 것과는 상관없이 항상 그대로이기 때문입니다.

부처님께서 만드신 선 수행법은 하나도 없습니다. 단지 원래 있던 것을 드러내 보이셨습니다. 그래서 부처님을 선각자(先覺者)라 칭합니다. 먼저 보리도를 깨달으신 분이란 뜻입니다. 만약 사람과 법을 묶어 현실로 존재하는 실체로 형상화시키면 그것은 곧 미신입니다. 선 수행자의 올바른 마음가짐이 아닙니다.

● **시방세계**(十方世界)

공간을 표시할 때 사용하는 용어입니다. 우주와 같은 의미입니다. 우주가 공간 전체에 중심의미가 있다면, 시방세계는 우주 곳곳에 형성되어 있는 국토에 중심의미가 있습니다.

시방(十方)이란 열군데 방향을 의미하며 동(東), 서(西), 남(南), 북(北), 동남(東南), 동북(東北), 서남(西南), 서북(西北) 그리고 상(上), 하(下)입니다. 입체적인 모든 공간(空間)을 의미합니다.

수없이 많은 불보살이 시방 곳곳에 정토세계를 건립하고 있습니다. 석가모니불이 세운 지구의 사바정토세계도 그중에 하나이며, 서쪽 저 멀리 있는 서방극락세계도 그중에 한 정토입니다. 정토세계마다 그 정토를 건립한 선지식의 인연(因緣) 따라 다양한 수행법이 전개되어 있으며, 그에 상응(相應)하는 중생이 동참하여 함께 불국토(佛國土)를 형성하고 있습니다.

우리는 석가모니 부처님이 펼친 수행법으로 보리도(菩提道)를 실천하고 있으며, 《유마경》 공부하는 선지식은 그중에서 선 수행법을 선택해 불이법문에 들어가고 있습니다.

사바정토세계 안에서도 시대와 장소에 따라 석가모니 부처님이 체계화한 수행법을 그 시대의 장소와 문화에 맞게 새롭게 정리한 선지식들이 크고 작게 다양한 회상(會上)을 건립하여 그에 상응하는 중생과 함께 하고 있습니다.

이처럼 정토세계는 복합적으로 겹겹이 다양하게 전개되어 있으며, 이것을 중중무애(重重無碍)라 표현합니다. 보리도를 구하는 수행자는 자신에게 맞는 수행법을 찾아 우주법계(宇宙法界)을 행각(行脚)합니다. 작게는 우리나라 곳곳에 전개하고 있는 회상을 방문하여 선지식을 친견하고 자신과 상응한 수행법을 찾습니다.

자신과 부합된 바가 없으면 눈을 더 크게 뜨고 나라 밖으로 찾아 나섭니다. 옛날에는 법(法)을 찾아 주로 당나라에 모여 들었고, 지금은 인도, 버마 등지에서 선법(禪法)을 찾습니다.

이와 같이 다양한 회상과 선지식을 방문하여 수행력을 향상하는 수행정신이 《유마경》에도 잘 전개되어 있습니다.

석가모니 부처님께 가르침을 받기 위해 우주 곳곳에서 모여든 수행자들이 유마대사와 문수보살의 법담(法談)에서 수행력을 향상하기 위해 문수보살을 따라 유마대사의 집으로 떠납니다. 이것은 객관적으로 보면 석가모니불의 설법을 듣기 위해 모인 대중이 석가모니불이 아닌 다른 선지식의 설법을 듣기 위해 떠난 것입니다.

만약 자신이 《유마경》을 강의하는데 그 법을 듣기 위해 모인 대중이 법문을 막 시작했는데, 이웃 도량에서 어떤 선지식이 정말 좋은 설법을 한다는 소식을 듣고 자리에서 일어나 그곳으로 떠났다면 법문하고 있는 선지식의 마음이 어떻겠습니까?

또 설법 중에 자리에서 일어나 다른 곳으로 떠날 때 마치 쥐구멍으로 들어가듯 사라지겠죠? 이것은 인지상정(人之常情)에서 법을 설하고 법을 듣기 때문입니다. 선 수행법은 출세간(出世間)의 무위정신(無爲精神)에서 설법(說法)하고 청법(聽法)해야 됩니다.

유마회상에 모인 대중은 유마대사와 문수보살이 전개하는 불이법문(不二法門)에 심취하여 시간 가는 줄 모릅니다. 점심시간이 되었습니다. 유마대사는 지구 밖 저 멀리 있는 중향국에서 향적여래로부터 향기로운 맛난 음식을 구해 옵니다.

그때 향적여래의 가르침을 받으면서 선 수행하고 있던 구백만 명의 선지식이 석가모니 부처님을 친견하고 가르침을 받기 위해 유마회상에 따라옵니다. 그 인연으로 무진법문(無盡法門)이라는 선 수행에 절실히 필요한 좋은 가르침을 받고 돌아갑니다.

이와 같이 선 수행자는 시방세계를 행각(行脚)의 범주로 삼고 정진해야합니다.

경전의 말씀처럼 선 수행자는 법(法)을 따라 움직이며, 사람의 그림자를 붙잡지 않습니다.

- **도반(道伴)**

함께 선(禪) 수행하는 관계(關係)를 도반이라 합니다. 보리도(菩提道)를 성취할 때까지는 생명(生命) 자체(自體)가 불완전(不完全)하기에 뜻 맞는 수행도반(修行道伴)이 있으면 정진력 향상에 큰 도움이 됩니다. 도반은 선 수행자의 네 가지 필수구비 조건 중에 하나입니다.

좋은 도반을 찾을 때 먼저 자신이 도반과 함께 선 수행할 수 있는 덕목(德目)이 갖추어 있는지 확인합니다. 만약 자신에게 도반과 함께 정진하는 덕행(德行)이 갖추어 있지 않은 상태에서 도반의 인연(因緣)이 맺어지면 도반관계가 도리어 두 사람의 선 수행에 방해될 수 있습니다.

선 수행도반의 덕목은 다음과 같습니다.

1. 정진(精進)의 배려(配慮)입니다.

정진이 항상 잘 되진 않습니다. 어느 땐 마음이 산란하여 앉아 있기도 힘듭니다. 이때 도반의 마음을 잘 알아 그러한 심정에서 빨리 벗어날 수 있도록 좋은 방법으로 기분전환을 도와 빨리 정상적인 정진에 들어설 수 있게 합니다.

어느 땐 도반수행자가 정진이 순일(純一)하여 세 시간 좌선한 다음 방선시간(放禪時間)에도 자리에서 일어나지 않습니다. 그때 그 분위기가 잘 유지되어 도반의 정진력(精進力)이 향상되도록 돕습니다.

2. 습관(習慣)의 배려(配慮)입니다.

사람마다 습관이 다릅니다. 도반의 인연(因緣)이 되어 함께 정진하지만 여러 가지 면에서 생활습관이 서로 다를 수 있습니다. 도반관계가 잘 유지되는데 상대의 습관에 맞춰주는 배려는 매우 중요합니다.

3. 말을 적게 합니다.

말이 많으면 반드시 도반의 마음을 거슬리게 하는 내용이 들어 있습니다. 말을 많이 해서 입으로 기운을 소모하면 정진에 큰 손해입니다. 깊은 선정(禪定)에 들어가려면 건강한 몸과 지혜로운 마음이 뒷받침 되어야합니다.

선 수행에서 건강한 몸이란 원기(元氣)가 하단전 부위에 충만해 있어 좌선할 때 허리가 자연스럽게 펴지고 전신의 기운이 원활한 것을 뜻합니다. 좌선 중에 다리가 아프고 허리가 굽히며 몸이 가볍지 못한 것은 하단전 부위의 기운부족 때문입니다.

나이가 중년에 접어든 선 수행자의 경우 말을 더욱 적게 해야 합니다. 나이가 들수록 생명의 중심기운이 쉽게 위로 상승합니다. 나이가 많아지면 말이 많아지는 것도 이 때문입니다. 말을 아껴야합니다. 노년의 선 수행자는 더욱 그렇습니다. 말할 때 의식분별(意識分別)이 끊임없이 일어납니다.

선 수행은 일념(一念)의 경지(境地)에 몰입하는 것이 첫 번째 관문입니다. 의식분별이 적을수록 일념에 몰입은 그만큼 쉽습니다. 말이 많으면 자신의 의식도 산란(散亂)해질 뿐만 아니라 도반의 마음을 함께 혼란(混亂)하게 만듭니다.

4.하심(下心)합니다.

도반에게 무엇을 가르치려 들지 않습니다. 도반보다 더 잘 알고 있는 내용이라 할지라도 가르치려 들지 않습니다. 가르치는 것은 스승이 하는 역할입니다.

인격적으로 평등한 관계의 도반입장에서 가르치려하면 상대가 그것을 받아들이지만 내심(內心) 만족스럽지 않습니다. 그 말에 수긍하지만 진심으로 받아들이지 않는 경우 심기가 상하게 되어 도반의 우의(友誼)가 파괴되기 쉽습니다.

이치에 맞는 말이라 해서 그것이 꼭 상대에게 도움 되는 것은 아닙니다. 상대의 마음을 헤아리지 못하고 이치로만 상대방을 일깨우려하면 역반응이 일어납니다. 이와 같이 상대의 마음상태를 고려하지 않고 말하는 것을 지혜가 없는 방편이라고 《유마경》에서 일깨우고 있습니다.

지혜가 없는 방편은 도리어 상대를 헤칠 수 있습니다.

지혜가 없는 방편의 잘못을 저지르는 것은 덕(德)이 부족하기 때문입니다.

덕(德)이 부족하면서 체득되는 이치가 있으면 바로 아상(我相)으로 이어집니다.

아상(我相)은 자신의 선 수행을 다람쥐 쳇바퀴 돌듯 헛되게 만들뿐만 아니라 다른 사람의 선 수행을 직접적으로 방해합니다.

선 수행을 율행(律行)이라 표현합니다. 율행의 실천은 아상을 내려놓는 정진으로부터 시작합니다. 율행의 파괴는 아상을 만들어가는 집착으로부터 비롯됩니다.

도반관계의 첫째가 하심(下心)입니다. 하심(下心)의 정진에서 아상의 집착이 사라집니다.

● 선(禪) 수행(修行)

선(禪)은 보리도(菩提道)를 성취하는 수행법 중에 하나입니다.

불교역사에서 바라보면 석가모니 부처님이 계실 때 보리도를 성취하기 위한 수행법은 선법(禪法)이 전부였습니다. 부처님 또는 스승에게 가르침을 받으면 홀로 좌선(坐禪)하면서 그 이치를 체득합니다. 좌선을 연좌(宴坐)라 표현합니다.

시간이 흐르면서 수행방법이 드러난 지금은 수많은 다양한 수행법이 전개되고 있습니다.

원래는 이 책 명칭으로 '보리도 수행을 돕는 유마경공부'라는 구호가 맞는데, 이미 다양한 문(門)의 수행법이 드러난 상태여서 부득이 보리도(菩提道) 대신 선(禪)의 명칭을 사용했습니다.

　《유마경(維摩經)》의 불이법문(不二法門)은 선(禪), 염불(念佛) 등 어떠한 수행법의 정진에도 크게 도움 되는 가르침입니다. 같은 한 부의 경전이지만 보리도의 성취를 향한 모든 수행자를 이롭게 하는 가르침이 내재되어 있습니다.

　다양한 수행법은 눈으로 볼 수 있게 드러난 도로(道路)와 같습니다. 예를 들어 지리산 천왕봉을 등산한다 할 때 전국 어디에서든 출발이 가능합니다. 물론 세계 어느 곳에서 출발해도 천왕봉에 오를 수 있습니다. 단지 길이 다릅니다. 길이 있으면 그에 알맞은 길잡이의 안내서가 있게 됩니다. 아직 안내서가 나오지는 않했어도 그러한 길은 존재합니다.

　어떤 사람이 부산에서 출발하여 천왕봉을 가는데, 광주에서 출발해서 천왕봉에 도착하는 지도를 참고한다면 안내와 등산이 잘 부합될 수 없습니다.

　《유마경》 안에는 어떤 방법으로 수행해도 그 수행법에 부합될 수 있는 가르침이 내재되어 있습니다. 그러나 그 가르침은 원리(原理)로 함축되어 있어, 그것을 활용하려면 수행자가 실제로 참고할 수 있는 언어(言語)로 표현해야 합니다. 예를 들면 선 수행자에게 도움 되는 언어의 표현방식이 있고, 염불 수행자에게 도움 되는 언어의 표현방식이 있습니다.

　그 밖에 다른 수행법으로 정진하는 수행자에게 도움 되는 언어의 표현방식이 있습니다.

　비록 《유마경》의 원리는 같지만 그것을 현실 수행에서 활용할 수 있게 일단 언어로 표현하게 되면 각기 다른 모습의 색깔로 표현되어집니다.

　이미 달라진 언어의 표현은 마치 천왕봉에 오르는 지도와 같습니다. 어느 길을 택하느냐에 따라 그 주변모습과 가는 방법이 달라집니다. 고정된 색깔이 형성된 것입니다.

　어느 수행법에 부합된 가르침으로 이미 표현되어진 경전내용은 그 수행법으로 정진하는 선지식이 보리도(菩提道)를 성취하기 위한 길잡이로 삼기에 적합하며, 그 밖에 다른 수행법으로 정진하는 선지식이 길잡이로 삼기에는 적합하지 않습니다.

　만약 어느 한 수행법에 부합된 방법으로 표현하지 않고 어떤 수행법에나 모두 해당될 수 있게 전개할 경우 그것은 원래 있는 《유마경》의 본래 원리와 같아 큰 지혜가 아니면 그것을 길잡이 삼아 불이법문에 들어가기가 쉽지 않습니다.

　이 책은 선 수행자가 길잡이로 삼기에 적합할 수 있는 언어방식으로 표현했습니다.

　수행(修行)은 닦아 행(行)한다는 의미와 행(行)을 닦는다는 의미로 나누어 이해할 수 있습니다. 궁극적으론 보리도를 성취한다는 같은 의미입니다.

'닦아 행한다.'할 때 무엇을 닦는가?

이 무엇에 해당하는 것이 도(道)입니다. 보리도(菩提道)입니다.

'행(行)을 닦는다.'할 때 행(行)은 보살행(菩薩行)입니다. 보살행은 자리이타의 실천으로 역시 보리도(菩提道)를 바탕으로 이루어지는 보살의 수행입니다.

보살을 이 책에서 선지식 또는 큰마음의 수행자로 표시할 때가 많습니다. 그것은 대승(大乘)과 소승(小乘)의 명칭에서 오는 편견의식을 방지하기 위해서입니다.

'법무고하(法無高下): 모든 법이 평등하다.'의 가르침은 불법(佛法)에 있어서 공용되는 문장입니다. 어느 경전에서도 쉽게 찾아볼 수 있는 가르침입니다. 그런데 선 수행자가 대승과 소승이라는 용어를 접할 때 그것을 쉽게 법에 높고 낮음이 있는 것처럼 오해하게 됩니다.

법의 다양함을 드러내고 있는 것은 근기(根器)에 상응하기 위해서입니다. 사람마다 근기가 다릅니다. 이때 사람마다 근기가 다르다는 말에 미혹(迷惑)되어 사람마다 이미 고정화된 근기가 있는 것으로 착각합니다. '이 사람은 상근기, 저 사람은 하근기'처럼!

그렇지 않습니다. '법무정상(法無定相)'의 가르침처럼 법(法)에는 고정화된 상(相)이 없습니다. 사람 역시 법에 포함됩니다. 한 사람 안에 최하근기에서 최상근기의 기운이 모두 내재되어 있습니다. 만약 사람마다 고정된 근기의 차별성이 존재한다면 혜능선사가 주장하신 '최상근기(最上根器)라야만 불성(佛性)을 일깨울 수 있다.'는 가르침에 의해 최상근기가 아닌 사람은 영원히 성불할 수 없게 됩니다.

그러나 '모든 중생이 성불할 수 있다. 왜냐하면 모든 중생이 불성을 갖추고 있기 때문이다.' 이와 같은 부처님 말씀에서 알 수 있는 것처럼 모든 사람은 불성을 일깨울 수 있는 최상근기의 기운을 내재하고 있습니다. 단지 때에 따라 그 사람의 업력(業力)에 의해 그에 상응(相應)하는 근기의 기운이 작용하고 있을 뿐입니다.

이와 같이 선 수행자는 항상 자신의 최상근기를 일깨워야 합니다. 이것이 큰마음이며 보리도를 성취하는 보리심(菩提心)입니다.

• 삼보(三寶)

불법(佛法)이 세상에서 지혜등불 역할을 하는데 반드시 필요한 세 가지 요소가 있는데 바로 불(佛) · 법(法) · 승(僧)입니다.

불(佛)은 석가모니불, 시방세계불, 법신불을 뜻합니다.

첫째 석가모니불(釋迦牟尼佛)은 불법(佛法), 특히 선법(禪法)을 이 세상에 드러내어 세상사람 누구나 실천하여 법신(法身)을 체득할 수 있는 깨달음의 가르침으로 체계화하신 분입니다.

둘째 시방세계불(十方世界佛)은 시방세계 곳곳에서 정토를 건립하여 중생을 제도하는 제불(諸佛)입니다. 제불은 우주에 계시는 모든 부처님을 뜻합니다. 아미타불, 향적불, 약사여래불 등 모든 여래(如來)가 여기에 속합니다. 물론 석가모니 부처님도 제불 속에 포함됩니다.

셋째 법신불(法身佛)은 법신(法身)을 뜻합니다. 부처님 마음뿐만 아니라 모든 중생(衆生)의 마음을 뜻합니다. 이때 마음이란 사물에 접하면서 의식의 분별로 형성된 마음이 아니라 삼세윤회(三世輪廻)에 얽매이지 않는 항상 여여부동(如如不動)한 본성(本性)을 의미합니다. 누구나 본성이 있습니다. 본성은 자성(自性)으로 불성(佛性)을 뜻합니다.

불(佛)을 한 개인이 수행성취(修行成就)한 입장에서 보았을 때 법신불(法身佛), 보신불(報身佛), 화신불(化身佛)로 나눕니다.

생사윤회와 상관없이 항상 여여부동(如如不動)한 자신을 법신불이라 하고, 수행의 공덕으로 성취한 자신의 모습을 보신불이라 하며, 중생제도를 위해 나타내는 자신의 모습을 화신불이라 합니다. 일반적으로 불(佛)자를 생략하여 법신, 보신, 화신이라 칭합니다.

법(法)은 법신체득(法身體得)을 돕는 가르침입니다.

불법(佛法)을 의미하며, 선 수행자에게 있어서 불법(佛法)은 곧 선법(禪法)입니다.

승(僧)은 불(佛)의 혜명(慧命)을 받들어 세상 사람에게 법(法)을 가르치는 스승입니다.

선 수행자의 통일된 스승은 석가모니 부처님입니다. 석가모니불이 체계화한 가르침을 근본(根本)으로 삼아 그 시대와 환경에 맞게 보급하는 선지식 역시 법(法)의 스승으로 승(僧)에 속합니다.

선법(禪法)은 이심전심(以心傳心)으로 이어집니다. 이심전심이란 스승의 마음에서 제자의 마음으로 혜명의 지혜등불이 이어지는 것을 뜻합니다. 눈 밝은 스승이 없으면 혜명을 이어갈 선지식이 드러나기 쉽지 않습니다. 물론 경허선사처럼 스승 없이 홀로 정진해서 불도(佛道)를 성취한 선지식도 계십니다.

혜명(慧命)은 곧 법(法)입니다. 혜명정신에 의해 불법(佛法)이 계승됩니다.

선 수행자의 입장에서 불법(佛法)을 선법(禪法)이라 합니다. 선 수행을 돕는 가르침입니다.

스승은 혜명정신(慧命精神)으로 선법(禪法)을 누군가에게 계승(繼承)시키는 선지식을 의미합니다. 승(僧)에 의해서 법(法)이 세상 사람과 상응(相應)할 수 있습니다.

승(僧)을 중(衆)으로 표현하여 불법승(佛法僧)을 불법중(佛法衆)으로 표기할 때가 많습니다. 그것은 승(僧)의 의미를 내면의 발보리심한 출가정신(出家精神)이 아닌 외형의 출가수행자 모습으로 단정해서 인식하는 잘못을 방지하기 위해서입니다.

큰마음을 일깨우는 선 수행자는 승(僧)에 제한되어 있지 않습니다. 발보리심(發菩提心)한 선지식은 모두 승(僧)입니다. 발보리심해서 보리도(菩提道)를 성취한 선지식은 곧 스승인 불(佛)입니다. 승속의 모습에 관계없습니다. 마치 문수보살과 관세음보살·보현보살 등이 재가수행자(在家修行者)의 모습이고, 지장보살·지세보살 등이 출가수행자(出家修行者) 모습인 것처럼!

우리는 그분들의 승속의 겉모습에 분별하지 않고 그분들의 거룩한 수행력을 존경하며 따르고 배웁니다. 선 수행자에게 있어서 모든 법은 평등(平等)합니다.

법에 평등한 마음으로 선 수행했을 때 정진력이 향상되어 출가 수행자를 대하면 그에 맞는 예절을 갖추게 되고, 재가수행자를 대하면 역시 그에 부합된 예절을 갖춥니다. 그 행동 양식에 분별하지 않습니다. 청정한 마음 따라 몸의 모습은 자연스럽게 이루어집니다.

- **마구니와 외도**

선 수행에 방해되는 요소를 마구니 또는 외도라 표현합니다.
외도와 마구니의 차이는 다음과 같습니다.

- **외도**(外道): 유위법(有爲法)을 뜻합니다. 넓은 의미에서 그러한 가르침을 따라 수행하는 선지식이 포함됩니다. 어떤 수행의 가르침이든 자신의 입장에서 보았을 때 자신이 실천하고 있는 법이 도를 성취하는 최고의 가르침이라 단정하기 쉽습니다. 그러한 관념(觀念)에 의해 자신의 가르침은 정법인 반면 그 밖의 가르침은 외도에 해당된다고 생각합니다.

다른 가르침을 실천하는 선지식은 불법(佛法)을 외도라 합니다. 마찬 가지로 불법(佛法)의 입장에서 불법(佛法) 이외의 가르침은 모두 외도라 표현합니다.

이와 같이 정법(正法)과 사법(邪法), 불법(佛法)과 외도(外道)는 사람의 마음에서 변화하는 생각의 환상(幻想)입니다. 선 수행자는 환상(幻想)에 미혹(迷惑)되지 않고 항상 깨어 있어야 합니다. 그러기 위해 열심히 정진(精進)합니다.

어떤 정진이죠? 지혜등불로 밝게 빛나는 정진입니다.

- **마구니**: 크게 마장(魔障)과 마왕(魔王)으로 나누어 표현합니다.

마장은 업장(業障)으로 자신 내면에 내재된 선 수행에 방해되는 요소를 뜻합니다. 크게 번뇌장(煩惱障)과 소지장(所知障)이 있습니다. 마왕은 외부에 존재하는 자신의 선 수행에 방해되는 요소입니다. 자신의 선 수행에 가장 큰 방해는 보이지 않는 저 하늘나라의 신(神)이 아니라 자신과 항상 가까이 접하는 사람입니다.

접(接)한다는 것은 직접 몸으로 보고 듣고 접촉하는 것뿐만 아니라 상대가 함께 살든 아니면 이미 세상에 존재하지 않는 고인이든 자신의 마음속에 생각으로 일어나는 원친관계(遠親關係)를 의미합니다.

너무 좋아하면 보고픈 생각에 소유(所有)하는 애착심(愛着心)이 생겨 선 수행에 방해되고, 너무 싫어하면 미워하는 생각에 배척(排斥)하는 증오심(憎惡心)이 생겨 선 수행에 방해됩니다.

달마(達摩)선사의 선법(禪法)을 혜가(慧可)선사를 통해 이어받은 승찬(僧璨)선사는 '좋아하고 미워하는 증애심(憎愛心)만 없으면 도(道)는 자연스럽게 발현된다.'고 《심신명(信心銘)》 서두에서 밝히고 있습니다.

지도무난(至道無難)　도와 계합된 인생
유혐간택(有嫌揀擇)　분별을 꺼릴 뿐
단막증애(但莫憎愛)　증애만 없으면
통연명백(洞然明白)　항상 그대로이네.

좋아하고 싫어하는 관계는 언제든 변화될 수 있습니다. 가까웠던 사이가 무엇인가의 원인에 의해 관계가 악화되면 선 수행에 방해되는 정도는 그만큼 커집니다. 원친(遠親)의 관계가 직접적으로 선 수행에 방해되는 것은 아닙니다. 그러한 관계에서 비롯된 분별의식이 끊임없이 생각으로 일어나기 때문에 선 수행에 방해됩니다.

선 수행자는 그러한 생각이 일어나게 된 사물의 원인을 없애려 하기에 앞서 먼저 자신의 마음속에 형성되어 있는 인간관계의 고정관념(固定觀念)을 정화(淨化)해야 합니다.

사회현상으로 고정화된 인간관계를 초월해서 선 수행이 이뤄졌을 때 세속(世俗)에서 세상사(世上事)와 함께하지만 그 틀 속에 얽매이지 않고 선 수행을 순일(純一)하게 이어갈 수 있습니다.

- 청정(淸淨)

법신(法身)을 청정한 몸이라 표현합니다. 이때 몸은 마음과 같은 의미입니다.

청정한 국토 역시 같은 의미입니다. 왜냐하면 청정(淸淨)이란 사물의 현상변화와 상관없이 항상 여여(如如)한 사물의 본성(本性), 즉 실상(實相)을 뜻하기 때문입니다.

청정한 수행 역시 같은 의미입니다. 보리도(菩提道)를 성취하는 여일(如一)한 정진(精進)은 곧 청정한 수행입니다. 법신(法身)과 계합(契合)하는 일체 행위(行爲), 일체 현상(現象)을 청정한 모습이라 표현합니다. 그것이 행위처럼 움직이는 동(動)의 상태이든, 현상처럼 고요한 정(靜)의 상태이든 법신(法身)과 상응(相應)하는 모습은 곧 청정(淸淨)입니다.

선 수행자는 청정(淸淨)을 위와 같이 표현하고 인식합니다. 더 나아가 일체만물(一切萬物)이 모두 청정하다고 생각합니다. 왜 그렇죠?

모든 법이 평등(平等)한 성공(性空)의 경지(境地)에서 대도(大道)와 계합하기 때문입니다.

- 무애(無碍)

걸림 없는 행(行)을 뜻합니다. 몸의 행위와 마음의 움직임을 모두 행(行)이라 표현됩니다. 무애는 일반적인 의미에서 지혜와 신통력을 갖춘 선지식이 중생을 이롭게 할 때 자유자재하는 모습을 의미합니다. 그 중에서 막힘이 없는 변재로 중생의 마음을 일깨우는 변재무애(辯才無碍)를 첫 번째로 꼽고 있습니다. 이것은 일반적으로 언어(言語)를 통해서 발보리심(發菩提心)의 마음을 일깨우기 때문입니다. 무애의 애(碍)는 애(礙), 애(閡)로도 통용됩니다.

- 해탈(解脫)

다양한 종류의 해탈이 있습니다. 일반적으로 보리도(菩提道)의 성취를 해탈이라 합니다.

해탈은 오도(悟道), 득도(得道), 견성(見性) 등과 같은 의미이며 번뇌(煩惱)에서 벗어나 열반(涅槃)에 든 것을 의미합니다. '해탈(解脫)'은 글자에서 보는 것처럼 벗어나다는 의미가 강합니다. 무엇에서 벗어난다는 것이죠? 얽매임에서 벗어난다는 뜻입니다.

무엇에 얽매여 있죠? 번뇌에 얽매여 있습니다.

번뇌가 무엇이죠? 전도망상(顚倒妄想)입니다. 즉, 잘못된 생각입니다.

- **정념**(正念)

올바른 생각입니다. 생명은 순간순간의 생각이 이어지면서 지속됩니다. 생각이 모여 분별의식이 형성됩니다. 찰나(刹那)의 생각들이 순일(純一)하게 이어지는 것을 일념(一念)의 상태라 하며, 선정(禪定)에 들었다 합니다. 일념(一念)은 정념(正念)을 바탕으로 성취됩니다.

- **선정**(禪定)

선 수행자에게 선정(禪定)은 끊임없이 인식되는 개념(概念)입니다.
어떻게 선정에 들지?
선정의 상태가 어떻지?
내가 지금 선정의 상태인지, 아니면 잡념의 상태인지?
선정의 정도를 잘 가고 있는지, 아니면 주화입마에 빠져들고 있는지?
선정과 일반의식은 무엇을 기준해서 나누어지지?
왜 선정에서 지혜가 발현될 수 있지?

선 수행자를 일반적으로 선정의 수행자로 인식하는 경우가 많습니다. 그것은 선(禪)과 선정(禪定)이 매우 가깝게 느껴지며, 또한 선 수행자 자신이 선정 중에 정신세계에 와 닿는 경계(境界)에 관심이 많기 때문입니다.

사실 선 수행자에게 선정(禪定)은 과정에 불과합니다. 목적지 또한 아닙니다. 그러나 선 수행자가 선정의 놀이에서 헤매고 있는 경우가 많으며, 이때 자신은 선정의 깊은 경지에서 큰 지혜를 닦고 있다고 잘못 인식합니다. 왜 그렇죠?

삼라만상의 끝없는 변화가 선정의 상태에서 모두 나타날 수 있습니다. 만약 그러한 현상을 모두 맛보려한다면 수천억 년을 선정에 들어 있어도 시간이 부족합니다. 이처럼 선정이란 다양한 현상이 나타나는 마음의 틀입니다. 마치 거울에 비추어지는 다양한 현상과 같습니다. 그와 같이 틀 지워지기 때문에 그러한 현상이 나타납니다.

지혜(智慧)란 그러한 틀에서 벗어나 자재할 수 있게 돕는 힘입니다. 마음이 무엇인가에 틀에 맞추면 그것은 이미 얽매임이 됩니다.

혜능선사가 강조한 정혜쌍수(定慧雙修)는 선정과 지혜를 함께 닦는 수행법입니다. 고요히 앉아 있을 때뿐만 아니라 말하고 잠자는 평소 생활에서 정(定)속에서 지혜가 항상 발현되는 것을 뜻합니다. 선정에서 앉아 있고 일어나 움직일 때도 선정의 상태가 유지됩니다. 이것은 몸이 어떤 상태에서도 항상 여여부동한 법신과 계합되어 있는 것을 의미합니다.

생(生)으로 몸이 만들어집니다. 사(死)로 몸이 없어집니다. 태어날 때 미혹되어 법신을 망각하고 살아가며, 죽을 때 미혹되어 법신을 망각한 채 생사윤회를 이어갑니다.

선정에서 법신과 계합합니다. 깊은 선정에서 법신과 계합된 상태를 유지합니다. 항상 선정의 상태에서는 법신을 망각한 생사윤회가 존재하지 않습니다.

《유마경》공부에서 큰마음을 일깨워 법신과 계합하는 이치를 체득합니다. 선정에서 지혜가 발현되며 지혜의 힘으로 큰마음이 일깨워집니다. 깊은 선정에서 큰 지혜가 발현합니다. 큰 지혜는 큰마음을 뜻합니다. 법신은 큰마음에서 자연스럽게 계합됩니다.

선 수행자는 큰마음을 일깨우는데 정진의 목적을 두어야 합니다.

《유마경》의 전체 줄거리가 선 수행자의 큰마음 일깨우는 방편설법입니다.

- **변재(辯才)**

법신의 법은 마음으로 상응하여 형상으로 드러나지 않기에 그것을 선 수행의 길잡이로 삼기 어렵습니다. 법신과 상응한 선지식이 남긴 가르침을 의지해서 수행합니다. 우리가 의지할 수 있는 그분들이 남긴 가르침은 말과 글의 언어를 모아둔 경전입니다.

이러한 경전의 가르침을 변재설(辯才說)이라 합니다. 변재설을 모아둔 경전이 없다면 선법(禪法)이 존재하기 힘들고, 선법이 없으면 우리처럼 큰마음을 일깨워 법신과 계합된 자재인생을 실현하려는 선 수행자 또한 존재하기 어렵습니다. 그래서 변재는 신통 중에 제일 신통입니다.

우리는 이러한 변재설을 모아둔 언어경전(言語經典)을 통해서 선문(禪門)을 알게 되었습니다. 처음 선 수행에 들어설 때, 선 수행을 이어갈 때도 역시 경전의 언어를 길잡이로 삼아 정진합니다. 큰마음을 일깨운 선지식들이 다양한 신통을 드러내 보이고 있지만 변재설(辯才說)만이 선 수행자가 깨달음으로 가는데 직접적인 인도자의 역할을 하고 있습니다.

변재는 곧 가르침으로, 변재에 의해서 선법(禪法)이 드러납니다.

어떤 선지식의 경우 불도(佛道)를 체득한 바 있지만 그것을 언어로 드러내 다른 사람의 길잡이 역할을 못하는 경우가 있습니다. 이때 '환히 알고 있는데 표현되지 않는다.'고 말씀하면서 매우 아쉬워합니다. 이것은 변재설(辯才說)의 신통을 갖추지 못했기 때문입니다.

변재설의 신통은 매우 중요합니다. 불교뿐만 아니라 많은 종교, 철학, 더 나아가 사회법에서도 이치가 맞고 틀리고를 논변의 승패로 결정합니다. 인도에서 대승불교가 발전하게 된 것도 논변에서 승리했기 때문입니다. 세상은 대부분이 말의 힘에 의해서 움직입니다.

선법(禪法)이 유지되고 보호되고 다른 사람에게 안심처가 되어주고 하는 모든 작용이 언어를 통해서 이뤄진다고 해도 과언이 아닙니다. 때문에 선 수행자는 자신의 체득한 바를 언어로 표현해서 드러낼 수 있는 변재설을 갖춰야 합니다.

이러한 변재설은《유마경공부》에서 자연스럽게 체득됩니다.

• 방편(方便)

방편이란 중생을 이롭게 하기 위해 사용하는 방법 또는 행위를 뜻합니다.

방편의 뜻은 매우 광범위합니다. 크게는 모든 불법(佛法)이 방편입니다. 방편설법(方便說法)입니다. 팔만사천법문이 모두 방편설법 아닌 것이 없습니다. 왜냐하면 중생을 이롭게 하는 가르침은 모두 방편이기 때문입니다.

왜 방편이죠? 고정된 법(法)이 없기 때문입니다. 변화한다는 뜻입니다. 일반적으로 지혜와 대칭된 의미로 사용합니다. 지혜로 내면의 법신(法身)을 체득하고 방편으로 외면의 세상을 이롭게 합니다. 내적 선 수행에서 선정과 지혜가 쌍두마차 역할을 하듯, 외적 선 수행에서 방편과 지혜가 쌍두마차 역할을 합니다.

《유마경》공부 또한 내면의 법신을 일깨우는 작용으로 상응하면 지혜이고, 외면의 중생을 이롭게 하는데 상응하면 방편입니다. 법(法)에 있어서 그것이 방편으로 작용하느냐, 지혜로 작용하느냐는 그 법과 상응하는 선 수행자에 따라 달라집니다.

이와 같이 법(法)은 고정화된 상(相)이 없습니다. 그래서 방편입니다.

• 무소득(無所得)

법(法)이란 얻어지는 바 그 무엇이 없으며 얻을 바 그 무엇도 없는 선 수행경지의 의미를 뜻합니다. 법(法)의 이치가 '무소득(無所得)'이기에 그와 같은 '무소득(無所得)'의 선경(禪境)이 존재합니다.

선 수행에서 성취되는 법력(法力)은 얻어지고 잃어지는 그 무슨 현상도 존재하지 않습니다. 표현의 편리상 얻을 득(得)자와 길도(道)자를 써서 득도(得道)라 표현합니다. 마치 흘러가는 물건처럼 진실로 얻어서 남는 그 무엇이 존재하지 않습니다.

증득(證得) 역시 증(證)하여 득(得)한다는 뜻이지만 이 때 득(得)이란 깨달음의 경지를 언어로 표현하는데 있어 편리상 사용한 것입니다.

이러한 언어의 틀에 얽매일까봐 '언어에 집착하지 말라!'는 표현을 선 수행에서 많이 사용합니다. 언어(言語) 그 자체에 함정이 많습니다. 본래 언어로 표현할 수 없는 내용인데 부득이 설명하다보니 이러한 집착의 함정이 생깁니다. 그래서 부처님께서 '불가설(不可說)'이란 말씀을 자주 사용하셨습니다. '언어로 그러한 경지를 설명할 수 없다.'는 뜻입니다.

- **경지**(境地)

경지는 선 수행자 사이에 많이 사용되는 용어입니다.

'지금 선 수행의 경지가 어떻습니까?'

'그 경지의 맛이 어떻습니까?'

경(境)은 경계(境界)의 뜻으로 환경의 입장, 즉 공간의 입장에서 표현했으며, 지(地)는 심지(心地)의 뜻으로 마음의 입장에서 표현했습니다. 심지란 수행력이 쌓이는 곳으로, 마음을 곡물이 자라는 땅에 비유했습니다.

심지(心地)에서 일어나는 경계(境界)를 밝게 아는 것을 견지(見地)라 합니다. 그래서 견지를 지혜(智慧)로 표현합니다. 견지(見地)의 견은 정견(正見)의 뜻입니다. 경지(境地)가 보이는 대상이라면, 견지(見地)는 보는 대상입니다. 법신(法身)의 입장에서는 견지와 경지가 서로 다르지 않습니다. 모두 법(法)에 속합니다.

선 수행에서 나타나는 다양한 경계(境界)와 경지(境地)는 서로 다른 뜻입니다. 예를 들면 경지가 계단과 같다면 경계란 그 계단에서 나타나는 다양한 현상과 같습니다.

- **무생법인**(無生法忍)

불생불멸(不生不滅)의 법신(法身)을 인지(認知)하여 그 경지에 안주하는 것으로 선 수행에서 중요한 전환점에 해당합니다. 법신(法身)이 있다는 견고한 믿음에 의해 선 수행에 입문합니다. 법신이 있다는 것은 확신하지만 어떠한지 어디에 있는지 전혀 모르는 상태에서 그것을 찾기 위해 나섭니다. 마치 심우도(尋牛圖)에서 소를 찾듯!

이미 법신(法身)이 그러함을 확실히 안 것을 무생법인(無生法忍)이라 표현합니다.

심우도에서 먼저 소 발자국을 보고, 다시 꼬랑지를 보며, 몸통을 보고 점점 전체의 모습을 확연하게 보게 됩니다.

법신(法身)의 체득 또한 그러합니다. 예를 들면 법신(法身)을 보지만 그것이 그림자일 수도 있고, 막연한 모습일 수도 있고, 완전히 선명한 형상일 수도 있습니다. 그래서 법신을 체득하는 무생법인의 경지는 다양합니다.

- **경계(境界)**

경지(境地)의 용어해설에서 함께 설명했습니다.

선 수행에서 '경계(境界)에 부딪친다.'는 표현을 많이 사용합니다.

어떤 경계에 부딪치죠? 수도 없이 다양한 많은 경계입니다.

이러한 경계를 종합하면 크게 오음(五陰)의 경계로 함축할 수 있습니다.

오음과 오온(五蘊)은 같은 뜻입니다. 오음은 생명을 구성하고 있는 다섯 가지 요소로 색(色), 수(受), 상(想), 행(行), 식(識)입니다.

다섯 가지 중에서 색(色)은 몸에 해당하고 나머지 네 가지는 마음에 해당합니다.

다시 종합해서 말하면 선 수행에서 나타나는 모든 경계는 몸과 마음의 작용에 의해 나타나는 현상입니다. 이 중에서 처음 선 수행에 입문하면 주로 몸의 작용에 의해 나타나는 경계가 많습니다. 선정력(禪定力)이 점점 향상되면서 수(受), 상(想), 행(行), 식(識)으로 이어지는 경계가 많이 나타납니다.

- **수미산(須彌山)**

우주에서 우리가 살고 있는 지구가 포함된 큰 범주를 4주(四洲)라 하며, 4주의 중앙에 우뚝 솟은 산 이름을 수미산이라 합니다. 산봉우리에 제석천이 있고 중턱에 4천왕이 주석합니다. 선 수행은 우주를 무대로 이루어지는 정진입니다. 평소 시간과 공간(空間)에 대한 인식을 작은 틀보다는 크게 잡는 것이 좋습니다. 범주를 작게 인식하면 마음이 함께 작아져 작은 현상에도 쉽게 마음이 흔들립니다.

장자의 말씀처럼, 『나는 우주와 같다. 우주와 함께 태어났고 우주와 함께 생을 마친다.』는 호연지기(浩然之氣)의 기운으로 현실과 사물에 응해야 선 수행이 여여(如如)하게 이어질 수 있습니다.

경계란 끊임없이 다가옵니다. 어제 관계가 좋았다 해서 내일도 그것이 좋게 이어지는 것만은 아닙니다. 어제 잘 풀린 일이라 해서 내일도 그 일이 순조로운 것만은 아닙니다. 사람의 마음과 일은 끊임없이 변화합니다. 이러한 변화 속에서 우리는 보리도(菩提道)를 성취하고자 선 수행을 이어가고 있습니다. 때문에 항상 큰마음을 일깨워 평소 생활 속에서 유지해야 합니다.

• 연기(緣起)

인연생기(因緣生起)를 뜻합니다. 업감연기(業感緣起), 뇌야연기(賴耶緣起), 진여연기(眞如緣起), 법계연기(法界緣起) 등 다양한 표현이 있습니다.

선 수행자가 명확히 체득해야할 연기관(緣起觀)은 12연기(十二緣起)입니다.

석가모니불께서 연기법(緣起法)을 통해 대도(大道)를 성취하셨고 선법(禪法)의 중심개념도 바로 십이연기법(十二緣起法)입니다. 십이연기법은 생사윤회(生死輪廻)하는 열두 가지 과정의 인과법칙(因果法則)입니다.

열두 가지 순서는 다음과 같습니다.

1. 무명(無明)   2. 행(行)   3. 식(識)
4. 명색(名色)   5. 육처(六處)   6. 촉(觸)
7. 수(受)   8. 애(愛)   9. 취(取)
10. 유(有)   11. 생(生)   12. 노사(老死)

십이연기법에 대한 다양한 학설이 있습니다.

그 중에서 한순간에 12연기가 일어난다는 찰나인과연기설(刹那因果緣起說)과 삼계에서 생사윤회 하는 삼세인과연기설(三世因果緣起說)이 선 수행자에게 필요한 가르침입니다.

연기법이란
왜 태어났는가?
왜 살아가는가?
죽으면 왜 다시 태어나는가?
등 삶의 존재에 대해 규명한 생명원칙(生命原則)으로 선 수행자가 체득해야할 도리 중에 하나입니다. 인연화합(因緣和合)에 의해 십이연기의 생사윤회의 틀이 지속되고 있습니다.

법신(法身)이 공(空)한 이치를 확실히 체득하면 그때부터 윤회하는 인연화합의 틀에 얽매이지 않게 됩니다. 왜냐하면 법신(法身)은 인연화합을 초월했기 때문입니다.

인연화합은 사물의 모임입니다. 다양한 요소의 사물이 인연에 따라 모여 하나의 '나'라는 생명체(生命體)를 형성합니다.

무아(無我)의 경지에 들어가면 법신(法身)을 체득합니다.

무아(無我)란 인연화합으로 형성된 자아(自我)가 없는 상태입니다.

자아는 윤회의 주체(主體)로, 자아가 없으면 윤회하는 주체가 없습니다.

이러한 자아(自我)를 초월하여 무아지경(無我之境)에서 법신(法身)을 체득하는 이치를 십이연기설(十二緣起說)에서 성취할 수 있습니다.

• 사견(邪見)

옳지 않은 견해를 뜻합니다. 정견(正見)과 반대되는 개념입니다.

선 수행자가 말이 많으면 사견이 생겨나기 쉽습니다. 왜냐하면 말이 많다보면 그 말에 자신이 딸려가는 경우가 많습니다. 이것은 두 가지 원인 때문입니다.

하나는 선정력(禪定力)의 부족입니다. 정력(定力)이 깊지 못하면 의식이 맑고 밝게 깨어 있지 못해 말하면서 그 말의 본질을 쉽게 상실합니다.

또 하나는 말 그 자체가 선 수행의 세계를 제대로 표현해 낼 수 없습니다. 이것이 선 수행에 있어서 언어의 한계성입니다. 표현할 수 없는데 선의 세계를 표현하다보니 억지가 되어 올바른 견해를 드러내기가 쉽지 않습니다. 정견(正見)으로 선법(禪法)을 상대에게 알려준다지만 들려오는 언어는 사견(邪見)이기 쉽습니다.

• 불이선경(不二禪境)

다양한 선경(禪境)이 있습니다. 선경이란 선 수행 중에 나타나는 마음의 현상을 뜻합니다. 일반적으로 선정(禪定)에서 나타나는 경계를 뜻합니다. 그러나 큰 의미에서 선 수행에서 나타나는 모든 현상, 즉 경계(境界)를 선경이라 표현합니다.

불이선경은 모든 선경 중에 한 가지일수도 있고, 모든 선경의 총칭일수도 있습니다.

《유마경》 공부하면서 자연스럽게 불이선경의 이치를 체득하게 됩니다.

• 강설(講說)

선 수행자는 설법 또는 강설을 통해서 가르침을 베풀거나 받습니다. 선 수행법을 일깨우는 모든 가르침이 설법(說法)입니다. 설법은 말과 글뿐만 아니라 손짓, 몸짓, 눈빛 등 모든 행위가 포함됩니다. 강설 또한 설법의 일종입니다.

여기에서 강설을 설법과 동등하게 드러낸 것은 강설의 중요성을 일깨우기 위해서입니다. 강설은 일반적으로 경전강의를 뜻합니다. 《유마경공부》도 강설에 해당합니다. 강설을 통해서 경전의 이치를 체득합니다.

선 수행자는 둘 중 하나는 스승으로 모시고 있어야 합니다.

하나는 살아 계시는 스승입니다. 자신이 의지하는 선의 스승이 계시다는 것은 큰 복입니다. 스승의 가르침에 따라 선 수행하면 됩니다. 선 수행의 스승으로 가장 좋은 선택입니다. 만약 몸과 마음을 받쳐 의지할 수 있는 살아 계시는 스승이 없으면 그 다음으로 좋은 선택이 경전입니다. 한 부의 경전을 선택합니다. 그 경전을 자신의 선 수행의 스승으로 삼습니다.

• 분별(分別)

자아가 생명으로 존재하는 동안 생각은 끊임없이 이어집니다.

생각이 없다면 이것은 곧 의식이 없다는 것으로 이미 뇌사한 상태입니다.

이러한 생각을 분별이라 합니다. 그러나 생각 그 자체가 분별인 것은 아닙니다.

생각이 일념(一念)의 상태를 유지하면 그것을 분별이라 표현하지 않습니다.

지혜는 분별이 없는 상태에서 발현합니다.

분별이 없는 상태를 무분별(無分別)이라 하며 그러한 마음을 무분별심(無分別心)이라 표현합니다. 무분별심에서 무소유(無所有)와 무소득(無所得)의 정신이 발현하며, 무소득의 마음상태에서 반야성공(般若性空)의 법신(法身)을 관(觀)할 수 있습니다.

• 행위(行爲)

생각이 몸의 동작으로 반영되어 나오는 것을 행위라 표현합니다. 선 수행에서는 몸으로 드러나는 행위보다 마음속에 일어나는 생각의 행위를 더 중시합니다. 예를 들면 몸의 모습은 바르게 앉아 참선하고 있지만 만약 마음이 혼침하거나 또는 산란해서 선정상태를 유지하지 못하고 있으면 이것을 참선이라 말하지 않습니다. 그러나 겉보기엔 분명 참선하고 있습니다. 참선은 마음수행입니다. 이처럼 겉모습으로 선 수행을 판단할 수 없습니다.

• **평등**(平等)

선 수행자에게 평등심의 유지는 매우 중요합니다. 평등심(平等心)을 상실했을 때 아상(我相)이 생깁니다. 아상이 생기면 모든 사물을 구분 짓기 시작합니다. 저것은 좋고 이것은 나쁘며, 이것은 옳고 저것은 그르며, 저 사람은 수행을 잘하고 이 사람은 수행을 못한다는 등 차별하는 분별의식이 끝이 없습니다.

선 수행자가 이처럼 사물을 불평등하게 인식하는 차별심(差別心)이 생기면 모습이 선 수행자이며 그 마음은 이미 선 수행자가 아닙니다. 이미 차별심(差別心)이 생긴 것을 알고 스스로 반성하면서 다시 선 수행문에 들어 가고자할 때 좋은 방법이 하심(下心)입니다.

자신을 낮추고 그러한 분별의식을 내려놓습니다. 즉, 방하착(放下着)합니다.

• **자재**(自在)

선정과 지혜의 법력이 수승할수록 삶의 자재는 그만큼 큽니다. 선 수행자의 일차적인 목적이 자재인생(自在人生)의 실현입니다. 선 수행으로 자재인생을 성취하고자 할 때 일반적인 좋은 방법이 결가부좌와 경전공부를 쌍두마차로 삼아 꾸준히 정진합니다.

결가부좌의 정진을 통해 몸을 조복 받고, 경전공부의 정진을 통해 마음을 조복 받습니다. 몸과 마음이 조화롭게 정진될 때 현실 속에서 자재하는 선자(禪者)의 삶을 성취합니다.

• **법력**(法力)

법(法)의 힘을 뜻합니다. 선 수행력과 같은 뜻입니다.

같은 선법(禪法)으로 수행해도 선지식마다 생기는 법력(法力)은 차이가 있습니다.

법은 비록 같은 법이지만 그 법으로 수행하는 사람의 선근(善根)에 따라 드러나는 모습에 차이가 있습니다. 왜냐하면 법은 고정된 상(相)이 없기 때문입니다. 즉, 법무정상(法無定相)이기 때문입니다. 선 수행을 시작했으면 이미 그에 상응(相應)한 법력이 누구나 존재합니다.

법력이 없는 선 수행자는 없습니다. 단지 고하심천(高下深淺)의 차이가 있을 뿐입니다.

방편설법

깨달음을 성취할 수 있는 선(禪) 수행도량(修行道場)이 형성되어 구법(求法)의 큰마음을 일깨운 선지식들이 대도(大道)를 체득(體得)하고자 부처님 회상(會上)에 운집(雲集)했습니다.

어떻게 이와 같은 도(道)를 성취하는 도량이 만들어졌을까요?
석가모니불(釋迦牟尼佛)의 원력(願力)에 의해서 만들어졌습니다.
중생을 이롭게 하고자 한 큰 뜻을 세우시고 오랜 세월 자리이타(自利利他)의 보살행(菩薩行)을 실천(實踐)한 결과(結果)입니다.
법(法)이 수승(殊勝)한 선지식(善知識)이 기틀을 세우면 그 법과 상응(相應)하는 많은 수행자(修行者)가 모입니다. 법의 바탕이 크면 클수록 그곳에 모이는 수행자는 그만큼 많고 수승합니다. 이러한 수행도량을 정토(淨土)라 하며 정토는 선 수행자의 수승한 법력에 의해서 건립됩니다.

도(道)를 성취하는데 불보살(佛菩薩)의 외호(外護)가 왜 필요한지에 대해 승조대사는 다음과 같이 밝히고 있습니다.

하늘은 항상 모든 만물이 윤택할 수 있도록 평등(平等)하게 대하지만 이미 죽은 고목은 그 윤택함을 얻지 못한다.
그와 같이 부처님의 법력(法力)은 모든 사람이 받아 도(道)를 성취할 수 있게 항상 드리워져 있지만 도를 성취하고자 하는 깊은 신념(信念)이 없는 사람은 그 기운을 받아들이지 못한다.

선 수행할 때 선심(禪心)이 불보살의 가피지력과 상응하는 도리(道理)에 대해 1400년

전 최초로 종파불교(宗派佛教)를 설립한 천태종(天台宗)의 창시자 지자선사(智者禪師)는 《유마경》 주석에서 다음과 같이 예를 들고 있습니다.

땅에 심은 씨앗을 예로 들어보자!
땅 속의 기운이 씨앗과 잘 맞았을 때 씨앗이 발아된다. 땅 위로 싹이 트면 햇볕과 수분이 적당해야 하고 점점 자라면서 비바람 등 자연 환경이 잘 조화로웠을 때 성장하고 꽃이 피고 열매를 맺게 된다.
이러한 과정에서 특히 막 싹이 나와 일정기간 온전한 상태로 자랄 때까지 지나가는 짐승에게 밟히어 죽을 수도 있고, 뜯어 먹힐 수도 있고, 홍수에 쓸려갈 수도 있고, 가뭄에 말라 죽을 수도 있다.
이러한 재난을 스스로의 힘만으로 해결할 수 없는 것처럼 처음 도(道)에 입문한 수행자도 이와 같아서 정진력(精進力)이 일정 수준 향상되기 전까지는 외호해주는 힘이 있어야 된다. 그 힘이 바로 불보살의 법력이다.

승조대사와 지자선사 두 분 모두 선 수행으로 도를 성취하는데 외호(外護)의 힘이 필요하다는 것을 밝히고 있습니다. 그러나 두 분 가르침이 핵심내용에 있어서 서로 차이가 있다는 것을 알 수 있습니다. 외호의 힘이 부처님의 법력인 것은 서로 같은데 그것을 받아들이는 방법에 있어 큰 차이가 있습니다.

지자선사는 선 수행자를 갓난아이에 비유했습니다.
갓난아이는 스스로 무엇을 할 수 없습니다.
마치 갓 나온 새싹이 주변 환경의 영향을 절대적으로 받는 것처럼.
아이가 잘 자랄 수 있도록 엄마가 모든 것을 해결해줍니다.
엄마가 바로 부처님의 법력인 셈이죠. 이와 같이 처음 도에 입문한 선 수행자는 아이가 모든 것을 엄마에게 의지하는 것처럼 지극정성으로 불보살의 힘에 의지해야 합니다.
즉 자신에게 다가오는 수행에 방해되는 재난들을 불보살이 처리해 주어야 된다는 뜻이죠. 물론 발보리심해서 도를 성취하겠다는 굳건한 신념으로 도의 문에 들어가 불보살의 외호를 받으면서 꾸준히 정진합니다.

즉 초발심의 선 수행자에게 자력(自力)과 타력(他力)의 조화로움이 절실히 필요하다는 것을 지자선사는 강조하고 있습니다. 만약에 불보살의 외호가 없으면 아무리 열심히 정진한다 해도 마장(魔障)에 부딪쳐 중도하차하기가 쉽다는 것이죠.

지자선사가 부처님의 법력을 엄마에게 비유한 것이라면 승조대사는 부처님의 법력을 자연의 이치에 비유했습니다.

자연(自然)은 엄마처럼 인위적으로 무엇을 도와주거나 하지 않습니다. 자연의 해택을 받으려면 그것을 얻고자 하는 사물(事物)이 주동적으로 움직여야 합니다.

추운 겨울 햇볕이 나면 밖으로 나와 그 따사함을 받아들이는 것처럼 선 수행자는 스스로 부처님의 법력을 찾아 자신의 수행력을 향상해야 합니다.

불보살의 가피지력은 바로 법력(法力)이기 때문입니다. 법력은 수행자를 찾아다니지 않습니다. 그 법력을 필요로 하는 수행자가 찾아 나서는 것이죠!

법력은 법과 같은 뜻입니다. 사물이 법과 상응하여 영향을 받을 때 법을 법력이라 표현하며, 법력의 이치 그 자체를 말할 때 법이라 표현합니다.

불보살의 법력과 상응하는 선 수행자의 선심은 사물에 해당합니다. 왜냐하면 선 수행자 또한 사물의 일종이기 때문입니다. 사물은 만사만물을 의미합니다.

만물(萬物)은 삼라만상으로 우주의 구성요소이며 이러한 구성요소 사이에 서로 작용하는 것을 만사(萬事)라 표현합니다.

불, 법, 승 삼보에서 승조대사의 가르침이 법(法)의 중요성을 강조하고 있는 반면 지자선사는 불(佛)의 중요성을 강조하고 있습니다.

그렇습니다.

승조대사의 가르침처럼 선 수행자는 팔만사천(八萬四千)의 많은 법 중에서 자신에게 잘 부합되는 선법(禪法)을 찾기 위해 정성을 다해야 합니다.

지성(至誠)이면 감천(感天)이라 구법(求法)의 지극(至極)한 마음이 간절(懇切)하면 그 기운에 의해 자신과 부합(符合)되는 선법(禪法)이 자연스럽게 상응(相應)합니다.

선 수행자에게 크게 네 가지의 마장(魔障)이 있는데 이것을 잘 항복 받았을 때 수행력이 향상됩니다. 그러한 이치에 대해 나즙대사는 다음과 같이 밝히고 있습니다.

첫 번째 욕마(欲魔)를 항복 받아야 된다. 욕마를 항복 받으면 번뇌가 사라져 무생법인(無生法忍)을 얻는다.
두 번째 신마(身魔)를 항복 받아야 된다. 몸에 대한 집착이 없게 되어 법신(法身)을 얻는다.
세 번째 사마(死魔)를 항복 받아야 된다. 몸이 없으면 죽음도 없어서 사마가 자연스럽게 항복된다.
네 번째 천마(天魔)를 항복 받아야 된다. 앞의 욕마, 신마, 사마가 없으면 마왕파순이 방해할 방법이 없게 되어 천마가 자연스럽게 항복된다.

욕마와 신마를 항복 받으면 천마와 사마로부터 자연스럽게 허탈된다는 이치를 알 수 있습니다. 선 수행자의 첫 번째 과제가 욕마와 신마를 항복 받는 일입니다.
만약 신마와 욕마가 강한 상태에서 결가부좌하고 요지부동으로 앉아 있으면 정진력(精進力)이 향상되는 것이 아니라 오히려 몸 안에서 열불이 나서 좌선하면서 생긴 힘이 밖으로 발동하여 주변 사람과 경계에 부딪치는 부작용이 일어납니다.

욕마는 마음으로부터 오는 마장이며 신마는 몸으로부터 오는 마장입니다.
무엇을 하고자 하는 그것이 욕마입니다.
물론 열심히 정진해서 성불하겠다는 의욕은 욕마가 아닙니다.
왜냐하면 그러한 의욕에 의해서 수행에 몰입할 수 있기 때문입니다.
만약 '나는 성불(成佛)하겠다.'는 의욕으로 충만하여 이타정신이 없이 주변에 피해만 주면 이 역시 욕마에 해당합니다.
수행정신(修行精神)으로 깨어 있기 위해 매일 한 번 또는 여러 번 다짐하고, 정진에 몰입해서는 자신이 택하고 있는 수행법(修行法)으로 일관(一貫)합니다!

선 수행자에게 신마의 첫 번째 항복대상은 다리입니다.

앉아서 정진하는데 특히 결가부좌하고 좌선할 때 다리가 아프면 일념(一念)의 마음상태를 유지하기 어렵습니다.

세 시간 결가부좌가 순일하면 긴 시간 깊은 명상(冥想)을 유지하는데 큰 도움이 됩니다. 그러나 다리부위의 통증 때문에 오랜 시간 요지부동으로 좌선하기가 쉽지 않습니다.

신마를 조복하면서 생기는 희열이 얼마나 큰가를 묘사한 다음과 같은 이야기가 있습니다.

산(山)에서 자연과 벗 삼아 선 수행하는 선지식이 있었는데 어느 날 친한 벗이 찾아왔습니다. 살림살이가 초라함을 보고 친구는 다음과 같이 말합니다.

"여보게 친구! 왜 하필 이렇게 궁핍하게 살고 있나? 집으로 다시 돌아가면 부귀영화를 누리면서 살 자네가!"

그 선지식(善知識)은 빙그레 웃으면서 다음과 같이 말했습니다.

"자네가 아직 몰라서 그러네. 자네도 나처럼 이렇게 결가부좌하고 허리 바르게 펴고 고요히 명상에 들어보게! 이렇게 앉아 있으면 몸에서 오는 즐거움, 특히 다리부위의 기운이 돌면서 오는 희열은 황제 자리와도 바꾸지 않을 만큼 크다네!"

누가 선경(禪境)에 대해 물으면 '아직 다리도 조복(調伏) 받지 못하고 무슨 선(禪)의 경지(境地)를 논하느냐!'고 호되게 꾸짖는 선지식이 많았습니다.

몸으로부터 오는 선 수행의 방해요소는 대부분 오장육부(五臟六腑)의 기혈(氣血)이 순조롭지 못하기 때문에 생겨나는 현상입니다. 선 수행자에게 건강한 몸은 기본입니다.

몸과 마음은 서로 불가분의 관계로 형성되어 있어 몸이 건강하면 청정한 마음상태를 유지하는데 큰 도움이 됩니다. 비록 욕망의 방해가 없다 해도 몸이 아프면 앉아 있지만 의식이 맑고 밝게 깨어 있기가 쉽지 않습니다.

반연을 쉬고 열심히 정진하는 선지식이 질병 등 몸의 방해요소로 인해 선 수행을 지속하지 못하는 경우를 우리는 많이 볼 수 있습니다.

선 수행자에게 도(道)를 성취하겠다는 신념(信念)은 매우 중요합니다.

지금 《유마경》을 공부하고 있는 것도 도를 체득하겠다는 신념에서 비롯되었습니다.

평소 생활에서 견성오도(見性悟道)하겠다는 굳건한 마음을 항상 일깨워야 합니다.

어제 그러한 마음이 있었다 해서 지금도 그와 같은 마음이 반드시 이어지는 것은 아닙니다.

이러한 신념의 중요성을 나즙대사는 다음과 같이 강조하고 있습니다.

도를 성취하겠다는 굳건한 신념이 끊이지 않고 계속 이어져야 한다.
이러한 마음이 바탕이 되어 육바라밀(六波羅密)을 닦아 대도(大道)를 성취한다.

선 수행법을 정하면 그의 가르침에 따라 변함없이 꾸준히 정진합니다.

수행 중에 그 법에 대해 회의감이 생기거나 또는 수행력이 향상되지 못하는 것은 사량분별(思量分別)로 의식이 산만하기 때문입니다.

이와 같이 의식이 산만해지는 것은 연기(緣起)의 이치에 밝지 못하기 때문임을 승조대사는 다음과 같이 밝히고 있습니다.

연기(緣起)의 이치를 깊이 체득하면 모든 법에 얽매이지 않는다.
연기의 이치에 밝지 못하기 때문에 삿된 견해가 생겨 분별이 일어난다.
모든 분별 중에서 '있다', '없다' 하는 분별은 자신뿐만 아니라 함께 수행하는 사람을 미혹으로 빠뜨린다.

연기법에 밝으면 법신을 성취합니다.

연기법의 수행을 통해서 육신의 몸으로부터 초연한 마음의 법신을 성취합니다.

'도를 깨닫는다.'는 것은 본래 자신의 내면에 갖추어진 법신을 일깨운다는 뜻입니다.

자신의 내면에 법신이 있다는 것을 확연히 알게 된 것입니다.

이것을 '득도(得道)했다.' 표현하며 이때 '도를 얻었다.'는 의미는 원래 나에게 없던 것을 새롭게 얻었다는 뜻이 아니라 그동안 알지 못하고 지냈는데 원래 내 자신 안에 이러한 법신이 있다는 것을 체득하여 그 법신(法身)과 자아(自我)가 서로 계합(契合)된 상태를 의미합니다.

선 수행의 스승이신 혜능선사는 "몸 밖에서 도를 찾지 말라."고 강조하셨습니다.

여기서 말씀한 도(道)란 바로 법신(法身)을 뜻합니다.

승조대사는 이러한 법신에 대해 다음과 같이 밝히고 있습니다.

법신은 생(生)이 없으면서 생하지 않음이 없다.
생이 없기에 모든 세상사(世上事)에 초연하고
생하지 않음이 없기에 생사윤회(生死輪廻)에 나타난다.
법신은 형상이나 소리가 없다.
그래서 모든 사물에 상응하여 모습과 소리로 드러난다.
이러한 법신을 일깨움에 어찌 이롭지 않겠는가!

2. 보적의 게송

경문낭독

爾時, 毗耶離城 有 長者子, 名曰 寶積, 與 五百 長者子 俱,
이시, 비야리성 유 장자자, 명 왈 보적, 여 오백 장자자 구,

持 七寶蓋 來詣 佛所, 頭面 禮足, 各以 其 蓋 共 供養 佛。
지 칠보개 래예 불소, 두면 예족, 각이 기 개 공 공양 불。

佛 之 威神, 令 諸 寶蓋 合成 一蓋, 徧覆 三千大千 世界,
불 지 위신, 영 제 보개 합성 일개, 변복 삼천대천 세계,

而 此 世界 廣長 之 相, 悉 於 中 現。
이 차 세계 광장 지 상, 실 어 중 현。

又 此 三千大千 世界, 諸 須彌山、雪山、目眞鄰陀山、摩訶目眞鄰陀山、
우 차 삼천대천 세계, 제 수미산、설산、목진린타산、마하목진린타산、

香山、寶山、金山、黑山、鐵圍山、大鐵圍山, 大海 江河, 川流 泉源,
향산、보산、금산、흑산、철위산、대철위산, 대해 강하, 천류 천원,

及 日月 星辰, 天宮 龍宮, 諸 尊 神宮, 悉現 於 寶蓋 中。
급 일월 성신, 천궁 용궁, 제 존 신궁, 실 현 어 보개 중。

又 十方 諸佛, 諸佛 說法, 亦 現 於 寶蓋 中。
우 시방 제불, 제불 설법, 역 현 어 보개 중。

爾時, 一切 大衆 覩 佛 神力, 歎 未曾有, 合掌 禮佛, 瞻仰 尊顔,
이시, 일체 대중 도 불 신력, 탄 미증유, 합장 예불, 첨앙 존안,

目 不 暫 捨。
목 불 잠 사。

長者子 寶積, 卽 於 佛前 以 偈頌 曰:
장자자 보적, 즉 어 불전 이 게송 왈:

「目淨 修廣 如 靑蓮, 心淨 已度 諸 禪定,
목정 수광 여 청련, 심정 이도 제 선정,

久積 淨業 稱 無量, 導衆 以寂 故 稽首。
구적 정업 칭 무량, 도중 이적 고 계수。

旣 見 大聖 以 神變, 普現 十方 無量 土,
기 견 대성 이 신변, 보현 시방 무량 토,

其中 諸佛 演 說法, 於是 一切 悉 見聞。
기중 제불 연 설법, 어시 일체 실 견문。

法王 法力 超 羣生, 常 以 法財 施 一切,
법왕 법력 초 군생, 상 이 법재 시 일체,

能 善 分別 諸 法相, 於 第一義 而 不動,
능 선 분별 제 법상, 어 제일의 이 부동,

已 於 諸法 得 自在, 是故 稽首 此 法王。
이 어 제법 득 자재, 시고 계수 차 법왕。

說法 不有 亦 不無, 以 因緣 故 諸 法生。
설법 불유 역 불무, 이 인연 고 제 법생。

無我 無造 無受 者, 善惡 之 業 亦 不亡,
무아 무조 무수 자, 선악 지 업 역 불망,

始在 佛樹 力 降魔, 得 甘露滅 覺道 成。
시재 불수 역 항마, 득 감로멸 각도 성。

已 無 心意 無 受行, 而 悉 摧伏 諸 外道,
이 무 심의 무 수행, 이 실 최복 제 외도,

三轉 法輪 於 大千, 其 輪 本來 常 淸淨。
삼전 법륜 어 대천, 기 륜 본래 상 청정。

天人 得道 此 爲 證, 三寶 於是 現 世間,
천인 득도 차 위증, 삼보 어시 현 세간,

以斯妙法濟羣生, 一受不退常寂然。
이 사 묘법 제 군생, 일수 불퇴 상 적연。

度老病死大醫王, 當禮法海德無邊,
도 노병사 대의왕, 당례 법해 덕 무변,

毁譽不動如須彌, 於善不善等以慈。
훼예 부동 여 수미, 어 선불선 등이자。

心行平等如虛空, 孰聞人寶不敬承,
심행 평등 여 허공, 숙 문 인보 불 경승,

今奉世尊此微蓋, 於中現我三千界。
금 봉 세존 차 미개, 어 중 현 아 삼천계。

諸天龍神所居宮, 乾闥婆等及夜叉,
제 천 용신 소거 궁, 건달바 등 급 야차,

悉見世間諸所有, 十力哀現是化變。
실견 세간 제 소유, 십력 애 현 시 화변。

衆覩希有皆歎佛, 今我稽首三界尊。
중 도 희유 개 탄 불, 금 아 계수 삼계 존。

大聖法王衆所歸, 淨心觀佛靡不欣。
대성 법왕 중 소귀, 정심 관불 미불흔。

各見世尊在其前, 斯則神力不共法,
각 견 세존 재 기전, 사 즉 신력 불공법,

佛以一音演說法, 衆生隨類各得解。
불 이 일음 연 설법, 중생 수류 각 득해。

皆謂世尊同其語, 斯則神力不共法,
개 위 세존 동 기어, 사 즉 신력 불공법,

佛以一音演說法, 衆生各各隨所解。
불 이 일음 연 설법, 중생 각각 수 소 해。

普得受行獲其利, 斯則神力不共法,
보득 수행 획 기리, 사 즉 신력 불공법,

佛以一音演說法, 或有恐畏或歡喜。
불이일음연설법, 혹유공외혹환희。

或生厭離或斷疑, 斯則神力不共法,
혹생염리혹단의, 사즉신력불공법,

稽首十力大精進, 稽首已得無所畏。
계수십력대정진, 계수이득무소외。

稽首住於不共法, 稽首一切大導師,
계수주어불공법, 계수일체대도사,

稽首能斷衆結縛, 稽首已到於彼岸。
계수능단중결박, 계수이도어피안。

稽首能度諸世間, 稽首永離生死道,
계수능도제세간, 계수영리생사도,

悉知衆生來去相, 善於諸法得解脫。
실지중생내거상, 선어제법득해탈。

不著世間如蓮華, 常善入於空寂行,
불착세간여연화, 상선입어공적행,

達諸法相無罣礙, 稽首如空無所依。」
달제법상무가애, 계수여공무소의。

경문해석

그때에 보적이 오백 명의 장자의 아들들과 함께 각기 칠보로 꾸민 산개(傘蓋)를 가지고 와서 부처님께 공양(供養) 드렸습니다.

부처님은 위력으로 오백 개를 하나의 큰 산개로 합쳐 삼천대천세계를 두루 덮으니 이 세계의 깊고 넓은 온갖 모습이 그 가운데에 나타났습니다.

또 삼천대천세계에 있는 수미산, 설산, 목진린타산, 마하목진린타산, 향산, 보산, 금산, 흑산, 철위산, 대철위산과 바다, 강, 하천 그리고 일월성신, 천궁, 용궁, 야차 등 온갖 신들의 궁전이 그 산개 속에 나타났습니다.

그 뿐만 아니라 시방세계의 모든 부처님과 설법하시는 모습도 그 산개 속에 나타났습니다.

그때에 모든 대중은 부처님의 거룩하신 위력을 직접 보고 경탄하면서 합장하고 예배드렸습니다.

이때 보적이 부처님을 찬탄하는 게송을 읊었습니다.

청정한 몸으로 색신(色身)을 정화하고
청정한 마음으로 법신(法身)을 일깨우는
해탈을 돕는 영원한 지혜등불이신
거룩하신 부처님께 경배 드립니다.

한량없는 신통과 지혜로
중생이 있는 곳에 나타나시어

1. 불국품 97

중생의 근기에 맞게 설법하시는
거룩하신 부처님께 경배 드립니다.

중생의 마음과 법상(法相)이 상응하는
법보시와 재물보시를 조화롭게 베푸시어
부동(不動)의 본래면목(本來面目)을 일깨우시는
거룩하신 부처님께 경배 드립니다.

법(法)은 유(有)도 아니고 무(無)도 아니며
인연(因緣) 따라 생겨나고 사라지는 법에
자재(自在)하는 이치체득(理致體得)을 일깨우시는
거룩하신 부처님께 경배 드립니다.

주고받고 오가는 그 무엇 없는데
선악(善惡)의 업연(業緣) 따라 드러나는 중생세계
정각(正覺)을 성취하여 감로법(甘露法)을 베푸신
거룩하신 부처님께 경배 드립니다.

시공(時空)을 초월하여 자재하신 모습으로
마음 쓰는 바 행동하는 바 그 무엇 없지만
외도와 마군 저절로 조복되게 하시는
거룩하신 부처님께 경배 드립니다.

법신을 일깨우는 선 수행의 가르침
삼보의 모습으로 세상에 드러내어
고해의 중생 열반으로 인도하시는

거룩하신 부처님께 경배 드립니다.

어떠한 칭찬과 모욕에도 부동(不動)하시고
착하고 악한 사람 모두에게 평등(平等)하시어
인생무상(人生無常)을 일깨워 깨달음으로 인도(引導)하시는
거룩하신 부처님께 경배 드립니다.

저희가 바친 작은 산개 속에
우주의 삼라만상 모두 드러내어
일체 만물이 허공처럼 평등함을 보이신
거룩하신 부처님께 경배 드립니다.

색신의 작은 마음 타파하고
법신의 큰마음 일깨우고자
산개의 신통변화 보이신
거룩하신 부처님께 경배 드립니다.

우리 부처님의 거룩하신 가르침에
우리 이렇게 환희심(歡喜心)으로 경배 드리니
우리 돌아갈 곳 청정법신을 보고
우리 모두 기쁘고 기쁘며 또 기쁩니다.

부처님은 오직 한 가지 소리로 설법하시는데
중생은 각기 자신의 근기대로 받아들여
부처님을 보면서 자신의 법신을 일깨우니
부처님만이 하실 수 있는 거룩하신 위력입니다.

부처님은 오직 한 가지 소리로 설법하시는데
중생은 각기 자신의 근기대로 받아들여
법을 들으면서 색신을 정화하니
부처님만이 하실 수 있는 거룩하신 위력입니다.

부처님은 오직 한 가지 소리로 설법하시는데
두려워하고 기뻐하며 싫어하고 확신하면서
부처님과 상응(相應)하여 법력(法力)을 성취하니
부처님만이 하실 수 있는 거룩하신 위력입니다.

법력으로 정진하시는 부처님께 경배 드립니다.
두려움을 초월하신 부처님께 경배 드립니다.
공덕을 갖추신 부처님께 경배 드립니다.
중생의 스승이신 부처님께 경배 드립니다.
번뇌를 여의신 부처님께 경배 드립니다.
불도(佛道)를 성취하신 부처님께 경배 드립니다.
중생을 제도하시는 부처님께 경배 드립니다.
생사를 초월하신 부처님께 경배 드립니다.

중생의 오가는 모습을 아시고
중생에 맞는 법연(法緣)을 베풀어
중생을 해탈로 인도하시는
거룩하신 부처님께 경배 드립니다.

중생과 함께 세상에 노닐면서도
맑고 밝은 청정한 삶 유지하면서

걸림 없이 중생을 이롭게 하시는
거룩하신 부처님께 경배 드립니다.

 수행용어

- **삼천대천세계**(三千大天世界)

우주는 수없이 많은 삼천대천세계의 모양으로 형성되어 있습니다. 삼천대천세계는 우주에서 보면 독립적인 기운을 형성하고 있는 작은 공간입니다. 마치 우리나라에서 제주도 해변의 한 구석진 곳 모래 한 알과 같습니다. 우리가 생존하고 있는 지구와 비교한다면 하나의 삼천대천세계는 매우 큰 공간입니다.

지구를 포함하고 있는 삼천대천세계가 얼마나 큰지 계산해보죠!

수미산을 중심으로 사대주가 형성되어 있으며 우리가 살고 있는 지구는 그중에서 남섬부주에 속합니다. 사대주를 일세계(一世界) 또는 일사천하(一四天下)로 표현합니다. 즉 하나의 세계 또는 하나의 사천하(四天下)라는 뜻입니다.

이러한 사천하를 천개 합한 것을 일소천세계(一小千世界)라 표현하며, 다시 일소천세계를 천개 합친 것을 일중천세계(一中千世界)라 표현하며, 일중천세계를 천개 합친 것을 일대천세계(一大千世界)라 표현합니다. 일대천세계에는 소(小), 중(中), 대(大)의 세 종류의 천(千)이 있으므로 삼천대천세계(三千大天世界) 또는 일대삼천세계(一大三千世界)라 표현합니다.

이와 같이 보았을 때 우주라는 공간에서 우리의 존재는 매우 작은 것에 불과합니다. 우리가 평소 호흡 중에 들숨에 빨려 들어와 순간 죽게 되는 눈에 보이지 않는 미생물보다 더 하찮은 존재입니다. 몸이란 이와 같이 부질없는 것이니 집착하지 말고 법신(法身)을 체득해야 한다는 것을 강조하기 위해 우주의 실상을 드러내고 있습니다.

이치에 밝지 못하면 견지(見地)의 안목(眼目)이 약해 선 수행의 중심이 쉽게 흔들립니다.

《유마경》 공부를 통해 시간과 공간에서 자신의 마음이 곧 우주와 평등하다는 호연지기(浩然之氣)를 일깨웁니다. 자신이 곧 우주인데 몸의 죽음이 무슨 안타까움이 있으며, 인간사의 부딪침이 무슨 의미가 있겠습니까? 이처럼 큰마음을 일깨우면서 법신과 계합합니다.

- **색신**(色身)　**법신**(法身)

색신은 몸을 뜻합니다. 분별하는 생각 또한 색신의 범주입니다.
색신으로부터 생겨나는 즐거움에 집착하고 있으면 법신은 드러나지 않습니다.
색신의 틀을 초월했을 때 법신이 자연스럽게 발현됩니다.
어떻게 색신의 틀을 초월하죠? 오온(五蘊)이 공(空)한 이치를 체득하면 됩니다.
《반야심경》의 『조견오온개공, 도일체고액(照見五蘊皆空, 度一切苦厄)』처럼!

- **법보시**(法布施)　**재물보시**(財物布施)

다른 사람의 보리도(菩提道) 성취를 위해 돕는 것을 보시라 합니다. 보시는 크게 법보시와 재물보시로 나눕니다.
법보시는 상대의 선 수행정신을 일깨우게 돕는 보시로 설법, 강설 등이 주가 됩니다.
법보시의 목적이 마음을 일깨우는데 있기에 법보시를 심보시(心布施)라 표현합니다. 즉, 마음보시라는 뜻입니다. 재물보시는 의복, 금전, 음식 등 선 수행의 외부조건을 돕는 보시입니다. 재물보시를 줄여서 재보시라 표현합니다.

- **부동**(不動)　**본래면목**(本來面目)

부동은 법신(法身)을 동정(動靜)의 입장에서 표현하고, 본래면목은 법신의 본래 여여(如如)한 입장에서 표현하고 있습니다.

- **유**(有)　**무**(無)

법신(法身)에 계합하려면 색신(色身)의 차별상을 초월해야 합니다.
대표적인 차별관념(差別觀念)이 '있다', '없다'는 유무(有無)의 분별입니다.

- **인연**(因緣)

모든 현상은 인연에 의해 서로 만나고 헤어지며, 결합되고 흩어집니다.
선 수행자의 길을 선택한 것도 인연에 의함이고 정진력의 향상 또한 인연에 의합니다.
인연은 인(因)의 연(緣)으로 인과(因果)에서 인(因)에 해당하며, 큰 의미에서 인과의 현상 그 자체를 인연의 변화라 합니다. 선 수행자가 많이 쓰는 말 중에 하나가 인연에 관한 표현입니다. "인연은 참 소중합니다!"

- 이치체득(理致體得)

견지(見地)의 향상을 뜻합니다. 선 수행자에게 견지(見地), 수증(修證), 행원(行願)은 항상 조화롭게 성취되어야할 수행력입니다. 견지는 정견력(正見力)으로 견지가 약한 상태에서 수증의 깊은 선정에 들어가려하면 도리어 역반응의 현상이 일어나기 쉽습니다.

경전공부를 통해서 견지를 향상합니다.

- 선악(善惡)

세상 사람은 보편적으로 선악의 관념을 가족 또는 사회, 국가, 우의, 교류의 기준으로 삼고 있습니다. 선(善)의 실천이었을 때 가족이 화목하고 사회, 국가, 세계가 평화롭습니다.

그러나 인류(人類)가 원하는 것처럼 세상이 그렇지 못합니다. 여부터 지금까지 또 앞으로 역시 사람의 다툼으로 인한 불안 요소는 끊임없습니다. 그것은 선(善)을 실천해야할 사람의 마음에 선(善)을 선(善)으로 실천할 수 있는 바탕이 되어 있지 않기 때문입니다.

법신(法身)은 선(善)을 실천할 수 있는 바탕입니다. 많은 사람이 선(善)이 무엇인지 모르고 선(善)하게 살려고 합니다. 선(善)의 기준을 사물의 현상에서 찾습니다.

외형으로 주어진 변화된 모습에서 선(善)의 의미를 찾고, 선(善)의 근거를 찾으며, 선(善)의 가치를 찾습니다. 이것은 마치 바람을 집으로 삼는 것과 같습니다. 외형으로 드러난 모든 사물현상은 끊임없이 변화합니다.

'이것이 선(善)이다.' 하고 결정지으면 선(善)의 기준으로 삼은 그 사물의 현상은 이미 존재하지 않습니다. 바람처럼 사라졌습니다. 그런데 그 여운을 붙잡고 그의 실체(實體)가 변함없이 존재하고 있는 것으로 인식합니다. 이것을 선 수행에서 전도망상(顚倒妄想)이라 표현합니다.

《유마경》에서 선(善)과 악(惡)의 불이(不二)를 강조한 본의(本義)가 바로 이러한 전도망상의 잘못된 관념을 타파하기 위함이 첫째 목적입니다.

- 업연(業緣)

업(業)의 인연(因緣)을 뜻합니다. 인연(因緣)과 같은 의미인데, 인연이 끝없이 얽혀 마치 옷을 입고 있는 것처럼 자신을 둘러싸고 있는 현상을 강조하기 위해 업(業)의 용어를 사용합니다.

선 수행에서 업(業)의 의미를 알리는 것은 수행자에게 다생겁래(多生劫來)의 업장(業障)이 쌓여있다는 것을 강조하기 위함이 아니고 업(業)이라는 관념(觀念)으로부터 훌훌 털고 벗어나는 수행의식을 일깨우기 위함입니다.

삼천대천세계, 삼계, 삼세, 윤회, 업장 등의 수행용어를 접하면서 그에 눌리지 않게 깨어있어야합니다. 그러한 언어를 접할 때 법신(法身)의 입장에서 '모든 것이 공(空)하다.'는 선 수행의 근본정신을 일깨워 그러한 구속적인 관념의 틀로부터 벗어나야 합니다.

- 시공(時空)

시간(時間)과 공간(空間)을 뜻합니다. 우리의 생명(生命)은 시공(時空)에서 존재합니다.

시공(時空)의 변화로 인해 괴로워하고 즐거워하며 슬퍼하고 기뻐합니다. 만약 시공이 없으면 생각도 없습니다. 생각이란 시공(時空)에 의한 변화입니다. 생각은 몸을 바탕으로 삼고 있습니다. 몸이 없으면 생각도 없습니다. 생각은 몸에 의해 존재하고, 몸은 시공에 의해 존재한다는 무상(無常)의 이치를 명확히 체득하고 있어야 선 수행 중에 항상 깨어 있게 됩니다.

- 인생무상(人生無常)

인생(人生)은 우리 생명이 시작해서 죽음으로 사라질 때까지를 뜻합니다.

인생(人生)은 무상(無常)으로 인해 비롯되었습니다. 그래서 인생은 곧 무상(無常)입니다.

바로 인생무상(人生無常)이지요!

인생무상을 피부에 와 닿게 깨어 있어야 공문(空門)에 들어갑니다.

공문(空門)에 들어서고부터 법신(法身)과 계합하는 선정(禪定)에 들어갈 수 있습니다.

선 수행에 관한 많은 경전을 읽고, 결가부좌하고 오랜 시간 좌선해도 인생무상의 이치를 확실히 체득하고 있지 않으면 지혜가 발현되는 진정한 선정에 몰입하기란 쉽지 않습니다.

- 인도(引導)

중생을 깨달음으로 인도한다는 뜻입니다. 중생을 이롭게 한다는 의미로 인도(引導), 교화(敎化), 제도(濟度), 구제(救濟) 등 다양한 용어를 사용합니다. 그 중에서 선 수행자 누구나 사용할 수 있는 제일 적합한 용어가 '이롭게 한다.'는 이타(利他)입니다.

• 환희심(歡喜心)

좋아하고 기뻐하고 즐거워한다는 용어는 슬퍼하고 괴로워하고 싫어한다는 용어의 상대적인 의미로 사용합니다. 상대성을 지닌 의미의 행위는 반드시 그에 상대되는 의식 또는 행위가 뒤 따릅니다. 마치 시계의 추처럼!

가르침을 받고 또는 가르침의 이치를 체득하고 좋아하는 것을 환희(歡喜)라 하며 그러한 마음을 환희심(歡喜心)이라 합니다.

환희심은 크게 세 가지 수행에서 생깁니다.

첫째 견지(見地)의 성취입니다.

둘째 수증(修證)의 성취입니다.

셋째 행원(行願)의 성취입니다.

환희는 환희 그 자체이며 상대적인 의미를 내포하지 않습니다. 그러나 언어로 환희라 표현한 이상 이미 환희가 아닌 상대적인 그 무엇의 관념이 존재하게 됩니다. 이것이 언어가 지닌 특성이며 선 수행과 연관된 많은 의미를 언어로 표현할 수 없는 원인이기도 합니다.

• 상응(相應)

나와 다른 무엇이 서로 통하는 것을 상응이라 합니다. 일반적으로 역순(逆順)에서 순(順)의 상응을 뜻합니다. 선 수행자에게 불(佛), 보살(菩薩), 스승 등 대선지식의 법력(法力)과 상응은 매우 중요합니다.

• 법연(法緣)

법(法)의 인연(因緣)입니다. 선 수행법으로 보리도(菩提道)를 성취하는 인연입니다.

법연은 견지(見地), 수증(修證), 행원(行願)에 의해 이루어집니다.

이 세 가지 법연이 원만했을 때 아뇩다라삼먁삼보법을 성취하게 됩니다.

방편설법

불교의 많은 경전 내용이 게송으로 되어 있습니다.
그것은 선 수행이 마음의 세계를 체득하는데 주요 목적이 있기 때문입니다.

마음은 몸과 달라서 눈으로 보거나 귀로 듣고 손으로 만지면서 알 수 있는 것이 아닙니다. 마음은 몸에 비해 매우 큽니다. 우주와 비례할 만큼 광대무변합니다.
매우 크다는 것은 매우 작아서 그 무엇으로도 볼 수 없다는 것과 같은 뜻입니다.
그러한 마음을 어떻게 파악해서 알 수 있겠습니까?
눈으로 볼 수 있는 것도 아니고 귀로 들어 알 방법도 없습니다.
또한 만져지는 그 무엇도 없습니다. 이러한 마음을 밝혀 아는 것이 깨달음이며, 도(道)를 성취했다 하며 열반을 증득했다 합니다.
이와 같은 깨달음을 성취하기 위해 걷고 있는 것을 수행이라 하며, 걷고 있는 방법이 선(禪)일 경우 그것을 '선 수행'이라 합니다.
우리는 선 수행자이며 선 수행을 순일하게 돕기 위해 《유마경》을 공부합니다.

이와 같은 마음을 표현할 때 사물을 구체적으로 밝히는 산문(散文)의 방식보다는 이치를 막연하게 드러내는 시문(詩文) 형식이 적합합니다. 그래서 경전의 많은 내용이 게송의 형식을 띠고 있으며 많은 선지식이 게송으로 선경(禪境)을 밝히고 있습니다.
보적보살이 부처님의 공덕을 찬탄할 때 역시 게송으로 표현하고 있습니다.

베푸는 것을 불교용어로 공양(供養)이라 하며 공양은 크게 몸으로 하는 공양과 마음으로 하는 공양이 있습니다. 몸으로 실천하는 공양을 재보시(財布施)라 하고 마음으로 실천하는 보시를 법보시(法布施)라 합니다.

이 둘이 함께 조화로운 공양이었을 때 원만하다는 것을 나즙대사는 다음과 같이 강조하고 있습니다.

> 보적이 부처님께 먼저 산개를 바치고
> 다시 부처님의 법력을 찬탄하는 게송을 바친다.
> 산개를 바친 것은 몸으로 실천하는 공양으로 재물의 복덕을 향상하고
> 게송을 바친 것은 마음으로 실천한 공양으로 법의 인연을 향상시킨다.

언어로 표현할 때 재보시와 법보시를 비교적 선명하게 나눌 수 있습니다.
그러나 실천수행에서 재보시와 법보시를 단정하기란 어렵습니다.
이것은 마치 보살수행자를 칭하는 것과 같습니다.
발보리심한 자리이타의 구법수행자를 보살수행자라 칭합니다.
발보리심은 자신의 마음가짐이기에 스스로 알 수 있습니다.
그러나 자리이타는 사물과 자아가 상응하면서 이루어지는 수행이라 수행자의 마음을 볼 수 없는 제삼자는 그가 정말 보살수행자인가를 판단하기란 어렵습니다.

본인 자신도 내가 정말 자리이타의 보살행을 실천하고 있는지 정확히 알기란 쉽지 않습니다. 왜냐하면 자신의 판단으로 '지금 내가 하고 있는 실천이 자리이타의 보살행이다.'고 단정하는 것이며 정말 그것이 보살행인지는 알 수 없습니다.

정정(正定)에서 나온 정견(正見)이 있어야만 자신의 실천이 보살행인지 아닌지를 구분할 수 있습니다. 정정(正定)은 선정(禪定)으로 지혜(智慧)를 바탕으로 이루어지는 명상을 뜻합니다.

정견은 곧 지혜입니다. 정혜일여(定慧一如)의 경지에서 보살행의 참 모습을 알 수 있습니다. 때문에 보살정신으로 선 수행하는 선지식은 항상 겸허한 마음가짐으로 자신과 사물과 이웃과 경전을 대해야 합니다.

'나는 대승의 보살수행자이다.'고 밖으로 드러내는 행위에서 이 사람은 이미 보살수행자가 될 수 없습니다. 행위뿐만 아니라 내면의 의식 속에도 그러한 아상의 차별의식이 일어나지 않게 시시때때 항상 경책합니다. 만약 자신도 모르게 그러한 생각이 떠오르면

그 순간 바로 참회하면서 아상의 집착을 내려놓습니다.

이와 같이 반복되는 경책에서 안과 밖으로 모든 사물을 차별 없이 대하는 평등심이 발현합니다.

자신의 거짓과 참모습도 판단하기 쉽지 않은데 다른 수행자를 비판하는 것은 선 수행할 수 있는 선근을 짓밟아 죽이는 경우와 같습니다.

자리와 이타의 관계성처럼 법보시와 재보시의 관계 또한 그 행위만 보고 이것은 법보시요, 저것은 재보시라 단정하기란 매우 어렵습니다.

보살수행법의 핵심은 육바라밀입니다.

육바라밀은 선 수행의 여섯 가지 실천방법으로 보시로부터 시작합니다.

여기에서 알 수 있는 것처럼 보시는 선 수행의 입문입니다.

선 수행을 돕는 많은 경전에서 법보시의 중요성을 강조하고 있습니다.

중생이 법보시를 통해 생사에서 해탈할 수 있다는 이치를 《유마경》에서도 강하게 밝히고 있습니다.

불교수행자가 매일 실천하는 대표적인 법보시는 예불(禮佛)입니다.

왜냐하면 예불은 지극한 마음으로, 간절한 마음으로 몸과 마음이 하나가 된 일념(一念)으로 부처님과 성현들께 예를 드리는 것이라 당연히 법보시에 해당합니다.

혜능선사께서 경문의 뜻을 알고 독경해야 지혜가 발현한다고 말씀하셨습니다.

재확인 한다는 마음에서 예불문(禮佛文)의 지심귀명례 내용이 무슨 뜻인지 함께 공부해보죠!

아침저녁 예불할 때 염불하는 지심귀명례의 내용이 모두 일곱 차례 나옵니다.

첫 번째 지심귀명례는 불교의 창시자이며 우리 모두의 스승이신 석가모니불께 예배드리는 내용입니다.

두 번째 지심귀명례는 우주법계의 모든 부처님께, 세 번째 지심귀명례는 우주법계의 모든 가르침에 예배드리는 내용입니다.

네 번째 지심귀명례는 문수보살, 보현보살, 관세음보살, 지장보살 등 대보살들께 예배드리는 내용입니다.

다섯 번째 지심귀명례는 부처님께 직접 가르침을 받은 십대제자, 십육 대아라한, 오백 대아라한, 천이백 대하라한 등께 예배드리는 내용입니다.

여섯 번째 지심귀명례는 부처님께서 입적하신 다음부터 지금에까지 불법(佛法)이 전해질 수 있도록 혜명(慧命)의 등불을 밝히신 많은 대선지식에게 예배드리는 내용입니다.

마지막으로 일곱 번째 지심귀명례는 우주법계의 모든 스님들께 예배드리는 내용입니다.

전체의 뜻을 알았으니 이제 한걸음 더 나아가 원문으로 공부해보죠!

- **지심귀명례**(至心歸命禮): 지극한 마음으로 (누구누구에게) 목숨을 다하여 예배드리면서 본래모습으로 돌아갑니다.
- **지심**(至心): 지극한 마음.
- **귀**(歸): 돌아가다. 생사윤회가 시작되기 이전의 본래모습으로 돌아간다는 뜻입니다.

본래모습은 본래면목(本來面目)으로 법신(法身) 불성(佛性) 자성(自性) 등으로 칭합니다.

- **명례**(命禮): 목숨을 다하여 예배드리다.

"무엇이 지극한 마음이죠?"

이렇게 물으면 대답할 수 없습니다. 왜냐하면, 마음은 눈으로 보이지 않기 때문입니다. 마음은 언어로 표현할 수 없기 때문입니다.

열심히 정진하는 선지식이라면 다음과 같이 묻습니다.

"어떻게 하면 지극한 마음을 유지할 수 있습니까?"

수행은 의심 없이 앞만 보고 가야합니다. 특히 염불수행은 더욱 그렇습니다.

지극한 마음을 일깨우는 방법? 다음 예에서 쉽게 알 수 있습니다.

우리의 어머님들께서 정안수 떠 놓고 자녀들 잘 되게 해달라고 천지신명께 "비나이다. 비나이다!" 이때의 마음! 바로 지극한 마음입니다.

예불수행을 통해 한량없는 공덕을 쌓습니다. 예불 중에 지극한 마음으로 시방세계 모든 부처님, 모든 가르침, 모든 스님들께 목숨 바쳐 귀의하기 때문입니다.

십여 분 되는 짧은 시간에 무수히 많은 불법승에 법보시를 하였으니 그 공덕이 얼마나 수승하겠습니까?

자! 그러면 우리가 지금까지 예불 드리면서 쌓인 공덕이 얼마나 되는지 점검해 보죠!

예불드릴 때 자신의 행위가 법보시가 되는 기준은 목숨을 다 바쳐 예배드리는 지극한 마음입니다. 예불할 때 마음이 지극하면 지극할수록, 목숨을 불법승 삼보께 바치는 마음이 크면 클수록 법보시가 그만큼 많아서 성취되는 공덕 또한 그 비례만큼 크게 됩니다.

지극한 마음은 맑고 밝게 깨어 있을 때 유지할 수 있습니다.

본인 자신을 한번 돌이켜보세요!

예불할 때 그와 같이 깨어 있는 마음으로 했는지, 혹시나 흐릿한 의식으로 시간이 되어 습관적으로 했는지, 혹은 의식은 맑은데 다른 생각하면서 했는지.

지심(至心)을 유지하기 위해 고금(古今)의 많은 선지식들이 가능한 더욱 지심의 상태를 유지하고자 겨울에도 찬물로 목욕하면서 정신을 일깨우고 끊임없는 참회로 경책하면서 잡념을 다스렸습니다. 자신도 그 속에 포함되는지 되새겨 보아야 합니다.

만약에 지심만 있고 목숨 바치는 마음이 없으면 비록 지극한 마음으로 예불하지만 그것이 법보시로 작용하기가 쉽지 않습니다. 왜냐하면 자신과 불보살이 서로 상응하지 않기 때문입니다. 불보살의 법력은 우주법계에 항상 충만합니다.

자신의 마음이 불보살의 마음과 상응했을 때 법력을 받아들일 수 있게 됩니다.

예불하는 선지식의 마음이 불보살의 마음과 상응하려면 몸의 틀에 속박되어 있는 대뇌의식을 초월하여 나고 죽음과 상관없이 항상 여여(如如)한 법신(法身)과 계합되어 있어야합니다.

어느 때 자신이 법신과 계합하게 되죠?

몸을 내려놓았을 때 가능합니다. 마음이 몸에 집착되어 있으면 자아의식이 작용하여 법신이 발현되지 않습니다. 이것은 마치 수련 중에 몸의 기혈(氣血)이 작용하면 정기신(精氣神)의 기(氣)가 발현되지 않는 것과 같은 이치입니다.

"예불할 때 자신의 목숨을 부처님께 바친다."

이것은 법을 구하는 선지식의 생명이 지니고 있는 특성 때문입니다.

부처님께서 어찌 번뇌로 찌든 중생의 목숨을 필요로 하겠습니까?

세속의 명예, 재물, 이익을 얻고자할 때 대부분 자신의 목숨을 꽉 붙잡고, 그 목숨을 위해 그것을 추구합니다. 그러나 생사를 초월하는 출세간의 이치를 체득하고자할 땐 지심귀명례처럼 자신의 모든 것을 내려놓고 입문해야 합니다.

그리고 그러한 초발심 정신을 끊임없이 이어가야 합니다.

- **삼계도사**(三界導師): 삼계의 스승. 삼계는 중생이 사는 세상으로 부처님은 이곳 중생들이 생사윤회를 벗어나 열반적정에 들어갈 수 있게 돕는 인도자라는 뜻입니다.
- **사생자부**(四生慈父): 삼계의 생명은 크게 태(胎), 란(卵), 습(濕), 화(化)의 네 가지 방법으로 태어납니다. 이 네 가지를 사생(四生)이라 칭하며 모든 중생을 의미합니다. 자부(慈父)는 그들의 인자하신 어버이라는 뜻입니다.
- **시아본사**(是我本師): 우리의 스승 또는 나의 스승이시다. 시(是)는 ~이다. 아(我)는 우리 또는 나. 본사(本師)는 근본 스승으로 많은 스승 중에서 대표되는 스승을 뜻합니다.
- **석가모니불**(釋迦牟尼佛): 2500년 전 인도에서 불교를 창시하신 부처님의 전체 이름입니다. 석가(釋迦)는 성, 모니(牟尼)는 법호, 불(佛)은 존칭으로 성이 석가이며 수행자의 호가 모니인 부처님이라는 뜻입니다. 부처님 조상의 성이 석가여서 그 민족을 석가족(釋迦族)이라 부릅니다. 옛날 중국 도안스님이 석가의 가를 생략하고 석도안(釋道安)이라 칭하면서 그 뒤로 스님들의 성을 석씨로 택하는 것이 유행하였으며 이러한 전통이 오늘날까지 이어지고 있습니다.
  - ■ 이것을 종합해서 해석하면: **삼계윤회로부터 해탈을 도와주시는 도사(導師)이시고 모든 중생의 어버이이신 우리들의 스승 석가모니불께 지극한 마음으로 목숨 바쳐 예배드리면서 본래면목으로 돌아갑니다.**

- **시방삼세**(十方三世): 십(十)을 시로 발음하여 시방(十方)이라 읽습니다. 시방은 열 군데의 방향으로 동서남북(東西南北)과 동남, 동북, 서남, 서북 그리고 상하(上下)입니다. 이것은 모든 공간의 의미로 삼계(三界)와 같은 뜻이며 현대 용어로 우주(宇宙)라 표현합니다. 학문적으로 분석하면 시방, 삼계, 우주가 각기 서로 차이가 있지만 무한히 큰 공간을 형용한다는 점에선 일맥상통합니다. 삼세(三世)는 과거, 현재, 미래의 모든 시간을 뜻합니

다. 시방삼세는 시간과 공간을 의미하며 줄여서 시공(時空)이라 표현합니다.

- **제망찰해**(帝網刹海): 시간과 공간 속에 만사만물(萬事萬物)이 그물망처럼 무수히 얽혀 있는 모습으로 무수히 많은 시간과 무수히 많은 공간을 뜻합니다. 찰해를 중중(重重)으로 염불하기도 하며 같은 뜻입니다.
- **상주일체**(常住一切): 모든 공간과 모든 시간에 항상 머물고 있다.
- **불타야중**(佛陀耶衆): 모든 부처님.
  - ■ 종합해서 해석하면: **우주가 시작할 때부터 지금까지 모든 시간과 모든 공간 속에 항상 변함없이 계시는 모든 부처님께 지극한 마음으로 목숨 바쳐 예배드리면서 본래면목으로 돌아갑니다.**

- **달마야중**(達磨耶衆): 모든 가르침.
  - ■ 세 번째 경문을 종합해서 해석하면: **우주가 시작할 때부터 지금까지 모든 시간과 모든 공간 속에 항상 변함없이 존재하는 모든 가르침에 지극한 마음으로 목숨 바쳐 예배드리면서 본래면목으로 돌아갑니다.**

- **대지문수사리보살**(大智文殊師利菩薩): 대지(大智)는 큰 지혜를 뜻하며 문수사리보살(文殊師利菩薩)을 줄여서 문수보살로 칭합니다.
- **대행보현보살**(大行普賢菩薩): 대행(大行)은 큰 수행으로 만행(萬行)을 뜻합니다.
- **대비관세음보살**(大悲觀世音菩薩): 대비(大悲)는 대자대비(大慈大悲)를 뜻하며 관세음보살을 줄여서 관음보살로 부릅니다.
- **대원본존지장보살**(大願本尊地藏菩薩): 대원(大願)은 큰 원력을 뜻하며 대원본존은 큰 원력의 스승이란 뜻입니다. 지옥에 한 명의 중생이라도 남아 있으면 성불하지 않으리라는, 다시 말하면 지옥의 모든 중생을 제도한 다음 마지막으로 성불하리라는 거룩한 원력을 세우신 분이 바로 지장보살입니다.
- **제존보살마하살**(諸尊菩薩摩訶薩): 거룩하신 모든 큰 보살.

불교수행에서 문수보살을 지혜, 보현보살을 만행, 관음보살을 자비, 지장보살을 원력의 상징으로 표현하며 이 네 분을 사대보살(四大菩薩)이라 칭합니다.

- ■ 종합해서 해석하면: **거룩하신 문수보살님, 보현보살님, 관세음보살님, 지장보살님 그리고 우주법계 모든 보살님들께 지극한 마음으로 목숨 바쳐 예배드리면서 본래면목으로 돌아갑니다.**

- 영산당시(靈山當時): 영산(靈山)은 부처님께서 법문하시던 도량 중에 한 곳으로 영산회상(靈山會上)이라 부릅니다. 여기에서 영산은 부처님께서 설법하신 전체 도량의 통칭입니다. 당시(當時)는 부처님께서 설법하시던 그 당시를 뜻합니다.
- 수불부촉(受佛咐囑): 부처님으로부터 부촉을 받다. 부촉은 '법을 전수받다'는 뜻입니다. 선종에서 말하는 '인가받다'와 같은 의미입니다.
- 십대제자(十大弟子): 부처님 제자를 대표하는 열 분을 뜻합니다.
- 십육성(十六聖): 십육나한전(十六羅漢殿)에 모셔진 열여섯 분의 성인을 뜻합니다. 성인은 대아라한을 뜻합니다.
- 오백성(五百聖): 오백나한전에 모셔진 오백 분의 성인을 뜻합니다.
- 독수성(獨修聖): 독성각(獨聖閣)에 모셔진 홀로 수행하시는 성인을 뜻합니다.
- 내지(乃至): 그리고.
- 천이백제대아라한(千二百諸大阿羅漢): 천이백 분의 대아라한.
- 무량자비성중(無量慈悲聖衆): 수없이 많은 자비스러운 성인.
- ■ 종합해서 해석하면: **부처님께 직접 법을 전수 받으신 십대제자, 십육 아라한, 오백 아라한, 독성 그리고 천이백 대아라한과 수많은 성인에게 지극한 마음으로 목숨 바쳐 예배드리면서 본래면목으로 돌아갑니다.**

- 서건동진(西乾東震): 서건(西乾)은 부처님 법이 시작된 인도 쪽을 뜻하고, 동진(東震)은 중국을 뜻합니다. 인도에서 보면 중국은 동북방향입니다. 그래서 동쪽이라 표시하고 있습니다. 반면 중국에서 보면 인도는 서남방향입니다. 그래서 서쪽이라 표시하고 있습니다. 이것은 불교가 서쪽에서 동쪽으로 전해 온 것을 의미하며, '달마가 동쪽으로 온 까닭은?'과 같은 뜻입니다.
- 급(及): 아울러. 그리고.

- **아해동(我海東)**: 우리나라. 옛날 우리나라를 해동(海東)이라 표시했으며 중국에서 보았을 때 바다 동쪽에 있는 나라라는 뜻입니다. 그래서 원효성사가 지은 발심수행장(發心修行章) 시작 머리에 해동사문(海東沙門) 원효(元曉) 술(述)이라 적혀 있습니다.

사문(沙門)은 스님의 뜻이고 술(述)은 저술을 뜻합니다. 아해동(我海東)은 우리의 조국인 해동국을 뜻합니다.

- **역대전등(歷代傳燈)**: 역대(歷代)는 불교가 생긴 이래로 지금까지의 뜻이며, 전등(傳燈)은 부처님의 가르침을 등불에 비유해 '불길이 꺼지지 않고 전해오다'는 뜻입니다.
  - **제대조사(諸大祖師)**: 모든 큰 조사님들.
  - **천하종사(天下宗師)**: 천하의 고승대덕.
  - **일체미진수(一切微塵數)**: 티끌처럼 수없이 많은.
  - **제대선지식(諸大善知識)**: 모든 선지식.
  - ■ 종합해서 해석하면: **부처님 가르침이 인도에서 시작하여 중국을 거쳐 우리나라에 전해 내려오는 동안 고승대덕 그리고 수없이 많은 선지식께 지극한 마음으로 목숨 바쳐 예배드리면서 본래면목으로 돌아갑니다.**

- **승가야중(僧伽耶衆)**: 모든 스님들을 뜻하며 줄여서 승중(僧衆)이라 칭합니다. 승가를 줄여서 승(僧)이라 부릅니다.
  - ■ 마지막 일곱 번째 경문을 종합해서 해석하면: **우주가 시작할 때부터 지금까지 모든 시간과 모든 공간 속에 항상 변함없이 계시는 모든 스님들께 지극한 마음으로 목숨 바쳐 예배드리면서 본래면목으로 돌아갑니다.**

위의 일곱 내용을 불법승 삼보의 세 줄거리로 묶을 수 있습니다.
첫 번째와 두 번째는 불에 해당합니다.
세 번째는 법에 해당합니다.
네 번째에서 마지막까지는 승에 해당합니다.

지극한 마음으로 목숨 바쳐 예불했을 때 그 법보시의 수행력으로 본래면목과 계합한다는 이치를 함께 공부했습니다.

선 수행자는 분별의식을 내려놓고 본성을 일깨우는 정진으로 이어가야 합니다.
생각으로 알음알이를 지으면서 선 수행하면 할수록 의식이 민감해지고 사물과 쉽게 부딪치게 됩니다. 이것은 선 수행하고 있는 자신이 마치 눈으로 보이는 물건처럼 존재하고 있다고 집착하기 때문에 일어나는 마장입니다.
수행은 무아(無我)의 마음으로 이어가야 합니다.
왜냐하면 '나'라는 이것 또한 인연화합(因緣和合)으로 이루어져 있기 때문이라는 것을 승조대사는 다음과 같이 밝히고 있습니다.

모든 법은 다양한 요소들이 모여 만들어진다. '나'라는 이 생명은 지수화풍 등 다양한 성분들로 나누어 분리하다보면 결국 '이것이 바로 나이다.' 할 그 무엇도 존재하지 않는다.
진정한 '나'라는 존재는 없는 것이며 이것을 '무아(無我)'라 한다. '나'가 있다는 가정에서 복을 짓는 자가 있고 그 복을 받는 자가 있으며 죄를 짓는 자가 있고 그 죄를 받는 자가 존재한다. 그러나 모든 법이 무아인 상태에선 죄와 복을 짓는 자도 없고 그것을 받는 자도 존재하지 않는다.

《유마경》을 공부하면서 '법(法)에는 자아(自我)가 없다.'는 이치를 수 없이 일깨웁니다.
그런데 정작 '나'라는 존재마저 없다는 이치는 받아들이려하지 않습니다.
살아 있고 싶은 욕망 때문에 그렇습니다.
《금강경》에서 선 수행자를 일깨우는 시작과 끝이 무아(無我)입니다.
무아(無我)란 무아상(無我相)의 줄인 표현입니다.
아상에 의해서 중생은 전도되어지고 윤회하며 미혹에 빠져 있습니다.
아상이란 '나'라는 실체(實體)가 있다고 그것을 강하게 붙잡고 있는 모습인데 이러한 편견을 타파한 상태가 무아상입니다. 그래서 선 수행은 놓는 실천이며 대표적인 놓는 실천이 무상보시(無相布施)입니다.

선 수행의 큰 방해요소 중에 하나가 고정관념(固定觀念)입니다.

고정관념이란 사물에 대해 '바로 이런 것이다.' 하고 단정되어진 생각을 뜻합니다.

사물은 항상 변화합니다. 그런데 자신의 의식 속에 있는 그 사물에 대한 인식은 변하지 않고 있습니다. 이것은 이미 지나간 과거의 모습에 집착되어 있는 망상입니다.

이러한 잘못된 고정관념에 의해 사물을 제대로 볼 수 있는 안목인 정견(正見)이 생겨나지 않습니다.

정견이 없으면 비록 법의 가르침을 받는다 해도 그것을 바르게 받아들이지 못하고 자신의 고정관념의 범위에서 인식하게 됩니다. 이것을 '작은 마음의 수행'이라 합니다.

즉 고정관념에 의해서 우주처럼 큰마음이 드러나지 못하고 작은 일에도 흔들리는 소인의 마음으로 살아갑니다. 이미 큰마음으로 생활하는 선지식에게는 법의 가르침이 그대로 자신의 마음과 계합되어 있습니다.

큰마음을 지니고도 그것을 깨닫지 못하고 세상사에 허덕이면서 고뇌로 살아가는 사람에게 법의 가르침이 절실히 필요합니다. 이러한 중생을 위해서 부처님께서 가르침을 베풀고 있다는 것을 승조대사는 다음과 같이 밝히고 있습니다.

부처님께서는 한 입으로 같은 가르침을 설하고 계시지만 그것을 받아들이는 중생은 각기 자신의 습관에 의해서 자신이 좋아하는 입장에서 받아들인다.

보시하기 좋아하는 사람은 '보시를 열심히 하면 수행력이 향상되는구나!' 하고 받아들인다.

계율 지키기를 좋아하는 사람은 '계율을 열심히 지키면 수행력이 향상되는구나!' 하고 받아들인다.

이처럼 자신의 좋아하는 습으로 받아들여 정진하여 큰마음의 대도(大道)를 성취할 수 있기에 부처님의 가르침이 훌륭하신 것입니다.

3. 보살정토

경문낭독

爾時, 長者子 寶積 說 此偈 已, 白佛言:「世尊！是 五百 長者子,
이시, 장자자 보적 설 차게 이, 백불언:　세존！시 오백 장자자,

皆 已 發 阿耨多羅 三藐三菩提心, 願 聞 得 佛國土 清淨,
개 이 발 아뇩다라 삼먁삼보리심, 원 문 득 불국토 청정,

唯願 世尊 說 諸 菩薩 淨土 之 行。」
유원 세존 설 제 보살 정토 지 행。

佛言:「善哉, 寶積！乃 能 爲 諸 菩薩 問 於 如來 淨土 之 行。
불언:　선재, 보적！내 능 위 제 보살 문 어 여래 정토 지 행。

諦聽 諦聽！善 思念 之, 當 爲 汝 說。」
제청 제청！선 사염 지, 당 위 여 설。

於是, 寶積 及 五百 長者子 受教 而 聽。
어시, 보적 급 오백 장자자 수교 이 청。

佛言:「寶積！眾生 之 類 是 菩薩 佛土。所以者何？
불언:　보적！중생 지 류 시 보살 불토。소이자하？

菩薩 隨所 化 眾生 而 取 佛土；隨所 調伏 眾生 而 取 佛土；
보살 수소 화 중생 이 취 불토；수소 조복 중생 이 취 불토；

隨 諸 眾生 應 以 何國 入 佛智慧 而 取 佛土；
수 제 중생 응 이 하국 입 불지혜 이 취 불토；

隨 諸 眾生 應 以 何國 起 菩薩根 而 取 佛土。所以者何？
수 제 중생 응 이 하국 기 보살근 이 취 불토。소이자하？

菩薩 取 於 淨國, 皆 爲 饒益 諸 眾生 故。
보살 취 어 정국, 개 위 요익 제 중생 고。

譬如 有人 欲 於 空地 造立 宮室, 隨意 無礙, 若 於 虛空, 終 不能 成。
비여 유인 욕 어 공지 조립 궁실, 수의 무애, 약 어 허공, 종 부능 성。

菩薩 如是 爲 成就 衆生 故, 願 取 佛國, 願 取 佛國 者, 非 於 空 也。
보살 여시 위 성취 중생 고, 원 취 불국, 원 취 불국 자, 비 어 공 야。

寶積! 當知, 直心 是 菩薩 淨土, 菩薩 成佛 時, 不諂 衆生 來生 其國;
보적! 당지, 직심 시 보살 정토, 보살 성불 시, 불첨 중생 래생 기국;

深心 是 菩薩 淨土, 菩薩 成佛 時, 具足 功德 衆生 來生 其國;
심심 시 보살 정토, 보살 성불 시, 구족 공덕 중생 래생 기국;

菩提心 是 菩薩 淨土, 菩薩 成佛 時, 大乘 衆生 來生 其國;
보리심 시 보살 정토, 보살 성불 시, 대승 중생 래생 기국;

布施 是 菩薩 淨土, 菩薩 成佛 時, 一切 能捨 衆生 來生 其國;
보시 시 보살 정토, 보살 성불 시, 일체 능사 중생 래생 기국;

持戒 是 菩薩 淨土, 菩薩 成佛 時, 行 十善道 滿願 衆生 來生 其國;
지계 시 보살 정토, 보살 성불 시, 행 십선도 만원 중생 래생 기국;

忍辱 是 菩薩 淨土, 菩薩 成佛 時, 三十二相 莊嚴 衆生 來生 其國;
인욕 시 보살 정토, 보살 성불 시, 삼십이상 장엄 중생 래생 기국;

精進 是 菩薩 淨土, 菩薩 成佛 時, 勤修 一切 功德 衆生 來生 其國;
정진 시 보살 정토, 보살 성불 시, 근수 일체 공덕 중생 래생 기국;

禪定 是 菩薩 淨土, 菩薩 成佛 時, 攝心 不亂 衆生 來生 其國;
선정 시 보살 정토, 보살 성불 시, 섭심 불란 중생 래생 기국;

智慧 是 菩薩 淨土, 菩薩 成佛 時, 正定 衆生 來生 其國;
지혜 시 보살 정토, 보살 성불 시, 정정 중생 래생 기국;

四無量心 是 菩薩 淨土, 菩薩 成佛 時, 成就 慈悲喜捨 衆生 來生 其國;
사무량심 시 보살 정토, 보살 성불 시, 성취 자비희사 중생 래생 기국;

四攝法 是 菩薩 淨土, 菩薩 成佛 時, 解脫 所攝 衆生 來生 其國;
사섭법 시 보살 정토, 보살 성불 시, 해탈 소섭 중생 래생 기국;

方便 是 菩薩 淨土, 菩薩 成佛 時, 於 一切法 方便 無礙 衆生 來生 其國;
방편 시 보살 정토, 보살 성불 시, 어 일체법 방편 무애 중생 래생 기국;

三十七品 是 菩薩 淨土, 菩薩 成佛 時,
삼십칠품 시 보살 정토, 보살 성불 시,

念處 正勤 神足 根力 覺道 衆生 來生 其國;
염처 정근 신족 근력 각도 중생 래생 기국;

迴向心 是 菩薩 淨土, 菩薩 成佛 時, 得 一切 具足 功德 國土;
회향심 시 보살 정토, 보살 성불 시, 득 일체 구족 공덕 국토;

說除 八難 是 菩薩 淨土, 菩薩 成佛 時, 國土 無有 三惡 八難;
설제 팔난 시 보살 정토, 보살 성불 시, 국토 무유 삼악 팔난;

自守 戒行 不譏 彼闕 是 菩薩 淨土, 菩薩 成佛 時, 國土 無有 犯禁 之名;
자수 계행 불기 피궐 시 보살 정토, 보살 성불 시, 국토 무유 범금 지명;

十善 是 菩薩 淨土, 菩薩 成佛 時, 命 不 中夭, 大富 梵行, 所言 誠諦,
십선 시 보살 정토, 보살 성불 시, 명 불 중요, 대부 범행, 소언 성제,

常 以 輭語, 眷屬 不離 善和 諍訟, 言 必 饒益,
상 이 연어, 권속 불리 선화 쟁송, 언 필 요익,

不嫉 不恚 正見 衆生 來生 其國。
부질 불에 정견 중생 래생 기국。

如是, 寶積! 菩薩 隨其 直心, 則能 發行; 隨其 發行, 則得 深心;
여시, 보적! 보살 수기 직심, 즉능 발행; 수기 발행, 즉득 심심;

隨其 深心, 則 意 調伏; 隨 意 調伏, 則 如 說行;
수기 심심, 즉 의 조복; 수 의 조복, 즉 여 설행;

隨如 說行, 則能 迴向; 隨其 迴向, 則有 方便;
수여 설행, 즉능 회향; 수기 회향, 즉유 방편;

隨其 方便, 則 成就 衆生; 隨 成就 衆生, 則 佛土 淨;
수기 방편, 즉 성취 중생; 수 성취 중생, 즉 불토 정;

隨 佛土 淨, 則 說法 淨; 隨 說法 淨, 則 智慧 淨;
수 불토 정, 즉 설법 정; 수 설법 정, 즉 지혜 정;

隨 智慧 淨, 則其 心 淨; 隨其 心淨, 則 一切 功德 淨。是故, 寶積!
수 지혜 정, 즉기 심정; 수기 심정, 즉 일체 공덕 정。시고, 보적!

若 菩薩 欲得 淨土, 當淨 其心, 隨其 心淨, 則 佛土 淨。」
약 보살 욕득 정토, 당정 기심, 수기 심정, 즉 불토 정。

경문해석

보적은 게송을 마치고 부처님께 말씀 드렸습니다.

"부처님이시여, 이 오백 명의 장자의 아들들은 이미 아뇩다라삼먁삼보리심(阿耨多羅三藐三菩提)을 발하였습니다. 저희는 불국토(佛國土)의 청정에 대해 가르침을 받고자합니다. 바라옵건대 보살(菩薩)의 정토지행(淨土之行)에 대한 가르침을 베푸소서!"

부처님께서 말씀하셨습니다.

"착한 생각이구나! 그대가 여러 보살들을 위해 여래의 정토지행을 물었구나. 잘 듣고 사유(思惟)하여라.

그대들을 위해 말하리라. 중생이 곧 보살의 정토이니라. 왜냐하면, 보살은 중생을 교화하고 조복하는 바에 따라 정토를 취하기 때문이다.

보살은 중생이 어떤 나라를 통해 부처님의 지혜에 들어가려고 하는지에 따라 정토를 취하기 때문이다.

보살은 어떤 나라를 통해서 보살근(菩薩根)을 일으키는지에 따라 정토를 취하기 때문이다. 보살이 청정한 불국토를 취하는 것은 모두 중생을 이롭게 하기 위함이다.

비유컨대 어떤 사람이 빈 땅에 집을 지으려고 하면 아무런 장애 없이 지을 수 있지만 만약에 허공에 집을 지으려고 하면 결국 성공하지 못할 것이다.

이와 같이 보살은 허공이 아닌 중생이 살고 있는 곳에 정토를 건립하는 것이다.

보적이여, 마땅히 알아야 하느니라.

직심(直心)이 곧 보살정토이니 보살이 성불할 때 아첨하지 않는 소박한 중생이 그 나라에 와서 태어난다.

심심(深心)이 곧 보살정토이니 보살이 성불할 때 공덕을 갖춘 중생이 그 나라에 와서 태어난다.

보리심(菩提心)이 곧 보살정토이니 보살이 성불할 때 큰마음을 일깨운 중생이 그 나라에 와서 태어난다.

보시(布施)가 곧 보살정토이니 보살이 성불할 때 집착하지 않고 베풀 줄 아는 중생이 그 나라에 와서 태어난다.

지계(持戒)가 곧 보살정토이니 보살이 성불할 때 십선도(十善道)를 닦아 원력이 원만한 중생이 그 나라에 와서 태어난다.

인욕(忍辱)이 곧 보살정토이니 보살이 성불할 때 삼십이상(三十二相)으로 장엄한 중생이 그 나라에 와서 태어난다.

정진(精進)이 곧 보살정토이니 보살이 성불할 때 부지런히 일체공덕을 닦는 중생이 그 나라에 와서 태어난다.

선정(禪定)이 곧 보살정토이니 보살이 성불할 때 마음을 모아 어지럽지 아니한 중생이 그 나라에 와서 태어난다.

지혜(智慧)가 곧 보살정토이니 보살이 성불할 때 마음을 가다듬은 중생이 그 나라에 와서 태어난다.

사무량심(四無量心)이 곧 보살정토이니 보살이 성불할 때 자비희사(慈悲喜捨)를 성취한 중생이 그 나라에 와서 태어난다.

사섭법(四攝法)이 곧 보살정토이니 보살이 성불할 때 해탈을 얻은 중생이 그 나라에 와서 태어난다.

방편(方便)이 곧 보살정토이니 보살이 성불할 때 모든 법의 방편이 무애(無碍)한 중생이 그 나라에 와서 태어난다.

삼십칠도품(三十七道品)이 곧 보살정토이니 보살이 성불할 때 사념처(四念處), 사정근(四正勤), 사신족(四神足), 오근(五根), 오력(五力), 칠각지(七覺地), 팔정도(八

正道)를 닦은 중생이 그 나라에 와서 태어난다.

회향심(回向心)이 곧 보살정토이니 보살이 성불할 때 온갖 공덕이 구족된 나라를 얻게 된다.

팔난(八難)을 없애는 것이 곧 보살정토이니 보살이 성불할 때 수행에 방해되는 여덟 가지 어려움과 삼악도가 없다.

스스로 계행(戒行)을 잘 지키면서 다른 사람의 잘못을 비방하지 않는 것이 곧 보살정토이니 보살이 성불할 때 이 나라에 죄 지을 사람이 없다.

십선(十善)을 닦는 것이 곧 보살정토이니 보살이 성불할 때 이곳에 태어나는 사람은 단명하거나 횡사하지 않으며 부자가 되고 행실이 청정하여 언제나 정성스러운 말만 하며 권속이 헤어지지 않고 다툼을 잘 화해시키며 유익한 말만 하여 질투하거나 화내지 않는 정견(正見)의 중생이 그 나라에 와서 태어난다.

보적이여, 이와 같이 보살은
직심(直心)에 따라 능히 발심하며
발심(發心)하는 만큼 심심을 얻게 되고
심심(深心)의 정도에 따라 마음이 조복되며
마음이 조복(調伏)되는 만큼 말한 대로 행동하게 되고
말한 대로 행동함에 따라 중생을 위해 회향할 수 있으며
중생을 위해 회향(回向)하는 만큼 방편이 있게 되고
방편(方便)이 있는 만큼 중생을 성취시키며
중생을 성취시키는 만큼 불국토가 청정해지고
불국토(佛國土)가 청정해짐에 따라 설법이 청정해지며
설법(說法)이 청정해지면 지혜가 청정해지고
지혜(智慧)가 청정해짐에 따라 일체공덕(一切功德)이 청정해진다.
그러므로

만약에 보살이 정토를 얻고자 하면 마땅히 마음이 청정해야한다.
마음이 청정함에 따라 불국토가 청정(淸淨)하기 때문이다."

 수행용어

- **정토지행**(淨土之行)

정토(淨土)의 성취를 위한 수행을 뜻합니다. 정토의 성취란 정토의 건립을 뜻합니다.
선 수행자에게 정토는 자연스럽게 건립되어집니다. 왜냐하면 선 수행자는 자리이타의 보살행으로 수행하기 때문입니다.

- **사유**(思惟)

잡념(雜念) 없이 맑은 마음에서 깊이 이어지는 생각입니다. 깊은 사유에서 정견(正見)이 발현되고 견지(見地)가 견고해집니다. 선 수행자는 평소에도 사유하는 마음상태를 유지합니다.

- **보살근**(菩薩根)

보살수행의 뿌리입니다. 뿌리를 근기(根器)로 표현합니다. 뿌리는 곧 마음입니다. 선 수행하는 마음입니다. 마음은 곧 법신(法身)입니다. 중생의 마음이 법신과 계합되어 있는 상태를 뜻합니다.

- **직심**(直心)

청정한 마음입니다. 법신(法身)과 계합된 마음입니다. 직심(直心)은 선 수행자 자신의 마음이며 동시에 선 수행하는 도량입니다. 분별의식에 얽매이지 않은 상태의 마음입니다. 일단 분별의식으로 마음이 얽혀 있으면 인생무상의 도리(人生無常)를 체득하기란 쉽지 않습니다.

- **십선도**(十善道)

십선(十善) 또는 십선계(十善戒)라 칭합니다. 열 가지 선(善)한 행을 뜻합니다. 십선은 신(身),

1. 불국품 123

구(口), 의(意) 삼업(三業)을 바탕으로 하고 있습니다.

신(身: 몸)으로 실천하는 세 가지 선행(善行): 불살생(不殺生), 불투도(不偸盜), 불사음(不邪淫).

구(口: 입)으로 실천하는 네 가지 선행(善行): 불망어(不妄語), 불양설(不兩舌), 불악구(不惡口), 불기어(不綺語).

의(意: 마음)으로 실천하는 세 가지 선행: 불탐욕(不貪慾), 불진에(不嗔恚), 불치우(不癡愚).

- **불살생(不殺生)**: 산목숨을 죽이지 않습니다.

생명의 개체입장에서 보았을 때 어디까지가 살생하지 않는 것인지 분명하지 않습니다.
모기도 죽이면 안 되는지? 눈에 안 보이는 미생물도 포함되는지?
큰 의미의 생명개체에서 보았을 때 살생하지 않으려면 내 자신이 살아 있으면 안 됩니다.
살아 생존하는 그 자체가 무수한 생명의 죽음을 필요로 하기 때문입니다.
선 수행자는 마음에 살생하는 생각을 일으키지 않는 것으로 불살생의 기준을 삼습니다.
아래 아홉 가지도 그와 같습니다.

- **불투도(不偸盜)**: 도둑질 하지 않습니다.
- **불사음(不邪淫)**: 음탕하지 않습니다.

일반적으로 남녀의 성관계 중에서 정당하지 못한 경우를 사음이라 표현합니다.
사음의 기준은 시대와 문화에 따라 그 정당성이 달라집니다.
선 수행자는 색음(色陰)을 일으키지 않는 것으로 불사음의 기준을 삼습니다.

- **불망어(不妄語)**: 거짓말하지 않습니다.
- **불양설(不兩舌)**: 이간질하지 않습니다.
- **불악구(不惡口)**: 욕하거나 비위 상하게 하지 않습니다.
- **불기어(不綺語)**: 현혹시키지 않습니다.
- **불탐욕(不貪慾)**: 욕심내지 않습니다.
- **불진에(不嗔恚)**: 성내지 않습니다.
- **불우치(不愚癡)**: 어리석지 않습니다.

십선도가 선 수행자의 계율입니다. 십선도의 실천으로 선 수행에 방해되는 자신 내면의 번뇌뿐만 아니라 다른 사람과 부딪침을 방지할 수 있습니다.

- **사무량심**(四無量心):

중생을 이롭게 하는 네 가지 큰마음으로 자(慈), 비(悲), 희(喜), 사(捨)입니다.

- **자**(慈): 중생을 즐겁게 해주는 선 수행자의 마음입니다. 가까이 있는 사람부터 자신이 즐거운 것처럼 상대에게도 그와 같은 즐거움을 얻을 수 있게 돕습니다.
- **비**(悲): 다른 사람의 고통을 풀어주는 선 수행자의 마음입니다. 상대가 무슨 일로 인해 괴로워하고 있으면 그것이 곧 자신의 고통처럼 여겨 해결을 돕습니다.
- **희**(喜): 다른 사람을 기쁘게 해 주는 선 수행자의 마음입니다. 침체되어 있는 상대의 마음을 활기를 찾는 즐거운 마음으로 전환하게 돕습니다.
- **사**(捨): 자신이 갖춘 수행력(修行力), 재물(財物) 등으로 세상을 이롭게 하고자 평등하게 보시하는 선 수행자의 마음입니다. 자신을 세상에 회향하는 큰마음입니다.

육바라밀, 사무량심, 십선도는 선 수행자의 대표적인 실천법입니다.

육바라밀과 사무량심 그리고 십선도의 실천이 두루 원만하게 이루어질 때 선 수행력은 굳건하게 향상됩니다. 마치 기초를 튼튼히 한 건물처럼!

방편설법

중생이 바로 보살이 건립하는 정토입니다!
진정한 정토(淨土)에 대해 승조대사는 다음과 같이 설하고 있습니다.

지인(至人)은 허공처럼 광대무변하여 형상이 없다.
사물에 상응하면 형상으로 드러나는데 형상은 실체가 없다.
국토 또한 이처럼 형상의 모습으로 그 실체가 존재하지 않는다.
그래서 이름을 정토라 한다.
이것은 허상의 이름일 뿐 어찌 영원히 존재하겠는가!
중생의 업(業)이 천차만별하여 다양한 형상으로 드러나니 성인의 가르침 또한 그에 상응해서 각양각색의 정토가 건립된다.
깨끗한 곳에는 보석처럼 청정한 모습으로 드러나고 더러운 곳에는 구릉, 잡물처럼 더러운 모습으로 드러난다.
이와 같이 법에는 아름답고 더러움의 고정된 자성(自性)이 없으니 이러한 고정된 차별의 형상이 없는 것이 진정한 정토이다.
그러나 땅에는 깨끗하고 더러움이 있어 그것에 중생이 얽매이게 되니 그래서 '중생이 바로 보살의 정토이다.'고 표현한 것이다.

《유마경》에서 자리이타의 보살행으로 선 수행할 것을 강조하고 있습니다.
자신 혼자만 도(道)를 성취하여 생사고해(生死苦海)를 벗어나겠다는 마음으로 수행하는 선지식과, 내 자신 뿐만 아니라 주변 사람들도 함께 도(道)를 성취할 수 있게 수행하는 선지식의 차이는 정토(淨土)의 유무(有無)에 있다고 승조대사는 밝히고 있습니다.

정토는 반드시 중생을 이롭게 한다는 원인으로 만들어진다.

이것은 마치 집은 반드시 땅 위에 짓는 이치와 같다.
땅이 없으면 집을 세울 수 없다.
그와 마찬가지로 중생이 없으면 보살의 정토는 건립되지 않는다.
보살이 정토를 만드는 것은 중생의 수행성취를 위함이다.
그래서 정토에는 중생이 함께 있다.
그러나 자신만을 위해 수행하는 선지식은
그 사람의 수행의식 속에 중생을 위한다는 개념 자체가 없기 때문에
그에 해당하는 정토 또한 건립되어지지 않는다.

다양한 종류의 정토가 건립되어지는데 그 중에서 '직심(直心)이 보살의 정토'라는 내용이 제일 앞에 놓인 것에 대해 승조대사는 다음과 같이 설명하고 있습니다.

직심은 본래 순수한 그대로의 마음으로 변해진 그 무엇도 없다.
이러한 마음은 모든 수행의 근본이기에 제일 앞에 둔 것이다.
직심을 일행(一行)이라고도 한다.
그것은 보살의 마음이 이미 직심의 상태여서 중생이 그와 함께하면
자연스럽게 직심의 상태로 동화되어지기 때문이다.

직심(直心), 심심(深心), 대승심(大乘心)은 처음 선 수행하는 선지식이 갖추어야 될 마음가짐이라는 것을 승조대사는 다음과 같이 강조하고 있습니다.

팔만 사천 종류의 다양하고 미묘한 법문으로
천하에 모든 사람을 한 명도 남김없이
모두 도를 성취하게 돕는 큰마음이 대승심(大乘心)이다.
직심, 심심, 대승심은 처음 선 수행할 때 지니는 마음가짐이다.
그게 대도를 성취하고자 하면 먼저 직심의 마음상태가 되어야 한다.
마음이 이미 직심이 된 다음에 깊은 수행에 몰입한다.
이미 깊은 수행력이 향상되어 있으면

능히 세상을 구애받음 없이 소요자재하게 된다.
이와 같은 세 가지 마음을 성취한 다음 육바라밀 수행에 들어간다.

이 세 가지 마음을 나즙대사는 다음과 같이 밝히고 있습니다.

직심은 성실(誠實)**한 마음이다.**
발심의 시작은 성실에서 비롯된다.
도(道)**의 의식이 밝게 드러나는 것을 심심**(深心)**이라 한다.**
심심이 더욱 커져서 불지혜(佛智慧)**를 성취하는 것을 보리심**(菩提心)**이라 한다.**

대승심은 보리심을 뜻한다는 것을 나즙대사의 가르침에서 알 수 있습니다.
선 수행자가 즐겨 사용하는 말 중에 '**발보리심 합시다!**'가 있습니다.
서로 마주할 때 인사말로 사용되고 있습니다.
발보리심은 지혜의 발현을 뜻하며 불도(佛道) 수행의 시작이요 마지막이라 해도 과언이 아닙니다. 아무리 열심히 정진했어도 지금 이 순간 보리심을 망각하고 있다면 그는 곧 범부입니다.
혜능선사의 말씀처럼 "깨달으면 중생이 곧 부처요. 미혹되면 부처가 곧 중생이다."는 이치입니다.
선 수행자는 항상 깨어 있어야 합니다.
행주좌와(行住坐臥) 어묵동정(語默動靜) 어디서 어느 때나 항상 성성적적(惺惺寂寂)한 여여(如如)한 마음상태를 유지하고 있어야 합니다. 이것이 일상생활 속에서 자연스럽게 이루어져야 하기에 이러한 선(禪)을 생활선(生活禪) 또는 세간선(世間禪)이라 칭합니다.
《유마경》에서 강조하고 있는 선 수행법이 바로 이 생활선입니다.
우리는 삶 속에서 혜명(慧命)의 지혜로 깨어 있는 이치를 《유마경공부》를 통해 체득(體得)하게 됩니다.

무상보시(無相布施)는 선 수행자의 주요 실천 대목입니다.

무상보시는 크게 네 가지 방법을 통해서 중생을 이롭게 합니다.
이것을 사섭법(四攝法)이라 하며 승조대사는 다음과 같이 설명하고 있습니다.

중생을 평등하게 섭수하는 네 가지 방법을 사섭법이라 한다.
첫 번째는 혜시(惠施)이다. 이것은 재물보시나 법보시를 통해서 중생을 이롭게 한다.
두 번째는 애어(愛語)이다. 사랑스러운 언어 표현을 뜻한다. 상대가 잘 받아들일 수 있는 언어를 사용하여 그 사람을 이롭게 돕는다.
세 번째는 이행(利行)이다. 지혜로운 방편으로 상대를 이롭게 한다.
네 번째는 동사(同事)이다. 상대가 어려움에 처하면 함께 어려움을 감수하면서 그것에서 벗어날 수 있게 돕고, 좋은 일을 행하면 함께 동참해서 그 선행(善行)이 더욱 증장하도록 돕는다.
이와 같이 남을 이롭게 하는 네 가지 수행을 통해서 해탈을 성취하여 무위과(無爲果)를 얻게 된다.

정진(精進)이 순일하다가도 어느 땐 좀처럼 수행력(修行力)이 향상되지 않습니다.
그때 사섭법의 실천으로 수행력을 향상하여 깨달음을 성취하게 된다는 이치를 나즙대사는 다음과 같이 밝히고 있습니다.

부처님의 가르침을 받으면서도 깨달음을 성취하지 못하는 것은 공력(功力)과 지혜(智慧)가 미천하기 때문이다.
이때 사섭법을 실천하면 반드시 지혜가 깊어지고 공력이 수승(殊勝)해져서 궁극에 부처님의 가르침을 받아 해탈(解脫)하게 된다.

4. 청정한 마음

경문낭독

爾時, 舍利弗承佛威神作是念：「若菩薩心淨則佛土淨者,
이시, 사리불승불위신작시염： 약 보살 심정 즉 불토 정 자,

我世尊本爲菩薩時, 意豈不淨而是佛土不淨若此？」
아 세존 본위 보살 시, 의 기 부정 이시 불토 부정 약차？

佛知其念, 即告之言：
불 지 기념, 즉 고 지 언：

「於意云何, 日月豈不淨耶？而盲者不見。」
어의 운하, 일월 기 부정 야？이 맹자 불견。

對曰：「不也。世尊！是盲者過, 非日月咎。」
대왈： 불야。세존！시 맹자 과, 비 일월 구。

「舍利弗！衆生罪故, 不見如來佛國嚴淨, 非如來咎。
사리불！중생 죄 고, 불견 여래 불국 엄정, 비 여래 구。

舍利弗！我此土淨而汝不見。」
사리불！아 차토 정 이여 불견。

爾時, 螺髻梵王語舍利弗：「勿作是念, 謂此佛土以爲不淨。
이시, 라계범왕 어 사리불： 물작 시염, 위 차 불토 이위 부정。

所以者何？我見釋迦牟尼佛土清淨, 譬如自在天宮。」
소이자하？아견 석가모니불토 청정, 비여 자재천궁。

舍利弗言：「我見此土邱陵坑坎荊棘沙礫土石諸山穢惡充滿。」
사리불 언： 아견 차토 구릉 갱감 형극 사력 토석 제산 예악 충만。

螺髻梵王 言:「仁者 心 有 高下, 不依 佛慧, 故 見 此土 爲 不淨 耳。
라계범왕언: 인자 심 유 고하, 불의 불혜, 고 견 차토 위 부정 이。

舍利弗! 菩薩 於 一切 衆生 悉皆 平等, 深心 清淨, 依佛 智慧,
사리불! 보살 어 일체 중생 실개 평등, 심심 청정, 의불 지혜,

則 能 見 此 佛土 清淨。」
즉 능 견 차 불토 청정。

於是, 佛 以 足指 按地, 卽時 三千大千世界, 若干 百千 珍寶 嚴飾,
어시, 불 이 족지 안지, 즉시 삼천대천세계, 약간 백천 진보 엄식,

譬如 寶莊嚴佛 無量功德 寶莊嚴土, 一切 大衆 歎 未曾有,
비여 보장엄불 무량공덕 보장엄토, 일체 대중 탄 미증유,

而 皆 自見 坐 寶蓮華。
이 개 자견 좌 보련화。

佛 語 舍利弗:「汝 且 觀 是 佛土 嚴淨?」
불 어 사리불: 여 차 관 시 불토 엄정?

舍利弗 言:「唯然, 世尊! 本 所 不見, 本 所 不聞,
사리불 언: 유연, 세존! 본 소 불견, 본 소 불문,

今 佛國土 嚴淨 悉現。」
금 불국토 엄정 실현。

佛 告 舍利弗:「我 佛國土 常淨 若此, 爲 欲 度 斯 下劣人 故,
불 고 사리불: 아 불국토 상정 약차, 위 욕 도 사 하렬인 고,

示 是 衆惡 不淨土 耳。譬如 諸天 共 寶器 食, 隨 其 福德, 飯色 有異。
시 시 중악 부정토 이。비여 제천 공 보기 식, 수 기 복덕, 반색 유이。

如是, 舍利弗! 若人 心淨, 便 見 此土 功德 莊嚴。」
여시, 사리불! 약인 심정, 변 견 차토 공덕 장엄。

當 佛 現 此 國土 嚴淨 之 時, 寶積 所將 五百 長者子 皆 得 無生法忍,
당 불 현 차 국토 엄정 지 시, 보적 소장 오백 장자자 개 득 무생법인,

八萬四千人, 皆 發 阿耨多羅三藐三菩提心。
팔만사천 인, 개 발 아뇩다라삼먁삼보리심。

佛 攝 神足, 於是 世界 還復 如 故。
불 섭 신족, 어시 세계 환복 여 고。

求 聲聞乘 三萬二千 諸天 及 人, 知 有爲法 皆悉 無常, 遠塵 離垢,
구 성문승 삼만이천 제천 급 인, 지 유위법 개실 무상, 원진 리구,

得 法眼淨。八千 比丘 不受 諸法, 漏盡 意解。
득 법안정。팔천 비구 불수 제법, 누진 의해。

경문해석

그때 사리불이 부처님의 위신력(威神力)을 받아 다음과 같이 생각했습니다.

"만약에 보살의 마음이 청정하면 불국토가 청정하다면 석가세존께서 보살이었을 때 그 마음이 어찌 부정(不淨)했겠는가! 그런데 이 불국토가 이와 같이 부정한 것은 어찌된 까닭인가?"

부처님께서 그 생각을 아시고 말씀하셨습니다.

"그대 생각이 어떠한가? 해와 달이 깨끗하지 못해서 장님이 보지 못하는가?"

사리불이 대답하기를,

"아닙니다, 부처님이시여! 장님의 허물이지 해와 달의 잘못이 아닙니다."

"사리불이여! 그와 마찬가지로 중생의 죄 때문에 여래의 청정한 불국토를 못 보는 것이다. 이 나라는 매우 청정한데 그대가 이를 못 보는구나!"

그때 나계범왕이 사리불에게 말했습니다.

"그런 생각 마시오. 이 불토를 부정하다고 말하지 마시오. 왜냐하면 내가 석가모니 부처님의 불국토를 보건대 타화자재천의 궁전처럼 청정하오."

사리불이 말하기를,

"나는 이 나라 땅을 보건대 험하고 높은 등성이와 깊은 구덩이가 있고 가시덤불, 모래사장, 자갈밭, 토석의 산들 더러운 것으로 가득 차 있소."

범왕이 다시 말하기를,

"당신의 마음에 높고 낮음의 차별상이 있어 부처님의 지혜에 계합하지 못하기 때문에 이 땅을 부정하다고 보는 것이오.

사리불이여, 보살은 중생을 대할 때 평등하여 깊은 청정한 마음으로 부처님의 지혜에 계합하기에 이 불국토의 청정함을 볼 수 있는 것이오."

그때 부처님께서 발가락을 땅에 대니 온 우주가 아름다운 보배로 장식되어 마치 보장엄불의 무량공덕으로 장엄된 나라처럼 되었습니다.

그것을 본 모든 대중이 미증유(未曾有)한 일이라고 경탄할 때 자신들이 보배로운 연꽃 위에 앉아 있다는 것을 알았습니다.

부처님께서 사리불에 말씀하시기를,

"그대도 이 불국토의 장엄한 것을 보았는가?"

사리불이 대답하기를,

"예, 부처님이시여! 일찍이 못 보았던 것을, 일찍이 못 듣던 것을 지금 듣고 보고 있나이다. 불국토의 장엄하고 청정한 모습이 확연히 드러나 있습니다."

부처님께서 사리불에 다시 말씀하시기를,

"이 불국토는 항상 이와 같이 청정하지만 사물에 집착되어 있는 사람들을 제도하기 위해 가지가지 부정한 모습을 드러내는 것이다.

예를 들면 삼십삼천(三十三天)의 천신들은 같은 그릇에 음식을 취하지만 그들의 복덕에 따라 음식 맛의 차이가 있는 것과 같다.

이와 같이 마음이 청정하면 이 나라의 공덕이 장엄함을 볼 수 있느니라."

이와 같이 부처님께서 이 나라의 장엄함을 보여주실 때 보적과 오백 명의 장자의 아들들은 모두 무생법인(無生法忍)을 얻고 팔만 사천 명은 모두 아뇩다라삼먁삼보리심(阿耨多羅三藐三菩提)을 발했습니다.

부처님께서 신족을 거두자 세계가 원래의 모습이 되었습니다.

그러자 성문법(聲聞法)을 구하던 삼만 이천 명의 천신과 인간이 유위법(有爲法)이 무상(無常)함을 알고 번뇌 망상을 떠나 법안(法眼)의 청정함을 얻었고, 팔천 명의 스님들은 보살정토의 법에 계합되지 않았으나 이미 누진(漏盡)의 경지에 이르러 마음에 깨달은 바가 있었습니다.

방편설법

이 장에서 크게 두 가지의 선 수행정신을 일깨우고 있습니다.
무유고하(無有高下)의 평등정신과 불지혜(佛智慧)에 계합하는 상응정신입니다.

왜 선 수행문에 들어섰죠?
세상의 차별상으로 인한 고뇌에서 해탈하기 위해 출세간의 문을 두드렸습니다.

세상의 어떠한 차별상이 자신을 괴롭혔습니까?
이 물음에 모두 각기 다른 대답이 나옵니다.
그러나 이것을 귀납하면 크게 두 가지로 표현할 수 있습니다.
생사(生死)에 대한 두려움과 사람과의 갈등입니다.
목숨이 다할 때까지 이 두 가지의 고뇌는 없어지지 않습니다.
그래서 선 수행을 하는데, 이로부터 해탈하기 위해서!

해탈이 무슨 의미죠?
생사와 갈등으로부터 벗어난다는 의미입니다.

벗어난다는 것은 어떤 상태를 뜻하죠?
생사와 갈등이 아예 없어진다는 뜻입니까?
만약에 그렇다면 해탈을 성취한 사람은 이미 생사가 없으니 죽음이 없게 됩니다.
그런데 과거에 도(道)를 성취한 선지식이 죽지 않고 그대로 살아 있는 경우가 있습니까?
모두 죽음으로 인해 목숨이 없어졌습니다. 즉 생사가 있었던 것이죠!

해탈을 성취한 사람이 갈등이 없다면 사람과의 어떤 경우에도 희로애락의 감정변화가 존재하지 않습니다.

도를 성취한 선지식의 표정이 그러했습니까?

해탈이란 생사와 갈등이 없는 또 다른 세상에 들어간 것을 뜻하지 않습니다.

생사와 갈등이 존재하지만 그 속에서 자재(自在)하는 것을 의미입니다.

어떻게 하면 자재할 수 있습니까?

평등정신과 상응정신을 일깨웁니다.

선 수행자는 상응정신에 의해서 우주법계(宇宙法界)의 광대무변한 변화에서 불도(佛道)를 성취할 수 있습니다.

선 수행자는 평등정신에 의해서 현실의 삶 속에서 사물과 특히 사람과 형성되는 반연으로부터 덜 부딪치면서 정진에 매진할 수 있습니다.

어떻게 평등정신(平等精神)을 일깨우죠?

마음에 무유고하(無有高下)의 차별의식을 일으키지 않습니다.

모든 사람을 평등하게 대합니다.

사람을 볼 때 외형의 빈부귀천의 형상을 보지 말고 사람 내면의 자성(自性)을 봅니다.

자성은 모든 사람이 같습니다.

차별이 없습니다.

차별이 없기에 분별할 그 무엇이 없습니다.

분별하는 바 없으니 누구를 대해도 차별심이 생기지 않습니다.

어떻게 상응정신(相應精神)을 일깨우죠?

간절한 믿음을 일으킵니다.

무엇에 대한 믿음입니까? 법신(法身)에 대한 믿음입니다.

내 자신 안에 법신이 있다고 지극정성으로 믿습니다.

법신은 부처입니다.

바로 나의 부처입니다.
자신의 부처님을 일깨웁니다.
모든 부처님은 서로 평등합니다.
평등하기에 서로 상응합니다.
부처님의 지혜에 상응하는 것은 바로 자신의 법신입니다.
법신은 시간과 공간의 제약이 없습니다.
그래서 언제 어디서나 우주법계의 모든 법신과 여여(如如)하게 상응할 수 있습니다.
이러한 도리를 승조대사는 다음과 같이 밝히고 있습니다.

만사만물이 모두 마음으로 인해 만들어져
마음에 고하(高下), 시비(是非), 선악(善惡) 등 분별심이 일어나면
그와 같은 현상이 형상으로 나타난다.

만약 수행자가 평등한 마음으로 불지혜(佛智慧)에 들어가면
청정한 법신은 항상 여여(如如)해서
높고 낮음의 차별상이 존재하지 않는다.

2
방편품

5 유마의 방편수행
6 색신과 법신

5. 유마의 방편설법

경문낭독

爾時, 毗耶離 大城 中, 有 長者 名 維摩詰, 已曾 供養 無量 諸佛,
이시, 비야리 대성 중, 유 장자 명 유마힐, 이증 공양 무량 제불,

深植 善本, 得 無生忍, 辯才 無閡, 遊戲 神通, 逮 諸 總持, 獲 無所畏,
심식 선근, 득 무생인, 변재 무애, 유희 신통, 체 제 총지, 획 무소외,

降魔 勞怨, 入 深 法門, 善於 智度, 通達 方便, 大願 成就。
항마 노원, 입 심 법문, 선어 지도, 통달 방편, 대원 성취。

明了 衆生心 之 所趣, 又能 分別 諸根 利鈍, 久於 佛道, 心 已 純熟,
명료 중생심 지 소취, 우능 분별 제근 이둔, 구어 불도, 심 이 순숙,

決定 大乘, 諸 有 所作, 能善 思量, 住 佛 威儀, 心大 如海。
결정 대승, 제 유 소작, 능선 사량, 주 불 위의, 심대 여해。

諸佛 咨嗟, 弟子 釋 梵 世主 所敬。
제불 자차, 제자 석 범 세주 소경。

欲 度人 故, 以 善方便 居 毗耶離。
욕 도인 고, 이 선방편 거 비야리。

資財 無量, 攝 諸 貧民 ; 奉戒 淸淨, 攝 諸 毁禁 ;
자재 무량, 섭 제 빈민 ; 봉계 청정, 섭 제 훼금 ;

以 忍調行, 攝 諸 恚怒 ; 以 大精進, 攝 諸 懈怠 ;
이 인조행, 섭 제 에노 ; 이 대정진, 섭 제 해태 ;

一心 禪寂, 攝 諸 亂意 ; 以 決定慧, 攝 諸 無智。
일심 선적, 섭 제 난의 ; 이 결정혜, 섭 제 무지

雖爲 白衣, 奉持 沙門 淸淨 律行 ; 雖處 居家, 不著 三界 ;
수위 백의, 봉지 사문 청정 율행 ; 수 처 거가, 불착 삼계 ;

示有 妻子, 常修 梵行 ; 現有 眷屬, 常樂 遠離 ;
시유 처자, 상수 범행 ; 현유 권속, 상락 원리 ;

雖服 寶飾, 而以 相好 嚴身 ; 雖復 飮食, 而以 禪悅 爲味 ;
수복 보식, 이이 상호 엄신 ; 수복 음식, 이이 선열 위미 ;

若至 博弈戲處, 輒以 度人 ; 受 諸 異道, 不毀 正信 ;
약지 박혁희처, 첩이 도인 ; 수제 이도, 불훼 정신 ;

雖明 世典, 常樂 佛法 ; 一切 見敬, 爲 供養中 最 ;
수명 세전, 상락 불법 ; 일체 견경, 위 공양중 최 ;

執持 正法, 攝 諸 長幼 一切 治生 諧偶 ; 雖獲 俗利, 不以 喜悅。
집지 정법, 섭 제 장유 일체 치생 해우 ; 수획 속리, 불이 희열。

遊 諸 四衢, 饒益 衆生 ; 入 治政法, 救護 一切 ;
유 제 사구, 요익 중생 ; 입 치정법, 구호 일체 ;

入 講論處, 導以 大乘 ; 入 諸 學堂, 誘開 童蒙 ;
입 강론처, 도이 대승 ; 입 제 학당, 유개 동몽 ;

入 諸 淫舍, 示 欲 之 過 ; 入 諸 酒肆, 能立 其志。
입 제 음사, 시 욕 지 과 ; 입 제 주사, 능립 기지。

若在 長者, 長者 中 尊, 爲說 勝法 ; 若在 居士, 居士 中尊, 斷 其 貪著 ;
약재 장자, 장자 중 존, 위설 승법 ; 약재 거사, 거사 중 존, 단 기 탐착 ;

若在 刹利, 刹利 中 尊, 敎以 忍辱 ;
약재 찰리, 찰리 중 존, 교이 인욕 ;

若在 婆羅門, 婆羅門 中 尊, 除 其 我慢 ;
약재 바라문, 바라문 중 존, 제 기 아만 ;

若在 大臣, 大臣 中 尊, 敎以 正法 ; 若在 王子, 王子 中 尊, 示以 忠孝 ;
약재 대신, 대신 중 존, 교이 정법 ; 약재 왕자, 왕자 중 존, 시이 충효 ;

若在 內官, 內官 中 尊, 化正 宮女 ; 若在 庶民, 庶民 中 尊, 令興 福力 ;
약재 내관, 내관 중 존, 화정 궁녀 ; 약재 서민, 서민 중 존, 영흥 복력 ;

若在 梵天, 梵天 中 尊, 誨以 勝慧 ; 若在 帝釋, 帝釋 中 尊, 示現 無常 ;
약재 범천, 범천 중 존, 회이 승혜 ; 약재 제석, 제석 중 존, 시현 무상 ;

若在 護世, 護世 中 尊, 護 諸 衆生。
약재 호세, 호세 중 존, 호 제 중생。

경문해석

그때에 비야리성에 유마대사라는 대선지식이 계셨습니다.

유마대사는
일찍이 많은 부처님께 공양(供養) 드렸고
깊이 선근(善根)을 심어 무생법인(無生法忍)을 얻었으며
무애변재(無碍辯才)와 자재신통(自在神通)으로 자유로이 노닐고
다라니(多羅尼)와 무소외(無所畏)의 힘으로 마구니와 원수를 항복시키며
깊은 불이법문(不二法門)을 통달하여 큰 지혜와 방편을 갖추고
중생을 이롭게 하는 큰 원력을 성취하였습니다.

중생의 마음가짐과 근기(根器)의 이둔(利鈍)을 잘 분별하고
오랜 세월 자리이타(自利利他)의 보살행(菩薩行)을 실천하여
마음이 이미 순수하고 밝아져서
해야 할 일이 무엇인지를 잘 생각하고
부처님과 조금도 다를 바 없는 위의를 갖추어
바다와 같이 큰마음으로 세상을 포용합니다.

모든 부처님이 찬양하고 십대제자, 제석천, 대범천왕, 사천왕에게 존경받는 유마대사는 사람들을 이롭게 하고자 방편을 베풀어 비야리성에 살고 있었습니다.

가난하거나 고통 받는 사람은 보시(布施)로 감싸주고
부도덕한 일에 집착하는 사람은 지계(持戒)로 바로 잡아주며
화내고 불만으로 차 있는 사람은 인욕(忍辱)으로 편안하게 하고
게으르고 나태한 사람은 정진(精進)으로 인도하며
마음이 흐트러진 사람은 선정(禪定)으로 교화하고
무지한 사람은 지혜(智慧)로 일깨웁니다.

재가 선 수행자로 청정한 삶을 유지하면서
세간에 살면서 삼계에 집착하지 않고
가족과 함께하면서 세상사에 초연하며
장신구로 몸을 꾸미면서 공덕의 장엄함을 드러내고
먹고 마시면서 선(禪)의 참맛을 즐기며
도박하면서 사람들의 정견(正見)을 일깨우고
다양한 가르침을 접하면서 올바른 믿음을 유지하며
세속의 법전에 밝으면서 불법(佛法)의 진리를 밝히고
존경 받고 공양 받으면서 세상을 이롭게 하며
정법을 간직하면서 모든 사람과 화목하고
세속의 이익을 얻으면서 그 가치에 초연합니다.

거리를 다니면서 사람들을 이롭게 하고
정치하면서 사람들을 보호하며
법문하면서 큰마음을 일깨우고
아이들과 함께하면서 선근을 심어주며
색욕의 장소에서 법신을 일깨우고
술 마시면서 바른 정신을 보입니다.

장자들과 함께 있으면 그들을 위해 훌륭한 법을 일깨우고
거사들과 함께 있으면 그들의 탐심을 끊으라고 일깨우며
왕족과 함께 있으면 그들에게 인욕을 일깨우고
바라문과 함께 있으면 그들에게 아만을 제거하라고 일깨우며
대신들과 함께 있으면 그들에게 정법을 일깨우고
왕자들과 함께 있으면 그들에게 충효를 일깨우며
내관들과 함께 있으면 그들에게 궁녀 다스리는 법을 일깨우고
서민과 함께 있으면 그들에게 복덕의 증진하는 법을 일깨우며
범천들과 함께 있으면 그들에게 지혜 닦는 법을 일깨우고
제석천과 함께 있으면 그들에게 무상의 이치를 일깨우며
사천왕과 함께 있으면 그들에게 중생을 지키는 본분을 일깨웁니다.

유마대사는 이와 같이 때와 장소에 따라 그에 알맞은 무량방편으로 중생을 이롭게 합니다.

 수행용어

• **불이법문**(不二法門)

《유마경》의 중심사상입니다. 불이법문은 약칭으로 불이(不二)라 표현하며, 다양한 종류의 불이사상(不二思想)이 있습니다. 그 중에서 중도불이(中道不二)와 평등불이(平等不二)는 선 수행의 기본사상(基本思想)입니다.

중도불이는 불이중도이며 어느 한쪽에 치우치지 않은 무분별심(無分別心)으로 중도정신(中道精神)을 뜻합니다.

평등불이는 불이평등으로 모든 것을 차별 없이 대하는 무분별심(無分別心)으로 평등정신(平等精神)을 뜻합니다.

선 수행자에게 중도정신과 평등정신은 매우 중요합니다.

진정한 중도와 평등은 불이에서 이루어집니다. 불이가 바로 중도이며 평등입니다.

- 이둔(利鈍)

사람의 근기에 이(利)와 둔(鈍)이 있습니다. 이것은 선 수행하는 선지식이 때에 따라 이근(利根)이고 둔근(鈍根)인 상태로 변화합니다. 누구나 이둔(利鈍)의 근기를 지니고 있습니다.

깨어 있을 때는 이근이고 미혹되어 있을 때는 둔근입니다.

- 보살행(菩薩行)

선 수행정신으로 자리이타를 실천하면 이것이 보살행입니다.

보살행에 대해서는 《유마경공부》 중에 여러 번 반복되어 나옵니다.

방편설법

선 수행자의 삶은 육바라밀을 바탕으로 이어집니다.
이 장은 유마대사의 공덕과 지혜를 찬탄한 내용이며 그 중심 역시 육바라밀입니다.

선을 실천하는 많은 종류의 수행방법이 제시되고 있지만 그 중심은 육바라밀입니다.
육바라밀 법으로 모든 수행의 실천방법을 통섭할 수 있습니다.
마치 불이법문이 팔만 사천의 모든 수행의 이치를 섭수하는 것처럼!
선 수행자는 육바라밀 실천으로 큰마음을 일깨웁니다.
육바라밀 정진으로 공덕과 지혜를 쌓고, 육바라밀 실천으로 중생을 이롭게 합니다. 자신을 위한 자리(自利)의 수행도, 남을 위한 이타(利他)의 수행도 육바라밀로 이루어집니다.
큰마음의 선 수행자가 노니는 자리이타(自利利他)의 보살행(菩薩行)이 육바라밀을 통해서 성취됩니다.

육바라밀은 여섯 가지 실천방법으로 구성되어 있습니다.

보시(布施)
지계(持戒)
인욕(忍辱)
정진(精進)
선정(禪定)
지혜(智慧)

앞의 세 가지인 보시, 지계, 인욕은 주로 세상 사람과 더불어 실천하는 대목으로 '나'

와 '사물'과의 관계에서 이루어지는 수행입니다.

자신의 외적 경계를 정화(淨化)하는 수행입니다.

뒤의 세 가지인 정진, 선정, 지혜는 주로 자신 스스로 깨달음을 증득하는 실천 대목으로 자신의 내적 경계를 정화(淨化)하는 수행입니다.

이 여섯 가지는 각기 독립성을 지니고 있지만 그 본질은 서로 불가분의 관계로 형성되어 있습니다.

보시는 개념으로서 독립성을 지니고 있지만 다른 다섯 가지의 바라밀을 떠나서 존재할 수 없습니다. 지계, 인욕, 정진, 선정, 지혜 역시 그렇습니다.

일반적으로 보시, 지계, 인욕, 정진, 선정, 지혜의 순서로 수행이 성취됩니다.

보시가 성취되었을 때 지계가 성취되고
지계가 성취되었을 때 인욕이 성취되며
인욕이 성취되었을 때 정진이 성취되고
정진이 성취되었을 때 선정이 성취되며
선정이 성취되었을 때 지혜가 성취됩니다.

지혜가 있을 때 진정한 보시가 가능합니다.

비록 착한 마음으로 베푼다 해도 그것이 애착(愛着)의 식견(識見)에서 이루어지면 유위법(有爲法)의 복덕이 되어 생사를 해탈하는 무위(無爲)의 공덕과 지혜를 쌓는 법보시로 작용하지 않습니다. 오히려 방해될 수 있습니다.

왜냐하면 유위의 방법으로 선행(善行)을 베풀면 그것으로 인해 반연이 생기고 그러한 실천이 클수록 반연의 애착은 더욱 깊어져 서로 얽히어 그 속박의 틀이 점점 커집니다.

이러한 속박으로부터 벗어나는 것을 해탈이라 하며 해탈은 무위의 마음으로 실천할 때 성취되는 수행력입니다.

지혜의 마음에서 실천한 보시였을 때 그것이 무상보시(無相布施)가 되며 이것을 무위의 마음에서 이루어지는 진정한 법보시 또는 마음보시[心布施]라 합니다.

육바라밀의 실천수행이 점점 깊어지면 한 바라밀 안에 다른 다섯 바라밀이 함께 있다는 이치를 체득하여 한 바라밀의 실천으로 여섯 가지 전체 바라밀이 함께 성취하게 됩니다.

예를 들면 자비를 베푸는 과정에서 그 마음이 선정의 상태를 유지할 수 있습니다.

만약 선정의 마음상태가 아닌 산란할 마음에서 보시하면 비록 남을 이롭게 하기 위해 베풀지만 그것이 꼭 상대방을 이롭게 돕는 것은 아닙니다.

이것을 '지혜가 없는 방편'이라 합니다.

고요한 도량에서 홀로 정진할 때 역시 육바라밀 전체를 동시에 성취할 수 있습니다.

법을 구하는 많은 세상 사람이 자신이 정진하는 모습을 직접 보지는 못하지만 깊은 산중에서 열심히 정진하는 선 수행자를 흠모하고 존경하며 귀감으로 삼습니다.

이것은 비록 직접 사람과 접촉하면서 보시를 베푼 것은 아니지만 이미 다른 사람에게 수행정신을 일깨웠으니 이것이 법보시(法布施)입니다.

《유마경》을 공부하면서 법신과 계합된 큰마음으로 세상사에 임하면 자신의 그러한 생활모습이 바로 유마대사의 보살행과 평등함을 체득하게 됩니다.

《유마경》 공부는 지식 쌓는 공부가 아닙니다.

《유마경》 공부는 지혜를 발현하는 공부입니다.

《유마경》 공부로 알게 된 이치를 곧바로 생활 속에서 실천하는 것을 육바라밀 수행이라 하며 보살행이라 합니다.

앎과 실천이 함께 이루어지는 것을 언행일치(言行一致)라 표현하며 선 수행자의 실천모습입니다.

법보시란 자신이 알고 있는 이치를 남에게 이해시키는 것이 아니라 이치를 체득하면서 발현되어진 지혜로 상대의 지혜발현을 돕는 것입니다.

자신이 알고 있는 바를 상대에게 심는 행위를 주입 시킨다 표현합니다.

이것은 지식의 전달에 불과하며 진정한 가르침이 아닙니다.

진정한 가르침이란 내가 베푼 행위가 상대의 큰마음을 일깨워 지혜가 발현될 수 있도록 돕는 작용입니다.

작용이란,

스치는 바람과 같으며
흐르는 물과 같으며
어둠 속의 불빛과 같으며
어린아이의 맑은 눈빛과 같으며
형상을 비추는 거울과 같습니다.

법보시는 이와 같이 상대의 큰마음이 깨어나도록 문 밖에서 노크하듯 상대의 마음 주변에서 자극을 주는 변화로 작용합니다.

상대의 마음속을 후비고 들어가 못 박는 행위가 아닙니다.

6. 색신과 법신

경문낭독

長者 維摩詰, 以 如是 等 無量 方便, 饒益 衆生, 其以 方便, 現身 有疾。
장자 유마힐, 이 여시 등 무량 방편, 요익 중생, 기이 방편, 현신 유질。

以 其疾 故, 國王、大臣、長者、居士、婆羅門 等, 及 諸 王子,
이 기질 고, 국왕、대신、장자、거사、바라문 등, 급 제 왕자,

幷 餘 官屬, 無數 千人 皆往 問疾。其 往者, 維摩詰 因以 身疾,
병 여 관속, 무수 천인 개왕 문질。기 왕자, 유마힐 인이 신질,

廣爲 說法。
광위 설법。

「諸 仁者！是身 無常, 無强 無力 無堅, 速朽 之法 不可信 也。
제 인자！시신 무상, 무강 무력 무견, 속후 지법 불가신 야。

爲苦 爲惱, 衆病 所集。
위고 위뇌, 중병 소집。

諸 仁者！如此 身, 明智者 所 不怙。
제 인자！여차 신, 명지자 소 불호。

是身 如 聚沫, 不可 撮摩；是身 如 泡, 不得 久立；
시신 여 취말, 불가 촬마；시신 여 포, 부득 구립；

是身 如 炎, 從 渴愛 生；是身 如 芭蕉, 中 無 有堅；
시신 여 염, 종 갈애 생；시신 여 파초, 중 무 유견；

是身 如幻, 從 顚倒 起；是身 如夢, 爲虛 妄見；
시신 여환, 종 전도 기；시신 여몽, 위허 망견；

是身如影, 從業緣現；是身如響, 屬諸因緣；
시신여영, 종업연현；시신여향, 속제인연；

是身如浮雲, 須臾變滅；是身如電, 念念不住；
시신여부운, 수유변멸；시신여전, 염염부주；

是身無主, 爲如地；是身無我, 爲如火；
시신무주, 위여지；시신무아, 위여화；

是身無壽, 爲如風；是身無人, 爲如水；
시신무수, 위여풍；시신무인, 위여수；

是身不實, 四大爲家；是身爲空, 離我我所；
시신불실, 사대위가；시신위공, 이아아소；

是身無知, 如草木瓦礫；是身無作, 風力所轉；
시신무지, 여초목와력；시신무작, 풍력소전；

是身不淨, 穢惡充滿；是身爲虛僞, 雖假以澡浴衣食, 必歸磨滅；
시신부정, 예악충만；시신위허위, 수가이조욕의식, 필귀마멸；

是身爲災, 百一病惱；是身如邱井, 爲老所逼；是身無定, 爲要當死；
시신위재, 백일병뇌；시신여구정, 위로소핍；시신무정, 위요당사；

是身如毒蛇, 如怨賊, 如空聚, 陰界諸入所共合成。
시신여독사, 여원적, 여공취, 음계제입소공합성。

諸仁者！此可患厭, 當樂佛身。
제인자！차가환염, 당락불신。

所以者何？佛身者, 卽法身也。
소이자하？불신자, 즉법신야。

從無量功德智慧生, 從戒定慧解脫解脫知見生, 從慈悲喜捨生,
종무량공덕지혜생, 종계정혜해탈해탈지견생, 종자비희사생,

從布施持戒忍辱柔和勤行精進禪定解脫三昧多聞智慧諸波羅密
종보시지계인욕유화근행정진선정해탈삼매다문지혜제바라밀

生, 從方便生, 從六通生, 從三明生, 從三十七道品生, 從止觀生,
생, 종방편생, 종육통생, 종삼명생, 종삼십칠도품생, 종지관생,

從 十力、四無所畏、十八不共法 生, 從 斷 一切 不善法 集 一切 善法 生,
종 십력、사무소외、십팔불공법 생, 종 단 일체 불선법 집 일체 선법 생,

從 眞實 生, 從 不放逸 生, 從 如是 無量 清淨法 生 如來 身。
종 진실 생, 종 불방일 생, 종 여시 무량 청정법 생 여래 신。

諸 仁者!
제 인자!

欲得 佛身, 斷 一切 眾生 病者, 當 發 阿耨多羅三藐三菩提心。」
욕득 불신, 단 일체 중생 병자, 당 발 아뇩다라삼먁삼보리심。

如是, 長者 維摩詰 爲 諸 問疾者 如應 說法,
여시, 장자 유마힐 위 제 문질자 여응 설법,

令 無數 千人 皆 發 阿耨多羅三藐三菩提心。
영 무수 천인 개 발 아뇩다라삼먁삼보리심。

경문해석

유마대사가 병들어 누워 있다는 소식을 듣고 주변의 많은 사람이 문병 왔습니다. 유마대사는 그들에게 자신의 몸에 병이 있음을 예로 들어 인생무상의 이치를 일깨웁니다.

"선지식들이여! 이 몸은 무상하여 무력하고 썩게 되어 믿을 것이 못됩니다. 또한 고뇌의 원인이며 갖가지 병이 모이는 곳이라 지혜에 밝은 사람은 믿고 의지하지 않습니다.

이 몸은 물방울 같아 만질 수 없고
이 몸은 거품과 같아 오래 유지하지 못하며
이 몸은 아지랑이와 같아 갈애로부터 생겼고
이 몸은 파초와 같아 남는 그 무엇 없으며
이 몸은 허깨비와 같아 잘못된 생각으로 생겨났고
이 몸은 꿈과 같아 허망한 생각일 뿐이며
이 몸은 그림자와 같아 업연에 따라 나타나고
이 몸은 메아리와 같아 인연 따라 생겨나며
이 몸은 뜬구름과 같아 변화하며 사라지고
이 몸은 번개와 같아 생각마다 바뀝니다.
이 몸은 땅과 같아 주(主)가 없습니다.
이 몸은 불과 같아 아(我)가 없습니다.
이 몸은 바람과 같아 수(壽)가 없습니다.
이 몸은 물과 같아 인(人)이 없습니다.

이 몸은 부실합니다, 사대(四大)를 집으로 삼고 있기 때문에.

이 몸은 텅 비었습니다, 나라는 것도 내 것이라는 것도 없기 때문에.

이 몸은 무지(無知)입니다, 초목와석과 같기 때문에.

이 몸은 무작(無作)입니다, 바람 따라 움직일 뿐이기 때문에.

이 몸은 부정(不淨)입니다, 더러움으로 가득 차 있기 때문에.

이 몸은 허위(虛僞)입니다, 목욕하고 옷 입고 음식을 먹지만 결국 없어지기 때문에.

이 몸은 재난(災難)입니다, 만병에 시달리기 때문에.

이 몸은 언덕 위 마른 우물입니다, 늙어 죽을 날이 가까웠기 때문에.

이 몸은 무정(無定)입니다, 불안정하여 결국 죽어 없어지기 때문에.

이 몸은 독사와 같고 도둑과 같으며 텅 빈 마을과 같습니다, 오온(五蘊)과 십팔계(十八界)와 십이입(十二入)이 서로 복합적으로 만들어내고 있을 뿐이기 때문에.

선지식들이여!

이런 허망한 몸을 멀리하고 불신(佛身)을 즐거워해야 합니다.

왜냐하면 불신(佛身)은 곧 법신(法身)이기 때문입니다.

법신(法身)은 무량한 공덕(功德)과 지혜(智慧)에서 발현(發顯)합니다.

법신은 계(戒), 정(定), 혜(慧), 해탈(解脫), 해탈지견(解脫知見)에서 발현합니다.

법신은 자비희사(慈悲喜捨)에서 발현합니다.

법신은 보시(布施), 지계(持戒), 인욕(忍辱), 유화(柔和), 근행(勤行), 정진(精進), 선정(禪定), 해탈(解脫), 삼매(三昧), 다문(多聞), 지혜(智慧) 등 모든 바라밀(波羅蜜)에서 발현합니다.

법신은 방편(方便)에서 발현합니다.

법신은 육신통(六神通)에서 발현합니다.

법신은 삼명(三明)에서 발현합니다.

법신은 삼십칠도품(三十七道品)에서 발현합니다.
법신은 지관(止觀)에서 발현합니다.
법신은 십력(十力), 사무소외(四無所畏), 십팔불공법(十八不共法)에서 발현합니다.
법신은 일체불선법(一切不善法)은 끊고 일체선법(一切善法)을 실천하는데서 발현합니다.
법신은 진실(眞實)에서 발현합니다.
법신은 방일하지 않는데서 발현합니다.
이와 같이 무량한 청정법(淸淨法)에서 법신이 발현합니다.
선지식들이여! 법신을 얻고 일체 중생의 병을 끊고자 하면 마땅히 아뇩다라삼먁삼보리심을 발해야 됩니다."

이와 같이 유마대사는 문병 온 이들을 위해 알맞게 설법하시어 수많은 사람들에게 아뇩다라삼먁삼보리심을 발하게 하였습니다.

 수행용어

- **사대**(四大)

우리의 생명을 몸과 마음으로 나누어 인식합니다. 이때 몸의 구성요소를 사대라 합니다.
지(地), 수(水), 화(火), 풍(風)의 네 가지 요소가 모여 몸을 구성하고 있습니다.
몸은 물질로서 항상 변화하며 궁극에는 흩어져서 없어진다는 무상(無常)의 이치를 일깨우기 위해 색신(色身)의 사대설(四大說)을 강조하고 있습니다.
사대 그 자체에 의미가 있는 것이 아닙니다.

방편설법

이 장에서 몸의 무상(無常)한 이치를 크게 네 가지 입장에서 밝히고 있습니다.

1. 몸은 오래가지 못하고 없어집니다.
 몸이 오래 지속될 수 없다는 이치를 순간 생겨났다 없어지는 사물의 여러 현상을 예로 들어 밝히고 있습니다. 마치 물거품, 아지랑이, 메아리처럼!
 우주의 긴 수명에 비하면 우리 인간의 목숨은 극히 짧은 한 순간에 불과합니다.
 불빛이 순간 반짝하는 것보다 몇 천만 배는 짧겠죠! 참 서글픈 일입니다.
 그래서 옛 성인은 장수의 목적을 몸의 짧은 수명에 두지 않고 마음의 영원함에 두었습니다.
 몸은 아무리 열심히 잘 보살펴도 백년을 유지하기가 쉽지 않습니다.
 몸의 기맥(氣脈)을 운용(運用)하여 팔백 세를 살았다는 팽조선인이 있습니다.
 생명과학의 발전으로 사람의 수명이 백세 이상을 유지하는 것은 당연하고 지금 살고 있는 사람 중에 천세 이상을 장수하는 사람도 있을 거라고 밝힌 바 있습니다.
 그러나 이것 역시 순간 반짝이는 불빛에 불과합니다.
 선(禪) 수행으로 우주와 같은 긴 생명력을 얻는 마음의 장수에 비하면!

2. 몸은 인연화합으로 만들어져 주인이 없습니다.
 몸은 여러 가지 요소가 모여 살아 움직이는 하나의 생명체(生命體)입니다.
 여러 가지 요소가 복합적으로 모인 것을 인연화합(因緣和合)이라 표현합니다.
 사물은 모두 인연화합으로 만들어져 있습니다.
 사람의 몸처럼 살아 움직이는 생명체뿐만 아니라 돌, 자동차, 핸드폰 등 우리가 보고 느끼는 모든 것이 인연화합으로 만들어졌습니다.

소리, 전파 등 보이지 않는 현상들 역시 인연화합으로 인한 작용입니다.

우주 삼라만상이 모두 인연화합으로 형성되어 있습니다.

이처럼 여러 성분이 합해져서 하나의 형체를 이루고 있는 것을 인연화합상(因緣和合相)이라 표현합니다. 즉 인연화합의 결과로 만들어진 모습이라는 의미입니다.

상(相)이란 모습을 뜻합니다.

사람의 생명체를 크게 둘로 나누어 표현합니다.

몸 부분과 마음 부분입니다.

이것을 기(氣) 수련의 세계에서는 정(精), 기(氣), 신(神)의 셋으로 나누어 표현합니다.

정(精)은 몸에 해당하고, 신(神)은 마음에 해당하며, 몸과 마음이 함께 결합되어 있게 하는 힘을 기(氣)라 표현합니다.

만약 생명체에 기(氣)가 없으면 몸은 시체로, 마음은 귀신으로 존재하겠죠!

불교 수행에서 생명체를 정기신(精氣神)의 셋으로 나누지 않고 몸과 마음의 둘로 나눈 것은 기(氣)는 작용현상으로 몸과 마음에 이미 내재하고 있기 때문입니다.

마음 안에 이미 마음이 작용할 수 있는 기운(氣運)이 내재되어 있고, 몸 안에 몸이 움직일 수 있는 기운이 함께 있다는 뜻입니다.

이러한 몸은 지(地), 수(水), 화(火), 풍(風)의 네 가지 요소로 구성되어 있습니다.

하나의 몸을 그 구성요소인 네 가지 성분으로 분리하게 되면, 독립적인 '나'라는 몸은 존재하지 않습니다. 마치 자동차를 조립하기 전의 모습으로 분리하면 자동차의 모습이 존재하지 않는 것과 같습니다.

이와 같이 여러 가지 요소가 모여 만들어진 몸이기에 비록 살아 움직이지만 이 몸의 주인이라 할 그 무엇이 몸 안에 존재하지 않습니다.

3. 몸은 고통(苦痛)의 원인입니다.

몸은 더러움으로 가득하고, 만병에 시달리며, 늙어 죽어가는 불안함으로 인해 고통이 따르는 원인으로 작용합니다.

마음으로부터 생겨나는 고통이 많지만 몸으로 인한 고통 또한 적지 않습니다.

의학이 발전하면서 인간의 수명이 길어지는 건강효과를 얻게 되었습니다. 그러나 한편으론 병에 대한 많은 지식으로 인해 정신불안 현상은 더욱 많아지고 있습니다.

자신의 생김새에 불만인 경우도 많습니다.

자신의 모습이 나이가 들면서 변화되는 것에 불안해하는 경우도 적지 않습니다.

피부관리

복장관리

표정관리

예절관리

많은 시간을 돈의 외형의 모습관리로 보냅니다.

4. 몸은 오온(五蘊), 십팔계(十八界), 십이입(十二入)이 모여 만들어졌습니다.

몸은 큰 의미에서 정신작용을 포함합니다. 대뇌와 연관된 정신작용은 육체가 죽으면 함께 사라집니다. 생활 속의 모든 의식작용이 몸과 불가분의 관계에 있습니다.

의식작용은 몸을 떠나서 존재할 수 없습니다. 몸과 함께 생겨나고 없어집니다.

이것을 생사라 하며 인생무상이라 표현합니다. 이러한 몸을 생명체라 하며 약칭으로 생명이라 부릅니다.

우리의 생명(生命)은 오온(五蘊)으로 구성되어 있으며 십팔계(十八界)의 상호작용에 의해 사물과 접촉하면서 생각하고 인식하며 의식하면서 존재합니다.

선 수행에서 먼저 오온(五蘊)이 공(空)한 이치를 체득해야 합니다.

오온이 공한 이치를 체득하지 않고 선 수행을 이어가면 마치 허공에 불을 지피듯 정진력, 공덕력, 지혜력 등 그 무엇도 쉽게 증장되지 않아 회의감에 빠지고 사물현상에 부딪치게 됩니다.

오온은 또한 오음(五陰)으로 칭하며 생명을 구성하고 있는 다섯 가지 요소로 색(色), 수(受), 상(想), 행(行), 식(識)입니다.

이 중에서 색(色)은 몸, 즉 물질성분으로 만들어진 육체를 뜻하고 나머지 네 가지 요소는 마음에 해당합니다.

십팔계(十八界)는 육식(六識), 육근(六根), 육경(六境)입니다.

생명이 사물과 교감하는데 필요한 요소로 안(眼), 이(耳), 비(鼻), 설(舌), 신(身), 의(意)

가 있으며, 여기에서 사물을 인식하는 정신작용을 식(識)이라 하고, 인식할 수 있게 받아들이는 관문을 근(根)이라 합니다.

육식(六識)은 안식(眼識), 이식(耳識), 비식(鼻識), 설식(舌識), 신식(身識), 의식(意識)이라 하고 마지막 의식을 제육식(第六識)이라 표현합니다.

제육식(第六識)의 의식과 제팔식(第八識)의 아뢰야식(阿賴耶識)은 선 수행자가 체득하고 있어야할 중요한 개념입니다.

일반적으로 살아 있는 생명의 주체를 제육식인 의식이라 하고 생사와 무관하게 변함없이 존재하는 마음을 제팔식인 아뢰야식이라 표현합니다.

육경(六境)은 여섯 가지 사물의 현상으로 색(色), 성(聲), 향(香), 미(味), 촉(觸), 법(法)입니다.

육식이 육근을 통해 육경과 상응합니다.

예를 들면 안식(眼識)이 안근(眼根)을 통해 색경(色境)과 상응합니다.

이러한 인생무상의 이치를 장엄염불에서도 잘 밝히고 있습니다.

사대각리여몽중　육진심식본래공　욕식불조회광처　일낙서산월출동
四大各離如夢中　六塵心識本來空　欲識佛祖回光處　日落西山月出東

- **사대**(四大): 몸을 구성하고 있는 네 가지 요소: **지**(地), **수**(水), **화**(火), **풍**(風).
- **각리**(各離): 각리 흩어지다. 몸이 하나의 살아 있는 생명으로 있지만 그 내면을 바라보면 각각 분리되어 실체가 없다는 뜻입니다.
- **여몽중**(如夢中): 꿈속과 같다.
- **육진**(六塵): 생명이 접하는 여섯 가지 물질요소인 색성향미촉법(色聲香味觸法)이 티끌처럼 잡다하다는 뜻으로 티끌 진(塵)자를 써서 육진이라 표현합니다.
- **심식**(心識): 마음의식.
- **본래공**(本來空): 본래 공하다.
- **욕식**(欲識): 만약 ~ 을 알고 싶으면.

- 불조(佛祖): 불조. 부처님. 부처님의 가르침. 부처님의 근본마음. 혜명정신.
- 회광처(回光處): 마음이 계합한 곳. (부처님) 마음과 계합된 곳.
- 일락서산(日落西山): 해가 서산으로 지다.
- 월출동(月出東): 달이 동쪽에서 뜨다. 부처님 법이 인도[서산]에서 이곳[동: 동쪽]으로 전해온 것을 일월의 출몰에 비유하고 있습니다.
  - ■ 종합해서 해석하면:
    사대가 흩어져 꿈과 같으니
    육진심식이 본래 공이로다.
    부처님 마음 계합된 곳 알고 싶은가
    해가 서산에 지고 달이 동쪽에서 뜨는구나!

인생무상은 생명의 변화를 뜻합니다.
생명이 변화하기에 인생은 불안전합니다.
불안전하기에 목숨은 항상 위태롭습니다.
이처럼 사람의 생명은 매우 위태로운 상태입니다.
우리가 삶의 가치로 여기고 있는 많은 것들이 사실은 부질없는 허상에 불과합니다.
미혹에 빠져 위태로운 상태를 인식하지 못하면서 살고 있다는 이치를 나즙대사는 다음 이야기를 통해 밝히고 있습니다.

옛날 왕에게 죄를 지은 사람이 목숨을 부지하기 위해 멀리 도망가고 있었다.
왕이 술에 취한 코끼리를 보내어 그 사람을 밟아 죽이게 했다.
술에 취한 성난 코끼리가 뒤에서 쫓아오자 다급해진 도망자는 큰 구덩이가 있는 것을 발견하고 넝쿨을 붙잡고 아래로 내려갔다.
내려가다 보니 바닥에 악룡(惡龍)이 위를 향해 독을 품어내면서 있고 그 옆에는 다섯 마리의 큰 뱀이 함께 합세하고 있어 더 이상 내려가지 못하고 중간에 매달려 있어야만 했다.
이러한 상황은 정말 다급하고 위험한 상태이다.

그런데 설상가상으로 희고 검은 두 마리 쥐가 붙잡고 있는 넝쿨을 교대로 갉아먹고 있으며 구덩이 위에서는 성난 코끼리가 밟아 죽이려고 있어 위급함이란 뭐라 형언할 수 없는 일촉즉발의 상황이다.

그때 나무에 있는 벌집에서 꿀이 한 방울 씩 떨어져 내려오는데 마침 그것을 입으로 받아먹을 수 있었다.

그 사람은 꿀의 단맛에 자신이 처한 위태로운 상황을 망각하고 있다.

이것은 우리 생명이 처한 입장을 비유한 이야기로
구덩이는 생사(生死)를,
술 취한 코끼리는 무상(無常)을,
악룡(惡龍)은 지금 살고 있는 악도(惡道)를,
다섯 마리 뱀은 오음(五陰)을,
넝쿨은 목숨을,
두 마리 쥐는 밤과 낮을,
꿀의 단맛은 오욕락(五慾樂)을 뜻한다.

중생이 오욕락에 젖어 생사의 고통을 망각하며 지낸다.

선 수행자는 항상 깨어 있어야 합니다. 마치 도망자가 처한 목숨처럼!

선 수행자는 자신의 생명이 언제 어떻게 변화될지 모르는 상황을 일깨우면서 생사윤회를 초월한 법신과 계합되기 위해 노력해야 합니다.

법신과 계합된 일상생활에서 불이선경(不二禪境)에 노니는 자재인생을 실현할 수 있습니다.

무엇이 법신인가?
승조대사의 다음 가르침에서 법신의 진면목을 알 수 있습니다.

법신(法身)은 허공과 같은 몸이다.

생겨남이 없지만 그 어느 곳에도 생겨나지 않는 경우가 없다.
형상이 없지만 그 어느 모습으로도 나타나지 않는 경우가 없다.
삼계(三界)를 초월하고 분별의식이 없으며 오음(五陰)에 들어서도 그에 매하지 않기에 그러한 법신을 어떻게 찬탄한들 제대로 표현해 낼 수 있겠는가!
춥고 더운 어떠한 날씨에도 질병이 따르지 못하고 태어나고 죽음에 그 본체(本體)의 변화하는 바 없으니 이것은 곧 그러한 법신이 존재한다는 것을 알 수 있다.
그런데 법신은 미묘하고 형상이 없어서 있다고도 할 수 없고, 모든 만물의 모습에 드러나니 없다고도 할 수 없다.
우주처럼 큰 광대무변한 곳에서도 작다고 느껴지지 않으며, 먼지 하나 들어갈 틈 없는 작은 공간에서도 크다고 느껴지지 않는다.
그래서 법신은 나고 죽음에 초연하지 않겠는가!
이러한 법신이 드러나는 것은 반드시 그 원인이 있다.
법신은 공덕과 지혜의 힘으로 발현되어 나온다.

선 수행은 법신을 일깨우는데 목적이 있습니다.
승조대사의 가르침처럼 법신은 공덕과 지혜의 힘에 의해 발현되어 나옵니다.
공덕과 지혜가 함께 증장하는 선 수행으로 법신과 계합합니다.

어떻게 증장시키죠?
유마대사처럼 실천합니다.

유마대사는 법력이 수승해서 가능하지 않습니까?
그렇습니다.
법력(法力)이 수승하면 실천의 힘도 그만큼 큽니다.
법력은 자신 내면에 본래 갖추어져 있는 불성(佛性)의 힘입니다.
밖에서 만들어져 안으로 받아들이는 것이 아닙니다.
자신 내면에 이미 그러한 법력을 갖추고 있다는 점에서 유마대사와 우리는 서로 평등합니다. 단지 그 법신이 아직 삶 속에서 수연자재(隨緣自在)할 수 있는 기운으로 작용하고, 작용하지 않는 차이입니다.

어떻게 법신을 체득하는가?
직심(直心)의 마음상태를 유지하면서 좌선수행에 들어갑니다.

좌선(坐禪) 중에 어떻게 법신을 일깨우는가?
지관(止觀)으로 일깨웁니다.
정혜(定慧)로 일깨웁니다.
다양한 수행법으로 일깨웁니다.

정혜(定慧)와 지관(止觀)이 서로 같은 의미라는 것을 승조대사는 '지정관혜(止定觀慧)'라 표현하고 있습니다.
일반적으로 지(止)를 통해 정(定)에 들고, 관(觀)을 통해 혜(慧)를 얻는다고 표현합니다.
이와 같이 표현하면 반드시 지(止)를 통해서 정(定)에 들어가는 것처럼, 그리고 관(觀)을 통해서 혜(慧)를 얻는 것처럼 오해할 수 있습니다.
마치 지와 관은 정과 혜를 성취하기 위한 보조 방법으로 인식할 수 있습니다.
지 그 자체가 바로 정이며, 관 그 자체가 바로 혜입니다.
왜냐하면 정이 바탕 되어 있지 않은 지는 존재할 수 없고, 혜가 바탕 되어 있지 않은 관은 존재할 수 없기 때문입니다.
이것을 다시 말하면, 정이 없는 지는 지가 아니며, 혜가 없는 관은 관이 아닙니다.
이러한 이치를 나즙대사는 다음과 같이 밝히고 있습니다.

관(觀)을 시작할 때 마음을 한곳에 모으는 것을 지(止)라 한다.
고요함이 극에 이르면 자연스럽게 밝아지는데 이 밝아지는 것은 혜(慧)를 뜻하며 혜는 관(觀)의 의미이다.

3
제자품

7 불이좌선
8 여법한 가르침
9 평등한 자비심
10 언어의 환상
11 근기설법
12 실상
13 불이천안
14 죄무자성
15 진정한 출가
16 육신의 질병

7. 불이좌선

경문낭독

爾時, 長者 維摩詰 自念：「寢疾 於牀, 世尊 大慈, 寧不 垂愍？」
이시, 장자 유마힐 자념 ： 침질 어상, 세존 대자, 영불 수민 ?

佛知 其意, 即告 舍利弗：「汝 行詣 維摩詰 問疾。」
불지 기의, 즉고 사리불 ： 여 행예 유마힐 문질。

舍利弗 白佛言：「世尊, 我 不堪任 詣彼 問疾。所以者何？
사리불 백불언 ： 세존, 아 불감임 예피 문질。소이자하 ?

憶念 我昔 曾於 林中 宴坐 樹下, 時 維摩詰 來 謂我言：
억념 아석 증어 임중 연좌 수하, 시 유마힐 내 위아언 ：

『唯, 舍利弗！不必 是坐 爲 宴坐 也。夫 宴坐者,
유, 사리불! 불필 시좌 위 연좌 야。부 연좌 자,

不於 三界 現 身意, 是爲 宴坐 ;
불어 삼계 현 신의, 시위 연좌 ;

不起 滅定 而現 諸 威儀, 是爲 宴坐 ;
불기 멸정 이현 제 위의, 시위 연좌 ;

不捨 道法 而現 凡夫事, 是爲 宴坐 ;
불사 도법 이현 범부사, 시위 연좌 ;

心 不住 內 亦 不在 外, 是爲 宴坐 ;
심 부주 내 역 부재 외, 시위 연좌 ;

於 諸見 不動 而 修行 三十七品, 是爲 宴坐 ;
어 제견 부동 이 수행 삼십칠품, 시위 연좌 ;

不斷 煩惱 而入 涅槃。 是爲 宴坐。
부단 번뇌 이입 열반。 시위 연좌。

若能 如是 坐者, 佛 所 印可。』
약능 여시 좌자, 불 소 인가。

時我, 世尊！聞說 是語, 默然 而止, 不能 加報, 故 我 不任 詣彼 問疾。」
시아, 세존！문설 시어, 묵연 이지, 불능 가보, 고 아 불임 예피 문질。

경문해석

그때에 유마대사는 생각했습니다.
"앓고 누워있으니 부처님께서 어찌 자비심을 베푸시지 않겠는가!"
부처님이 유마대사의 마음을 아시고 곧바로 사리불에게 말씀하시기를,
"사리불이여, 그대가 유마대사의 문병을 다녀오게!"
사리불이 부처님께 대답하기를,
"부처님이시여! 저는 가서 뵙고 문병을 감당하기가 어렵습니다. 왜냐하면 옛날에 이런 일이 있었기 때문입니다.
제가 숲 속의 나무 아래 앉아 참선하고 있을 때 유마대사가 와서 이렇게 말씀하였습니다.

'사리불존자여!
반드시 이렇게 앉는 것만이 좌선은 아닙니다.
마음과 몸이 삼계(三界)에 나타나지 않는 것이 좌선입니다.
멸정(滅定)에서 모든 위의(威儀)를 나타내는 것이 좌선입니다.
도법(道法)을 버리지 않고 범부사(凡夫事)를 나타내는 것이 좌선입니다.
마음이 안에 있지도 않고 밖에 있지도 않는 것이 좌선입니다.
제견(諸見)에 부동(不動)하면서 삼십칠도품을 수행하는 것이 좌선입니다.
번뇌(煩惱)를 끊지 않고 열반(涅槃)에 드는 것이 좌선입니다.'

부처님이시여! 제가 그때 이 말씀을 듣고 감히 대답을 하지 못했습니다.
그러므로 저는 유마대사에게 가서 문병할 수가 없습니다."

 수행용어

• **삼계**(三界)

우주의 공간을 삼계라 하고 시간의 흐름을 삼세(三世)라 표현합니다.

법신(法身)을 체득하기 전에는 우리의 생명은 삼계와 삼세에서 끊임없이 윤회합니다.

삼계는 세 종류의 세계라는 의미이며, 욕계(欲界), 색계(色界), 무색계(無色界)입니다.

우리가 살고 있는 세상은 욕계에 속합니다.

욕계란 욕심이 있는 세계로 지옥, 아귀, 축생, 인간, 수라, 천상으로 구성되어 있습니다.

색계와 무색계는 모두 천상에 해당하며, 이 둘의 차이점은 색계는 모든 세상이 색(色)으로 구성되어 있습니다.

색(色)은 빛을 뜻합니다.

덩어리진 물체가 없습니다.

즉 마음과 빛으로 생명체를 형성하고 있습니다.

무색계는 빛마저 없습니다.

오직 마음으로만 생명이 구성되어 있습니다.

방편설법

　무엇이 진정한 좌선인가에 대해《유마경》에서 여섯 가지 각기 다른 입장에서 전개하고 있으며, 그 핵심은 몸과 마음이 둘이 아닌 불이선경(不二禪境)에서 법신과 계합된 좌선이어야 한다는 내용입니다.
　이 내용은 선 수행자에게 매우 중요합니다.
　좌선의 개념이 명확하게 정립되어 있을 때 정진력이 향상합니다.
　그렇지 않으면 처음에는 무엇인가 와 닿는 것 같은데 선 수행을 계속 이어가도 별다른 진전이 없습니다.
　눈으로 보이는 물질세상은 우주를 무대로 무한히 펼쳐 있습니다.
　정신세계는 물질세계에 비해 상상할 수 없을 만큼 광활합니다.
　매우 크고 넓어서 언어로 표현할 수 없음을 경전에서는 불가설, 불가설(不可說不可說)로 표현하고 있습니다.
　이러한 정신세계를 무대로 삼아 법신을 찾는 작업을 선 수행이라 합니다.
　예를 들어 산 속에 있는 어느 지정된 큰 소나무를 찾을 경우 시간은 걸리지만 열심히 찾아다니면 결국 찾게 됩니다. 찾아다닐 때도 이미 갔던 곳은 다시 가지 않습니다.
　눈으로 보아 알 수 있기 때문입니다.
　그러나 정신세계는 그렇게 알 수 없습니다.
　눈 감고 고요히 앉아 있다 해서 정신세계가 환희 보입니까?
　방향을 찾을 수 있습니까?
　자신이 지금 어디쯤 가고 있다는 것을 알고 있습니까?
　이곳은 다녀간 곳이고 저곳은 아직 가지 않은 곳이라고 구분할 수 있습니까?
　나이가 들면 대다수의 사람이 했던 말 또 하고 또 하면서 주변 사람을 지루하게 만듭니다. 이미 했던 이야기라는 걸 잘 기억하지 못하는 것이죠.

정신세계가 얼마나 광대무변합니까?

그런데 우리의 의식은 지극히 작은 범주에 맴돌고 있습니다.

전체 정신세계의 천만분의 일에도 못 미치는 먼지 같은 작은 틀을 만들어서 그것을 자신이 안주하는 마음의 안식처로 삼고 있습니다.

선 수행은 이러한 작은 자아의식의 틀을 벗어나 광대무변한 정신세계를 자신의 마음 영역으로 삼아 소요 자재하는 삶을 성취하기 위해 가는 길입니다.

마음의 세상을 밝게 볼 수 있도록 밝혀주는 등불을 지혜라 표현합니다.

그러한 밝은 등불인 지혜는 깊은 선정에서 성취됩니다. 선정을 공덕이라 표현합니다.

그래서 지혜와 선정을 공덕과 지혜로 말할 때가 많습니다.

공덕과 지혜를 함께 성취하는 수행을 불이좌선이라 합니다.

어떻게 하면 공덕과 지혜를 함께 성취할 수 있는지에 대해 나즙, 승조, 도생 세분 대사는 다음과 같이 밝히고 있습니다.

첫 번째 불이좌선
마음과 몸이 삼계(三界)에 나타나지 않는 것이 좌선입니다.

[나즙]
여기에서 지정(至定)과 명공(明空)을 함께 밝히고 있다.

보살이 진경(眞境)에 안심(安心)할 때 의식이 밖으로 드러나는 바 없어 마음이 항상 고요해 나타나지 않는다. 법의 화현인 몸은 삼계를 초월하고 몸과 마음이 모두 고요해서 아주 깊은 선정에 들어간다.

[승조]
대저 법신의 좌선이란 형(形)과 신(神)이 모두 멸(滅)해서 도(道)가 상경(常境)과 끊겨 보거나 듣는 걸로 그것을 알 수 없다.

어찌 몸을 다시 삼계에 나타내어 의(意)를 닦는 정(定)을 만든다 하겠는가?

[도생]
고요한 숲을 찾아 좌선하는 것은 몸을 숨기기 위해서다.
만약 몸이 숨겨지지 않으면 반드시 무슨 일인가에 의해 몸이 움직이게 됨을 받기 때문이다.
은둔하기 위해 세상사를 떠나는 것은 정(定)을 구하기 위함이다.
사실 몸을 숨기는 근본 목적은 의(意)를 감추기 위해서다.
의(意)를 감추지 않으면 반드시 육진번뇌로부터 얽매임을 받기 때문이다.
만약에 삼계에서 몸을 숨기고 의(意)를 감출 수 있는 곳이 없다면 숨겨야 된다는 산란할 그 무엇도 함께 없는 것이다.
숨기지도 않고 감추지도 않아 신(身)과 의(意)가 그대로 나타나 있으니 이 나타남이 삼계를 떠나지 않고 있으니 그래서 경(經)에서 '삼계를 벗어나지 않고 신의(身意)를 나타난다.'고 유마대사가 말씀한 것이다.

두 번째 불이좌선
멸정(滅定)에서 모든 위의(威儀)를 나타내는 것이 좌선입니다.

[나즙]
비록 멸정(滅定)에 들었지만 능히 무량변화를 나타내어 중생을 이롭게 한다.

[승조]
작은 마음으로 선 수행하는 선지식은 멸진정(滅盡定)에 들면
몸이 마치 고목처럼 되어 운용(運用)의 능력이 없다.
큰마음으로 선 수행하는 선지식, 즉 대사(大士)가 실상정(實相定)에 들면
심지(心智)가 영멸(永滅)하여 몸이 우주에 충만한 기(氣)에 순응하여 변화하니
상응하고 모임에 극한된 곳이 없어
거동진지(擧動進止)에 위의(威儀)를 버리지 않으니
이것이 바로 좌선의 극묘(極妙)이다.

세 번째 불이좌선
도법(道法)을 버리지 않고 범부사(凡夫事)를 나타내는 것이 좌선입니다.

[승조]
작은 마음으로 선 수행하는 선지식은 생사의 관문에 막혀 능히 화광(和光)하지 못한다. 큰마음으로 선 수행하는 선지식은 미악(美惡)에 제지(齊旨)하고 도속(道俗)이 일관(一貫)하여 온 종일 범부(凡夫)이면서 온 종일 도법(道法)과 함께한다. 유마대사의 삶이 바로 그러하다.

[도생]
정(定)을 구하는 법은 먼저 마땅히 정신(正身)하고 부동(不動)한다.
부동(不動)하기에 정(定)에 어긋나지 않으며, 정신(正身)이어서 도(道)에 어긋나지 않아 이렇게 도(道)를 구할 수 있게 되니 정(定)에 드는 좋은 방법이다.
만약 바르지 않고 도에 어긋나면서 그것을 바르게 하려 한다면 정(定)에 어긋나지 않으면서 그것을 머물게 하는 경우가 되어 오히려 더욱 산란하게 된다. 이때 이것은 부동(不動)의 정신(正身)이라 할 수 없다.

네 번째 불이좌선
마음이 안에 있지도 않고 밖에 있지도 않는 것이 좌선입니다.

[나즙]
성현(聖賢)은 마음을 섭수하여 안으로 받아들이고 범부는 생각이 분주하여 밖으로 움직인다. 경에서 『마음이 안에도 머물지 않고 밖에도 있지 않다.』는 것은 마음이 안과 밖으로 평등하다는 뜻이다.

[승조]
몸은 환상으로 만들어진 집인데 마음이 어찌 그 안에 머물겠는가!
만물은 모두 허구인데 마음이 어찌 그러한 밖에 있겠는가!

작은 마음으로 선 수행하는 선지식은 잡념을 방지하기 위해 마음을 안에 묶어둔다. 어리석음으로 선 수행 자체를 모르는 범부는 많이 구하기에 생각이 밖으로 움직인다. 큰마음으로 선 수행하는 선지식은 모든 것을 평등하게 대하기에 안과 밖 그 무엇에도 의탁하는 바 없다.

[도생]
이미 정신(正身)으로 부동(不動)하니 다음은 마땅히 생각을 거두어들인다.
생각을 섭수한다는 법은 반연으로 인해 생각이 밖으로 따라가면 그것을 다시 안으로 섭수해 온다는 것이다.
생각이 일을 좇으면 밖으로 나가는 것이요 생각이 나에게 있으면 안에 머물러 있는 것이다.
생각이 밖으로 따라갈 때 그것을 다시 안으로 섭수해 오는데, 만약 안과 밖으로 함께 따라갈 땐 그것을 섭수할 방법이 없다.
마음이 안에 머물지 않는다는 것은 안에 머물 그 무엇이 없다는 것이요.
마음이 밖에 있지도 않다는 것은 밖에 있을 그 무엇이 없다는 뜻이다.
이와 같이 되었을 때 마음이 안과 밖으로 산란하지 않게 된다.

다섯 번째 불이좌선
제견(諸見)에 부동(不動)하면서 삼십칠도품을 수행하는 것이 좌선입니다.

[승조]
대저 망견(妄見)으로 보는 것을 삼는 자는 그러한 망견을 없애고자 도품(道品)을 닦는다. 그러나 큰마음으로 선 수행하는 선지식은 모든 망견의 진성(眞性)을 관(觀)함이 바로 도품(道品)이다.

여섯 번째 불이좌선
번뇌(煩惱)를 끊지 않고 열반(涅槃)에 드는 것이 좌선입니다.

[나즙]

번뇌가 곧 열반이니 번뇌가 끊어진 것을 기다렸다가 열반에 들어가는 것이 아니다.

[승조]

번뇌의 진성(眞性)이 바로 열반이니 지혜의 힘이 강한 수행자는 번뇌를 관(觀)하면 바로 열반에 들게 된다. 번뇌가 끊어질 때를 기다렸다가 열반에 들어가지 않는다.

이와 같이 평등한 수행법으로 좌선하는 것을 부처님이 인가하신 바인데 어찌 사리불 당신처럼 앉아서 번뇌가 끊길 때를 기다리겠는가!

[도생]

이(理)를 관(觀)해 성(性)을 얻으면 문득 박(縛)이 없는 열반에 상응한다.

만약 반드시 열반을 귀하게 여겨 그것을 얻고자 한다면 이것은 곧 열반이라는 틀에 얽매이게 된다.

만약 번뇌를 끊지 않고 곧바로 열반에 든다면 열반이 번뇌와 다르다는 견해가 없게 되어 자연스럽게 얽매이는 바 없게 된다.

8. 여법한 가르침

경문낭독

佛告 大 目揵連：「汝 行詣 維摩詰 問疾。」
불고 대 목건련：　여 행예 유마힐 문질。

目連 白佛言：「世尊！我 不堪任 詣彼 問疾。所以者何？
목련 백불언：　세존！아 불감임 예피 문질。소이자하？

憶念 我昔 入 毗耶離 大城，於 里巷 中 爲 諸 居士 說法，
억념 아석 입 비야리 대성，어 이항 중 위 제 거사 설법，

時 維摩詰 來 謂我言：
시 유마힐 래 위아언：

『唯，大目連！爲 白衣居士 說法，不當 如 仁者 所說。
유，대목련！위 백의거사 설법，부당 여 인자 소설。

夫 說法 者，當 如法 說。
부 설법 자，당 여법 설。

法 無 衆生，離 衆生垢 故；法 無有我，離 我垢 故；
법 무 중생，이 중생구 고；법 무유아，이 아구 고；

法 無 壽命，離 生死 故；法 無有人，前後際 斷 故；
법 무 수명，이 생사 고；법 무유인，전후제 단 고；

法 常 寂然，滅 諸相 故；法 離 於相，無 所緣 故；
법 상 적연，멸 제상 고；법 리 어상，무 소연 고；

法 無 名字，言語 斷 故；法 無有 說，離 覺觀 故；
법 무 명자，언어 단 고；법 무유설，이 각관 고；

法 無 形相，如 虛空 故；法 無 戲論，畢竟 空 故；
법 무 형상，여 허공 고；법 무 희론，필경 공 고；

法無我所, 離我所故; 法無分別, 離諸識故;
법무아소, 이아소고; 법무분별, 이제식고;

法無有比, 無相待故; 法不屬因, 不在緣故;
법무유비, 무상대고; 법불속인, 부재연고;

法同法性, 入諸法故; 法隨於如, 無所隨故;
법동법성, 입제법고; 법수어여, 무소수고;

法住實際, 諸邊不動故, 法無動搖, 不依六塵故;
법주실제, 제변부동고, 법무동요, 불의육진고;

法無去來, 常不住故; 法順空、隨無相、應無作,
법무거래, 상부주고; 법순공、순무상、응무작,

法離好醜, 法無增損, 法無生滅, 法無所歸, 法過眼耳鼻舌身心,
법리호추, 법무증손, 법무생멸, 법무소귀, 법과안이비설신심,

法無高下, 法常住不動, 法離一切觀行。
법무고하, 법상주부동, 법리일체관행。

唯, 大目連! 法相如是, 豈可說乎?
유, 대목련! 법상여시, 기가설호?

夫說法者, 無說無示, 其聽法者, 無聞無得。
부설법자, 무설무시, 기청법자, 무문무득。

譬如幻士爲幻人說法, 當建是意而爲說法, 當了衆生根有利鈍,
비여환사위환인설법, 당건시의이위설법, 당료중생근유이둔,

善於知見, 無所罣閡, 以大悲心讚於大乘, 念報佛恩, 不斷三寶,
선어지견, 무소가애, 이대비심찬어대승, 염보불은, 부단삼보,

然後說法。』
연후설법。

維摩詰說是法時, 八百居士發阿耨多羅三藐三菩提心。
유마힐설시법시, 팔백거사발아뇩다라삼먁삼보리심。

我無此辯, 是故不任詣彼問疾。
아무차변, 시고불임예피문질。

3. 제자품

경문해석

부처님께서 목건련에게 말씀하시기를,
"목건련이여, 그대가 유마대사 문병을 다녀오게!"
목건련이 부처님께 말씀드리기를,
"부처님이시여! 저는 가서 뵙고 문병을 감당하기가 어렵습니다. 왜냐하면 옛날에 이런 일이 있었기 때문입니다.

어느 날 비야리성에 들어가 마을 네거리에서 여러 거사들을 위해 설법하고 있을 때 유마대사가 와서 이렇게 말씀했습니다.

'목련존자여!
백의거사를 위해 설법할 때 당신이 하듯이 설법해서는 안 됩니다.
무릇 법을 설하는 자는 마땅히 여법(如法)하게 설해야 합니다.
중생의 때를 말끔히 떠났기 때문에 법에는 중생이 없습니다.
아트만의 때가 없기 때문에 법에는 아(我)가 없습니다.
생(生)과 사(死)가 없기 때문에 법에는 수명(壽命)이 없습니다.
인간이 생기고 끝나는 때가 없기 때문에 법에는 인(人)이 없습니다.
모든 상(相)을 멸했기에 법은 항상 고요합니다.
연(緣)하는 바 없기 때문에 법은 상(相)을 떠났습니다.
언어(言語)로 표현할 수 없기 때문에 법은 이름이 없습니다.
각관(覺觀)을 떠났기에 법은 설(說)이 없습니다.
허공과 같아서 법은 형상이 없습니다.
필경(畢竟) 공(空)하기에 법에는 희론(戱論)이 없습니다.

내 것, 네 것을 떠났기에 법에는 내 것이 없습니다.
모든 식(識)을 떠났기에 법에는 분별(分別)이 없습니다.
상대(相對)적인 것이 없기에 법은 비교(比較)할 수 없습니다.
연(緣)이 없기에 법은 인(因)에 속하지도 않습니다.
모든 법이 한곳으로 들어가기에 법은 법성(法性)이 같습니다.
따라 다니는 바 없어 법은 항상 여여(如如)합니다.
어떤 환경에도 부동(不動)하기에 법은 실제(實際)에 머물러 있습니다.
육진(六塵)에 의지하지 않기에 법은 동요가 없습니다.
항상 머무르지 않기에 법은 가고 옴이 없습니다.
법은 공(空), 무상(無相), 무작(無作)에 순응(順應)합니다.
법은 아름답고 추함을 떠났습니다.
법은 보탬도 덜함도 없습니다.
법은 생겨나고 멸함도 없습니다.
법은 돌아가는 바 없습니다.
법은 안이비설신의(眼耳鼻舌身意)를 초월했습니다.
법은 높고 낮음이 없습니다.
법은 항상 주(住)하여 부동(不動)합니다.
법은 모든 관행(觀行)을 떠났습니다.

목건련존자여!
법상(法相)이 이와 같은 것인데 어찌 설할 수 있겠는가!
법은 설하거나 보이는 바 없이 설하는 것이며 듣거나 얻는 바 없이 받아들이는 것입니다. 마치 환사(幻師)가 환인(幻人)을 위해 설법하는 것과 같은 이러한 생각으로 설법해야 합니다.
중생의 이근(利根)과 둔근(鈍根)을 잘 알아 분별심(分別心)을 타파(打破)하여 걸림이 없게 하고 대비심(大悲心)으로 큰마음을 일깨워 부처님 은혜(恩惠)에 보

답하고 삼보(三寶)를 선양(宣揚)하면서 설법(說法)해야 합니다.'

유마대사가 이와 같이 법을 설했을 때 팔백 명의 거사가 아뇩다라삼먁삼보리심을 발하였습니다. 저에게는 그러한 변재가 없습니다.
그러므로 감히 유마대사를 찾아 문병하는 소임을 맡을 수 없습니다."

수행용어

- **여법**(如法)

여법한 수행, 여법한 설법을 뜻합니다. 여법이란 법(法)과 같이 실천하는 것을 의미합니다. 그런데 법(法)에 대한 이해가 다릅니다. 언어로 정한 규칙을 여법(如法)의 기준으로 삼습니다. 그 언어에 기준에서 선 수행자의 행동이 올바른지 잘못되었는지 판단합니다. 이것은 몸에 기준한 여법함입니다. 그러나 선 수행은 마음을 근본으로 삼고 있습니다. 마음의 움직임은 몸의 모습으로 드러나 보이지 않습니다. 큰마음의 선 수행자는 마음의 여법함에 기준하여 실천해야 합니다.

- **필경**(畢竟) **공**(空)

필경 공이란 결국, 마지막에는, 궁극에는 공(空)이라는 뜻입니다. 우리가 현상을 접할 땐 그러한 사물이 보이고 들리고 느껴지기 때문에 존재하는 것처럼 인식되지만 그 진면목을 분석하면 결국 그러한 사물의 실체가 존재하지 않는다는 뜻입니다.

- **공**(空), **무상**(無相), **무작**(無作)

해탈을 얻는 세 가지 방법으로 삼해탈문(三解脫門) 삼공문(三空門) 삼삼매(三三昧)라 칭합니다.
- **공해탈문**(空解脫門): 일체만유가 모두 공(空)하다고 관(觀)합니다.
- **무상해탈문**(無相解脫門): 삼라만상이 모두 평등하다고 관(觀)합니다.
- **무작해탈문**(無作解脫門): 세상 모든 것이 구할 무엇이 없다고 관(觀)합니다.

방편설법

불교의 방편설법은 근기설법(根器說法)을 의미합니다.
법을 설하는 목적이 상대의 법신을 일깨우기 위해서입니다.
상대를 위해서 가르침을 베푸는 것입니다.
바로 법보시(法布施)입니다.
법공양(法供養)입니다.

상대의 마음상태를 고려하지 않고 자신이 알고 있는 지식에 근거해서 그것을 그대로 상대에게 드러내 보이는 것은 상대를 위한 설법이 아니고 자신의 이야기를 들추어 보이는 것에 불과합니다. 즉 아상의 표현입니다.
자신의 상(相)을 상대에게 보이는 것이죠. 이것은 상대를 위함이 아니라 자신의 스트레스를 풀고 있는 것입니다.

아는 바가 있으면 그것을 누구에겐가 드러내 보이려는 습관이 대부분 사람의 모습입니다. 선 수행자에게 이러한 습관은 수행력 향상에 큰 방해요소입니다.
목건련존자가 재가(在家) 선 수행자들에게 설법할 때 상대의 근기를 고려하지 않고 평소 습관대로 말하고 있는 것을 유마대사가 힐책하고 있습니다.
힐책 받은 이유에 대해 나즙대사는 다음과 같이 밝히고 있습니다.

여기에 모인 거사들은 대부분 근기가 수승해서 바로 실상법(實相法)으로 상응할 수 있는 수행자이다.
목건련이 그들의 근기를 고려하지 않고 평소 습관대로 출가하지 않은 재가 불자들에게 설법할 때 사용하는, 즉 낮은 근기에 맞는 '복 짓는 선행법'의 가르침을 설하고 있어 유마대사의 힐책을 받은 것이다.

　근기설법의 중요성을 도생대사는 다음과 같이 표현하고 있습니다.

　세상에 생존하고 있는 것을 목숨이라 한다.
　오래 잘 산 것을 백년장수라고 표현한다.
　장수는 과거생에 쌓은 복덕의 대가이다.
　그러나 장수는 허물이 있는 현상이라 다시 생사의 괴로움에 시달리게 된다.
　열심히 수행하면 생사를 벗어나게 된다고 경에서 표현하고 있는 것은 사람들의 습관이 장수라는 말을 들으면 좋아하고 생사라는 말을 들으면 싫어하기 때문이다.
　사람들을 인도하기 위해 그들이 잘 받아들일 수 있게 '장수'가 의미 없다고 표현하지 않고 '생사'를 초월할 수 있다고 표현한 것이다.
　사실 장수나 생사는 같은 의미이다.

　『법을 설하는 사람은 말한 바도 보인 바도 없고, 법을 듣는 사람은 들은 바도 얻은 바도 없다.』의 경문주석에서 승조대사는 다음과 같이 보충설명하고 있습니다.

　말한 바가 없다는 것은 어찌 입으로 나온 말이 없다는 뜻이겠는가!
　능히 말한 바 그 무엇도 없다는 뜻이다.
　들은 바가 없다는 것은 어찌 들린 소리가 없다는 뜻이겠는가!
　들은 바 그 무엇도 없다는 것이다.
　말한 바 그 무엇도 없기에 온 종일 말하지만 그 말에 집착되지 않는다.
　들은 바 그 무엇도 없기에 온 종일 듣지만 그 듣는 소리에 집착되지 않는다.

9. 평등한 자비심

경문낭독

佛告 大迦葉：「汝 行詣 維摩詰 問疾。」
불고 대가섭： 여 행예 유마힐 문질。

迦葉 白佛言：「世尊！我 不堪任 詣彼 問疾。所以者何？
가섭 백불언： 세존！아 불감임 예피 문질。소이자하？

憶念 我昔 於 貧里 而 行乞，時 維摩詰 來 謂我言：
억념 아석 어 빈리 이 행걸, 시 유마힐 래 위아언：

『唯，有 慈悲心 而 不能 普，捨 豪富 從 貧乞。
 유, 유 자비심 이 불능 보, 사 호부 종 빈걸。

迦葉！住 平等法，應 次行 乞食。
가섭！주 평등법, 응 차행 걸식。

爲 不食 故，應行 乞食；爲壞 和合相 故，應取 揣食；
위 불식 고, 응행 걸식；위괴 화합상 고, 응취 단식；

爲 不受 故，應受 彼食。以 空聚 想，入於 聚落。
위 불수 고, 응수 피식 이 공취 상, 입어 취락。

所 見色 與 盲等，所 聞聲 與 響等，所 齅香 與 風等，所 食味 不 分別。
소 견색 여 맹등, 소 문성 여 향등, 소 후향 여 풍등, 소 식미 불 분별。

受 諸觸 如 智證，知 諸法 如 幻相，無 自性，無 他性，本自 不然，
수 제촉 여 지증, 지 제법 여 환상, 무 자성, 무 타성, 본자 불연,

今則 無滅。
금즉 무멸。

迦葉! 若能 不捨 八邪 入 八解脫, 以 邪相 入 正法。以 一食 施 一切,
가섭! 약능 불사 팔사 입 팔해탈, 이 사상 입 정법。이 일식 시 일체,

供養 諸佛 及 衆 賢聖, 然後 可食。
공양 제불 급 중 현성, 연후 가식。

如是 食者, 非有 煩惱 非離 煩惱, 非入 定意 非起 定意,
여시 식자, 비유 번뇌 비리 번뇌, 비입 정의 비기 정의,

非住 世間 非住 涅槃。
비주 세간 비주 열반。

其有 施者, 無 大福 無 小福, 不爲 益 不爲 損, 是爲 正入 佛道,
기유 시자, 무 대복 무 소복, 불위 익 불위 손, 시위 정입 불도,

不依 聲聞。
불의 성문。

迦葉! 若 如是 食, 爲 不空食 人之 施也。』
가섭! 약 여시 식, 위 불공식 인지 시야。

時我, 世尊! 聞說 是語, 得 未曾有, 卽於 一切 菩薩 深起 敬心。
시아, 세존! 문설 시어, 득 미증유, 즉어 일체 보살 심기 경심。

復作 是念:『斯有 家名, 辯才 智慧 乃能 如是,
복작 시념 : 사유 가명, 변재 지혜 내능 여시,

其誰 不發 阿耨多羅三藐三菩提心!』
기수 불발 아뇩다라삼먁삼보리심!

我 從是來, 不復 勸人 以 聲聞 辟支佛 行, 是故 不任 詣彼 問疾。」
아 종시래, 불복 권인 이 성문 벽지불 행, 시고 불임 예피 문질。

경문해석

부처님께서 대가섭에게 말씀하시기를,
"그대가 유마대사 문병을 다녀오게!"
대가섭이 부처님께 말씀드리기를,
"부처님이시여! 저는 가서 뵙고 문병을 감당하기 어렵습니다. 왜냐하면 옛날에 이런 일이 있었기 때문입니다.

어느 날 가난한 마을에서 탁발하고 있을 때 유마대사가 와서 저에게 말씀했습니다.

'대가섭존자여!
자비심을 갖추고 있으면서 모든 사람에게 고루 베풀지 못하고 부잣집은 피해 가난한 집에만 가서 탁발하는군요!

가섭존자여!
법의 평등성에 입각해서 차례로 걸식해야 합니다.
먹는다는 생각 없이 걸식에 응해야 합니다.
화합상(和合相)을 타파하기 위해 덩어리진 음식을 먹어야 합니다.
받는 바 없이 음식을 받아야 합니다.
텅 빈 곳이라 생각하면서 마을에 들어가야 합니다.

걸식하면서 다음과 같이 사물에 응해야 합니다.
장님이 보듯 색을 대하고

메아리처럼 소리를 대하며
바람처럼 향기를 대하고
분별없이 맛을 대하며
지증(智證)과 같이 접촉해야 합니다.

모든 법은 환상(幻想)과 같아 자성(自性)도 없고 타성(他性)도 없어 본래 불빛이 밝혀진 바도 지금 다시 꺼질 것도 없다는 것을 알아야 합니다.

가섭존자여!
여덟 가지 번뇌를 버리지 않고 팔해탈(八解脫)에 들어가며
사악한 모습으로 정법(正法)에 들어가고
일식(一食)으로써 일체중생에게 베풀며
많은 부처님과 성현에게 공양한 다음 음식을 먹어야 합니다.
이와 같이 먹는 자는
번뇌(煩惱)가 있는 것도 아니요 번뇌를 떠난 것도 아니며
선정(禪定)에 들어간 것도 아니며 선정에서 나온 것도 아니고
세간(世間)에 머무른 것도 아니요 열반(涅槃)에 머문 것도 아닙니다.
그대에게 음식을 보시한 사람은 큰 복, 작은 복 그 어떤 복도 받는 바 없고 이익도 손해도 없다는 이와 같은 불이선경(不二禪境)의 마음에서 걸식할 때 불도(佛道)에 들어가게 됩니다. 작은 마음으로 성취되는 것이 아닙니다.

가섭존자여!
이와 같이 음식을 먹으면 베풀어준 음식을 헛되이 먹은 것이 아닙니다.'

부처님이시여!
그때 이 말을 듣고서 일찍이 없었던 처음 듣는 가르침이라 생각하고 모든 보살에 대해 깊이 존경하는 마음을 갖게 되었고, 또 '재가의 선 수행자로 있

으면서 변재와 지혜가 이러하거늘 누가 이런 가르침을 듣고 아뇩다라삼먁삼보리심을 발하지 않겠는가!'하고 생각했습니다.

이때부터 저는 자신만의 해탈을 위한 법을 다른 사람에게 권하지 아니하였습니다. 그러므로 유마대사에게 가서 병을 위문할 수가 없습니다."

 수행용어

● 일식(一食)

한 번 식사하는 것을 뜻합니다. 식사를 공양이라 합니다.

여기에서 일식의 의미는 나의 공양으로 일체 중생이 함께 공양한 것이 되어 내가 포만하듯 일체 중생이 함께 포만하다는 뜻입니다. 〈보살품〉에서 『미륵보살이 수기(授記) 받았다면 일체 중생이 함께 수기 받은 것이다.』와 같은 이치입니다.

선 수행에서 이러한 도리(道理)를 강조하는 것은 일체법이 서로 상응하기 때문입니다.

사물현상에 있어서 독립적인 개체로 존재하는 것으로 인식되는 것이며, 법신(法身)의 입장에선 일체가 모두 공(空)이라는 불이(不二)의 상(相)을 갖추고 있습니다.

이러한 상(相)을 실상(實相)이라 합니다. 선 수행자의 마음이 이와 같이 공심(空心)의 큰마음으로 일깨워져 있어야 법신(法身)과 계합할 수 있습니다.

큰마음을 일깨우기 위해 '일즉다, 다즉일(一卽多多卽一)'의 도리를 일식(一食)을 예로 들어 강조하고 있습니다.

방편설법

마음에서 마음으로 전해지는 선(禪)의 맥을 처음 석가모니 부처님께서 가섭존자에게 전하셨습니다. 그 기운이 달마선사를 거쳐 혜능선사에 이르러 웅지를 틀게 되었습니다.

선의 맥이란 선맥(禪脈)으로 외형의 모습을 초월해 마음 안으로 이어지는 기운으로 이것을 혜명(慧命)이라 합니다. 혜명은 목숨을 다 바쳐 중생을 이롭게 하는 법의 등불을 밝힌다는 수행정신을 뜻합니다.

법은 부처님의 가르침을 뜻하며 넓은 의미에서 이것을 불법(佛法)이라 하고 선 수행자의 입장에서 선법(禪法)이라 합니다. 이러한 선법은 선 수행자 누구에게나 전해지고 이어지며 밝혀집니다. 단지 어떤 혜명의 등불은 오랜 세월 세상을 밝게 하고, 또 어떤 것은 오래 이어지지 못하고 식어 없어지는 차이가 있을 뿐입니다.

현재 세계에서 유행하고 있는 선법은 크게 세 가지입니다.

혜능선법(慧能禪法)과 관법(觀法)과 밀법(密法)입니다.

예부터 우리나라를 비롯해 중국, 일본에서 전해져 내려온 선법은 대부분 모두 혜능선법에 해당합니다. 혜능선사의 선법은 다섯 가지 종류로 발전했는데 그 명칭이 위앙종(潙仰宗), 임제종(臨濟宗), 조동종(曹洞宗), 운문종(雲門宗), 법안종(法眼宗)입니다.

위앙종은 당나라 위산영우(潙山靈佑)선사가 개산(開山)해서 그의 제자 앙산혜적(仰山慧寂)선사가 대성한 것이므로 그 두 분의 이름 첫 자를 모아 위앙종이라 이름 붙인 것입니다. 150여년 전승해 내려오다가 송나라에 들어서 그 후계를 찾아보기 힘들게 되었습니다.

임제종은 당나라 임제의현(臨濟義玄)선사가 세운 문파입니다. 혜능선사의 선맥이 남악회향선사, 마조도일(馬祖道一)선사, 황벽희운(黃檗希運)선사로 이어져 여기에서 임제선사가 나옵니다. 임제종은 지금까지도 그 선풍(禪風)이 크게 선양되고 있습니다.

임제종에서 뒷날 화두(話頭)를 간(看)하면서 참선(參禪)하는 간화선법(看話禪法)이 나옵니다. 원오극근(圓悟克勤)선가가 저술한 《벽암록(碧巖錄)》이 뿌리가 되고 그의 제자 대혜종고(大慧宗杲)선사가 간화선법을 체계화했습니다.

우리나라는 대부분 임제선의 맥입니다.

조동종은 혜능선사의 6대손 동산양개(洞山良介)선사와 그의 제자 조산본적(曹山本寂)선사가 세운 문파입니다. 훗날 묵조선법(默照禪法)이 체계화 되었으며 그 맥이 일본에서 크게 발전하고 중국에는 소림사에서 그 맥을 잇고 있는 정도입니다.

운문종은 운문문언(雲門文偃)선사가 세운 문파이고, 법안종은 법안문익(法眼文益)선사가 세운 문파입니다.

부처님이 입적한 다음 불교 내부는 크게 상좌부(上座部)와 대중부(大衆部)로 나뉩니다.

인도에는 우리나라처럼 종파(宗派)라는 개념이 없습니다.

나뉜다는 것은 수행하는 방법에 있어서 부처님께서 남기신 가르침에 대해 그 원리해석이 서로 달라 형성된 문파입니다. 그래서 학파(學派)라는 용어를 사용합니다.

대중부는 개혁성이 강한 문파로 비록 부처님께서 하신 말씀이지만 그 근본정신이 살아 있는 상태에서 외형의 모습은 그 시대와 장소에 맞게 변화해야 된다고 주장했습니다.

반면 상좌부에서는 부처님의 말씀은 곧 진리이기에 그것은 모양에 있어서도 그대로 따라 실천해야 한다는 주장입니다.

이 두 문파의 특색처럼 상좌부의 선맥은 지금까지도 외형의 실천모습도 가능한 부처님 때와 같게 하고자 노력하고 있으며 그 선풍이 스리랑카, 태국, 미얀마 등지에서 전개되고 있습니다. 이 문파에서 실천하는 선 수행법을 관법(觀法)이라 합니다.

근대에 들어와 세계적으로 보급되고 있으며 우리나라에도 상당한 보급이 이루어지고 있습니다.

개혁을 좋아하는 대중부에서 부처님 때와는 모습에서 크게 변화를 일으킨 대승불교(大乘佛敎)가 탄생합니다.

대승불교는 크게 세 차례 변화합니다.

첫 번째 변화

부처님 입적 후 500년 경 용수(龍樹)보살이 중심되어 대승불교의 기틀이 만들어집니다. 이때 그 방대한 각양각색의 불교경전이 드러나고 좌선 중심이었던 선 수행법의 실천방법이 염불, 기도 등 다양한 모습들로 나타납니다.

인간 세상에서 도(道)를 깨우쳐 해탈한 다음 사후에 영원한 열반에 들어가는 지구(地球) 중심의 수행도량이 시방세계 곳곳에 무수한 정토가 있고 그곳에서 불법(佛法)의 가르침을 펴는 불보살이 무수히 있습니다.

석가모니 한분 이었던 부처님이 수십억 부처님으로 많아진 것입니다.

여기에다 부처님을 추종하고 있는 대승보살을 합하면 광대무변합니다.

《유마경》,《금강경》 등은 이때 세상에 드러나 알려진 경전들입니다.

두 번째 변화.

무착(無着), 세친(世親)보살 등에 의해 유식(唯識)사상이 드러납니다.

용수보살이 전개한 문파를 중관학파(中觀學派)라 부릅니다.

선 수행자에게 핵심개념으로 작용하는 공(空)의 개념이 이때 체계화되어, 중관학파를 반야공관학파(般若空觀學派)라고도 칭합니다.

유식사상을 전개하는 문파를 유식학파 또는 요가행파(瑜珈行派)라 부릅니다.

당시에 유행하던 요가를 받아들여 실천방법으로 삼아 붙여진 이름입니다.

반야공관이 우주만물의 핵심인 공(空)의 입장에서 모든 것을 불이(不二)로 밝히는데 비해 유식사상은 우주의 중심을 식(識)으로 규정하고, 그 식을 에워싸고 있는 업식(業識), 즉 현상들을 규명하면서 불도(佛道)를 체득하는 방법입니다.

그래서 유식은 사물을 규명하는 입장에서 보았을 때 과학적인 학문이기도 합니다.

혜능선사의 선풍(禪風)은 용수보살의 반야공관사상을 뿌리로 삼고 있습니다.

반야공관사상을 대표하는 경전이《금강경(金剛經)》,《유마경(維摩經)》,《중론(中論)》 등입니다.

반야공관사상이 가장 간단명료하게 체계화되어 있는 경전은《반야심경(般若心經)》입니다.

세 번째 변화.

밀교(密敎)의 탄생입니다.

밀교는 반야공관과 유식을 사상의 뿌리로 삼고 당시 유행하던 주술 등을 받아들여 요가와 함께 실천방법으로 삼고 있습니다. 그래서 사상이나 실천방법에서 가장 다양한 색깔과 풍부한 사상을 지닌 불교단체가 밀교입니다.

밀교수행의 실천방법을 밀법(密法)이라 합니다.

밀교가 인도에서 탄생했지만 그 꽃은 티벳에서 피웠습니다.

서기 8세기경 티벳에 화재로 인한 큰 재앙이 지속되고 있을 때 당시 인도의 밀법 대선지식인 연화생(蓮花生)보살이 와서 재앙을 없앱니다. 이러한 법력을 지닌 연화생보살에 의해 티벳은 밀법을 실천하는 밀교국가로 발전합니다.

밀교는 밀교수행의 실천인 밀법(密法)이란 말처럼 남이 보지 않게 은밀히 정진하는데 그 특색이 있습니다.

밀교와 상대적인 개념으로 유식학파와 반야학파를 현교(顯敎)라 부릅니다.

현교란 드러나 있는 상태에서 정진한다는 뜻입니다. 즉 숨겨 두어야할 그 무엇의 법이 없다는 뜻입니다. 그것은 모든 법은 항상 드러나 있다는 의미입니다.

반면 밀교에서는 밀법은 은밀하게 숨겨져 있어 밀법을 수행할 때는 은밀하게 보이지 않게 정진해야 되며 그것을 성취할 때도 은밀하게 이루어집니다.

밀법실천의 중심은 신구의(身口意)입니다.

몸과 입과 마음으로 실천합니다.

요가 등 다양한 법식은 몸의 실천에 해당하며,

경전독경과 주문기도는 입의 실천에 해당하고,

좌선 등 내관(內觀)은 마음 실천에 해당합니다.

이 셋이 조화로울 때 밀법을 성취할 수 있습니다.

내관(內觀)은 관법(觀法)인데 상좌부에서 발전한 관법이 아니고

시방세계 부처님 세계를 상상하는 관상법(觀想法)이 중심입니다.

도의 이치는

항상 밝게 드러나

세상 어디에서나 상응할 수 있습니다.

왜냐하면 도(道)는 곧 내 마음에 있기 때문입니다.

내 마음이 닿는 곳이 바로 도를 성취하는 도량입니다.

이러한 반야공사상(般若空思想)에서 생활불교(生活佛敎)가 발전합니다.

가족, 직업 등 세상사를 떠나지 않고서도 불도(佛道)를 성취할 수 있다는 생활선(生活禪)이 전개되며 그 뿌리가 《유마경》입니다.

대승불교가 전개된 상황을 시대적으로 보면 다음과 같습니다.

B.C. 500년 경 불교의 창시자 석가모니불에게 가섭존자가 선법을 전수받음.

부처님이 입적하시면서 불교내부에 분열이 일어나 크게 상좌부와 대중부로 나뉨.

분열이란 다툼이 아닌 발전을 뜻합니다.

A.C. 1~2세기 경 인도에서 대승불교의 첫 번째 변화인 반야공관사상을 선양하는 대승불교가 전개됨.

A.C. 3~5세기 경 인도에서 대승불교의 두 번째 변화인 유식학파가 전개됨.

요가를 받아들임.

A.C. 5~8세기 경 인도에서 대승불교의 세 번째 변화인 밀교가 전개됨.

가섭존자는 부처님보다 20세가 더 많습니다.

나즙대사는 《유마경》 주석에서 가섭존자에 대한 다음과 같은 이야기를 들려주고 있습니다.

가섭은 부처님보다 일찍 출가해서 수행했다.

한번은 산중에서 나와 부처님을 찾아 왔다.

그때 가섭의 형상과 골격은 초라하고 누더기는 더러워서 거지의 모습이었다.

스님들이 그 모습을 보고 모두들 싫어하고 박대했다.

부처님께서 스님들의 아상을 없애주고자 가섭을 찬탄하면서 다음과 같이 말씀했다.

"잘 왔소, 가섭이여! 이리 와서 내 옆에 앉으시오."

그러면서 자신의 자리를 절반 비어주었다.

그러한 모습을 보고 가섭은 정중한 예를 갖추면서 다음과 같이 사양했다.

"부처님은 스승이시고 저는 제자인데 어찌 함께 앉겠습니까?"

부처님께서 다시 말씀하셨다.

"내가 선정, 해탈, 지혜, 삼매, 대자대비로 중생을 교화하는데 그대도 역시 그러하지 않소! 어찌 차별이 있겠소."

스님들이 부처님께서 가섭을 훌륭히 대하는 모습을 보고 그를 존경하게 되었다.

가섭은 이때 부처님 말씀을 듣고부터 세상을 이롭게 하는 부처님의 행(行)을 따라 배우고 자비로 고통 받는 사람들을 이롭게 했다.

이러한 자비심에 의해 부잣집을 피해 가난한 집에 가서 걸식했다. 그것은 복이 없어 금생에 이렇게 가난하니 내가 걸식함으로써 그 사람이 복을 지어 다음에는 잘 살게 돕고자 한 마음에서다.

유마대사가 가섭존자에게 평등심으로 걸식할 것을 권유한 이유에 대해 승조대사는 다음과 같이 설명하고 있습니다.

나고 죽는 생사윤회가 반복되면서 부귀와 가난은 모두 무상하다.
금생에 가난하면 다음 생엔 다시 부유할 수 있고,
부유한 생활이 영유하면 다시 다음 생에는 가난하게 된다.
큰마음으로 이것을 비추어보면 고(苦)와 낙(樂)은 둘이 아니다.
그래서 가난한 집과 부유한 집을 가리지 말고 평등한 마음으로 법을 펴야 한다.

대도(大道)의 길을 걷는 수행자의 입장에서 보면 세상의 부귀영화와 궁핍가난이 별 의미가 없습니다. 그것은 현상으로 드러난 변화의 차이일 뿐입니다.

마음에 있어서는 사물의 그러한 차이가 환상과 같아서 실체가 없습니다.

마음의 진정한 편안함은 나의 중심인 본성(本性)을 일깨웠을 때 얻어집니다.

이것을 열반(涅槃)이라 하며 해탈(解脫)이라 합니다.

그래서 사물의 변화에서 일어나는 현상은 모두가 자성(自性)도 없고 타성(他性)도 없다고 유마대사가 강조했는데 이것을 나즙대사는 다음과 같이 보충설명하고 있습니다.

손가락을 모으면 주먹이 된다. 그래서 주먹은 본래 주먹이라는 자성(自性)이 없다.
손가락이 모여서 주먹을 만들고 있을 뿐이다.
손가락 또한 그러해서 타성(他性)이 없다.
여러 가지 성분이 모여서 손가락을 만들고 있는 것이다.

자성(自性)과 타성(他性)에 대해 승조대사는 다음과 같이 보충 설명하고 있습니다.

모든 법이 허깨비와 같아 인연(因緣) 따라 모이고 흩어질 뿐인데
어찌 얻을 자성(自性)과 타성(他性)이 있겠는가!
대저 자성이 있다 해서 타성이 있는 것이며,
타성이 있어서 자성이 존재하는 것이다.
그래서 자성이 없으면 타성 또한 없게 되고,
타성이 없으면 자성 또한 함께 없게 된다.
법에는 원래 자성과 타성이 없다.
마치 불이 있으니 그 불의 멸함이 있는 것과 같다.
본래 불의 일어남이 없는데 어찌 다시 멸하는 그것이 있겠는가!

불이 있는 것은 번뇌가 있는 것과 같습니다.

불은 본래 그러한 불이 존재하고 있지 않습니다. 무엇인가 인연에 의해서 그러한 불이 만들어진 것이죠. 번뇌 또한 그러합니다. 본래 번뇌라는 실체가 존재하지 않습니다. 무엇인가 인연에 의해 그러한 번뇌가 만들어진 것입니다.

실체(實體)가 없는 것은 인연 따라 모이고 흩어집니다. 그런데 그것이 고정적인 실체가 있다고 생각하기 때문에 그것을 없애려고 합니다.

다시 승조대사의 가르침을 보겠습니다.

번뇌가 있으면서 음식을 먹는 사람은 범부이다.
번뇌를 멀리하면서 음식을 먹는 사람은 분별심(分別心)으로 정진하는 수행자이다.
만약 유마대사의 말씀처럼 평등한 마음으로 음식을 먹으면 이것은 법신의 먹음이 되어서 범부처럼 번뇌가 있는 상태에서 음식을 먹지 않으며, 분별심으로 정진하는 수행자처럼 번뇌를 멀리하면서 음식을 먹지도 않는다.
같은 수행자이지만 분별심으로 정진하는 수행자의 경우 선정(禪定)에 들어 있을 때는 음식을 먹지 못하고 음식을 먹을 때는 선정에 들지 못한다.
그러나 평등한 마음으로 정진하는 수행자는 음식을 먹을 때 항상 선정을 유지할 수 있어 서로 충돌됨이 없다.

10. 언어의 환상

경문낭독

佛告 須菩提：「汝 行詣 維摩詰 問疾。」
불고 수보리 :　여 행예 유마힐 문질.

須菩提 白佛言：「世尊, 我 不堪任 詣彼 問疾。所以者何？
수보리 백불언 :　세존, 아 불감임 예피 문질. 소이자하?

憶念 我昔 入 其舍 從 乞食, 時 維摩詰 取 我鉢 盛滿飯, 謂我言：
억념 아석 입 기사 종 걸식, 시 유마힐 취 아발 성만반, 위아언 :

『唯, 須菩提! 若能 於食 等者, 諸法 亦等；諸法 等者, 於食 亦等。
　유, 수보리! 약능 어식 등자, 제법 역등；제법 등자, 어식 역등.

如是 行乞, 乃可 取食。
여시 행걸, 내가 취식.

若 須菩提, 不斷 淫怒癡, 亦 不與俱,
약 수보리, 부단 음노치, 역 불여구,

不壞 於身 而隨 一相, 不滅 癡愛 起於 明脫, 以 五逆相 而得 解脫,
불괴 어신 이수 일상, 불멸 치애 기어 명탈, 이 오역상 이득 해탈,

亦 不解 不縛, 不見 四諦 非 不見 諦, 非 得果 非不 得果,
역 불해 불박, 불견 사제 비 불견 제, 비 득과 비불 득과,

非 凡夫 非離 凡夫法, 非 聖人 非不 聖人, 雖 成就 一切法 而離 諸 法相,
비 범부 비리 범부법, 비 성인 비불 성인, 수 성취 일체법 이리 제법상,

乃可 取食。
내가 취식.

若 須菩提, 不見 佛, 不聞 法, 彼 外道 六師 : 富蘭那迦葉、
약 수보리, 불견불, 불문법, 피 외도 육사 : 부란나가섭、

末伽棃拘賖棃子、刪闍夜毗羅胝子、阿耆多翅舍欽婆羅、迦羅鳩馱迦旃延、
말가리구사리자、산도야비라지자、아기다시사흠바라、가라구타가전연、

尼揵陀若提子 等, 是 汝之 師, 因其 出家, 彼師 所墮 汝亦 隨墮,
이건타약제자 등, 시 여지 사, 인기 출가, 피사 소타 여역 수타,

乃可 取食。
내가 취식。

若 須菩提, 入 諸 邪見 不到 彼岸, 住於 八難 不得 無難,
약 수보리, 입 제 사견 부도 피안, 주어 팔난 부득 무난,

同於 煩惱 離 淸淨法, 汝得 無諍 三昧, 一切 衆生 亦得 是定,
동어 번뇌 이 청정법, 여득 무쟁 삼매, 일체 중생 역득 시정,

其 施汝者 不名 福田, 供養 汝者 墮 三惡道, 爲與 衆魔 共 一手,
기 시여 자 불명 복전, 공양 여자 타 삼악도, 위여 중마 공 일수,

作諸 勞侶, 汝與 衆魔 及 諸 塵勞 等 無有 異, 於 一切 衆生 而有 怨心,
작 제 노려, 여여 중마 급 제 진로 등 무유 이, 어 일체 중생 이유 원심,

謗 諸佛, 毀 於法, 不入 衆數, 終 不得 滅度, 汝若 如是, 乃可 取食。』
방 제불, 훼 어법, 불입 중수, 종 부득 멸도, 여약 여시, 내가 취식。

時我, 世尊! 聞此 茫然, 不識 是 何言, 不知 以 何答,
시아, 세존! 문차 망연, 불식 시 하언, 부지 이 하답,

便 置鉢 欲出 其舍。
변 치발 욕출 기사。

維摩詰 言 : 『唯, 須菩提! 取鉢 勿懼。於意 云何, 如來 所作 化人,
유마힐 언 :   유, 수보리! 취발 물구。어의 운하, 여래 소작 화인,

若以 是事 詰, 寧有 懼不?』
약이 시사 힐, 영유 구불?

我言 : 『不也。』
아언 :   불야。

維摩詰 言：『一切 諸法 如 幻化相, 汝今 不應 有所 懼也。所以者何？
유마힐 언 : 　일체 제법 여 환화상, 여금 불응 유소 구야。소이자하？

一切 言說 不離 是相, 至於 智者, 不著 文字, 故 無所懼。何以故？
일체 언설 불리 시상, 지어 지자, 불착 문자, 고 무소구。하이고？

文字性 離, 無有 文字, 是則 解脫, 解脫相 者, 則 諸法 也。』
문자성 리, 무유 문자, 시즉 해탈, 해탈상 자, 즉 제법 야。

維摩詰 說 是法 時, 二百 天子 得 法眼 淨, 故 我 不任 詣彼 問疾。」
유마힐 설 시법 시, 이백 천자 득 법안 정, 고 아 불임 예피 문질。

경문해석

부처님께서 수보리에게 말씀하시기를,
"그대가 유마대사 문병을 다녀오게!"
수보리가 부처님께 말씀드리기를,
"부처님이시여! 저는 감히 문병을 갈 수가 없습니다. 왜냐하면 이런 일이 있었습니다.
어느 날 제가 유마대사 집에서 탁발했는데 그때 유마대사가 제 발우를 꼭 쥐고 음식을 가득 담아 주며 이렇게 말씀했습니다.

'수보리존자여!
만약 이 음식에 대해 평등한 마음을 가진다면 모든 법에도 평등하게 되며, 모든 법에 평등하면 이 음식에도 평등하게 되니, 그대가 이와 같다면 이 음식을 취해도 좋습니다.

수보리존자여!
음노치(淫怒癡)를 끊지 않고서도 그에 얽매이지 않으며
몸이 있으면서도 일상(一相)을 따르고
애착(愛着)을 없애지 않고서도 지혜(智慧)와 해탈(解脫)을 이루며
오역죄(五逆罪)를 짓고도 해탈을 얻어 해박(解縛)이 둘 아닌 경지를 유지하고
사제(四諦)의 도리를 보거나 안 보는 바 없으며
수행(修行)의 결과를 얻거나 못 얻는 것도 아니고
범부(凡夫)가 아니면서 범부의 법을 떠나지 않으며

성인(聖人)이 아니면서 성인의 경지(境地)에 노닐고
일체법(一切法)을 성취했더라도 법에 대한 상이 없다면 이 음식을 먹어도 됩니다.

수보리존자여!
만약 부처도 못 보고 법도 못 들어 저 육사외도를 스승으로 삼아 그들을 따라 출가하고 그들이 타락할 때 당신도 함께 타락하면 이 음식을 먹어도 됩니다.

수보리존자여!
사견(邪見)에 떨어져 열반(涅槃)에 들지 않고
팔난(八難)에 머물면서 난이 없는 경지를 얻지 않으며
번뇌(煩惱) 속에 있으면서 청정법(淸淨法)을 떠나고
그대가 무쟁삼매(無諍三昧)를 얻으면 일체중생도 그 삼매를 함께 얻으며
그대에게 보시(布施)하는 사람의 복전(福田)이 되지 않고
그대에게 공양(供養)을 바친 사람이 삼악도(三惡道)에 떨어지며
마군 무리와 한패가 되어 번뇌를 일삼아 그들과 다를 바 없게 되고
일체중생을 향해 적개심을 품으며
부처님을 비방하고 법을 비방하며 승가에 참여하지 않고
마침내 멸도(滅道)를 얻지 않는다면
그때 이 음식을 먹어도 좋습니다.'

부처님이시여!
저는 그때 이 말을 듣고 이것이 무슨 말씀인지 어떻게 대답해야 좋은지 망연자실하여 발우를 놓고 그 집을 뛰쳐나오려고 했습니다.
그러자 유마대사가 말씀하시기를,

'수보리존자여!

발우를 받으시오. 두려워하지 마시오.

여래께서 만든 허깨비 같은 사람이 이런 말을 하면서 힐책했다면 그대는 그래도 두려워하겠습니까?'

제가 대답하기를,

'아니오.'

유마대사가 다시 말씀하기를,

'모든 법(法)은 환화상(幻化相)과 같은 것이니 그대가 지금 두려워할 필요 없습니다. 왜냐하면 모든 언설(言說)은 이런 환화상과 다를 바 없기 때문입니다.

지혜의 극치에 이른 자는 문자(文字)에 집착(執着)하지 않기에 두려워하는 바 없습니다. 그것은 모든 언설은 자성(自性)이 없고 또 실상(實相)이 공(空)하기 때문입니다. 그래서 말과 글에 집착하지 않으면 곧 해탈입니다.

해탈상(解脫相)이란 바로 모든 법이기 때문입니다.'

유마대사가 이와 같이 설법했을 때 이백 명의 천자가 법안의 청정함을 얻었습니다.

그러므로 저는 감히 유마대사 문병을 갈 수 없습니다."

 수행용어

• **음노치**(淫怒痴)

탐진치(貪嗔痴)와 같은 뜻이며, 이것을 선 수행의 세 가지 독소라 해서 삼독(三毒)이라 칭합니다. 삼독은 탐냄, 화냄, 어리석음으로 대표적인 번뇌(煩惱)입니다.

탐(貪), 진(嗔), 치(痴) 삼독을 다스리기 위해

계(戒), 정(定), 혜(慧) 삼학(三學)의 수행법이 있습니다.

탐(貪)은 계(戒)로 다스리고

진(嗔)은 정(定)으로 다스리며

치(癡)는 혜(慧)로 다스립니다.

탐욕심(貪慾心)은 끊임없습니다.

오욕(五慾)이 대표적인 탐심입니다.

생명이 시작해서 죽음에 이를 때까지 탐심은 끝이 없습니다.

살려는 그 자체도 탐심이기 때문입니다.

탐심은 애욕에서 비롯됩니다.

'나'라는 생명은 애욕으로 인해 생겼습니다.

애욕은 어리석음으로 인해 생겨납니다.

어리석음은 지혜(智慧)로 다스려지는데 지혜는 선정(禪定)을 바탕으로 발현합니다.

선정에 들어가는데 가장 큰 방해 요소가 성냄입니다.

선정은 고요함에서 이루어지게 되는데 화내면 전신에 전율이 생겨 고요함을 유지하기 힘듭니다.

이와 같이 선 수행 성취를 위해 방해되는 요소를 다스리는데 필요한 방법이 가르침이며 수행법(修行法)입니다.

수행법 그 자체가 본래 진리로서 존재하지 않습니다.

모두 임시방편으로 만들어진 것입니다.

'하천을 건넜으면 배를 두고 간다.'는 가르침과 같이 바르게 선 수행하는 선지식은 법(法)에 집착하지 않습니다.

수행법(修行法)에 집착하는 것 또한 탐욕입니다.

● **사제(四諦)**

고(苦), 집(集), 멸(滅), 도(道)의 네 가지 선 수행의 이치를 뜻하며 사성제(四聖諦)라 칭합니다.

고통은 집(集)으로부터 생깁니다. 집(集)은 집합으로 모여 쌓인다는 뜻입니다.

우리의 마음 안에는 수없이 많은 사건 생각들이 모여 있습니다.

이러한 집합되어 있는 현상들로 인해 괴로움, 슬픔, 번민, 갈등, 답답함 등 고(苦)가 따릅니다.

집(集)이 없으면 고(苦)가 자연히 사라집니다.

만약 고통의 원인인 집(集)을 없애려면 어떻게 하죠?

도(道)를 닦습니다.

도(道)를 성취하면 자연스럽게 멸(滅)에 계합됩니다.

멸(滅)은 열반, 적정 등 깨달음을 성취한, 정각(正覺)을 이룬, 부처가 된 경지를 뜻합니다.

더 이상 윤회가 없습니다.

선 수행자에게 제일 중요한 것은 도(道)입니다.

도(道)가 바로 열쇠입니다.

고(苦), 집(集), 멸(滅)은 생각할 필요 없습니다.

이러한 이치를 확실히 알았으니 도(道)만 닦으면 됩니다.

그런데 도(道)가 무엇이죠?

어떤 도(道)를 닦아야 하죠?

《유마경공부》 중에 자연스럽게 체득됩니다.

도(道)가 무엇인지,

자신에게 맞는 도법(道法)이 어떤 것인지!

방편설법

수보리가 왜 부유한 집만 찾아다니면서 걸식하는지에 대해 승조대사는 다음과 같이 설명하고 있습니다.

수보리는 부유한 사람들이 연민해서 그곳에 가서 걸식한다.
왜냐하면 부유한 사람들은 자만하고 인색하며 무상(無常)의 이치를 모른다.
지금은 비록 부유해서 풍요롭게 살지만 그 복(福)이 다하면 다시 가난에 허덕이게 될 것인데, 그러한 도리(道理)를 모르고 살아가는 그 사람들이 불쌍해서 자주 부유한 집에 가서 걸식한다.
그러나 만법(萬法)이 모두 평등(平等)해서 음식도 또한 그러한데 어찌 부유하고 가난함 그 모습에 차별이 있겠는가!
그러한 도리에 어긋나게 가난한 집을 피하고 부유한 집을 선별해서 걸식하는 수보리를 보고 유마대사가 질책한 것이다.

계정혜(戒定慧) 삼학(三學)의 수행으로 탐진치(貪嗔痴)의 번뇌(煩惱)를 끊습니다.
탐진치는 원래 그 자성(自性)이 없습니다. 그래서 끊어지고 끊어지지 않는 그 무엇이 없습니다. 그런데 끊어 없앨 그 무엇이 있다고 생각하는 것은 아지랑이를 실체(實體)로 보고 그것을 없애려고 하는 것과 같습니다.
허상(虛想)을 붙잡고 환상(幻想)을 없애려는 격입니다.
탐진치가 허상이라면 탐진치를 없애기 위해 만들어진 계정혜도 허상입니다.
탐진치가 있기에 그것을 없애는 계정혜가 존재합니다.
탐진치가 없다면 계정혜는 있어야 할 의미가 없습니다.
그러나 범부나 분별심(分別心)으로 수행하는 사람은 그것에 집착되어 얽매이고 있다는 것을 승조대사는 다음과 같이 표현하고 있습니다.

분별심으로 수행하는 사람은 탐진치를 끊어 없애려고 한다.
범부는 탐진치를 가지고 살아간다.
그러나 평등의식으로 수행하는 선지식은 탐진치의 본성이 곧 열반이라는 것을 알아 끊으려 하지도 않고 가지고 머물려 하지도 않는다.

그럼 아무것도 하지 않는가?
그렇지 않습니다.
몸이 살아 움직이고 있는데 어찌 요지부동의 목석과 같은 상태이겠습니까?
생사를 초월한 본성과 계합되어 있는 불이선경을 표현하고 있습니다.
만법이 본래 공(空)한 이치를 체득한 경지를 표현하고 있습니다.

11. 근기설법

경문낭독

佛告 富樓那彌多羅尼子:「汝 行詣 維摩詰 問疾。」
불고 부루나이다라니자: 여 행예 유마힐 문질.

富樓那 白佛言:「世尊! 我 不堪任 詣彼 問疾。所以者何?
부루나 백불언: 세존! 아 불감임 예피 문질。소이자하?

憶念 我昔 於 大林 中 在 一樹 下, 爲 諸 新學 比丘 說法,
억념 아석 어 대림 중 재 일수 하, 위 제 신학 비구 설법,

時 維摩詰 來 謂我言:
시 유마힐 래 위아언:

『唯, 富樓那! 先當 入定 觀 此人 心, 然後 說法, 無以 穢食 置於 寶器。
 유, 부루나! 선당 입정 관 차인 심, 연후 설법, 무이 예식 치어 보기。

當知 是 比丘 心之 所念, 無以 瑠璃 同彼 水精。
당지 시 비구 심지 소념, 무이 유리 동피 수정。

汝 不能 知 衆生 根源, 無得 發起 以 小乘法。彼自 無瘡, 勿傷 之也。
여 불능 지 중생 근원, 무득 발기 이 소승법。피자 무창, 물상 지야。

欲行 大道, 莫示 小徑, 無以 大海 內 於 牛跡, 無以 日光 等 彼 螢火。
욕행 대도, 막시 소경, 무이 대해 내 어 우적, 무이 일광 등 피 형화。

富樓那! 此 比丘 久 發 大乘心, 中忘 此意, 如何 以 小乘法 而 敎導 之?
부루나! 차 비구 구 발 대승심, 중망 차의, 여하 이 소승법 이 교도 지?

我觀 小乘 智慧 微淺, 猶如 盲人, 不能 分別 一切 衆生根 之 利鈍。』
아관 소승 지혜 미천, 유여 맹인, 불능 분별 일체 중생근 지 이둔。

時, 維摩詰 卽入 三昧, 令此 比丘 自識 宿命, 曾於 五百 佛所 殖 衆 德本,
시, 유마힐 즉입 삼매, 영차 비구 자식 숙명, 증어 오백 불소 식 중 덕본,

迴向 阿耨多羅三藐三菩提, 卽時 豁然, 還得 本心。
회향 아뇩다라삼먁삼보리, 즉시 활연, 환득 본심。

於是, 諸 比丘 稽首 禮 維摩詰 足。
어시, 제 비구 계수 례 유마힐 족。

時 維摩詰 因爲 說法, 於 阿耨多羅三藐三菩提 不復 退轉。
시 유마힐 인위 설법, 어 아뇩다라삼먁삼보리 불복 퇴전。

我念:『聲聞 不觀 人根, 不應 說法。』是故 不任 詣彼 問疾。」
아념:　성문 불관 인근, 불응 설법。　시고 불임 예피 문질。

경문해석

부처님께서 부루나에게 말씀하시기를,
"그대가 유마대사 문병을 다녀오게!"
부루나가 부처님께 말씀드리기를,
"부처님이시여! 저는 감히 유마대사의 문병을 갈 수 없습니다. 왜냐하면 옛날에 이런 일이 있었기 때문입니다.
어느 날 큰 숲의 나무 아래에서 새로 출가한 스님들에게 설법하고 있는데 유마대사가 찾아와 다음과 같이 말씀했습니다.

'부루나존자여!
먼저 입정(入定)하고 선정(禪定)에서 이 스님들의 마음을 잘 살핀 다음 설법(說法)해야 합니다.
귀중한 발우에 더러운 음식을 담으면 안 됩니다.
먼저 스님들이 가르침을 받는 목적이 무엇인지 알아야 합니다.
무가(無價)의 보석인 유리를 한낱 수정과 혼돈해서는 안 됩니다.
사람들의 근기(根器)를 제대로 알지 못하면서 작은 마음의 법을 심어주려고 하지 마십시오.
큰 길을 가려고 하는 사람에게 골목길을 가르쳐 주지 마십시오.
상처가 없는 사람들에게 상처를 입히려 하지 마십시오.
큰 바다를 소 발자국 안에 넣으려 하지 마십시오.
태양의 빛을 반딧불에 비교하지 마십시오.

부루나존자여!

이 신참 스님들은 옛날 큰마음 성취를 발원했었는데 그때 발보리심(發菩提心)한 것을 잊은 사람들입니다.

이들에게 작은 마음의 법을 가르쳐 주지 마시오.

작은 마음으로는 마치 장님과 같이 중생근기의 이둔(利鈍)을 분별하지 못합니다.'

그때 유마대사는 곧바로 삼매(三昧)에 들어 이 스님들이 과거에 오백 분의 부처님 도량(道場)에서 선근(善根)을 심고 아뇩다라삼먁삼보리심을 얻고자 하는 마음을 내어 수승한 공덕을 쌓아 온 것을 일깨웠습니다.

그 순간 스님들은 확연히 본래 청정(淸淨)한 마음과 계합(契合)되었습니다.

그들은 유마대사에게 이마를 땅에 대고 합장하며 예배를 드렸습니다.

그리고 유마대사의 가르침에 의해 그들은 아뇩다라삼먁삼보리심에서 다시는 후퇴하지 않게 되었습니다.

그때 저는 생각했습니다.

'작은 마음의 법으로는 사람의 근기를 제대로 알 수 없어 그에 알맞은 가르침을 베풀기가 쉽지 않구나!'

그러므로 저는 유마대사의 문병을 갈 수 없습니다."

방편설법

상대의 근기에 맞게 인도할 것을 다시 강조한 대목입니다.
깊은 선정에 들수록 상대의 근기를 더욱 명확하게 볼 수 있습니다.
인도하는 선지식의 법력에 따라 명확성이 달라지겠죠!
훌륭한 선지식을 법의 스승으로 만나는 것은 선 수행자에게 가장 큰 행복입니다.
법신(法身)에서 노니는 선지식과 분별심(分別心)에서 노니는 선지식의 차이를
승조대사의 가르침을 통해서 공부하겠습니다.

법신(法身)이 성취된 수행자는
걸림이 없는 진심(眞心)을 얻어서
심지(心智)가 적연(寂然)하여 정(定)에 들어가는 바가 없지만
마음이 항상 정(定)의 상태를 유지하여
능히 만사를 비춰 환히 드러내니
먼저 생각한 다음 그 이치를 알게 되는 것이 아니다.

분별심(分別心)으로 수행하는 사람은
마음에 막히는 바가 있고
그리고 항상 정(定)에 들어 있는 것도 아니어서
사물을 관찰할 때 먼저 정(定)에 들어 그 이치를 파악하고
정(定)에서 나오면 그 면목을 다시 모르게 된다.

공부하는 과정에서 뜻하지 않게 스승의 역할을 해야 할 때가 있습니다.
열심히 정진하는 모습을 보고 가르침을 받고자 한 선지식과 상응한 경우입니다.
그때 만약 '나는 공부과정에 있어서 당신을 지도할 만한 실력이 없다'고 법(法)의 연

(緣)을 중단한다면 아쉽겠죠!

　상대에겐 선 수행과 인연 맺을 수 있는 좋은 기회이고 자신에겐 법보시할 수 있는 좋은 기회인데요.

　유정(有情) 무정(無情) 삼라만상 산천초목이 모두 스승 아닌 것이 없는데 어찌 자신이 포함되지 않겠습니까!

　그때 겸허한 마음으로 자신이 배운 대로 정진하고 있는 선법을 알려줍니다.

　이것이 바로 법보시입니다.

　남에게 선 수행법을 알려줄 때 크게 세 가지 방법이 있습니다.

　첫째는 상대의 근기를 알고 그에 맞는 선법을 가르쳐줍니다.

　둘째는 상대의 근기를 몰라 자신이 배우고 정진하는 대로 알려줍니다.

　셋째는 모르면서 마치 잘 아는 것처럼 알려줍니다.

　첫째의 방법으로 배우는 선지식과 상응하려고 노력해야 합니다.

　둘째의 방법은 수행과정에 있는 선지식이 선택하기에 좋습니다.

　셋째의 방법은 절대 사용하지 말아야 합니다.

　자신이 모르는 상태에서 잘 아는 것처럼 남에게 가르치면 그것을 배우는 사람도 잘못되고 자신에게도 지옥의 고통에 시달리는 과보가 기다립니다.

　선 수행의 시작에서 끝까지 겸허, 포용, 하심(下心)해야 합니다.

12. 실상

경문낭독

佛告 摩訶迦旃延：「汝 行詣 維摩詰 問疾。」
불고 마하가전연 :   여 행예 유마힐 문질。

迦旃延 白佛言：「世尊！我 不堪任 詣彼 問疾。所以者何？
가전연 백불언 :   세존！아 불감임 예피 문질。소이자하？

憶念 昔者, 佛爲 諸比丘 略說 法要, 我 卽 於後 敷演 其義,
억념 석자, 불위 제 비구 약설 법요, 아 즉 어후 부연 기의,

謂：無常義、苦義、空義、無我義、寂滅義。
위 : 무상의、고의、공의、무아의、적멸의。

時 維摩詰 來 謂我言：『唯, 迦旃延！無以 生滅 心行 說 實相法。
시 유마힐 래 위아언 :   유, 가전연！무이 생멸 심행 설 실상법。

迦旃延！諸法 畢竟 不生 不滅, 是 無常義；
가전연！제법 필경 불생 불멸, 시 무상의；

五受陰 洞達 空 無所起, 是 苦義；
오수음 통달 공 무소기, 시 고의

諸法 究竟 無所有, 是 空義；
제법 구경 무소유, 시 공의；

於 我 無我 而 不二, 是 無我義；
어 아 무아 이 불이, 시 무아의；

法本 不然, 今則 無滅, 是 寂滅義。』
법본 불연, 금즉 무멸, 시 적멸의。

說 是法 時, 彼 諸 比丘 心得 解脫, 故 我 不任 詣彼 問疾。」
설 시법 시, 피 제 비구 심득 해탈, 고 아 불임 예피 문질。

경문해석

부처님께서 가전연에게 말씀하시길,
"그대가 유마대사 문병을 다녀오게!"
가전연이 부처님께 말씀드리기를,
"부처님이시여! 제가 문병 가는 것을 감당할 수 없습니다. 왜냐하면 옛날에 이런 일이 있었기 때문입니다.
어느 날 부처님께서 스님들에게 가르침의 요지를 간략하게 설명하고 가신 다음 제가 이어서 부연설명을 하였습니다.
그때 유마대사가 와서 이렇게 말씀했습니다.

'가전연존자여!
생멸(生滅)의 심행(心行)이 없이 실상법(實相法)을 설해야 합니다.
모든 법은 필경에 불생불멸(不生不滅)하니 이것이 무상(無常)의 뜻입니다.
오음(五陰)은 공(空)하여 생기(生起)하는 바 없으니 이것이 고(苦)의 뜻입니다.
모든 법이 구경(究竟)에 무소유(無所有)하니 이것이 공(空)의 뜻입니다.
아(我)와 무아(無我)가 둘이 아니니 이것이 무아(無我)의 뜻입니다.
법이란 본래 생긴 바 없고 다시 멸하는 바 없으니 이것이 적멸(寂滅)의 뜻입니다.'

이 설법을 듣고 여러 스님들이 마음에 해탈을 얻었습니다.
그러므로 저는 감히 문병을 갈 수 없습니다."

 수행용어

- **불생불멸**(不生不滅)

선 수행자에게 있어 태어남도 없고 죽음도 없는 경지가 불생불멸입니다.

이미 태어났으면 반드시 죽게 되어 있습니다.

그러나 불생불멸의 이치를 확연히 체득하면 태어났지만 태어난 바 없고, 죽게 되지만 죽는 바 없습니다. 왜냐하면 이미 법신(法身)과 계합되었기 때문입니다.

방편설법

무상(無常), 고(苦), 공(空), 무아(無我), 적멸(寂滅)은 선법(禪法)의 핵심용어입니다.
선 수행자가 잘 이해하고 있어야 될 가르침입니다.
가전연존자도 부처님처럼 새로 출가한 스님들에게 이 다섯 가지 도리에 대해 같은 방법으로 설법했는데 유마대사가 왜 그를 힐책했는지에 대해 승조대사는 다음과 같이 설명하고 있습니다.

부처님께서 가르침을 설하실 때는 이것을 표현하겠다는 마음이 없이 설하셨기에 그 설하신 말씀에도 상(相)이 없다.
가전연은 그 다섯 가지의 깊은 뜻을 모르고 있으면서 설법하려 하니 강당에 들어와서도 상(相)으로써 말하게 된다.
왜 그러한가?
부처님께서는 상(相)의 집착을 없애기 위해 무상(無常)을 말씀하셨으며, 무상(無常)이라는 상(相)을 알리기 위해 설법하시는 것이 아니다.
낙(樂)의 집착을 없애기 위해 고(苦)를 말씀하셨으며, 고(苦)라는 개념을 심어주기 위해서 고(苦)를 말씀하신 것이 아니다.
허상을 진짜 실존하는 것으로 집착하는 것을 없애기 위해 공(空)을 말씀하셨으며, 공(空)이라는 개념을 심어 주기 위해서 공(空)을 말씀하신 것이 아니다.
아(我)에 집착하는 것을 없애기 위해 무아(無我)를 말씀하셨으며, 무아(無我)라는 개념을 심어주기 위해서 무아(無我)를 말씀하신 것이 아니다.
상(相)에 집착을 없애기 위해 적멸(寂滅)을 말씀하셨으며, 적멸(寂滅)이라는 개념을 심어주기 위해서 적멸을 말씀하신 것이 아니다.
이처럼 이 다섯 가지는 말로써 가르칠 수 없어 무상(無相)으로 말해야 하는데 가전연은 그러한 본의에 부합한 설법을 하지 못하고 무상(無常)을 설할 때 무상(無常)

의 상(相)에 중점을 두어 듣는 사람으로 하여금 무상의 상을 하나의 고정된 법으로 인식하게 만든다.

이와 같이 고, 공, 무아, 적멸도 그와 같아서 유마대사가 힐책한 바이다.

유마대사가 가전연존자에게 "생멸심(生滅心)이 없이 실상법(實相法)을 설하라."는 말씀에 나즙대사와 승조대사는 다음과 같이 설명하고 있습니다.

[나즙]
만약에 생멸(生滅)이 없다면 행처(行處)도 없으며, 행처가 없으면 이것이 곧 실상(實相)이다. 그런데 가전연이 생멸로 실(實)을 삼아 유마대사가 그에게 생멸이 없이 실상법(實相法)을 설하라고 말씀한 것이다.

[승조]
마음이란 무엇인가? 미혹에서 생긴 것이다.
행(行)이란 무엇인가? 무엇을 하고 있는 행위의 이름이다.
대저 형상이 있으면 반드시 그에 상응하는 그림자가 있고
상(相)이 있으면 반드시 그에 상응하는 마음이 있다.
형상이 없기에 그림자가 없고, 상이 없기 때문에 마음이 없다.
마음이 사물을 따라 움직여 행(行)이 용(用)으로 인해서 생겨나 법이 생멸하는 것을 보기에 마음에 생멸이 있게 된다.
법이 무생(無生)이라는 것을 깨달으면 마음에 생멸이 없게 된다.

무상의(無常義)에 대해 나즙대사와 승조대사는 다음과 같이 부연설명하고 있습니다.

[나즙]
무릇 공(空)을 말할 때 먼저 무상(無常)을 이야기 한다. 왜냐하면 무상은 곧 공(空)의 입문이기 때문이다.
처음 들어가는 문(門)을 무상(無常)이라 하고 마지막을 공(空)이라 하여 그 본의

(本義)는 같지만 무상(無常)과 공(空)에 정밀(精密)하고 추잡(麤雜)하며 깊고 낮은 차이가 있다.

[승조]
작은 마음의 수행법인 관법(觀法)은 생멸을 무상의(無常義)로 삼는데, 큰마음의 수행법은 불생불멸(不生不滅)을 무상의(無常義)로 삼는다.

13. 불이천안

경문낭독

佛告 阿那律：「汝 行詣 維摩詰 問疾。」
불고 아나율: 여 행예 유마힐 문질。

阿那律 白佛言：「世尊！我 不堪任 詣彼 問疾。所以者何？
아나율 백불언: 세존！아 불감임 예피 문질。소이자하？

憶念 我昔 於 一處 經行, 時 有 梵王 名曰 嚴淨, 與 萬梵 俱, 放 淨 光明,
억념 아석 어 일처 경행, 시 유 범왕 명왈 엄정, 여 만범 구, 방 정 광명,

來詣 我所, 稽首 作禮 問我言：『幾何 阿那律 天眼 所見？』
내예 아소, 계수 작례 문아언: 기하 아나율 천안 소견？

我 卽 答言：
아 즉 답언:

『仁者！吾見 此 釋迦牟尼佛土 三千大千世界, 如觀 掌中 菴摩勒果。』
 인자！오견 차 석가모니불토 삼천대천세계, 여관 장중 암마륵과。

時 維摩詰 來 謂我言：『唯, 阿那律！天眼 所見, 爲 作相耶, 無作相耶？
시 유마힐 래 위아언: 유, 아나율！천안 소견, 위 작상 야, 무작상 야？

假使 作相, 則 與 外道 五通 等；若 無作相, 卽是 無爲, 不應 有見。』
가사 작상, 즉 여 외도 오통 등；약 무작상, 즉시 무위, 불응 유견。

世尊！我 時 默然。
세존！아 시 묵연。

彼 諸梵 聞 其言, 得 未曾有, 卽爲 作禮 而 問曰：
피 제범 문 기언, 득 미증유, 즉위 작례 이 문왈:

『世 孰有 眞 天眼 者?』
　세 숙유 진 천안 자?

維摩詰 言：『有 佛世尊 得 眞 天眼, 常在 三昧, 悉見 諸 佛國,
유마힐 언：　유 불세존 득 진 천안, 상재 삼매, 실견 제 불국,

不以 二相。』
불이 이상.

於是, 嚴淨 梵王 及其 眷屬 五百 梵天, 皆 發 阿耨多羅三藐三菩提心,
어시, 엄정 범왕 급기 권속 오백 범천, 개 발 아뇩다라삼먁삼보리심,

禮 維摩詰 足 已, 忽然 不現, 故 我 不任 詣彼 問疾。」
예 유마힐 족 이, 홀연 불현, 고 아 불임 예피 문질.

경문해석

부처님께서 아나율에게 말씀하시기를,
"그대가 유마대사의 문병을 다녀오게!"
아나율이 부처님께 말씀드리기를,
"부처님이시여! 제가 문병을 감당할 수 없습니다. 왜냐하면 옛날에 이런 일이 있었기 때문입니다.

제가 어느 곳에서 경행(經行)하고 있을 때 엄정이라는 범왕이 만 명의 브라만과 함께 청정한 광명(光明)을 놓으면서 저를 찾아와 이마를 땅에 대고 절한 다음 묻기를,
'아나율존자여, 천안(天眼)으로 어느 정도 볼 수 있습니까?'
제가 대답하기를,
'석가모니 부처님의 나라 전체를 손바닥 안의 열매보듯 합니다.'
그때 유마대사가 와서 이렇게 말씀했습니다.

'아나율존자여!
천안으로 보는 것이 작용(作用)입니까? 무작용(無作用)입니까?
작용이면 외도의 오통(五通)과 다를 바 없고
무작용이면 그것은 무위(無爲)이니 본다고 표현할 수 없습니다.'

부처님이시여! 저는 그때 말문이 막혀 아무 말도 못했습니다.
그 브라만들은 일찍이 듣지 못한 말씀이라 유마대사에게 예배하고 다음과 같이 물었습니다.

'세상에 참된 천안을 가진 사람이 누구입니까?'

유마대사가 대답하기를,

'부처님만이 참된 천안을 가지고 계셔서 언제나 삼매에 들어 모든 부처님 나라를 남김없이 봅니다. 이상(二相)으로 보지 않습니다.'

이 말씀을 듣고 엄정 범왕과 그 권속 오백 명의 브라만들이 모두 아뇩다라삼먁삼보리심을 발하고 유마대사의 발밑에 절하고 홀연히 사라졌습니다.

그래서 저는 감히 문병을 갈 수 없습니다."

방편설법

무위법(無爲法)과 유위법(有爲法)!

선 수행자에게 필요한 수행용어가 적지 않습니다.
선 수행자에게 반드시 필요한 수행용어는 알고 있어야 합니다.

무위법에 부합한 선 수행은 바른 수행이며 깨달음을 향한 정진입니다.
유위법에 부합한 선 수행은 잘못된 수행이며 사도(邪道)로 빠지는 정진입니다.

유위와 무위의 기준은 마음작용에 있습니다.
마음이 사물의 현상에 집착하지 않고 사물에 깨어 있으면 무위법에 상응하고 있는 선 수행입니다.
마음이 사물의 현상에 집착되어 사물에 얽혀 있으면 유위법에 상응하고 있는 선 수행입니다.

《유마경》 공부를 반복하면서 무위법에 노니는 선 수행의 이치를 체득하게 됩니다.
《유마경》 공부가 깊어지면서 유위법과 무위법이 둘이 아닌 불이선경에 노닐게 됩니다.

유위법으로 수행하면 사도에 빠진다고 했는데 유위법과 무위법이 둘이 아닌 불이선경이 가능합니까?
가능합니다. 유위법에 집착하면서 선 수행하면 사도에 빠져들게 됩니다.
유위법이란 만사만물이 끊임없이 변화하는 모습으로 그것을 도(道)에 들어가는 문으로 삼아 수행하면 점점 더욱 현상의 변화 속에 빠져들게 됩니다.

선 수행에서 말하는 무위법이란 유위법과 무위법을 포함한 무위법을 의미하며 유위법에 상반한 무위법을 의미하는 것이 아닙니다.

이것은 일체유심조(一切唯心造)할 때 심(心)과 같습니다.

이때 심, 즉 마음은 몸과 마음할 때 몸과 마음을 모두 포함한 마음을 뜻합니다.

몸에 상대적인 마음을 의미하는 것이 아닙니다.

그래서 무위법에서는 유위법과 무위법이 둘이 아닌 불이선경이 있게 됩니다.

이러한 무위법은 인위적으로 의식해서 얻어지는 것이 아닙니다.

마음이 일체유심조의 심(心)이면 그에 부합된 불이선경과 자연스럽게 상응하게 됩니다.

14. 죄무자성

경문낭독

佛告 優波離:「汝 行詣 維摩詰 問疾。」
불고 우바리: 여 행예 유마힐 문질.

優波離 白佛言:「世尊! 我 不堪任 詣彼 問疾。所以者何?
우바리 백불언: 세존! 아 불감임 예피 문질. 소이자하?

憶念 昔者 有 二 比丘 犯 律行 以爲恥, 不敢 問佛, 來 問我言:
억념 석자 유 이 비구 범 율행 이위 치, 불감 문불, 내 문아언:

『唯, 優波離! 我等 犯律 誠 以爲 恥, 不敢 問佛, 願解 疑悔,
유, 우바리! 아등 범율 성 이위 치, 불감 문불, 원해 의회,

得免 斯咎。』
득면 사구.

我 卽爲 其 如法 解說。
아 즉위 기 여법 해설.

時 維摩詰 來 謂我言:『唯, 優波離! 無 重增 此 二 比丘 罪, 當直 除滅,
시 유마힐 래 위아언: 유, 우바리! 무 중증 차 이 비구 죄, 당직 제멸,

勿擾 其心。所以者何?彼 罪性 不在內 不在外 不在中間, 如佛 所說,
물요 기심. 소이자하? 피 죄성 부재내 부재외 부재중간, 여 불 소설,

心垢 故 衆生垢, 心淨 故 衆生淨。心 亦 不在內 不在外 不在中間,
심구 고 중생 구, 심정 고 중생 정. 심 역 부재내 부재외 부재중간,

如其心然, 罪垢 亦然, 諸法 亦然, 不出 於 如如。
여 기심 연, 죄구 역연, 제법 역연, 불출 어 여여.

優波離！以心相 得 解脫 時, 寧有 垢不?』
우바리! 소 심상 득 해탈 시, 영유 구불?

我言：『不也。』
아언： 불야。

維摩詰 言：『一切 衆生 心相 無垢, 亦復 如是。
유마힐 언： 일체 중생 심상 무구, 역부 여시。

唯, 優波離！妄想 是垢, 無妄想 是淨；顚倒 是垢, 無顚倒 是淨；
유, 우바리! 망상 시구, 무망상 시정; 전도 시구, 무전도 시정;

取我 是垢, 不取我 是淨。
취아 시구, 불취아 시정。

優波離！一切法 生滅 不住, 如幻 如電；諸法 不相待, 乃至 一念 不住；
우바리! 일체법 생멸 부주, 여환 여전; 제법 불상대, 내지 일념 부주;

諸法 皆 妄見, 如夢 如炎, 如 水中月, 如 鏡中像, 以 妄想 生。
제법 개 망견, 여몽 여염, 여 수중월, 여 경중상, 이 망상 생。

其知 此者, 是名 奉律；其知 此者, 是名 善解。』
기지 차자, 시명 봉율; 기지 차자, 시명 선해。

於是, 二 比丘 言：『上智 哉！是 優波離 所不及, 持律之上 而 不能說。』
어시, 이 비구 언： 상지 재! 시 우바리 소불급, 지율지상 이 불능설。

我 答言：『自捨 如來, 未有 聲聞 及 菩薩 能制 其 樂說 之辯,
아 답언： 자사 여래, 미유 성문 급 보살 능제 기 낙설 지변,

其 智慧 明達 爲 若此 也。』
기 지혜 명달 위 약차 야。

時 二 比丘 疑悔 卽除, 發 阿耨多羅三藐三菩提心, 作 是願 言：
시 이 비구 의회 즉제, 발 아뇩다라삼먁삼보리심, 작 시원 언：

『令 一切 衆生 皆得 是辯。』
영 일체 중생 개득 시변。

故 我 不任 詣彼 問疾。」
고 아 불임 예피 문질。

경문해석

부처님께서 우바리에게 말씀하기를,
"그대가 유마대사의 문병을 다녀오게!"
우바리가 부처님께 말씀드리기를,
"부처님이시여! 제가 감히 유마대사에게 문병을 갈 수 없습니다. 왜냐하면 옛날에 이런 일이 있었기 때문입니다.

어느 날 계율을 범한 두 스님이 저에게 와서 말하기를,
'우바리존자여, 저희들이 율을 범했습니다. 부끄럽기 짝이 없어 감히 부처님께는 여쭙지 못하오니 바라옵건대 저희들의 의심과 후회를 풀어주옵소서. 그리하여 그 잘못으로 인한 화를 면하게 하소서!'

그래서 제가 그 두 스님을 위해 법대로 해석하여 주었는데 그때 유마대사가 와서 이렇게 말씀했습니다.

'우바리존자여!
두 스님의 죄를 더 무겁고 크게 하지 마시오.
곧바로 죄를 제거해서 안심(安心)을 도와야합니다.
마음을 더욱 혼란케 해서는 안 됩니다.
왜냐하면 죄라는 본바탕은 안에도 없고 밖에도 없으며 그 중간 어디에도 없습니다.
부처님께서 말씀하셨듯이
마음이 더러우니 중생이 더럽고
마음이 깨끗하니 중생이 깨끗하다.

이러한 마음 또한 안에도 없고 밖에도 없으며 중간에도 없다.
마음이 그러하듯 죄 또한 그러하며 모든 법이 그러하여 항상 여여(如如)하다.

우바리존자여!
마음의 자성(自性)이 이렇다는 것을 알고 해탈(解脫)을 얻었을 때 그 때에도 죄라하는 것이 있습니까? 없습니까?'

제가 대답하기를,
'없습니다.'
유마대사가 다시 말씀하시기를,
'일체중생의 심상(心相)이 청정함도 이와 같습니다.

우바리존자여!
망상(妄想)은 더러움이고 망상이 없으면 깨끗함입니다.
전도(顚倒)는 더러움이고 전도가 없으면 깨끗함입니다.
아(我)에 집착하면 더러움이고 아(我)에 집착하지 않으면 깨끗함입니다.

우바리존자여!
모든 법이 생겨나고 없어지면서 머물지 않음이
허깨비 같고 번갯불 같아 서로 기다리며 이어지는 그 무엇이 없어
한 생각 사이에도 머물지 않습니다.
제법(諸法)은 모두 망견(妄見)입니다.
꿈과 같고
아지랑이와 같고
물속에 달과 같고
거울속의 사람모양과 같아서

모두 망상(妄想)으로 생긴 것입니다.
이와 같이 이치를 체득한 것을 이름하여 율(律)을 지킨다 하며
이와 같이 이치를 체득한 것을 이름하여 잘 깨달았다고 합니다.'

유마대사의 말씀에 두 스님이 경탄하면서 말하기를,
'정말 높은 지혜를 가지신 분이다. 우바리존자가 도저히 미치지 못하는 바이다. 율을 아무리 잘 지킨다하는 사람도 이렇게는 설하지 못할 것이다.'
제가 곧바로 답하기를,
'부처님 이외 어떤 사람도 큰 지혜와 깊은 깨달음을 성취한 유마대사의 변재설법을 따를 자가 없습니다.'
그때 두 스님은 율장에 대한 의심과 죄책감을 벗어나 아뇩다라삼먁삼보리심을 발했습니다.
그리고 일체중생이 모두 이러한 변재설(辯才說)을 얻게끔 하겠다는 원을 세웠습니다.
그러므로 저는 감히 유마대사의 문병을 갈 수 없습니다.'"

 수행용어

- **안심**(安心)

선 수행법은 안심법문(安心法門)입니다.
안심(安心)은 선 수행자가 항상 유지해야 되는 마음상태입니다.

방편설법

나즙대사와 승조대사 두 분 가르침에서 계율에 대한 어떤 정신이 선 수행의 향상을 돕는지 함께 공부하겠습니다.

[나즙]
계율(戒律)을 범한 사람은
마음이 항상 두근거리고 두려움으로 쌓여 있다.
그 죄목을 따지게 되면
그를 더 심하게 압박하게 되어
마음이 더욱 근심스러워지면서 죄가 더 무겁게 느껴진다.
죄지은 사람이 실상(實相)의 가르침을 듣게 되면
마음이 현경(玄境)에 계합되면서 구애 받는 바 그 무엇 없게 되어
죄책감에 쌓여 있던 고뇌가 자연스럽게 소멸된다.

[승조]
두 스님이 이미 율행을 범해서 후회가 깊고
더 나아가 그 죄책감이 마음의 큰 짐이 되어 있다.
계율을 범했다는 마음의 짐을 벗고자 찾아온 그들에게
당연히 곧바로 법공(空)의 이치를 설해서
죄의 실체가 없다는 것을 깨닫게 해야 한다.
죄의 실체가 없다는 것을 깨달으면 죄책감의 짐이 없어지고
죄책감이 없어지면 죄의 허물은 자연스럽게 사라진다.

죄책감!

사람을 가장 고통스럽게 만드는 것 중에 하나가 죄책감입니다.

사람을 가장 선(善)하게 만드는 것 중에 하나가 죄책감입니다.

큰 행복감이 죄책감에서 벗어났을 때 생겨납니다.

큰 해방감이 죄책감에서 벗어났을 때 생겨납니다.

죄책감이 없으면 불안해하지 않습니다.

죄책감이 없으면 죽음을 두려워하지 않습니다.

죄책감은 크게 세 가지 행위에서 생겨납니다.

첫째 몸으로 짓는 행위입니다.

폭행·살생·간음·도둑질·방해·세치기·악취·무단출입·문란 행위 등이 여기에 속합니다.

둘째 입으로 짓는 행위입니다.

폭언, 이간질, 비방, 법을 잘못 가르침, 거짓말, 자존심 건드리는 말, 화합을 깨뜨리는 말, 잘난 체 하는 말, 상대를 불편하게 하는 말, 상대를 불안하게 만드는 말 등이 여기에 속합니다.

셋째는 의식으로 짓는 행위입니다.

욕심(欲心), 진심(瞋心), 치심(癡心), 만심(慢心), 의심(疑心) 등이 여기에 속합니다.

몸과 입과 의식으로 짓는 행위가 공덕으로 작용하여 지혜가 발현하면서 생사해탈(生死解脫)의 불도(佛道)를 성취하게 됩니다.

몸과 입과 의식으로 짓는 행위가 죄업으로 작용하여 죄책감이 생기면서 생사윤회(生死輪廻)의 업장(業障)을 형성하게 됩니다.

생사를 해탈하기 위한 정진도 몸과 입과 의식으로 합니다.

생사에 윤회하는 업장을 만드는 것도 몸과 입과 의식으로 합니다.

어떻게 하면 자신이 하는 행위가 생사해탈을 돕는 정진으로 작용할까요?

다양한 방법이 있습니다.

그 중에서 가장 대표적인 방법이 먼저 치심(癡心)을 다스리는 것입니다.

왜냐하면 치심의 상태에선 어떤 행위를 하든 그 행위가 업장으로 작용하는지 아니면 정진으로 작용하는지 알 수 없기 때문입니다.

무슨 행위를 할 때 자신은 비록 깨달음을 돕는 정진이라 생각하지만 그 결과는 생사윤회를 돕는 업장으로 작용할 수 있습니다.

선 수행이 순일하고 일상생활의 일거수(一擧手) 일투족(一投足)이 생사해탈을 돕는 정진으로 작용하려면 먼저 치심 즉 어리석은 마음을 다스려야 합니다.

어떻게 치심을 다스리죠?

경전공부로 다스립니다!

경전공부의 목적이 치심을 다스리는데 있습니다.

치심이 다스려지면 몸과 입과 의식으로 실천하는 모든 행위가 지혜의 발현을 돕는 정진으로 작용합니다.

경전공부(經典工夫)에서 생사윤회(生死輪廻)로부터 소요자재(逍遙自在)할 수 있는 지혜(智慧)가 발현됩니다.

치심이 다스려지면 지혜는 자연스럽게 발현됩니다.

지혜를 발현하는 수행이란 바로 치심을 다스리는 정진을 뜻합니다.

지혜란 밖에서 찾아 얻을 수 있는 것이 아닙니다.

이미 우리 마음 안에 생사를 해탈하고 생사에서 자재할 수 있는 지혜가 모두 갖추어져 있습니다. 단지 치심으로 가려서 드러나지 않고 있습니다.

드러나지 않기에 일생생활에서 사용할 수 없습니다.

지혜는 땅 속에 묻혀 있는 보석과도 같습니다.

땅을 파내면 보석은 자연스럽게 드러납니다.

치심을 다스리는 좋은 가르침이 천수경 안에 있습니다.
참회진언 바로 앞에 있는 경문입니다.

죄무자성종심기　심약멸시죄역망　죄망심멸양구공　시즉명위진참회
罪無自性從心起　心若滅時罪亦亡　罪亡心滅兩俱空　是則名爲眞懺悔

- **죄**(罪): 지은 죄. 죄악. 죄업.
- **무**(無): 없다.
- **자성**(自性): 근원. 실체. 사물의 중심을 자성이라 합니다.

예를 들면 '나'라는 몸은 보기엔 분명 하나의 생명체로 존재하지만 그 구성요소를 오장육부, 피부근골 등 모두 분해하고 나면 '나'라는 존재를 찾을 수 없습니다. 그래서 몸은 허상이며 나의 중심요소가 아닙니다.

몸 안에서 '나'라는 마음을 찾을 수 없습니다. 모든 사물이 그와 같습니다. 모든 관념이 그와 같습니다. 모든 생각과 의식이 그와 같습니다.

'죄' 또한 그러한 현상의 일부입니다. 우리는 실제로 존재했던 죄악으로 인식되는 행위 그것으로부터 괴로워하는 것이 아니라 그러한 행위가 있을 때 형성된 관념에 의해 괴로워합니다. 사실 죄악으로 인식되는 그러한 행위는 이미 존재하지 않습니다.

- **종심기**(從心起): 마음으로부터 생기다. 종(從)~기(起): ~부터 생기다. ~로부터 일어나다.
(예) 종망념기(從妄念起): 잘못된 생각으로부터 일어나다.
  - ■ 종합해서 해석하면: **죄는 자성이 없어 마음으로부터 생겨난다.**

- **심**(心): 마음.
- **약**(若): 만약.
- **멸시**(滅時): 없어지면. 없어질 때.
- **죄**(罪): 죄.
- **역**(亦): 또한. 역시.
- **망**(亡): 없어지다.

- ■ 종합해서 해석하면: **마음이** (만약) **없어지면 죄 또한** (함께) **없어진다.**

- **죄망**(罪亡): 죄가 없어지다.
- **심멸**(心滅): 마음이 없어지다. 마음이 멸하다.
- **양구공**(兩俱空): 둘 다 모두 공(空)하다.
  - ■ 종합해서 해석하면: **죄와 마음 둘 다 공**(空)**하니**

- **시즉명위**(是則名爲): 이것을 이름하여 ~라 한다.
- **진참회**(眞懺悔): 진정한 참회이다.
  - ■ 종합해서 해석하면: **이것을 이름하여 진정한 참회라 한다.**

이 게송의 핵심은 죄무자성(罪無自性)입니다.

죄무자성은 '죄는 자성이 없다.'는 뜻입니다.

죄는 자성이 없어 마음 따라 움직입니다.

이러한 이치에 의해 겉으로 보이는 행위만을 보고 이것은 죄악 또는 선행이라 단정할 수 없습니다.

보살행도 그와 같습니다.

겉모습의 행위를 보고 저 사람은 보살수행자라 단정 지어 말할 수 없습니다.

선 수행 또한 그러합니다. 고요히 정좌하고 앉아 있는 모습만 보고 저 사람은 선 수행자라고 단정할 수 없습니다.

마음 중심의 행위는 반드시 그 사람의 정사(正邪), 이둔(利鈍), 선악(善惡) 등의 마음상태를 알아야 그 진면목을 볼 수 있습니다.

이와 같이 마음은 겉으로 보아 알 수 없습니다.

다른 사람이 그 사람의 마음을 알 수 없을 뿐만 아니라 본인 당사자도 사실은 자신의 마음을 알지 못합니다.

그와 같이 생각하고 말하고 행동한 것에 대해 이유를 밝히지만 그 이유 또한 분별의식의 조합으로 만들어지며 자신의 진면목에서 결정되어 나온 것이 아닙니다.

그래서 세상사(世上事)를 몽상(夢想)이라 표현합니다. 세상 모든 것이 꿈과 같아 그 실체가 없다는 뜻입니다.

마음은 이처럼 복잡하고 또 복잡하고 복잡한데 죄가 그 마음으로부터 비롯된다고 밝히고 있습니다.

'마음이 없어지면 죄도 함께 없어진다.'
이때 마음은 어떤 마음이죠? 어떤 마음이 없어져야 되죠?
죄의식의 마음입니다.
사람의 마음에는 무수히 많은 의식이 함께 있습니다.
선한 일 한 의식, 남을 괴롭힌 의식, 경전 공부한 의식, 취미의식, 가족의식, 사랑의식, 동료의식, 사업의식, 수행의식 등 무수히 많은 종류의 겹쳐진 의식이 마음 안에 가득합니다.

"그러한 마음 속 의식이 얼마나 될까요?"
"섬진강의 모래알 수만큼 많겠죠!"
"그것 밖에 안 될까요?"
"그럼 우리나라 모든 강의 모래알을 합한 것만큼?"
"예, 그 합한 것에 곱하기 천만억한 것보다 더 많습니다."

죄의식의 그 마음이 없어지면 죄도 함께 없어집니다.
그런데 그 많은 의식 속에서 그에 해당한 죄의식을 어디서 찾죠?
찾아내어야 없애죠!

죄의식이 우리 마음속 어디에 잠복하고 있는지 《유마경》 공부하면서 계속 찾아보죠!

15. 진정한 출가

경문낭독

佛告 羅睺羅：「汝 行詣 維摩詰 問疾。」
불고 나후라 :   여 행예 유마힐 문질。

羅睺羅 白佛言：「世尊！我 不堪任 詣彼 問疾。所以者何？
나후라 백불언 :   세존！아 불감임 예피 문질。소이자하？

憶念 昔時 毗耶離 諸 長者子 來 詣我所, 稽首 作禮, 問我言：
억념 석시 비야리 제 장자자 래 예아소, 계수 작례, 문아언 :

『唯, 羅睺羅！汝 佛之子, 捨 轉輪王位, 出家 爲道,
  유, 나후라！여 불지자, 사 전륜왕위, 출가 위도,

其 出家者 有 何等利？』
기 출가자 유 하등리？

我 卽 如法 爲說 出家 功德之利。
아 즉 여법 위설 출가 공덕지리。

時 維摩詰 來, 謂我言：『唯, 羅睺羅！不應說 出家 功德之利。
시 유마힐 래, 위아언 :   유, 나후라！불응설 출가 공덕지리。

所以者何？無利 無功德, 是爲 出家。有爲法 者, 可說 有利 有功德。
소이자하？무리 무공덕, 시위 출가。유위법 자, 가설 유리 유공덕。

夫 出家者 爲 無爲法, 無爲法 中 無利 無功德。
부 출가자 위 무위법, 무위법 중 무리 무공덕。

羅睺羅！夫 出家者, 無彼 無此, 亦 無 中間, 離 六十二見,
나후라！부 출가자, 무피 무차, 역 무 중간, 이 육십이견,

3. 제자품 235

處於 涅槃, 智者 所受, 聖 所行 處, 降伏 衆魔, 度 五道, 淨 五眼,
처어 열반, 지자 소수, 성 소행 처, 항복 중마, 도 오도, 정 오안,

得 五力, 立 五根, 不惱 於彼, 離 衆 雜惡, 摧 諸 外道, 超越 假名,
득 오력, 입 오근, 불뇌 어피, 이 중 잡악, 최 제 외도, 초월 가명,

出 淤泥, 無 繫著, 無 我所, 無 所受, 無 擾亂, 內懷 喜護 彼意,
출 어니, 무 계착, 무 아소, 무 소수, 무 요란, 내회 희호 피의,

隨 禪定, 離 衆過。若能 如是, 是 眞 出家。』
수 선정, 이 중과。약능 여시, 시 진 출가。

於是, 維摩詰 語 諸 長者子:『汝等 於 正法 中, 宜共 出家。
어시, 유마힐 어 제 장장자: 여등 어 정법 중, 의공 출가。

所以者何?佛世 難値。』
소이자하?불세 난치。

諸 長者子 言:『居士!我聞 佛言, 父母 不聽, 不得 出家。』
제 장자자 언: 거사!아문 불언, 부모 불청, 부득 출가。

維摩詰 言:『然。汝等 便 發 阿耨多羅三藐三菩提心, 是卽 出家,
유마힐 언: 연。여등 변 발 아뇩다라삼막삼보리심, 시즉 출가,

是卽 具足。』
시즉 구족。

爾時, 三十二 長者子 皆 發 阿耨多羅三藐三菩提心。
이시, 삼십이 장자자 개 발 아뇩다라삼막삼보리심。

故 我 不任 詣彼 問疾。」
고 아 불임 예피 문질。

경문해석

부처님께서 나후라에게 말씀하시기를,
"그대가 유마대사 문병을 다녀오게!"
나후라가 부처님께 말씀드리기를,
"부처님이시여! 저는 유마대사의 문병을 감당할 수 없습니다. 왜냐하면 옛날에 이런 일이 있었기 때문입니다. 어느 날 비야리성의 여러 장자의 아들들이 저에게 찾아와 예배를 하고 다음과 같이 물었습니다.

'나후라존자여, 당신은 부처님의 친아들로서 장차 전륜성왕이 되실 왕위를 버리고 출가하여 수행하니 그 출가라는 것에 어떤 이익이 있습니까?'

저는 법대로 출가의 공덕과 이익에 대해 말했는데 그때 유마대사가 와서 말씀했습니다.

'나후라존자여!
출가(出家)의 공덕(功德)과 이익(利益)에 대해 말하면 안 됩니다.
왜냐하면 이익과 공덕이라는 그 무엇이 없는 것이 곧 출가이기 때문입니다.
유위법(有爲法)에서는 이익과 공덕이 있다고 말할 수 있지만 출가는 무위법입니다. 무위법 중에는 이익도 없고 공덕도 없습니다.

나후라존자여!
출가라는 것은 저기도 여기도 그 중간도 없습니다.
육십이견(六十二見)을 떠나 열반에 있으니
지혜로운 자가 누리는 바이며
성인이 행하는 바입니다.

갖가지 마구니를 항복시키고
오도(五道)를 넘어섰고
오안(五眼)을 맑게 했으며
오력(五力)을 얻었고
오근(五根)을 확고히 세워
무엇으로부터도 괴로움을 당하지 않고
갖가지 잡된 악을 떠나 모든 외도를 조복 받으며
가명(假名)의 세상사에 구애되지 않고
애욕(愛慾)과 사견(邪見)의 진흙탕에서 뛰쳐나와 온갖 속박을 벗어나며
나와 내 것이라는 생각이 없고
집착하는 마음이 없어 마음의 동요가 없으며
안으로 항상 기쁨을 간직하고
사람들의 수행지혜를 일깨워주며
선정에 노닐면서 모든 허물을 떠나 있습니다.
이것을 진정한 출가라 합니다.'

유마대사가 다시 장자의 아들들에게 말씀하시기를,
'그대들은 정법(正法) 안에서 다 같이 출가하시오. 부처님 계신 세상을 만나기가 매우 어렵습니다.'
장자의 아들들이 말했습니다.
'유마대사님! 우리가 듣기로 부모가 허락하지 않으면 출가할 수 없다고 부처님께서 말씀하셨습니다.'
'그렇지. 그러니 그대들은 지금 아뇩다라삼먁삼보리심을 발하면 이것이 곧 출가요 이것이 곧 구족(具足)입니다.'
그때에 서른 두 명의 장자의 아들들이 모두 아뇩다라삼먁삼보리심을 발했습니다. 그러므로 저는 유마대사에게 문병 갈 수가 없습니다."

방편설법

나즙대사는 진정한 출가의 의미를 다음과 같이 밝히고 있습니다.

무상도심(無上道心)을 발하면 마음이 삼계를 초월해서 몸은 비록 얽매임이 있지만 이것이 진짜 출가이다.
비록 세속에서 지내지만 이미 출가의 덕목을 모두 구족(具足)한 것이다.
출가하는 목적이 악을 멀리하고 도(道)를 행하는데 있다. 만약 집에 있으면서 이러한 도행(道行)을 실천한다면 이것은 곧 출가의 대목이 구족되어진 것이다.

나즙대사의 말씀처럼 집에 거주하면서 직장생활하면서도 법신을 일깨우는 마음수행을 순조롭게 이어갈 수 있습니다.
세상사를 벗어버리고 스님이 되어 수행하는 것은 이미 큰 공덕과 지혜를 갖추고 있기 때문입니다.
다생겁래의 수행력을 기초로 하여 드러난 금생의 여법한 모습입니다.
깊은 선 수행력을 성취하려는 재가의 선지식이 많습니다.
그러나 그분들은 출가의 모습을 택하지 않고 세상사에 함께 표류하면서 그 속에서 수연자재(隨緣自在)하는 보살행을 실천하고 있습니다.
과거 많은 생에 스님의 모습으로 정진력을 축적하였기에 금생에 재가이면서도 선 수행으로 꾸준히 성불하는 그날까지 멈추지 않고 정진하고 있습니다.
역시 여법(如法)한 모습입니다.

16. 육신의 질병

경문낭독

佛告 阿難 : 「汝 行詣 維摩詰 問疾。」
불고 아난 :   여 행예 유마힐 문질。

阿難 白佛言 : 「世尊！我 不堪任 詣彼 問疾。所以者何？
아난 백불언 :   세존！아 불감임 예피 문질。소이자하？

憶念 昔時 世尊 身 小有疾, 當用 牛乳, 我 卽 持鉢,
억념 석시 세존 신 소유질, 당용 우유, 아 즉 지발,

詣大 婆羅門家 門下 立。
예 대 바라문가 문하 입。

時, 維摩詰 來 謂我言 : 『唯, 阿難！何爲 晨朝 持鉢 住此？』
시, 유마힐 래 위아언 :   유, 아난！하위 신조 지발 주차？

我言 : 『居士！世尊 身 小有疾, 當用 牛乳, 故來 至此。』
아언 :   거사！세존 신 소유질, 당용 우유, 고래 지차。

維摩詰 言 : 『止止, 阿難！莫作 是語。如來身 者, 金剛 之 體,
유마힐 언 :   지지, 아난！막작 시어。여래신 자, 금강 지 체,

諸惡 已斷, 衆善 普會, 當有 何疾？當有 何惱？
제악 이단, 중선 보회, 당유 하질？당유 하뇌？

默往, 阿難！勿謗 如來, 莫使 異人 聞此 麤言,
묵왕, 아난！물방 여래, 막사 이인 문차 추언,

無令 大威德 諸天 及 他方 淨土 諸來 菩薩 得聞 斯語。
무령 대위덕 제천 급 타방 정토 제래 보살 득문 사어。

阿難！轉輪聖王 以 少福 故, 尚得 無病, 豈況 如來 無量 福會 普勝者 哉！
아난！전륜성왕이 소복 고, 상득 무병, 기황 여래 무량 복회 보승자 재！

行矣, 阿難！勿使 我等 受 斯恥 也。外道 梵志 若聞 此語, 當作 是念：
행의, 아난！무사 아등 수 사치 야。외도 범지 약문 차어, 당작 시념：

『何名 爲師？自疾 不能救, 而 能救 諸 疾人？』可密 速去, 勿使 人聞。
하명 위사？자질 불능구, 이 능구 제 질인？ 가밀 속거, 물사 인문。

當知, 阿難！諸 如來身 卽是 法身, 非思 欲身。
당지, 아난！제 여래신 즉시 법신, 비사 욕신。

佛 爲 世尊, 過於 三界；佛身 無漏, 諸漏 已盡；
불 위 세존, 과어 삼계；불신 무루, 제루 이진；

佛身 無爲, 不墮 諸數。如此 之身, 當有 何疾！』
불신 무위, 불타 제수。여차 지신, 당유 하질！

時我, 世尊！實懷 慚愧, 得無 近佛 而 謬聽 耶！
시아, 세존！실회 참괴, 득무 근불 이 류청 야！

卽聞 空中 聲曰：『阿難！如 居士 言, 但爲 佛出 五濁 惡世,
즉문 공중 성왈： 아난！여 거사 언, 단위 불출 오탁 악세,

現行 斯法 度脫 衆生。行矣, 阿難！取乳 勿慚。』
현행 사법 도탈 중생。행의, 아난！취유 물참。

世尊！維摩詰 智慧 辯才 爲 若此 也, 是故 不任 詣彼 問疾。」
세존！유마힐 지혜 변재 위 약차 야, 시고 불임 예피 문질。

如是 五百 大 弟子, 各各 向佛 說 其 本緣, 稱述 維摩詰 所言,
여시 오백 대 제자, 각각 향불 설 기 본연, 칭술 유마힐 소언,

皆 曰 不任 詣彼 問疾。
개 왈 불임 예피 문질。

경문해석

부처님께서 아난에게 말씀하시기를,
"그대가 유마대사에게 문병을 다녀오게!"
아난이 부처님께 말씀드리기를,
"제가 그 책임을 감당할 수 없습니다. 왜냐하면 옛날에 이런 일이 있었기 때문입니다.

어느 날 부처님께서 몸이 불편하셔서 우유를 탁발하기 위해 바라문집 앞에 서 있을 때 유마대사가 와서 물었습니다.

'아난존자여, 이렇게 이른 아침에 왜 여기에 있습니까?'

제가 대답하기를,

'유마대사님, 부처님께서 몸이 좀 불편하셔서 우유를 드셔야 하기에 이렇게 탁발하고 있습니다.'

유마대사가 말씀했습니다.

아난존자여!
그런 말씀하지 마시오.
여래의 몸은 금강신(金剛身)으로 모든 악(惡)을 끊었고 모든 선(善)을 모아 계시는데 무슨 병환이 있겠으며 무슨 고뇌(苦惱)가 있겠습니까?
부처님을 비방하지 마십시오.
다른 사람들이 이런 추한 말을 들을까 걱정입니다.
큰 덕을 갖춘 제천과 타방의 정토에서 온 보살이 이런 말씀을 듣지 않게 하시오.

아난존자여!

전륜성왕은 그 작은 복으로도 병을 앓지 않는데 어찌 무량한 복덕을 갖춘 부처님께서 병을 앓는단 말입니까?

만약 외도가 이런 말을 듣는다면,

'자기 병도 다스리지 못하는 주제에 남의 병을 어떻게 치유할 수 있나. 그래 가지고 어떻게 스승이라고 하겠는가!'

하고 비방하지 않겠는가!

모든 여래(如來)의 몸은 법의 몸으로 사욕(私慾)의 몸이 아닙니다.

삼계(三界)를 벗어 나셨습니다.

부처님의 몸은 무루(無漏)이고 무위(無爲)여서 고통과 간난에 떨어지는 일이 없는데 이와 같은 몸에 어찌 병환이나 고뇌가 있겠소!'

그때 저는 부처님께 실로 부끄럽고 죄송스러운 마음 금할 수가 없었습니다.

부처님을 가까이 모시고 다녔으면서도 부처님의 말씀을 잘못 알아듣고 있었던 것이 부끄러웠습니다.

그때 허공에서 이런 소리가 들려 왔습니다.

'아난존자여, 유마대사의 말씀과 같습니다. 부처님의 참 몸은 병이 있을 수 없습니다. 그러나 이 세상에 태어나 이러저러한 모습을 나타내 보이시는 것은 오탁악세의 중생들을 해탈케 하기 위해서 하시는 일일 뿐입니다. 우유를 받아가되 부끄러워 마십시오.'

부처님이시여! 유마대사의 지혜와 변재가 이와 같습니다.

그러므로 저는 감히 문병을 감당할 수 없습니다."

이와 같이 오백 명의 대제자(大弟子)들이 각기 부처님께 그 본연(本然)을 말씀드리며 유마대사의 말씀을 존경스럽게 되풀이하면서 문병 갈 수 없는 사유를 말씀드렸습니다.

방편설법

승조대사는 병이 생기고 병에 얽매이지 않는 이치를 간단명료하게 다음과 같이 밝히고 있습니다.

법신(法身)은 무위(無爲)이며 무불위(無不爲)이다.
무불위(無不爲)인 까닭에 몸에 병이 생기고
무위(無爲)인 까닭에 그 병에 얽매이지 않는다.

본체(本體)의 입장에서 법신이 무위라고 표현합니다.
운용(運用)의 입장에서 법신이 무불위라고 표현합니다.
본체와 운용을 합해서 체용(體用)이라 표현합니다.

법신은 체로 육신은 용으로 표현하는 경우도 있습니다.
그러나 불법(佛法)의 사상체계는 비교적 독특합니다. 쉽게 개념의 혼란에 빠질 수 있습니다. 그것은 한 용어가 여러 가지 복합적인 의미로 사용되기 때문입니다.

공(空)을 예로 들어보죠!
색과 상대적인 개념을 공이라 하며, 색과 공 또는 공과 색이라 표현합니다. 이러한 공의 원리에 대해 《반야심경》에서 명확하게 밝히고 있습니다.

색은 공과 다르지 않고 공은 색과 다르지 않으며,   色不異空 空不異色
색이 곧 공이요 공이 곧 색이다.   色卽是空 空卽是色

유(有)에 대한 상대적인 개념을 공이라 하여 공유불이(空有不二)라 표현합니다.
이때 유공불이라고는 표현하지 않습니다.
색과 공, 유와 공은 일반적으로 같은 의미로 사용합니다.
그러나 철학적인 어떤 부분의 사유방식에 있어서는 서로 차이가 있습니다.

색과 공을 포함한 공으로 사용합니다.
색과 공을 초월한 공으로 사용합니다.
색과 공을 초월한 공을 다시 초월한 공의 의미로 사용합니다

우주의 이치를 사유할 때 《유마경》은 좋은 벗입니다.
풍부한 사유방식이 제시되어 있습니다.
무한한 우주법계를 전개하고 있습니다.
큰마음으로 법신과 계합된 자재인생의 즐거움이 얼마나 무한대인가를 《유마경》 공부하면서 알게 됩니다.
그러나 육신에 병이 생기면 마음은 비록 큰마음이고 싶지만 깊은 도를 성취하기 위해 정진하고 있는 선지식의 경우 질병의 고통으로부터 자재하기가 쉽지 않습니다.

태어나고 늙어가고 병들고 죽는 인생의 무상한 도리는 누구나 당연히 함께하게 됩니다.
대도를 성취하신 부처님께서도 육신의 질환으로 인해 우유가 필요했습니다.
몸이 있으면 그와 상응한 인과응보가 당연히 존재하게 됩니다.
몸이 있다는 것은 질병이 함께 한다는 뜻입니다.
질병뿐만 아니라 늙어가는 변화와 궁극에 생명이 사라지는 죽음이 당연히 함께하게 됩니다.

불교를 창시하신 석가모니 부처님 또한 그와 같습니다.
우리처럼 부모의 정혈(精血)을 받아 태어난 인간입니다.
나이가 들면서 불평등한 모습을 보고 그 해결법을 찾기 위해 선 수행자의 길을 가게

되었습니다.

부처님이 출가하기 전 불평등에 대한 고뇌는 크게 두 가지였습니다.

자연계의 약육강식과 생명체의 생로병사였습니다.

자연계(自然界)의 약육강식(弱肉强食)!
생명체(生命體)의 생로병사(生老病死)!

어린 시절 어느 날 농사짓는 모습을 흥미롭게 바라보고 있었습니다.

파인 흙 속에 있던 곤충이 드러나자 새가 날아와 곤충을 물어갔습니다.

그때 그는 알았습니다. 약한 자는 강한 자에게 당한다는 약육강식의 이치를!

일반 사람은 이러한 이치를 자연의 법칙으로 당연시 받아들입니다.

그러나 꼬마 싯달다는 그러한 자연의 법칙이 왜 존재해야 하는지에 대해 고뇌했습니다. (싯달다는 부처님의 출가 전의 이름)

새가 곤충을 낚아채 먹는 모습을 본 후로 싯달다는 사유(思惟)하기 시작했습니다.

사물의 이치에 대해 정확하게 알고 싶었습니다. 사물의 이치를 정확하게 알았을 때 그것을 바꿀 수 있는 방법을 찾을 수 있을 거라 생각한 것이죠.

또 어느 날 거리를 구경하던 중 시선이 어느 한 지점에 멈췄습니다.

곧 죽어가는 사람이 길 옆 거적 위에 누워 병으로 괴로워하는 그의 표정에서 우러나오는 죽음에 대한 두려움을 싯달다는 보았습니다.

그 병자 옆에서 무지무지 슬프게 울고 있는 젊은 아낙과 아이들!

아!
이것이 죽음 아닌가!
나에게도 다가올 그 죽음의 그림자!
죽어 가는 환자의 모습을 본 후로 싯달다의 삶은 더욱 말이 없었습니다.

많은 시간을 사유(思惟)했습니다.

죽음!

그러나 싯달다의 고뇌는 죽어가는 환자보다도 그 옆에서 끝없이 슬프게 울고 있는 앞으로도 계속 살아가야하는 젊은 아낙과 특히 죽음이 무엇인지도 모르면서 애간장 녹이듯 울어대던 아이들을 생각하면서 더욱 괴로워했습니다.

인생(人生)!

아!
불과 몇 십 년 되는 인생
뻔히 알면서
살아야 하는 사람!

나는?

나!
삶에 무슨 의미가 있는가?
의미 있는 삶!
태어나면 늙고 병들어 죽어가는 것이 우리 인간의 모습인데
이러한 삶에 무슨 의미가 있기에 그렇게도 서로 간에 부딪치면서 옥신각신할까?

죽음!
왜 죽지?
싯달다는 '왜 죽는가?'에 대한 의문으로 나날을 보냈습니다.
깊이 사색(思索)한 끝에 그 답안을 얻었습니다.
'태어났기 때문에 죽지!'

아!
그렇구나!
내가 태어났지!
그래서 죽음이 기다리고 있지!

그러고 보면 죽음을 보장 받은 인생이구만!
태어났기에 죽는다!
그렇다면
태어남이 없으면
죽음도 없지 않겠는가?

생각이 여기에 계합(契合)한 싯달다는 다시 깊은 사유에 몰입하였습니다.

왜 태어났지?

아!
생각나는구나! 옛 선지식의 시구(詩句)가!
태어나지 말라, 죽음이 괴롭지 않는가!
죽으려 하지 말라, 다시 태어나는 것이 고통 아닌가!

그대
태어날 때
어디에서 왔는가?
生從何處來 생종하처래

그대
죽음에
어디로 가는가?
死向何處去 사향하처거

태어남!
허공에 한 조각 구름 생겨나는 것이요.
生也一片浮雲起 생야일편부운기

죽음!
허공에 한 조각 구름 사라지는 것이로다.
死也一片浮雲滅 사야일편부운멸

허공에 뜬 구름 그 실체 없는데
浮雲自體本無實 부운자체분무실

우리 인생 나고 죽음
왜
이다지도 선명하단 말인가!
生死去來亦如然 생사거래역여연

나고 죽음이
허공에 뜬 구름과 같다!

허공에 뜬 구름 능히 이해할 수 있습니다.
무엇인가 기운이 모여 구름의 형상을 만들죠!
그러다가 기운의 변화에 의해 다시 흩어져 흔적이 없어지죠!

그런데
우리 인생은
허공의 구름처럼 쉽게 사라지지 않고
너무도 강하게 인식되어 있습니다.

뼈에 사무치도록 비참했던 흔적들

세상사람 앞에 얼굴 들기가 부끄러웠던 모습
남에 대한 울분으로 숨 가라앉히기조차 힘들던 때
떠난 임 그리움으로 잠 못 이루던 날들

나의 흔적은
뜬 구름 같지 않고
왜
이렇게 구겨진 곳이 많을까?

그래서
많은 사람들이
죽음으로 향하면서
죽음 그 자체를
편안하게 받아들이지 못하고
불안(不安)에 젖어 마지막 숨 멈추는 그 순간까지
두려움으로 떨고 있습니다.

삶!
죽음!
지금의 나!

우리는 한 호흡 한 호흡 사이에서 삶과 죽음의 중간에 놓여 있습니다.
부처님의 육신의 질병(疾病), 유마대사의 마음의 심병(心病),
우리는 한 호흡 사이에도 수많은 질병과 심병을 앓고 있습니다.
단지 우리 스스로 못 느끼고 있을 뿐입니다, 법신을 망각한 채!

4
보살품

17 과거 미래 현재
18 직심도량
19 무진등
20 법보시

17. 과거 미래 현재

경문낭독

於是, 佛告 彌勒菩薩:「汝 行詣 維摩詰 問疾。」
어시, 불고 미륵보살: 여 행예 유마힐 문질.

彌勒 白佛言:「世尊! 我 不堪任 詣彼 問疾。所以者何?
미륵 백불언: 세존! 아 불감임 예피 문질. 소이자하?

憶念 我昔 爲 兜率天王 及其 眷屬 說 不退轉地 之行,
억념 아석 위 도솔천왕 급 기 권속 설 불퇴전지 지행,

時 維摩詰 來 謂我言:『彌勒! 世尊 授 仁者 記,
시 유마힐 래 위아언: 미륵! 세존 수 인자 기,

一生 當得 阿耨多羅三藐三菩提, 爲用 何生 得 受記 乎?
일생 당득 아뇩다라삼먁삼보리, 위용 하생 득 수기 호?

過去 耶? 未來 耶? 現在 耶? 若 過去生, 過去生 已滅;
과거 야? 미래 야? 현재 야? 약 과거생, 과거생 이멸;

若 未來生, 未來生 未至; 若 現在生, 現在生 無住。如佛 所說:
약 미래생, 미래생 미지; 약 현재생, 현재생 무주。 여 불 소설:

『比丘! 汝 今 卽時 亦生 亦老 亦滅, 若以 無生 得 受記 者,
 비구! 여 금 즉시 역생 역로 역멸, 약이 무생 득 수기 자,

無生 卽是 正位。』於 正位 中 亦無 受記, 亦 無得 阿耨多羅三藐三菩提。
무생 즉시 정위。 어 정위 중 역무 수기, 역 무득 아뇩다라삼먁삼보리。

云何 彌勒 受 一生 記 乎? 爲從 如生 得 受記 耶? 爲從 如滅 得 受記 耶?
운하 미륵 수 일생 기 호? 위종 여생 득 수기 야? 위종 여멸 득 수기 야?

若以 如生 得 受記 者, 如 無有 生 ; 若以 如滅 得 受記 者, 如 無有 滅。
약이 여생 득 수기 자, 여 무유 생 ; 약이 여멸 득 수기 자, 여 무유 멸。

一切 衆生 皆 如也, 一切 法 亦 如也, 衆 聖賢 亦 如也,
일체 중생 개 여야, 일체 법 역 여야, 중 성현 역 여야,

至於 彌勒 亦 如也。 若 彌勒 得 受記 者, 一切 衆生 亦應 受記。
지어 미륵 역 여야。 약 미륵 득 수기 자, 일체 중생 역응 수기。

所以者何 ? 夫 如 者, 不二 不異。
소이자하 ? 부 여 자, 불이 불이。

若 彌勒 得 阿耨多羅三藐三菩提 者, 一切 衆生 皆亦 應得。 所以者何 ?
약 미륵 득 아뇩다라삼먁삼보리 자, 일체 중생 개역 응득。 소이자하 ?

一切 衆生 卽 菩提相。 若 彌勒 得 滅度 者, 一切 衆生 亦當 滅度。
일체 중생 즉 보리상。 약 미륵 득 멸도 자, 일체 중생 역당 멸도。

所以者何 ? 諸佛 知 一切 衆生 畢竟 寂滅 卽 涅槃相, 不復 更滅。
소이자하 ? 제불 지 일체 중생 필경 적멸 즉 열반상, 불복 갱멸。

是故, 彌勒 ! 無以 此法 誘 諸 天子。 實 無 發 阿耨多羅三藐三菩提心,
시고, 미륵 ! 무이 차법 유 제 천자。 실 무 발 아뇩다라삼먁삼보리심,

亦 無 退者。
역 무 퇴자。

彌勒 ! 當令 此 諸 天子 捨於 分別 菩提 之見。 所以者何 ?
미륵 ! 당령 차 제 천자 사어 분별 보리 지견。 소이자하 ?

菩提 者, 不可以 身得, 不可以 心得。
보리 자, 불가이 신득, 불가이 심득。

寂滅 是 菩提, 滅 諸相 故 ; 不觀 是 菩提, 離 諸緣 故 ;
적멸 시 보리, 멸 제상 고 ; 불관 시 보리, 이 제연 고 ;

不行 是 菩提, 無 憶念 故 ; 斷 是 菩提, 捨 諸見 故 ;
불행 시 보리, 무 억념 고 ; 단 시 보리, 사 제견 고 ;

離 是 菩提, 離 諸 妄想 故 ; 障 是 菩提, 障 諸願 故 ;
이 시 보리, 이 제 망상 고 ; 장 시 보리, 장 제원 고 ;

不入是菩提, 無貪著故;順是菩提, 順於如故;
불입 시 보리, 무 탐착 고; 순 시 보리, 순어 여 고;

住是菩提, 住法性故;至是菩提, 至實際故;
주 시 보리, 주 법성 고; 지 시 보리, 지 실제 고;

不二是菩提, 離意法故;等是菩提, 等虛空故;
불이 시 보리, 이 의법 고; 등 시 보리, 등 허공 고;

無爲是菩提, 無生住滅故;知是菩提, 了衆生心行故;
무위 시 보리, 무 생주멸 고; 지 시 보리, 요 중생 심행 고;

不會是菩提, 諸入不會故;不合是菩提, 離煩惱習故,
불회 시 보리, 제입 불회 고; 불합 시 보리, 이 번뇌습 고;

無處是菩提, 無形色故;假名是菩提, 名字空故;
무처 시 보리, 무 형색 고; 가명 시 보리, 명자 공 고;

如化是菩提, 無取捨故;無亂是菩提, 常自靜故;
여화 시 보리, 무 취사 고; 무란 시 보리, 상 자정 고;

善寂是菩提, 性淸淨故;無取是菩提, 離攀緣故;
선적 시 보리, 성 청정 고; 무취 시 보리, 이 반연 고;

無異是菩提, 諸法等故;無比是菩提, 無可喩故;
무이 시 보리, 제법 등 고; 무비 시 보리, 무 가유 고;

微妙是菩提, 諸法難知故。』
미묘 시 보리, 제법 난지 고。

世尊!維摩詰說是法時, 二百天子得無生法忍,
세존! 유마힐 설 시법 시, 이백 천자 득 무생법인,

故我不任詣彼問疾。」
고 아 불임 예피 문질。

경문해석

부처님께서 미륵보살에게 말씀하시기를,
"그대가 유마대사에게 문병을 다녀오게!"
미륵보살이 부처님께 말씀드리기를,
"제가 그 책임을 감당할 수 없습니다. 왜냐하면 옛날에 이런 일이 있었기 때문입니다.

어느 날 도솔천의 천왕과 그 권속들에게 불퇴전지(不退轉地)에서 해야 하는 보살행이 무엇인지를 말하고 있었습니다.

그때 유마대사가 와서 이렇게 말씀했습니다.

'미륵보살이여!

부처님께서 그대에게 다시 태어나면 아뇩다라삼먁삼보리를 얻을 거라고 수기(授記)하셨다지요.

어느 생(生)에 수기를 받았습니까?

과거의 생(生)입니까?

미래의 생(生)입니까?

현재의 생(生)입니까?

만약 과거의 생이라 한다면 그 과거의 생은 이미 사라졌고

만약 미래의 생이라 한다면 그 미래의 생은 아직 오지 않았고

만약 현재의 생이라 한다면 그 현재의 생은 지금 이 순간에도 머무르지 않습니다.

부처님께서 말씀하셨습니다.
선 수행자여!
그대는 지금 이 순간에 태어나고 늙어가고 죽어가고 있다.

만약 무생(無生)의 경지에서 수기를 받았다면 무생의 경지란 바로 정위(正位)이니 정위 중에는 수기가 있을 수 없고 아뇩다라삼먁삼보리를 얻는다는 것도 있을 수 없습니다.

그대는 어느 생에서 수기를 받은 겁니까?
여여(如如)한 경지가 생길 때 수기합니까?
여여(如如)한 경지가 사라질 때 수기합니까?
여여한 경지가 생길 때 수기한다면 여여란 생긴다는 그 무엇이 없고
여여한 경지가 사라질 때 수기한다면 여여란 없어지는 그 무엇이 없으니
여여에서는 수기를 받는다고 표현할 수 없습니다.
일체중생이 모두 여여합니다.
일체법이 모두 여여합니다.
모든 현성이 여여합니다.
그대 미륵도 여여합니다.
만약 그대가 언제 성불한다는 수기를 받았다면 일체중생도 마땅히 그와 같이 수기를 받은 것입니다.
왜냐하면 여여함이란 불이(不二)로 서로 다르지 않기 때문입니다.

만약 그대가 아뇩다라삼먁삼보리를 얻었다면 일체중생도 역시 아뇩다라삼먁삼보리를 얻은 것입니다.
왜냐하면 일체중생이 바로 보리(菩提)의 실상(實相)이기 때문입니다.
만약 그대가 멸도(滅道)에 들었다면 일체중생도 마땅히 멸도에 든 것입니다.

왜냐하면 모든 부처님께서는 일체중생의 궁극적인 적멸이 곧 열반이요. 그것은 다시 사라진다거나 고요해진다거나 할 필요 없는 것임을 알고 계십니다.

그러므로 미륵보살이여!
장차 나는 부처가 되는 수기를 받았다는 이야기로 도솔천 천왕의 권속들을 유혹해서는 안 됩니다.
사실을 말하자면 아뇩다라삼먁삼보리심을 발한다는 것도 없고 그 발심이 후퇴한다는 것도 없습니다.

미륵보살이여!
보리를 분별하는 생각이 있으면 안 됩니다.
왜냐하면 보리는 몸으로 얻어지는 것도 아니고 마음으로 얻어지는 것도 아니기 때문입니다.

모든 상(相)이 멸(滅)했기에 적멸(寂滅)이 곧 보리입니다.
모든 인연화합(因緣和合)을 떠났기에 관(觀)함이 없는 것이 곧 보리입니다.
억념(憶念)이 없기에 행(行)하지 않는 것이 곧 보리입니다.
모든 견해(見解)를 놓아버려서 단(斷)이 곧 보리입니다.
모든 망상(妄想)을 떠났기에 이(離)가 곧 보리입니다.
모든 욕망을 차단하기에 장(障)이 곧 보리입니다.
탐착이 없어서 불입(不入)이 곧 보리입니다.
여여(如如)에 순응(順應)하니 순(順)이 곧 보리입니다.
법성(法性)에 머무르니 주(住)가 곧 보리입니다.
실제(實際)에 도달하니 지(至)가 곧 보리입니다.
의(意)와 법(法)을 떠났으니 불이(不二)가 곧 보리입니다.
허공처럼 평등하니 등(等)이 곧 보리입니다.

생주멸(生住滅)이 없으니 무위(無爲)가 곧 보리입니다.
중생의 심행(心行)을 잘 알기에 지(知)가 곧 보리입니다.
육근(六根), 육진(六塵)이 모여 있지 않으니 불회(不會)가 곧 보리입니다.
번뇌(煩惱)의 습기(習氣)를 떠났으니 불합(不合)이 곧 보리입니다.
형색(形色)이 없으니 무처(無處)가 곧 보리입니다.
명칭(名稱)은 공(空)한 것이니 가명(假名)이 곧 보리입니다.
인형을 대하듯 취사(取捨)가 없으니 여화(如化)가 곧 보리입니다.
항상 스스로 고요함에 있으니 무란(無亂)이 곧 보리입니다.
마음바탕이 청정하니 선적(善寂)이 곧 보리입니다.
반연(攀緣)을 떠났으니 무취(無取)가 곧 보리입니다.
제법에 평등하니 무이(無異)가 곧 보리입니다.
비유할 그 무엇이 없으니 무비(無比)가 곧 보리입니다.
이러한 모든 법을 알기가 쉽지 않으니 미묘(微妙)가 곧 보리입니다.'

부처님이시여!
유마대사가 이와 같이 법을 설했을 때 이백 명의 천자가 모두 무생법인(無生法忍)을 얻었습니다.
그러므로 제가 감히 문병을 갈 수 없습니다."

방편설법

《유마경》은 실상법(實相法)입니다.

공성(空性)의 입장에서 곧바로 본래면목을 밝힌 경전이며 전체 줄거리가 선 수행자가 평소 지니고 있어야할 마음에 대해 이야기하고 있습니다.

실상법이란 현실로 존재하고 있는 사물, 즉 자신의 생명, 가족, 이웃, 집, 자동차 등이 환상이라고 부정하는 것이 아니라 마음이 그 사물에 집착되어 빨려 다니는 것을 일깨워주는 가르침입니다.

《유마경》은 일상생활에서 어떻게 하면 우주처럼 큰마음으로 모든 사물을 포용하는지에 대한 이치를 밝히고 있어, 경전의 처음부터 끝까지 본성의 입장에서 사물을 대하라는 가르침으로 일관하고 있습니다.

본성(本性)을 법신(法身)으로 많이 표현하고 있는 것은 역시 중생을 위한 일종의 방편(方便)입니다. 본성은 공성(空性)을 뜻하는데, 공(空) 또는 성(性)하면 우리의 삶과는 아주 먼 마치 성인이나 접하는 경지처럼 인식합니다.

그러나 법신(法身)하면 신(身)이 몸을 뜻하기에 우리의 몸처럼 법(法)으로 형성된 몸이라고 즉, 우리 육신과 같은 몸이라고 인식하여 쉽게 받아들입니다.

육신(肉身)의 몸은 사물로 형성되어 있어 태어나고 죽는 현상(現象)이 존재(存在)합니다.

이미 태어났기 때문에 죽음이 있습니다. 그래서 태어나기 이전의 과거생(過去生)을, 죽고 난 다음의 미래생(未來生)을 말할 수 있습니다. 물론 지금 살고 있는 현재생(現在生), 즉 금생(今生)도 포함됩니다.

이와 같이 사물로 형성된 생명은 과거, 미래, 현재 이렇게 삼생(三生)이 존재하게 됩니다. 삼생은 삼세(三世)로 표현합니다.

깨달음을 성취하는 몸은 윤회하면서 바뀌는 육신이 아니라 삼세윤회(三世輪廻)와는 상관없이 변함없는 법신(法身)입니다.

법신을 우주만법의 근원의 입장에서 법성(法性) 또는 본성(本性)이라 표현하며, 자아생명(自我生命)의 중심의 입장에서 자성(自性)이라 표현하고, 불교신앙의 열반의 입장에서 불성(佛性)이라 표현하며, 만사만물의 이치의 입장에서 진여(眞如) 또는 여여(如如)라 표현하고, 일체생명의 근본의 입장에서 법신(法身)이라 표현합니다.

법신은 이밖에 다양한 명칭이 있습니다. 어떤 입장에서 보느냐에 따라 그에 부합된 명칭이 있습니다. 이와 같은 이치에서 법신의 명칭을 헤아린다면 그것은 중생의 숫자만큼 존재하고 사물의 종류만큼 존재하며 모든 의식의 생각만큼 존재하게 됩니다.

왜냐하면 법신이란 이름은 절대불변의 신성한 명칭이 아니라 이해하기 편리하게 사용한 단순한 개념일 뿐입니다. 그 이름에 특정한 힘이 부여되어 있는 것이 아닙니다.

만약 선 수행자가 정진하면서 그러한 수행용어에 특정한 의미를 부여하고 그를 신성하게 여겨 추종하면 그것은 그것이 본래 신성한 것이 아니라 자신의 생각으로 만들어진 신성함입니다. 자신의 번뇌망상(煩惱妄想)으로 생겨난 신성함입니다.

번뇌망상의 집착을 떠나 무위(無爲)의 마음으로 법신을 본래 있는 그대로의 모습으로 볼 때 그것이 신성함이요, 진정한 깨달음의 본체이며, 우리 인생의 근원이요, 삶의 안심도량(安心道場)입니다. 왜냐하면 일체 만사가 해탈상(解脫相) 아닌 게 없기 때문입니다.

만약 육신이 성불한다면 '과거에 부처가 되었다.' 또는 '나는 미래의 부처이다.' 하고 표현할 수 있습니다. 그러나 법신은 과거, 현재, 미래의 개념이 없기에 과거에, 미래에, 현재에 부처가 된다는 현상이 존재하지 않습니다.

법신(法身)에 있어서 모든 중생이 서로 평등합니다.

이 법신은 나의 것이요, 저 법신은 당신의 것이라는 차별성(差別性)이 존재하지 않습니다. 그래서 내가 성불한다면 다른 사람도 함께 성불하게 됩니다.

법신은 이처럼 사물의 분별로 고정화되어 있는 의식으로는 이해하기가 쉽지 않습니다.

법신의 입장에서 유마대사가 미륵보살을 질책하고 있습니다.

법신은 삼세에 차별이 없다는 이치를 승조대사는 다음과 같이 설명하고 있습니다.

과거생(過去生)은 이미 지나가 지금 존재하지 않기에 없다.
미래생(未來生)은 아직 오지 않아서 언제라고 단정할 수 없다.
현재생(現在生)은 순간순간 끊임없이 변화하기에 어느 한 때를 정할 수 없다.
본성(本性)은 항상 멸(滅)의 상태인데 어찌 다시 언제 멸(滅)한다고 표현하겠는가!

법신은 보리(菩提)로 성취된 몸인데 보리가 무엇인가에 대해 승조대사는 다음과 같이 밝히고 있습니다.

도(道)의 종극(宗極)을 보리(菩提)라 한다.
보리는 정각무상(正覺無上)의 진지(眞智)이다.
그 도(道)가 허현(虛玄)하고 절묘(絶妙)하여 상경(常境)이 끊겼다.

아무리 귀가 밝은 사람도 그것을 소리로써 들을 수 없고
아무리 지혜로운 사람도 그것을 지혜로서 알 수 없으며
아무리 변재에 능한 사람도 그것을 말로써 표현할 수 없고
아무리 잘 생긴 사람도 그것을 위의로써 드러낼 수 없어
그것을 도(道)라 한 것이다.

보리는 미묘하고 무상(無相)해서 있다고도 할 수 없고
그것을 사용함에 드러남으로 없다고도 할 수 없다.
능히 만물을 이롭게 하면서 스스로는 드러남이 없고
....
무엇이라 표현해야 될 지 알 수 없어서 부득이 이름하여 보리라 한 것이다.
이처럼 보리는 무위(無爲)의 도(道)인데 어찌 심신(心身)으로 얻을 수 있겠는가!

18. 직심도량

경문낭독

佛告 光嚴童子：「汝 行詣 維摩詰 問疾。」
불고 광엄동자： 여 행예 유마힐 문질。

光嚴 白佛言：「世尊！我 不堪任 詣彼 問疾。所以者何？
광엄 백불언： 세존！아 불감임 예피 문질。소이자하？

憶念 我昔 出 毗耶離 大城，時 維摩詰 方 入城，
억념 아석 출 비야리 대성, 시 유마힐 방 입성,

我 卽爲 作禮而 問言：『居士 從 何所 來？』
아 즉위 작례 이 문언： 거사 종 하소 래？

答我言：『吾 從 道場 來。』
답아언： 오 종 도량 래。

我問：『道場 者 何所是？』
아문： 도량 자 하소시？

答曰：『直心 是 道場，無 虛假 故；
답왈： 직심 시 도량, 무 허가 고；

發行 是 道場，能 辨事 故；深心 是 道場，增益 功德 故；
발행 시 도량, 능 판사 고； 심심 시 도량, 증익 공덕 고；

菩提心 是 道場，無 錯謬 故；布施 是 道場，不望 報 故；
보리심 시 도량, 무 착류 고； 보시 시 도량, 불망 보 고；

持戒 是 道場，得願 具 故；忍辱 是 道場，於 諸 衆生心 無閡 故；
지계 시 도량, 득원 구 고； 인욕 시 도량, 어 제 중생심 무애 고；

精進是道場, 不懈退故; 禪定是道場, 心調柔故;
정진시도량, 불해퇴고; 선정시도량, 심조유고;

智慧是道場, 現見諸法故; 慈是道場, 等衆生故;
지혜시도량, 현견제법고; 자시도량, 등중생고;

悲是道場, 忍疲苦故; 喜是道場, 悅樂法故;
비시도량, 인피고고; 희시도량, 열락법고;

捨是道場, 憎愛斷故; 神通是道場, 成就六通故;
사시도량, 증애단고; 신통시도량, 성취육통고;

解脫是道場, 能背捨故; 方便是道場, 教化衆生故;
해탈시도량, 능배사고; 방편시도량, 교화중생고;

四攝是道場, 攝衆生故; 多聞是道場, 如聞行故;
사섭시도량, 섭중생고; 다문시도량, 여문행고;

伏心是道場, 正觀諸法故; 三十七品是道場, 捨有爲法故;
복심시도량, 정관제법고; 삼십칠품시도량, 사유위법고;

諦是道場, 不誑世間故; 緣起是道場, 無明乃至老死皆無盡故;
제시도량, 불광세간고; 연기시도량, 무명내지노사개무진고;

諸煩惱是道場, 知如實故; 衆生是道場, 知無我故;
제번뇌시도량, 지여실고; 중생시도량, 지무아고;

一切法是道場, 知諸法空故; 降魔是道場, 不傾動故;
일체법시도량, 지제법공고; 항마시도량, 불경동고;

三界是道場, 無所趣故; 師子吼是道場, 無所畏故;
삼계시도량, 무소취고; 사자후시도량, 무소외고;

力無畏不共法是道場, 無諸過故; 三明是道場, 無餘閡故;
역무외불공법시도량, 무제과고; 삼명시도량, 무여애고;

一念知一切法是道場, 成一切智故。
일념지일체법시도량, 성일체지고。

如是, 善男子!
여시, 선남자!

菩薩 若應 諸 波羅密 教化 衆生，諸 有 所作，擧足 下足，
보살 약응 제 바라밀 교화 중생, 제 유 소작, 거족 하족,

當知 皆 從 道場 來，住於 佛法 矣。』
당지 개 종 도량 래, 주어 불법 의。

說 是法 時，五百 天人 皆 發 阿耨多羅三藐三菩提心。
설 시법 시, 오백 천인 개 발 아뇩다라삼막삼보리심。

故 我 不任 詣彼 問疾。」
고 아 불임 예피 문질。

경문해석

부처님께서 광엄보살에게 말씀하시기를,
"그대가 유마대사에게 문병을 다녀오게!"
광엄보살이 부처님께 말씀드리기를,
"제가 그 책임을 감당할 수 없습니다. 왜냐하면 옛날에 이런 일이 있었기 때문입니다.

제가 비야리성 밖으로 나가고 있을 때 유마대사가 성 안으로 들어왔습니다. 인사드린 다음 물었습니다.

'유마대사님! 어디 다녀오세요?'
'도량에 다녀오지!'
'도량이 어디인데요?'
그때 유마대사가 도량에 대해 다음과 같이 말씀하셨습니다.

'광엄보살이여!
직심(直心)이 곧 도량이지, 거짓이 없으니까.
발행(發行)이 곧 도량이지, 일을 잘 처리할 수 있으니.
깊은 마음이 곧 도량이지, 공덕을 더욱 향상시키니.
보리심(菩提心)이 곧 도량이지, 조금도 잘못됨이 없으니.
보시(布施)가 곧 도량이지, 보답을 바라는 마음이 없으니.
지계(持戒)가 곧 도량이지, 소원이 모두 구족되니까.
인욕(忍辱)이 곧 도량이지, 어떤 중생을 대하더라도 마음에 걸림이 없으니.

정진(精進)이 곧 도량이지, 게으르거나 물러섬이 없으니.
선정(禪定)이 곧 도량이지, 마음이 조화롭고 부드러우니.
지혜(智慧)가 곧 도량이지, 모든 법상(法相)을 뚜렷이 알고 있으니.

자(慈)가 곧 도량이지, 중생에게 평등하니.
비(悲)가 곧 도량이지, 피로와 고통을 인내하니.
희(喜)가 곧 도량이지, 즐거움 마음과 함께하니.
사(捨)가 곧 도량이지, 증애심이 없으니.
신통(神通)이 곧 도량이지, 육신통을 성취했으니.
해탈(解脫)이 곧 도량이지, 얽매임이 없으니.
방편(方便)이 곧 도량이지, 중생을 이롭게 하니.
사섭(四攝)이 곧 도량이지, 중생을 섭화하니.
다문(多聞)이 곧 도량이지, 들은 바대로 실천하니.
복심(伏心)이 곧 도량이지, 제법(諸法)을 정관(正觀) 하니.
삼십칠도품(三十七道品)이 곧 도량이지, 유위법(有爲法)을 다 버리니.
사제(四諦)가 곧 도량이지, 세상을 속이는 일이 없으니.
연기(緣起)가 곧 도량이지, 무명(無明)에서 노사(老死)까지 모두 무진(無盡)하기에.
번뇌(煩惱)가 곧 도량이지, 여실(如實)함을 알기에.
중생(衆生)이 곧 도량이지, 무아(無我)임을 알기에.
일체법(一切法)이 곧 도량이지, 제법이 공(空)함을 알기에.
항마(降魔)가 곧 도량이지, 동요하지 않기에.
삼계(三界)가 곧 도량이지, 가는 바가 없기에.
사자후(獅子吼)가 곧 도량이지, 두려움이 없기에.
십력(十力)과 사무소외(四無所畏)와 십팔불공법(十八不共法)이 곧 도량이지, 허물이 없기에.

삼명(三明)이 곧 도량이지, 걸림이 없으니.
일념(一念)으로 일체법을 아는 것이 곧 도량이지, 일체지(一切智)를 성취하기에.

광엄보살이여!
이와 같이 보살이 모든 바라밀과 상응하면서 중생을 교화할 때 말과 행동이 모두 도량에서 비롯되어 나와 부처님의 가르침에 머무는 것입니다.'

이렇게 설법할 때 오백 명의 천인이 모두 아뇩다라삼먁삼보리심을 발했습니다.
그러므로 제가 감히 유마대사님 문병을 갈 수 없습니다."

방편설법

유마대사가 도량을 말하게 된 동기와 도량의 뜻에 대해 나즙대사와 승조대사는 다음과 같이 표현하고 있습니다.

[나즙]
광엄이 마음속으로 도량을 좋아해서 그의 마음을 깨닫게 하기 위해 유마대사가 도량에서 온다고 말씀한 것이다.
광엄은 비록 도량을 좋아하지만 아직 도량을 얻지 못했다.
무엇을 얻을 때는 반드시 그에 해당한 인(因)이 있으니 그래서 유마대사가 널리 만행(萬行)을 말씀한 것이다.
만행은 도량의 인이 되며, 도량은 인(因) 가운데 과(果)를 말한 것이다.

[승조]
조용한 수도장소(修道場所)를 도량(道場)이라 한다.
광엄은 조용한 곳에서 매일 정진하길 좋아한다.
그날도 조용한 도량을 찾아 성 밖으로 나가는 중에 유마대사를 만났다.
유마대사는 광엄의 그러한 뜻을 알고 미리 성문 밖에 나가 있다가 광엄이 나오는 것을 보고 성문 안으로 들어오면서 광엄과 마주한 것이다.
그것은 진정한 도량이 무엇인가를 드러내 보여 광엄의 도량에 대한 집착을 풀어주고자 함에서이다.
유마대사가 '도량에서 오고 있다.'고 말씀하신 것은 도량의 진정한 뜻을 밝히기 위해서이다.
모든 것이 도(道) 아닌 게 없고 모든 환경이 도량(道場) 아닌 곳이 없다.

만행(萬行)은 **인**(因)
도량(道場)은 **과**(果)

나즙대사는 인과법칙으로 도량과 만행의 관계성을 밝혔습니다.
수행법의 실천을 만행이라 표현합니다. 선 수행 역시 만행에 속합니다.
경문에서 유마대사가 도량이라고 밝힌 '직심(直心)'에서 '일념(一念)으로 일체법을 아는 것'까지 모두 수행법을 실천하는 만행입니다.

유마대사와 나즙대사의 말씀에서 다음과 같은 선 수행의 이치를 체득할 수 있습니다.
첫째. 인(因)과 과(果)가 둘이 아닌 **인과불이**(因果不二)의 이치를 체득할 수 있습니다.
둘째. 수행하는 장소와 수행하는 마음이 둘이 아닌 **물아불이**(物我不二)의 이치를 체득할 수 있습니다.
셋째. 수행법과 수행인이 둘이 아닌 **인법불이**(人法不二)의 이치를 체득할 수 있습니다.
넷째. 하나의 법과 일체법이 둘이 아닌 **만법불이**(萬法不二)의 이치를 체득할 수 있습니다.
다섯째. 모든 법이 서로 차별이 없는 **평등불이**(平等不二)의 이치를 체득할 수 있습니다.

인과불이(因果不二)

5000년 전부터 인도에서는 해탈을 위한 수행법의 실천과 연구가 진행되었습니다.
인도에서 체계화된 수행법이 대부분 인과(因果)의 법칙(法則)을 근거로 삼고 있습니다.
인이 있어서 그에 상응된 과가 있습니다.
그것은 응당 있어야할 결과라는 인과응보설(因果應報說)입니다.
불교 또한 인도 전통의 인과응보설을 받아들였습니다.
그러나 그것을 해석하는데 차이가 있습니다.
불교의 인과응보설의 핵심은 일념(一念)입니다.
인도전통의 인과응보설이 시간과 비중의 비례에 중점을 두었고 불교의 인과응보설은 일념에 중점을 두었습니다.

　이 둘은 명칭은 같지만 내면의 뜻에 큰 차이가 있습니다.

　예를 들어보죠!

　A라는 사람이 수행 중 어두운 밤길을 가다가 산적에게 붙잡혀 고문당한 피투성이의 몸으로 감옥에 갇혔습니다. 의식이 들어 주변을 보니 자신 이외에 여러 사람이 함께 갇혀 있었습니다.

　그들끼리 대화하는 소리가 들렸습니다.

　"모두가 인과응보여! 전생의 업장 때문이지."

　"그럼 얼마나 고통을 더 받아야 과거생(過去生)에 지은 업장이 모두 없어질까요?"

　"흠, 글쎄! 계산 좀 해볼까. 자네 생각에 인류의 시작이 언제부터라고 보는가?"

　"인류학자들의 말에 의하면 십만 년은 넘었겠죠."

　"지구의 탄생은?"

　"몇 십억 년?"

　"그럼, 우주의 탄생은?"

　"백억×천억×만억년?"

　"장자께서 말씀하시길 우리의 마음이 우주와 함께 시작되었다고 했으니 우린 몇 번째 다시 태어난 것일까?"

　"상상할 수 없을 만큼 여러 번 이겠지요!"

　"천 번?"

　"숫자를 더 보태야죠! 천억을 백만 번 쯤 곱하면 되지 않을까요?"

　"자네 일 년에 파리 또는 모기를 몇 마리 쯤 죽인다고 생각하는가?"

　"글쎄요?, 죽인 기억은 나는데 그 숫자는 잘 모르겠네요!"

　"인과법칙에 의하면 모기 목숨도 사람 목숨과 같으니 지금처럼 옥에 갇혀 피눈물 나게 얻어맞고 때로는 목숨을 잃는 그러한 고통을 태어난 횟수 ×백 이상은 해야겠지!"

　"그렇다면 이러한 고통이 끊이지 않겠네요!"

　"아니지! 해탈이란 게 있어! 해탈하면 더 이상 고통이 없는 세상에서 살게 되지!"

"그래요? 그럼 우리 빨리 해탈해요! 고문당하는 것이 너무 고통스러워요!"
"아!~ 그렇게 할 수만 있다면 얼마나 좋을까!"
"왜 그러세요? 고통이 없는 세상이 있다는 걸 알았으니 빨리 그곳으로 가야죠!"
"다겁생래의 지은 업장이 다 없어져야 그곳에 갈 수 있다네."
"그럼, 업장을 빨리 없애는 방법이 없을까요?"
"극히 쉽지 않지! 과거생에 살아온 시간에 비하면 금생 몇 십 년은 매우 짧은 시간이지. 아무리 열심히 업장을 소멸한다 해도 열배 백배 더 이상 되겠어! 그리고 많은 목숨을 죽였으니 그 대가로 내 목숨도 죽임을 당해야 하는데 한 차례 밖에 할 수 없잖아!"
"정말 인생이 무상하네요!"
그들의 대화소리를 들으면서 A라는 사람은 절망에 빠졌습니다.

인도전통의 인과응보설을 예로 들어 이야기했습니다.
이러한 사상을 바탕으로 계급화 된 문화토양에서 부처님은 과감히 외쳤습니다.

일념(一念)!

일념이 청정하면 과거생의 모든 업장이 동시에 소멸된다네!
일념이란 한 순간의 생각을 뜻합니다.
불과 일초 남짓한 매우 짧은 시간입니다.
이 짧은 한 순간의 마음만 청정하게 되면 수천만억년 쌓여온 업장이 순식간에 사라집니다.
일념의 중요성을 선 수행자는 '한 생각 사이에 부처가 되고 마구니가 된다.'는 일념성불 일념성마(一念成佛, 一念成魔)의 도리에서 일깨웁니다.
이처럼 인(因)과 과(果)가 일념 사이에서 함께 존재한다는 것이 인과불이설(因果不二說)입니다.

불교의 일념인과설(一念因果說)에 기초해서 선 수행법이 전개되었습니다.

이러한 일념선법(一念禪法)을 널리 선양한 선지식이 혜능선사입니다.

유마대사가 도량을 설명하면서 마지막 '일념(一念)으로 일체법(一切法)을 아는 것'이라 말씀했습니다.

이때 '일념'이 없이 그냥 '일체법을 아는 것'이라 한 것과는 차이가 있습니다.

유마대사는 직심과 통하는 일념의 중요성을 강조했고 그러한 선 수행정신을 계승한 혜능선사는 직심과 일념을 선양하여 일상생활 그 자체가 선 수행이 될 수 있는 생활선(生活禪)으로 일깨워 스님·재가할 것 없이 많은 사람이 선법(禪法)의 정진으로 불이선경(不二禪境)에 노닐면서 선열(禪悅)을 맛볼 수 있게 했습니다.

물아불이(物我不二)

도량은 수행하는 장소를 뜻합니다.
공간의 개념입니다.
공간은 물질로 형성되어집니다.
허공 또한 물질에 속합니다.
색과 공할 때 색에 해당되는 요소를 물(物)이라 표현합니다.
모든 물질현상을 만물(萬物)이라 표현하며 삼라만상(森羅萬象)과 같은 의미입니다.

광엄동자는 물질로 형성된 수행도량을 찾고 있었습니다.
왜냐하면 몸은 물질로 형성된 공간에 머물 수 있기 때문입니다.
좌선할 때 몸이 방해 받지 않을 장소가 필요했습니다.
몸이 방해 받으면 마음이 고요한 선정에 들 수 없다고 생각했기 때문입니다.
유마대사는 좌선수행의 기준을 몸에 기준 둔 광엄동자에게 좌선의 기준이 마음에 있다고 일깨우고 있습니다.

좌선은 마음으로 합니다.
마음이 좌선하면 몸은 자연스럽게 상응됩니다.

마음이 선경(禪境)에 노닐 수 있게 의식을 정화합니다.

이러한 이치를 알고 있지만 막상 정진하다보면 자신도 모르게 눈으로 보이는 사물중심으로 선 수행정신이 빨려가기 쉽습니다.
몸이 머무는 장소에 대한 집착도 마음수행의 바른 생각이 망각되었을 때 생겨나는 의식입니다. 그래서 선 수행자는 항상 깨어 있어야 된다는 것을 강조하고 있습니다.

유마대사는 마음을 도량으로 삼아 정진할 때 물(物)의 장소인 도량은 세간 또는 출세간 상관없이 항상 여법한 수행도량이 된다는 물아불이(物我不二)의 이치를 일깨우고 있습니다.

인법불이(人法不二)

선 수행의 원리에서 보면 수행법과 수행인이 상응하는 인법불이는 자연스럽게 이루어집니다. 선 수행한다는 그 자체에서 수행인과 수행법은 이미 서로 상응되어 있습니다.
만약 선 수행자가 법과 인이 상응하지 않은 상태에서 정진하면 그것은 모습이 선 수행자이며 사실은 선 수행자가 아닙니다.
왜냐하면 선 수행은 수행하는 사람이 수행법에 의거해서 정진하기 때문입니다.
마치 자동차가 길 위로 가는 것과 같습니다. 법은 곧 길입니다. 만약 길이 없이 가고 있다면 방향 잡기가 어렵고 길이 없다는 것은 목적지가 없다는 뜻입니다.
선 수행은 분명한 목적과 목적지가 있습니다.
법신과 계합되어 생사를 해탈하는 것이 선 수행의 목적이요 생사해탈의 열반세계인 피안(彼岸)에 도달하는 것이 선 수행의 목적지입니다.

만법불이(萬法不二)

하나의 이치를 통달하면 백 가지 이치를 함께 통달한다는 일통백통(一通百通)은 선 수행에서 자주 쓰이는 말입니다. 백 가지 이치란 일체법의 이치를 뜻합니다.

선 수행의 한 방법을 정하면 굳건한 신심으로 변함없이 정진합니다.

경전공부도 그와 같습니다. 한 경전을 정하면 심오한 이치를 체득할 때까지 일념으로 변함없이 공부를 이어갑니다.

만약 이 법 저 법, 이 경전 저 경전을 기웃거리면서 지나가면 무엇인가 많이 알고 있는 것 같은데 막상 경계에 부딪치면 문제를 풀지 못하고 번뇌에 얽매이게 됩니다.

옛 수행자는 경전을 공부할 때 한 경전을 정해 그 뜻을 이해한 다음 반복해서 독송했습니다. 보통 천 번 내지 만 번을 외웠습니다. 반복해서 외우는 동안 경전 내면의 이치와 자연스럽게 계합됩니다.

지금처럼 한 번 배우면 서너 번 눈으로 읽어보고 대충 이해되면 그 다음으로 넘어가는 공부 방식이 아니었습니다.

현대의 선지식이 경전공부로 지혜를 발현하려면 마치 코끼리가 걸어가듯 듬직한 마음으로 경전의 내면에 한 걸음씩 들어가야 합니다.

평등불이(平等不二)

선 수행의 모든 법은 서로 평등합니다.

화두(話頭)의 참선법과 관법(觀法), 밀법(密法), 염불선(念佛禪) 등 모든 선 수행법은 서로 평등합니다.

화두의 참선법 중에서도 각기 다른 모든 공안(公案)이 서로 평등합니다.

자신이 실천하는 선법(禪法)은 모든 선법 중에서 제일 중요합니다. 그러나 누구에게나 제일 소중한 선법인 것은 아닙니다. 그러기에 정진할 때 자신이 실천하고 있는 선법을 그 어떤 선법보다도 그 무엇보다도 소중히 여겨야 합니다.

지극정성으로 간직해야 합니다.

그러면서 동시에 다른 법에 대해 차별심(差別心)을 일으키지 않습니다.

차별이 없는 일념의 마음상태에서 직심이 곧 선 수행의 도량으로 작용하며, 마음도량에서 전개되는 모든 법은 서로 평등합니다.

이 장에서 도량에 대해 가장 잘 표현되어 있는 대목이
『居士·從·何所·來?』答·我言:『吾·從·道場·來°』입니다.

직심도량은 선 수행자에게 매우 중요한 개념입니다.
다시 한 번 함께 공부하면서 도량의 참 의미를 일깨우죠!

광엄동자가 유마대사에게 묻습니다.
거사님! 어디 다녀오세요?

유마대사가 대답합니다.
나? 도량에서 오고 있지!

광엄과 유마와 도량!
도량은 유마대사와 광엄동자가 나누고 있는 대화의 핵심입니다.

유마대사와 광엄동자가 모두 도량에 대해 이야기하고 있습니다.
그런데 이 두 사람 사이에 상당한 안목의 차이가 있습니다.

광엄동자는 유마대사의 외형인 몸이 다녀온 공간의 장소에 대해 물어본 반면 유마대사는 자신이 항상 노닐고 있는 마음의 공간인 도량으로 답하고 있습니다.

몸을 보고 물어보니
마음으로 답하네 그려!

광엄은 몸의 화신(化身)이라
몸을 떠나 마음 따로 없는 생명의 이치 일깨우고
유마는 마음의 법신(法身)이라
마음 안에 몸도 포함되는 자성(自性)의 이치 일깨우네!
유마의 병든 화신(化身)!

유마의 설법 법신(法身)!

화신을 미워하지 말라
법신 깨어날 곳 없네!

법신에 집착하지 말라
유마경 공부마저 어렵네!

모든 세상사는 사람과 사람의 만남에서 시작합니다.
내가 있기에 당신이 있고 당신이 있기에 나라는 존재가 있습니다.
때로는 장소에 따라 내가 스승이기도 하다가 제자가 되기도 합니다.
일반적으로 인식할 때 자신의 사회적인 위치가 직위나 신분에 의해 형성된다고 생각합니다. 마치 일정기간 보장되어 있는 것처럼!
그러나 세상사를 깊이 들여다보면 한 호흡 사이에도 자신의 위치는 수없이 변화되고 있습니다. 단지 스스로 인식하지 못하고 있을 뿐입니다.
그것은 자아의식이 주로 사람과의 관계성에 몰입되어 있기 때문입니다.
이러한 틀에서 살아가는 사람을 범부라 합니다.
이러한 틀을 초월해서 살아가는 사람을 성인이라 합니다.
《유마경》 공부하는 주된 목적이 성인의 삶을 성취하는데 있습니다.
왜냐하면 성인은 자신의 삶도 항상 즐거울 뿐만 아니라 그 성인과 함께하는 사람에게도 건강과 지혜를 일깨우기 때문이죠!
이때 말하는 성인이란 범부와 상대되는 개념의 성인이 아닙니다.
항상 대도(大道)에 깨어있으면서 만사만물에 자유자재하는 불이선경(不二禪境)에 계합된 선지식을 뜻합니다.

어떻게 하면 대도에 깨어있죠?
불이선경에 계합하면 됩니다.

19. 무진등

경문낭독

佛告 持世菩薩：「汝 行詣 維摩詰 問疾。」
불고 지세보살: 여 행예 유마힐 문질。

持世 白佛言：「世尊！我 不堪任 詣彼 問疾。所以者何？
지세 백불언: 세존! 아 불감임 예피 문질。소이자하?

憶念 我昔 住於 靜室, 時 魔波旬 從 萬二千 天女 狀如 帝釋,
억념 아석 주어 정실, 시 마파순 종 만이천 천녀 상여 제석,

鼓樂絃歌 來詣 我所, 與其 眷屬 稽首 我足, 合掌 恭敬, 於 一面 立。
고락현가 래예 아소, 여 기 권속 계수 아족, 합장 공경, 어 일면 입。

我 意謂 是 帝釋, 而 語之言：『善來, 憍尸迦！雖 福 應有, 不當 自恣。
아 의위 시 제석, 이 어지언: 선래, 교시가! 수 복 응유, 부당 자자。

當 觀 五欲 無常, 以求 善本, 於 身命財 而修 堅法。』
당 관 오욕 무상, 이구 선본, 어 신명재 이 수 견법。

卽 語我言：『正士！受是 萬二千 天女, 可備 掃灑。』
즉 어아언: 정사! 수시 만이천 천녀, 가비 소쇄。

我言：『憍尸迦！無以 此 非法之物, 要 我 沙門 釋子, 此 非我宜。』
아언: 교시가! 무이 차 비법지물, 요 아 사문 석자, 차 비 아의。

所言 未訖, 時 維摩詰 來 謂我言：
소언 미흘, 시 유마힐 래 위아언:

『非 帝釋也, 是爲 魔來, 嬈固 汝耳。』
비 제석야, 시위 마래, 요고 여이。

卽語魔言:『是 諸女 等 可以 與我, 如我 應受。』
즉 어마언:　시 제여 등 가이 여아, 여아 응수。

魔卽驚懼, 念:『維摩詰 將 無惱我。』欲 隱形 去 而 不能 隱,
마 즉 경구, 염:　유마힐 장 무뇌아。　욕 은형 거 이 불능 은,

盡其 神力 亦 不得 去。卽 聞 空中 聲 曰:
진 기 신력 역 부득 거。즉 문 공중 성 왈:

『波旬! 以女 與之 乃可 得去。』 魔 以 畏 故, 俛仰 而 與。
파순! 이여 여지 내가 득거。　마 이 외 고, 면앙 이 여。

爾時, 維摩詰 語 諸女 言:
이시, 유마힐 어 제여 언:

『魔以 汝等 與我, 今 汝 皆當 發 阿耨多羅三藐三菩提心。』
마이 여등 여아, 금 여 개당 발 아뇩다라삼먁삼보리심。

卽隨 所應 而爲 說法, 令發 道意。
즉수 소응 이위 설법, 영발 도의。

復言:『汝等 已發 道意, 有法樂 可以 自娛, 不應 復樂 五欲樂 也。』
부언:　여등 이발 도의, 유법락 가이 자오, 불응 복락 오욕락 야。

天女 卽問:『何謂 法樂?』
천녀 즉문:　하위 법락?

答言:『樂 常 信佛, 樂 欲 聽法, 樂 供養 衆, 樂 離 五欲,
답언:　낙 상 신불, 낙 욕 청법, 낙 공양 중, 낙 리 오욕,

樂觀 五陰 如 怨賊, 樂觀 四大 如 毒蛇, 樂觀 內入 如 空聚,
낙관 오음 여 원적, 낙관 사대 여 독사, 낙관 내입 여 공취,

樂 隨護 道意, 樂 饒益 衆生, 樂 敬養 師, 樂 廣行 施,
낙 수호 도의, 낙 요익 중생, 낙 경양 사, 낙 광행 시,

樂 堅持 戒, 樂 忍辱 柔和, 樂 勤集 善根, 樂 禪定 不亂,
낙 견지 계, 낙 인욕 유화, 낙 근집 선근, 낙 선정 불란,

樂 離垢 明慧, 樂 廣 菩提心, 樂 降伏 衆魔, 樂 斷 諸 煩惱,
낙 이구 명혜, 낙 광 보리심, 낙 항복 중마, 낙 단 제 번뇌,

樂淨佛國土, 樂成就相好故修諸功德, 樂嚴道場,
낙정 불국토, 낙성취 상호 고 수 제 공덕, 낙 엄 도량,

樂聞深法不畏, 樂三脫門, 不樂非時, 樂近同學,
낙문 심법 불외, 낙 삼탈문, 불락 비시, 낙 근 동학,

樂於非同學中心無恚閡, 樂將護惡知識, 樂親近善知識,
낙 어 비동학 중 심 무에애, 낙 장호 악지식, 낙 친근 선지식,

樂心喜淸淨, 樂修無量道品之法, 是爲菩薩法樂。』
낙 심희 청정, 낙 수 무량 도품 지법, 시위 보살 법락。

於是, 波旬告諸女言:『我欲與汝俱還天宮。』
어시, 파순 고 제여 언: 아욕 여여 구환 천궁。

諸女言:『以我等與此居士有法樂, 我等甚樂, 不復樂五欲樂也。』
제여언: 이 아등 여 차 거사 유 법락, 아등 심락, 불복락 오욕락 야。

魔言:『居士! 可捨此女, 一切所有施於彼者, 是爲菩薩。』
마언: 거사! 가사 차여, 일체 소유 시 어피 자, 시위 보살。

維摩詰言:『我已捨矣, 汝便將去, 令一切衆生得法願具足。』
유마힐 언: 아 이사 의, 여 변장 거, 영 일체 중생 득 법원 구족。

於是, 諸女問維摩詰:『我等云何止於魔宮?』
어시, 제여 문 유마힐: 아등 운하 지어 마궁?

維摩詰言:『諸姉! 有法門名無盡燈, 汝等當學。
유마힐 언: 제자! 유 법문 명 무진등, 여등 당학。

無盡燈者, 譬如一燈然百千燈, 冥者皆明, 明終不盡。
무진등 자, 비여 일등 연 백천등, 명자 개명, 명 종 부진。

如是, 諸姉! 夫一菩薩開導百千衆生, 令發阿耨多羅三藐三菩提心,
여시, 제이! 부 일 보살 개도 백천 중생, 영 발 아뇩다라삼먁삼보리심,

於其道意亦不滅盡, 隨所說法而自增益一切善法, 是名無盡燈也。
어기 도의 역 불멸진, 수소 설법 이자 증익 일체선법, 시명 무진등 야。

汝等雖住魔宮, 以是無盡燈,
여등 수 주 마궁, 이시 무진등,

令 無數 天子 天女 發 阿耨多羅三藐三菩提心 者,
영 무수 천자 천녀 발 아뇩다라삼먁삼보리심 자,

爲報 佛恩, 亦 大 饒益 一切 衆生。』
위보 불은, 역 대 요익 일체 중생。

爾時, 天女 頭面 禮 維摩詰 足, 隨魔 還宮, 忽然 不現。
이시, 천녀 두면 예 유마힐 족, 수마 환궁, 홀연 불현。

世尊！維摩詰 有 如是 自在 神力 智慧 辯才, 故 我 不任 詣彼 問疾。」
세존！유마힐 유 여시 자재 신력 지혜 변재, 고 아 불임 예피 문질。

경문해석

부처님께서 지세보살에게 말씀하시기를,
"그대가 유마대사에게 문병을 다녀오게!"
지세보살이 부처님께 말씀드리기를,
"제가 그 책임을 감당할 수 없습니다. 왜냐하면 옛날에 이런 일이 있었기 때문입니다.

어느 날 제가 고요한 방에서 정진하고 있을 때 마왕이 만 이천 명의 천녀를 데리고 마치 제석천왕과 같은 모습으로 풍악을 울리면서 저에게 와서 그 권속들과 함께 예배를 했습니다.

저는 그를 제석천왕으로 알고 이렇게 말했습니다.

'잘 오셨소. 교시카여!
복이 많다고 너무 사치하면 안 됩니다. 항상 오욕(五慾)이 무상하다는 이치를 일깨워 선한 일의 근본을 찾아 신체와 목숨과 재물을 견고히 간직할 수 있는 법을 닦아야 합니다.'

교시카가 제에게 말하기를,
'이 천녀들을 바치오니 시녀로 쓰십시오!'
제가 교시카에게 말하기를,
'나에겐 필요하지 않습니다. 그리고 나는 출가수행자로 법도에 맞지도 않습니다.'
제 말이 끝나기도 전에 유마대사가 와서 말씀했습니다.

'이 사람은 교시카가 아니오. 마왕이 변장해서 당신을 괴롭히고 유혹하기 위해 온 것이오.'

그리고 마왕에게 말씀하시기를,

'그 천녀들을 나에게 주시오. 나 같은 사람이나 받을 만 하오.'

마왕은 겁에 질려 유마대사가 자신을 괴롭히지 못하도록 자취를 감추려 했지만 몸을 숨길 수가 없고 도망갈 수도 없었습니다.

그때 공중에서 다음과 같은 소리가 들렸습니다.

'마왕이여, 그 천녀들을 유마대사에게 주시오. 그러면 도망갈 수 있지요.'

마왕은 두려운 나머지 어쩔 수 없어 여인들을 유마대사에게 주었습니다.

그때 유마대사가 여인들의 무상도심(無上道心)을 일깨우는 가르침을 설했으며 그들은 각기 자신의 근기에 맞게 받아들여 모두 아뇩다라삼먁삼보리심을 발했습니다.

유마대사가 말씀하시기를,

'여인들이여, 그대들은 이미 발보리심 하였으니 이제 각기 자신들에 맞는 법락(法樂)을 즐기고 다시는 오욕락(五慾樂)으로 돌아가지 마시오.'

천녀들이 묻기를,

'무엇을 법락이라 합니까?'

유마대사는 그들에게 법락(法樂)의 가르침을 설했습니다.

'여인들이여!

항상 법신을 믿는 즐거움

법신에 계합하는 가르침을 배우는 즐거움

법신에 계합한 선 수행자를 공양하는 즐거움이요.

오욕(五慾), 오온(五蘊), 사대(四大), 십이입(十二入)을 무심(無心)하게 보는 즐거음이요.

　도(道)를 깨닫겠다는 즐거움
　중생을 이롭게 하는 즐거움
　스승을 공경하고 공양하는 즐거움이요.
　보시로 베푸는 즐거움
　지계로 청정한 즐거움
　인욕으로 유화한 즐거움
　정진으로 선근 쌓는 즐거움
　선정으로 일념 하는 즐거움
　지혜로 세상을 밝게 하는 즐거움이요.
　보리심을 넓혀가는 즐거움
　마구니를 항복하는 즐거움
　번뇌를 끊는 즐거움
　불국토를 장엄하는 즐거움
　상호를 갖추고 공덕을 닦는 즐거움
　도량을 장엄하는 즐거움
　큰마음의 깊은 법을 듣고 두려워하지 않는 즐거움
　공, 무상, 무작의 해탈에 노니는 즐거움
　때 아닌 때를 좋아하지 않는 즐거움
　도반과 함께 정진하는 즐거움
　다른 수행자에게 동요되지 않는 즐거움
　악지식(惡知識)을 일깨우는 즐거움
　선지식(善知識)과 가까이 하는 즐거움
　선(禪) 수행으로 마음에 희열과 청정으로 충만한 즐거움
　무량한 도품(道品)을 닦는 즐거움이요.
　이것이 보살의 법락입니다.'

그때 마왕이 천녀들에게 말했습니다.

'그대들과 함께 천궁으로 돌아가고자 하노라.'

천녀들이 말하기를,

'당신은 우리를 유마대사님에게 주지 않았습니까? 우리가 법락을 알고 큰 기쁨에 차 있습니다. 다시는 오욕락으로 돌아가지 않겠습니다.'

마왕이 유마대사에게 말씀드리기를,

'유마대사님, 이 여인들을 버리시오. 소유하고 있는 모든 것을 원하는 자에게 베푸는 자가 곧 보살 아닙니까?'

유마대사가 말씀했습니다.

'나는 이미 비웠노라. 그대가 데리고 가시오. 모든 중생으로 하여금 법에 대한 소원을 구족시켜 주시오.'

이때 천녀들이 유마대사에게 묻기를,

'저희들이 마궁에 있으면서 어떻게 수행해야 합니까?'

유마대사가 대답하기를,

'자매들이여!

무진등(無盡燈)이라는 불이법문이 있으니 잘 배워서 실천하시오.

무진등이란 비유컨대 하나의 등불로 백 천 개의 등불을 밝혀 어둠이 다 밝아지고 그 광명이 영원한 것을 말합니다.

자매들이여!

이와 같이 한 보살이 수없이 많은 중생의 마음을 열어 아뇩다라삼먁삼보리심을 발하게 하고 그 뜻이 영원히 꺼지지 않고 설법을 들을 때마다 모든 선한 법이 더욱 증진하는 이것을 무진등이라 합니다.

그대들이 비록 마궁에 있으나 이 무진등으로 무수한 천자와 천녀들에게 무상도심(無上道心)을 발하게 하면 그것이 부처님의 은혜에 보답하는 것이며 모

든 중생을 이롭게 하는 것입니다.'

그때 천녀들이 유마대사의 발아래 이마를 대고 예배한 다음 마궁으로 돌아가 그 자취가 사라졌습니다.

부처님이시여!
유마대사는 이와 같은 신통자재와 변재지혜가 있어 제가 감히 그의 문병을 갈 수 없습니다."

방편설법

　　선 수행은 마음을 일깨우는 정진입니다.
　　마음의 깨달음을 통해서 몸으로부터 제약된 틀을 초월하여 무한한 우주법계(宇宙法界)에서 자유로이 노니는 해탈장부(解脫丈夫)의 자재인생(自在人生)을 실현(實現)합니다.
　　마음수행이 얼마만큼 중요한가를 나줍대사는 다음과 같이 강조하고 있습니다.

　　도(道)를 닦지 않으면
　　비록 사람의 목숨이나 짐승과 다를 바 없다.

　　지금 목숨을 아끼지 않고 열심히 수행하면
　　설사 금생에 깨닫지 못한다 하더라도
　　다음 생에 태어나서는 반드시 도(道)를 성취할 것이니
　　이것을 청정한 목숨이라 한다.

　도인처럼 사는 인생!
　짐승처럼 사는 인생!
　그 기준은 도심(道心)에 있습니다.

　　도심(道心)은 도와 계합하는 마음이며 도를 성취하려는 마음이며 도의 인생을 실현하는 마음입니다.
　　호화로운 주택에서 풍요로운 물질로 치장하면서 살아가는 인생은 인생무상의 작은 틀에서 얻어지는 즐거움입니다.
　　몸이 머무는 곳이 보석으로 치장한 별장이든 또는 흙으로 쌓아올린 초가삼간이든 마음이 항상 도(道)와 함께하면 그곳이 바로 정토(淨土)요 자신이 바로 도인입니다.

도인은 두 가지 의미를 함께 내포하고 있습니다.

도인을, 불이선경(不二仙境)에서 소요자재(逍遙自在)하는 도(道)와 계합(契合)된 모습에서 부를 때 도인(道人)이라 칭합니다.

도인을, 인간세상에서 수연자재하면서 중생의 지혜를 일깨우는 모습에서 부를 때 도인(導人)이라 칭합니다. 즉 삼계도사(三界導師)의 뜻입니다.

보살의 칭호는 이 둘의 의미를 함께 포함하고 있습니다.

왜냐하면 발보리심(發菩提心)하여 처음 수행할 때부터 남과 자신을 함께 돕는 자리이타(自利利他)의 보살정신(菩薩精神)으로 정진(精進)하기 때문입니다.

우리가 열심히 수지독송(受持讀誦)하는 《천수경》에서도 자리이타의 보살정신을 강조하고 있습니다.

발사홍서원(發四弘誓願)을 보죠!

발사홍서원(發四弘誓願): 네 가지 큰 원을 일으킵니다.

중생무변서원도   번뇌무진서원단   법문무량서원학   불도무상서원성
衆生無邊誓願度   煩惱無盡誓願斷   法門無量誓願學   佛道無上誓願成

첫 번째 발원: **중생무변서원도(衆生無邊誓願度)**
- **중생(衆生)**: 모든 생명입니다. 큰 의미에서 목숨이 없는 나무, 돌, 바람 등 무정(無情)도 중생에 포함됩니다. 일반적인 의미에서 직접적인 중생은 사람입니다.
- **무변(無邊)**: 끝이 보이지 않는, 무수히 많은. 여기서는 무수히 많은 중생을 뜻합니다. 큰 의미에서 우주법계의 모든 중생을 뜻합니다. 작은 의미에서 자신과 업연이 있는 중생을 뜻합니다.
- **서원(誓願)**: 발원하다. 맹세하다. 맹세코 서원한 내용을 지키겠다는 의미입니다.
- **도(度)**: 제도하다. 구제하다. 이롭게 하다. 돕다.
- ■ 종합해서 해석하면: **모든 중생을 반드시 제도하겠습니다.**

두 번째 발원: **번뇌무진서원단**(煩惱無盡誓願斷)
- **번뇌**(煩惱): 법신(法身)과의 계합에 방해되는 요소입니다. 깨달음에 방해되는 요소입니다. 고통이 있게 되는 요소입니다. 갈등의 요소입니다. 괴로움의 요소입니다.
- **무진**(無盡): 다함이 없다. 끝이 없다. 여기서는 한량없이 많은 번뇌를 뜻합니다.
- **단**(斷): 끊다. 없애다.
- ■ 종합해서 해석하면: **한량없이 많은 번뇌를 반드시 모두 끊겠습니다.**

세 번째 발원: **법문무량서원학**(法門無量誓願學)
- **법문**(法門): 불도(佛道)의 성취를 돕는 수행법. 부처님 가르침. 불법승의 법.
- **무량**(無量): 한량없이 많은. 무량한. 여기서는 모든 법문을 뜻합니다.
- **학**(學): 배우다.
- ■ 종합해서 해석하면: **무량한 가르침을 반드시 모두 배우겠습니다.**

네 번째 발원: **불도무상서원성**(佛道無上誓願成)
- ■ **불도**(佛道): 깨달음의 경지. 성불(成佛). 오도(悟道).
- ■ **무상**(無上): 위없는. 더 이상 높은 경지가 없는. 최고의 깨달음.
- ■ **성**(成): 성취하다. 이루다. 깨닫다.
- ■ 종합해서 해석하면: **최고의 깨달음인 불도를 반드시 성취하겠습니다.**

중생, 번뇌, 법문, 불도는 서로 불가분의 관계입니다.
이상 네 가지는 주로 자리이타의 이타행을 뜻합니다.
아래에 나오는 네 가지는 주로 자리이타의 자리행을 뜻합니다.
위의 네 가지와 같은 의미입니다.
수식어인 무변, 무진, 무량, 무상의 문구를 빼고 대신 같은 용어인 자성(自性)을 첨가했습니다.
자성이 있고 없고 어떤 차이가 있을까요?
먼저 아래 게송을 음미하고 다시 함께 토론하죠!

자성중생서원도　　자성번뇌서원단　　자성법문서원학　　자성불도서원성
自性衆生誓願度　　自性煩惱誓願斷　　自性法門誓願學　　自性佛道誓願成

자성의 중생 기필코 모두 제도하겠습니다.
자성의 번뇌 기필코 모두 끊겠습니다.
자성의 법문 기필코 모두 배우겠습니다.
자성의 불도 기필코 모두 성취하겠습니다.

글자만 보고는 뜻이 선명하게 와 닿지 않지요?
자성의 중생이라? 중생의 자성이라고 해석하는 것이 더 좋지 않을까?
자성을 마음이라 하면 어떨까?
분분하게 토론할 수 있습니다.
왜냐하면 언어로 표현할 수 없는 내용을 언어로 표현했기 때문에 그 뜻을 놓고 다양한 생각을 일으킬 수 있습니다.
예시당초 언어로 표현할 수 없다면 왜 언어로 드러내서 혼란스럽게 만들까?
언어로 드러내지 않음만 못하지 않는가?

언어로 드러낼 수밖에 없습니다.
불립문자(不立文字)를 강조한 선종에 방대한 서적이 있는 것과 같은 이치입니다.
그런 원인은 노파심 때문입니다. 걱정이죠.
중생을 걱정하는 부처님의, 보살의, 조사의, 선지식의 노파심에서 언어로 표현할 수 없는 내용을 언어로 표현합니다.

자성은 제도한다, 끊는다, 배운다, 성취한다는 형용을 필요로 하지 않습니다.
또한 형용할 수도 없습니다. 형용되어지지도 않습니다.
자성(自性)은 법신(法身)으로 과거, 현재, 미래의 시간 개념이 없고 욕계, 색계, 무색계의 공간 개념이 없습니다. 변화가 없습니다.

그러한 자성을 중생과 번뇌와 법문과 불도와 연관 시킨다는 것 자체가 어불성설입니다.
그러나 지금 배우는 것처럼 분명하게 나와 있죠.
자성중생, 자성번뇌, 자성법문, 자성불도의 가르침이!

이것이 바로 화두입니다. 왜 그렇지?
이것이 바로 연구입니다. 왜 그럴까?

경전공부하면서 수없이 많은 '왜 그럴까?' 하는 의문으로 이어져야 합니다.
사량분별(思量分別)하지 않는 청정한 마음에서요!
그럴 때 '바로 그렇구나!' 하고 와 닿습니다.
《유마경》의 불이법문 이치가!
승조대사가 선양하신 다음과 같은 수행정신으로 참구(參究)하고 또 참구합니다.

목숨을 아끼지 않는다.
재물에 집착하지 않는다.
마음의 모든 짐을 내려놓는다.
그리고 열심히 수도(修道)하면
반드시
금강처럼 건강한 몸과
긴 목숨과
무한한 재물을 얻게 된다.

하늘과 땅이 불에 타서 없어져도
이 세 가지는 타서 없어지지 않는다.
우주가 사라져 없어져도
이 세 가지는 없어지거나 다하지 않는다.

20. 법보시

경문낭독

佛告 長者子 善德：「汝 行詣 維摩詰問疾。」
불고 장자자 선덕： 여 행예 유마힐 문질。

善德 白佛言：「世尊！我 不堪任 詣彼 問疾。所以者何？
선덕 백불언： 세존！아 불감임 예피 문질。소이자하？

憶念 我昔 自於 父舍 設 大施會, 供養 一切 沙門 婆羅門,
억념 아석 자어 부사 설 대시회, 공양 일체 사문 바라문,

及 諸 外道 貧窮 下賤 孤獨 乞人, 期滿 七日, 時 維摩詰 來入 會中
급 제 외도 빈궁 하천 고독 걸인, 기만 칠일, 시 유마힐 내입 회중

謂我言：『長者子！夫 大施會 不當 如汝 所設。當爲 法施 之會,
위아언： 장자자！부 대시회 부당 여여 소설。당위 법시 지회,

何用 是 財施會 爲？』
하용 시 재시회 위？

我言：『居士！何謂 法施 之會？』
아언： 거사！하위 법시 지회？

『法施會 者, 無前 無後, 一時 供養 一切 衆生, 是名 法施 之會。』
법시회 자, 무전 무후, 일시 공양 일체 중생, 시명 법시 지회。

曰：『何謂也？』
왈： 하위야？

謂：『以 菩提 起於 慈心, 以 救 衆生 起 大悲心, 以 持 正法 起於 喜心,
위： 이 보리 기어 자심, 이 구 중생 기 대비심, 이 지 정법 기어 희심,

以 攝 智慧 行於 捨心, 以 攝 慳貪 起 檀 波羅密,
이 섭 지혜 행어 사심, 이 섭 간탐 기 단 바라밀,

以化犯戒 起尸羅波羅密, 以無我法 起羼提波羅密,
이화 범계 기 시라 바라밀, 이 무아법 기 찬제 바라밀,

以離身心相 起毗耶梨波羅密, 以菩提相 起禪波羅密,
이리 신심상 기 비야리 바라밀, 이 보리상 기 선 바라밀,

以一切智 起般若波羅密, 敎化衆生 而起於空,
이 일체지 기 반야 바라밀, 교화 중생 이기 어공,

不捨有爲法 而起無相, 示現受生 而起無作, 護持正法 起方便力,
불사 유위법 이기 무상, 시현 수생 이기 무작, 호지 정법 기 방편력,

以度衆生 起四攝法, 以敬事一切 起除慢法, 於身命財 起三堅法,
이도 중생 기 사섭법, 이 경사 일체 기 제만법, 어 신명재 기 삼견법,

於六念中 起思念法, 於六和敬 起質直心, 正行善法 起於淨命,
어 육념 중 기 사념법, 어 육화경 기 질직심, 정행 선법 기어 정명,

心淨歡喜 起近賢聖, 不憎惡人 起調伏心, 以出家法 起於深心,
심정 환희 기근 현성, 부증 오인 기 조복심, 이 출가법 기어 심심,

以如說行 起於多聞, 以無諍法 起空閑處, 趣向佛慧 起於宴坐,
이 여설행 기어 다문, 이 무쟁법 기 공한처, 취향 불혜 기어 연좌,

解衆生縛 起修行地, 以具相好 及淨佛土 起福德業,
해 중생박 기 수행지, 이구 상호 급 정불토 기 복덕업,

知一切衆生心念 如應說法 起於智業,
지 일체중생 심념 여응 설법 기어 지업,

知一切法 不取不捨 入一相門 起於慧業,
지 일체법 불취 불사 입 일상문 기어 혜업,

斷一切煩惱 一切鄣閡 一切不善法 起一切善業,
단 일체번뇌 일체장핵 일체불선법 기 일체선업,

以得一切智慧 一切善法 起於一切助佛道法。
이득 일체지혜 일체선법 기어 일체 조불도법。

如是, 善男子! 是爲法施之會。若菩薩 住是法施會者,
여시, 선남자! 시위 법시 지회。 약 보살 주시 법시회 자,

爲大施主, 亦爲一切世間福田。』
위 대시주, 역위 일체세간 복전。

世尊!
세존!

維摩詰 說 是法 時, 婆羅門 衆中 二百人 皆 發 阿耨多羅三藐三菩提心。
유마힐 설 시법 시, 바라문 중중 이백인 개 발 아뇩다라삼먁삼보리심。

我時, 心得 淸淨, 歎 未曾有, 稽首 禮 維摩詰 足,
아시, 심득 청정, 탄 미증유, 계수 례 유마힐 족,

卽解 瓔珞 價値 百千 以上 之, 不肯取。
즉해 영락 가치 백천 이상 지, 불긍취。

我言 :『居士! 願必 納受, 隨意 所與。』
아언 : 거사! 원필 납수, 수의 소여。

維摩詰 乃受 瓔珞, 分作 二分, 持 一分 施 此會中 一 最下 乞人,
유마힐 내수 영락, 분작 이분, 지 일분 시 차회중 일 최하 걸인,

持 一分 奉 彼 難勝如來。 一切衆會 皆見 光明 國土 難勝如來,
지 일분 봉 피 난승여래。 일체중회 개견 광명 국토 난승여래,

又見 珠瓔 在彼佛上 變成 四柱寶臺, 四面 嚴飾, 不相 障蔽。
우견 주영 재피불상 변성 사주보대, 사면 엄식, 불상 장폐。

時 維摩詰 現 神變 已, 又作 是言 :『若 施主 等心 施 一 最下 乞人,
시 유마힐 현 신변 이, 우작 시언 : 약 시주 등심 시 일 최하 걸인,

猶如 如來 福田 之相, 無所 分別, 等於 大悲, 不求 果報,
유여 여래 복전 지상, 무소 분별, 등어 대비, 불구 과보,

是則 名曰 具足法施。』 城中 一 最下 乞人 見 是 神力, 聞 其 所說,
시즉 명왈 구족법시。 성중 일 최하 걸인 견 시 신력, 문 기 소설,

卽發 阿耨多羅三藐三菩提心, 故我 不任 詣彼 問疾。」
즉 발 아뇩다라삼먁삼보리심, 고아 불임 예피 문질。

如是, 諸菩薩 各各 向佛 說 其 本緣, 稱述 維摩詰 所言,
여시, 제 보살 각각 향불 설 기 본연, 칭술 유마힐 소언,

皆曰 不任 詣彼 問疾。
개왈 불임 예피 문질。

경문해석

부처님께서 선덕보살에게 말씀하시기를,
"그대가 유마대사에게 문병을 다녀오게!"
선덕보살이 부처님께 말씀드리기를,
"제가 그 책임을 감당할 수 없습니다. 왜냐하면 옛날에 이런 일이 있었기 때문입니다.
아버지 집에서 대시회(大施會)를 열고 스님들과 브라만 승려, 외도수행자 및 빈궁하고 미천한 걸인들을 공양했습니다. 마지막 칠 일째 되는 날 대시회가 끝날 무렵 유마대사가 와서 이렇게 말씀했습니다.

'선덕보살이여,
대시회는 이렇게 해서는 안 됩니다. 법시(法施)의 모임이 되어야지, 재시(財施)의 모임이 되어서는 안 됩니다.'
제가 묻기를,
'유마대사님, 어떻게 하는 것이 법시의 모임입니까?'
유마대사가 대답했습니다.

'선덕보살이여!
법시의 모임이란 전후가 없이 일시에 모든 중생을 공양하는 법보시(法布施)의 모임입니다.
법보시는 다음과 같이 실천합니다.

깨달음을 목표로 자심(慈心)을 발현합니다.

중생을 이롭게 하면서 비심(悲心)을 발현합니다.

정법을 지키면서 희심(喜心)을 발현합니다.

지혜를 섭수하면서 사심(捨心)을 발현합니다.

욕심을 없애면서 보시바라밀을 발현합니다.

언행을 바르게 하면서 지계바라밀을 발현합니다.

무아법(無我法)에 상응하면서 인욕바라밀을 발현합니다.

몸과 마음에 무심(無心)하면서 정진바라밀을 발현합니다.

보리(菩提)의 실상(實相)에 계합(契合)하면서 선정바라밀을 발현합니다.

모든 이치를 체득(體得)하면서 지혜바라밀을 발현합니다.

중생을 이롭게 하면서 공(空)의 이치에 계합합니다.

유위법에 노닐면서 무상(無常)의 이치에 계합합니다.

즐겁게 생활하면서 무작(無作)의 이치에 계합합니다.

정법(正法)을 간직하면서 방편의 힘을 발휘합니다.

중생을 이롭게 하면서 사섭법(四攝法)을 실천합니다.

모든 사람의 심부름꾼이 되어 아상(我相)을 다스립니다.

신(身), 명(命), 재(財)의 무상함을 체득하면서 법신(法身), 혜명(慧命), 법재(法財)를 일깨웁니다.

육념(六念)에서 올바른 사념(思念)을 일깨웁니다.

육화경(六和敬)을 실천하면서 순수한 마음을 일깨웁니다.

선(善)한 일을 실천하면서 정명(淨命)을 일깨웁니다.

청정심(淸淨心), 환희심(歡喜心)으로 현성(賢聖)과 상응(相應)합니다.

악한 사람을 미워하지 않으면서 마음을 조복(調伏)합니다.

출가(出家)의 정신(精神)으로 심심(深心)을 일깨웁니다.

여법(如法)한 가르침을 실천(實踐)하면서 다문(多聞)의 구법정신(求法精神)을 일깨웁니다.

다툼이 없는 생활에서 고요한 수행(修行)을 일깨웁니다.

부처님 지혜를 따라 참선(參禪) 수행을 이어갑니다.

중생의 속박을 풀기 위해 수행지(修行地)를 일깨웁니다.

상호(相好)를 갖추고 불국토(佛國土)를 건립(建立)하면서 복덕(福德)을 일깨웁니다.

중생의 염원(念願)에 맞는 가르침을 베풀기 위해 지혜를 일깨웁니다.

일체법(一切法)을 취사(取捨)하지 않으면서 일상문(一相門)에 들어가 지혜를 일깨웁니다.

번뇌(煩惱)와 장애(障碍)와 악업(惡業)을 소멸(消滅)하면서 선업(善業)을 일깨웁니다.

지혜(智慧)와 선법(善法)을 일깨우면서 선법(禪法)을 수행합니다.

이와 같이 선 수행하는 모임이 법보시(法布施)의 모임입니다.

이와 같이 법보시의 모임을 베풀었을 때 대시주(大施主)가 되고 일체세간(一切世間)의 복전(福田)이 됩니다.'

부처님이시여!

유마대사가 이와 같이 설법했을 때 브라만 승려 중 이백 명이 아뇩다라삼먁삼보심을 발했습니다.

저는 그때 마음이 청정해지면서 일찍이 경험하지 못한 법열(法悅)을 체험하여 유마대사 발밑에 머리 숙여 예배하고 값진 영락을 몸에서 풀어 유마대사에게 바쳤습니다.

그것을 받으려하지 않아 제가 말씀드리기를,

'유마대사님, 꼭 받으시어 마음대로 베푸세요!'

유마대사는 영락을 받아 절반은 그 모임에 있던 가장 가난한 걸인에게 주었고, 남은 절반은 광명극토의 난승여래에게 바쳤습니다.

유마대사의 신력으로 그 모임에 참석한 모든 사람이 난승여래를 친견했으며, 바친 영락이 보배스러운 네 개의 대좌와 기둥으로 변하여 사면을 장엄했는데 서로 가리거나 방해가 없는 거룩한 모습이었습니다.

　그때 유마대사가 말씀하기를,
　'만약 베푸는 사람이 평등한 마음으로 가난하고 미천한 사람에게도 마치 부처님을 대하듯 대자비심으로 바라는 바 없이 보시하면 이것을 구족보시(具足布施)라 합니다.'
　비야리성에 가난한 걸인들이 이 신력(神力)과 설법(說法)에 상응(相應)하여 모두 아뇩다라삼먁삼보리심을 발했습니다.
　그러므로 저는 유마대사의 문병을 갈 수 없습니다."

　이와 같이 모든 보살이 각기 부처님을 향해 그 본연(本然)을 이야기하면서 문병 못 가는 사유를 밝혔습니다.

수행용어

● 신(身)　명(命)　재(財)
몸과 목숨과 재물을 뜻합니다.

● 법신(法身)　혜명(慧命)　법재(法財)
　신(身), 명(命), 재(財)가 세간(世間)의 욕심을 바탕으로 형성되어 있는 것을 선 수행자는 신(身)을 법신(法身)으로, 명(命)을 혜명(慧命)으로, 재(財)를 법재(法財)로 성취시킵니다.

방편설법

보시(布施)!
수행은 보시로부터 시작합니다.
특히 선 수행은 더욱 그렇습니다.
왜냐하면 마음수행은 자신을 내려놓는 것으로부터 수행문(修行門)에 들어가기 때문입니다.
자신을 내려놓는 모든 것을 보시라 합니다.
보시는 크게 재물보시와 법보시가 있으며 이것을 다시 세 가지로 나누어 재물보시, 마음보시, 법보시라 합니다.
나즙대사의 설명을 보면서 보시에 대한 참 뜻을 깊이 공부하겠습니다.

보시는 세 종류가 있다.
재물보시와 마음보시와 법보시이다.

재물을 베푸는 것을 일반적으로 보시라 한다.
자비와 평등한 마음으로 사람들과 함께 즐거워하는 것을 마음보시라 한다.
법을 설하여 사람을 이롭게 하는 것을 법보시라 한다.

이 세 가지 보시는
모두 선(禪) 수행자가 세상을 밝게 하고 중생을 이롭게 하는 정진이다.

중생을 이롭게 하는데 두 가지가 있다.
그 즉시 이로움을 얻게 하는 것과
다음에 이로움을 얻는 인(因)을 만드는 것이다.
이 둘은 모두 법보시에 해당한다.

재물보시와 법보시의 작용에 대해 승조대사는 다음과 같이 설명하고 있습니다.

**재물로 양육하면 몸이 좋아지고 법으로 양육하면 정신이 좋아진다.
정신을 좋게 하는 도(道)는 현묘하여 전후(前後)가 없다.**

보편적인 수행과정에서 아(我)와 무아(無我)의 성취과정을 나즙대사는 다음과 같이 밝히고 있습니다.

**처음 인내력을 갖고 수행할 때는
내가 복을 받는다는 바램이 힘이 되어 정진이 이어진다.**

**습기(習氣)가 닦이고 공력이 깊어지면
'나'의 집착에서 벗어나 무아(無我)의 경지가 발현된다.**

승조대사의 다음과 같은 말씀에서 정진(精進) 중에 어떤 마음상태를 유지해야 되는가를 알 수 있습니다.

**정진한다는 상(相)은 몸과 마음으로부터 비롯된다.
몸과 마음의 상(相)을 떠나버리면 이것이 곧 무상정진(無相精進)이 아니겠는가!**

**보리(菩提)의 상(相)은 정(定)도 없고 난(亂)도 없다.
보리는 선(禪)으로부터 일어나니 선(禪) 또한 같은 상(相)이다.**

**마음이 중생에 있으면 공의(空義)에 어긋나고
마음이 공의(空義)에 있으면 중생을 버리게 된다.
법상(法相)을 통달하여 마음이 허공과 같이 커지면
온 종일 중생을 이롭게 해도 온 종일 공의(空義)에 어긋나지 않는다.**

5
문수사리문질품

21 상이 없는 모습
22 병의 원인과 성질
23 병의 위로와 조복
24 보살행

21. 상이 없는 모습

경문낭독

爾時, 佛告 文殊師利:「汝 行詣 維摩詰 問疾。」
이시, 불고 문수사리: 여 행예 유마힐 문질。

文殊師利 白佛言:「世尊!彼 上人 者 難爲 酬對, 深達 實相,
문수사리 백불언: 세존! 피 상인 자 난위 수대, 심달 실상,

善說 法要, 辯才 無滯, 智慧 無閡, 一切菩薩 法式 悉知,
선설 법요, 변재 무체, 지혜 무애, 일체보살 법식 실지,

諸佛 祕藏 無不 得入, 降伏 衆魔, 遊戲 神通, 其 慧方便, 皆已 得度。
제불 비장 무불 득입, 항복 중마, 유희 신통, 기 혜방편, 개이 득도。

雖然, 當 承 佛 聖旨, 詣彼 問疾。」
수연, 당 승 불 성지, 예피 문질。

於是, 衆中 諸 菩薩 大 弟子, 釋 梵 四天王 等, 咸作 是念:
어시, 중중 제 보살 대 제자, 석 범 사천왕 등, 함작 시념:

「今 二 大士 文殊師利、維摩詰 共談, 必說 妙法。」
금 이 대사 문수사리、유마힐 공담, 필설 묘법。

卽時, 八千 菩薩、五百 聲聞、百千 天人, 皆欲 隨從。
즉시, 팔천 보살、오백 성문、백천 천인, 개욕 수종。

於是, 文殊師利 與 諸 菩薩 大 弟子衆, 及 諸 天人, 恭敬 圍遶,
어시, 문수사리 여 제 보살 대 제자중, 급 제 천인, 공경 위요,

入 毗耶離 大城。
입 비야리 대성。

爾時, 長者 維摩詰 心念：「今 文殊師利 與 大衆 俱來,
이시, 장자 유마힐 심념:　 금 문수사리 여 대중 구래,

卽以 神力 空 其 室內, 除去 所有 及 諸 侍者, 唯置 一牀, 以疾 而臥。」
즉이 신력 공 기 실내, 제거 소유 급 제 시자, 유치 일상, 이질 이와。

文殊師利 旣入 其舍, 見 其室 空 無 諸 所有, 獨寢 一牀。
문수사리 기입 기사, 견 기실 공 무 제 소유, 독침 일상。

時, 維摩詰 言：「善來, 文殊師利！不來相 而來, 不見相 而見。」
시, 유마힐 언:　 선래, 문수사리！불래상 이래, 불견상 이견。

文殊師利 言：「如是, 居士！若 來已 更不來, 若 去已 更不去。
문수사리 언:　 여시, 거사！약 래이 갱불래, 약 거이 갱불거。

所以者何？來者 無所從來, 去者 無所至, 所可見者 更 不可見。
소이자하？내자 무소종래, 거자 무소지, 소가견자 갱 불가견。

且置 是事, 居士 是疾 寧可 忍不？療治 有損 不至 增乎？
차치 시사, 거사 시질 영가 인불？요치 유손 불지 증호？

世尊 慇懃 致問 無量。
세존 은근 지문 무량。

경문해석

부처님께서 문수보살에게 말씀하셨습니다.
"그대가 유마대사의 문병을 다녀오게!"
문수보살이 말씀드리기를,

"부처님이시여!
유마대사는 대화로 상응하기가 매우 어려운 분입니다.
깊이 실상을 깨닫고 법의 요지를 잘 알며
변재에 걸림이 없고 지혜 또한 막힘이 없어
모든 보살의 법식(法式)을 잘 알고 있습니다.
많은 부처님의 비밀스러운 공덕을 갖추고 있으며
마구니를 항복하고 신통력을 자유로이 발휘하며
지혜와 방편이 모두 완벽합니다.
그러나 부처님의 거룩하신 분부이므로 뜻을 받들어 문병을 가겠습니다."

많은 보살과 대제자 그리고 제석천, 대범천, 사천왕 등이 이와 같은 생각을 했습니다.
"지금 두 분 대선지식 문수보살과 유마대사가 함께 대화하면 반드시 묘법(妙法)을 발현하리라!"
이런 생각을 할 때 팔천 명의 보살과 오백 명의 성문 그리고 수많은 천인이 따라가기를 원했습니다.
그래서 문수보살은 그들과 함께 비야리성 유마대사의 집으로 향했습니다.

그때에 유마대사는 '지금 문수보살이 많은 대중과 함께 오고 있구나!' 생각하고 방안의 물건을 치우고 시자도 없이 침상에 누워 있었습니다.

문수보살 일행이 도착하자 유마대사가 반가워 말씀했습니다.

"잘 오셨소, 문수사리여!
온다는 모습 없이 왔고
본다는 모습 없이 보고 있구려!"

문수보살이 화답하기를,

"그렇습니다, 유마대사여!
이미 왔다면 다시 오지 않고
이미 갔다면 다시 가는 바 없습니다.
왜냐하면
올 때 그 온 곳이 없고
갈 때 그 간 곳이 없기 때문입니다.
지금 보는 바 없이 당신을 보고 있구려!

유마대사여!
견딜 만합니까? 치료효과는 있습니까? 더 심해지지는 않았습니까?
부처님께서 매우 걱정되시어 저를 보내 문병하도록 했습니다."

방편설법

이 장부터 《유마경》의 본론입니다.
〈보살품〉까지는 유마회상의 불이법문 법회가 이루어지기 위한 준비과정에 해당합니다.
그러나 경문 안에 내재되어 있는 이치는 모두 심오한 불이선경(不二禪境)을 드러내고 있어 14품 모두가 평등한 불이법문입니다.
서로 차별이 없습니다.

《유마경》에서 불이법문은 다양한 방법으로 표현되어 있습니다.
어느 때는 세속적인 권선징악의 방법으로,
어느 때는 상대적인 개념을 타파한 불이중도의 입장에서,
어느 때는 극단적인 언어표현 방법으로 불이법문의 이치를 밝히고 있습니다.

그 중에서 이 장에 나오는 유마대사와 문수보살의 만남에서 첫 대화인
"오는 바 없이 오고, 보는 바 없이 보고 있다."는 불이법문은 많은 의미를 내포하고 있는 경문으로 《유마경》의 불이선경(不二禪境)을 즐기는 선지식이 가장 좋아하는 문구에 속합니다.

유마대사는 문수보살이 온 모습을 '오는 바 없이 왔다.'고 표현했습니다.
문수보살이 유마대사를 보고 있는 모습을 '보는 바 없이 본다.'고 표현하고 있습니다.

왔는데 왜 온 바가 없죠?
보고 있는데 왜 보는 바가 없죠?

위와 같은 불이법문의 이치체득을 《유마경공부》에서 성취합니다.
도리(道理)는 체득(體得)입니다.
사물(事物)의 분별(分別)로 알 수 있는 것이 아닙니다.
무심(無心)의 마음에서 문득 깨닫습니다.

"아, 이렇구나!" 하고!!!

22. 병의 원인과 성질

경문낭독

居士！是疾 何所因起？其生 久如，當 云何 滅？」
거사！시질 하소인기？기생 구여, 당 운하 멸？

維摩詰 言：「從癡 有愛，則 我病 生，以 一切 衆生 病，是故 我病，
유마힐 언： 종치 유애, 즉 아병 생, 이 일체 중생 병, 시고 아병,

若 一切 衆生 病 滅，則 我病 滅。所以者何？菩薩 爲 衆生，故 入 生死，
약 일체 중생 병 멸, 즉 아병 멸。소이자하？보살 위 중생, 고 입 생사,

有 生死 則 有病，若 衆生 得 離病者，則 菩薩 無 復病。
유 생사 즉 유병, 약 중생 득 이병자, 즉 보살 무 복병。

譬如 長者，唯有 一子，其子 得病，父母 亦病，若 子病 愈，父母 亦愈。
비여 장자, 유유 일자, 기자 득병, 부모 역병, 약 자병 유, 부모 역유。

菩薩 如是，於 諸 衆生 愛之 若子，衆生病 則 菩薩病，
보살 여시, 어 제 중생 애지 약자, 중생병 즉 보살병,

衆生病 愈 菩薩 亦愈。
중생병 유 보살 역유。

又言，是疾 何所因起，菩薩病者 以 大悲 起。」
우언, 시질 하소인기, 보살병자 이 대비 기。

文殊師利 言：「居士！此室 何以 空 無 侍者？」
문수사리 언 거사！차실 하이 공 무 시자？

維摩詰 言：「諸佛 國土，亦復 皆空。」
유마힐 언： 제불 국토, 역복 개공。

又問：「以何 爲空？」答曰：「以空 空。」
우문： 이하 위공？ 답왈： 이공 공。

又問:「空何用空?」答曰:「以無分別空故空。」
우문: 공하용공? 답왈: 이무분별공고공。

又問:「空可分別耶?」答曰:「分別亦空。」
우문: 공가분별야? 답왈: 분별역공。

又問:「空當於何求?」答曰:「當於六十二見中求。」
우문: 공당어하구? 답왈: 당어육십이견중구。

又問:「六十二見當於何求?」答曰:「當於諸佛解脫中求。」
우문: 육십이견당어하구? 답왈: 당어제불해탈중구。

又問:「諸佛解脫當於何求?」答曰:「當於一切衆生心行中求。
우문: 제불해탈당어하구? 답왈: 당어일체중생심행중구。

又仁所問: 何無侍者? 一切衆魔及諸外道, 皆吾侍也。所以者何?
우인소문: 하무시자? 일체중마급제외도, 개오시야。소이자하?

衆魔者樂生死, 菩薩於生死而不捨;
중마자낙생사, 보살어생사이불사;

外道者樂諸見, 菩薩於諸見而不動。」
외도자낙제견, 보살어제견이부동。

文殊師利言:「居士! 所疾爲何等相?」
문수사리언: 거사! 소질위하등상?

維摩詰言:「我病無形不可見。」
유마힐언: 아병무형불가견。

又問:「此病身合耶? 心合耶?」
우문: 차병신합야? 심합야?

答曰:「非身合, 身相離故; 亦非心合, 心如幻故。」
답왈: 비신합, 신상리고; 역비심합, 심여환고。

又問:「地大、水大、火大、風大, 於此四大, 何大之病?」
우문: 지대、수대、화대、풍대, 어차사대, 하대지병?

答曰:「是病非地大, 亦不離地大, 水火風大, 亦復如是。
답왈: 시병비지대, 역불리지대, 수화풍대, 역부여시。

而衆生病從四大起, 以其有病, 是故我病。」
이중생병종사대기, 이기유병, 시고아병。

경문해석

"유마대사여!
이 병은 왜 생겼으며, 얼마나 오래 되었으며, 어떻게 하면 나을 수 있습니까?"
유마대사가 말씀했습니다.

"문수사리여!
어리석음으로 애욕에 집착하면 병이 생깁니다.
중생이 앓고 있음으로 나도 앓고 있습니다.
만약 중생의 병이 사라지면 나의 병도 사라지게 됩니다.
왜냐하면 보살은 중생을 위해 생사의 길에 들어서기 때문입니다.
생사가 있으면 병이 있습니다.
그래서 중생의 병이 치유되면 보살의 병도 없게 됩니다.
비유컨대 외아들이 병에 걸리면 부모도 앓게 되지요.
만약 아들의 병이 나으면 부모의 병도 낫지요.
보살은 이와 같이 중생을 외아들 대하듯 사랑합니다.
중생이 병에 걸리면 보살도 병에 걸리고 중생의 병이 나으면 보살의 병도 낫습니다.
이 병이 생긴 원인을 물었는데 보살이 병든 것은 대비(大悲) 때문입니다."

문수보살이 묻고 유마대사가 대답하는 불이법문의 대화가 이어집니다.

"유마대사여! 이방은 왜 텅 비어 있습니까? 시자도 없는 것은 무슨 까닭입니까?"

"모든 부처님의 국토가 이와 같이 공(空)합니다."

"무엇을 공(空)하다고 합니까?"

"공(空)을 공(空)하다고 합니다."

"왜 공(空)이 공(空)한 것입니까?"

"공(空)을 분별함이 없으니 공(空)한 것입니다."

"공(空)은 분별할 수 있는 것입니까?"

"분별하는 그것도 공(空)합니다."

"그 공(空)을 어디에서 찾아볼 수 있습니까?"

"육십이견(六十二見) 중에서 찾아볼 수 있습니다."

"육십이견은 어디서 찾아야 합니까?"

"모든 부처님이 해탈하신 그곳에서 찾아야 합니다."

"모든 부처님의 해탈은 어디서 찾아야 합니까?"

"모든 중생의 마음가짐에서 찾아야 합니다. 그리고 왜 시자가 없느냐고 물었는데 나에게는 마구니와 외도가 모두 시자입니다. 왜냐하면 마구니는 생사를 좋아하지요. 그런데 보살은 생사를 버리지 않기 때문입니다.

외도는 갖가지 주의(主義)와 주장(主張)을 좋아하지요. 그런데 보살은 이런 갖가지 주의와 주장에 동요됨이 없기 때문입니다."

두 분의 대화가 계속 이어집니다.

"유마대사여! 당신의 병에는 어떤 상(相)이 있습니까?"

"나의 병에는 아무런 상(相)도 없습니다. 그런 형상을 찾아볼 수 없습니다."

"이 병은 몸과 관련된 병입니까, 아니면 마음과 관련된 병입니까?"

"몸과 관련된 병이 아닙니다. 몸과는 무관하니까요. 그렇다고 마음과 관련된 병도 아닙니다. 마음은 허깨비와 같기 때문입니다."

"지(地)·수(水)·화(火)·풍(風) 사대가 있는데 그 어느 것이 병든 것입니까?"

"이 병은 지대(地大)의 병이 아니지만 그렇다고 지대를 떠나서 있지도 않습니다. 수대, 화대, 풍대에 대해서도 역시 마찬가지입니다. 그러나 중생의 병은 사대로부터 생깁니다. 중생에게 이런 병이 있기 때문에 나 또한 병을 앓고 있습니다."

방편설법

공(空)의 개념은 선 수행자에게 반드시 필요한 요소이면서 그것을 체득하기는 매우 어렵습니다. 많은 수행자가 공(空)에 빠지고 공(空)을 즐깁니다.
명상 중에 무엇인가 느낀 바 있으면 '이것이 공(空)의 도리이구나!' 하고 즐거워하면서 그 속에 빠져 자신이 빠져 있다는 생각도 하지 못합니다.

공(空)을 가지고 놀지 못해도 공(空)에 빠져 있는 그것으로도 중생이 오욕락에서 허우적거리고 있는 것보다 백배 훌륭합니다.
공(空) 맛으로 선 수행하는데 그 공(空)이 도대체 어떤 것인지 명확하게 이해하기가 쉽지 않습니다.

'모든 것이 공(空) 아닌 것이 없다.'는 가르침을 접할 때는 자신이 그 무엇에도 걸릴 바 없는 해탈장부가 된 기분입니다.
그러다가도 무엇인가 일에 부딪치면 그 공(空)이라는 것이 아무 작용도 못합니다.

골프하러 가는 것을 공치러 간다고 합니다.
그때 공을 제대로 칠 수만 있다면 얼마나 호쾌합니까?
축구하러 가는 것을 공 차러 간다고 합니다.
그때 공을 제대로 찰 수만 있다면 얼마나 즐겁습니까?

그 공(空)의 도리가 도대체 무엇인지 승조대사의 가르침을 보면서 깊이 토론해 보죠!
경문과 함께 보겠습니다.

【경문】 答曰:「以空空。」

대저 유(有)는 마음으로부터 생겨난다.
마음으로 인해 유(有)가 생겨나서
시비(是非)의 구분이 있게 되고 망상의 틀이 존재한다.
수행자들이 모이면 유(有)와 무(無)가 서로 다르다고 의견들이 분분하다.

능히 공허(空虛)하여 모든 것을 회(懷)하고
명심(冥心)과 진경(眞境)이 상응하여 유(有)와 무(無)가 일관(一觀)하면
지혜가 만물과 함께 하지만 있는 바 그 무엇이 없고
지혜가 비춰 드러나지 않지만 없는 바 그 무엇도 없다.

능히 천지와 가지런히 한 뜻이면서 그 실(實)에 어긋나지 않고
모든 사물을 거울처럼 비추어 밝게 드러내어 물(物)과 아(我)가 하나가 된다.
물아(物我)가 하나로 구족되어 지혜가 비추는 공(空)이 없어
그 실(實)에 어긋나지 않아 물물(物物)이 스스로 상통(相通)한다.

공지(空智)가 유(有)에서 공(空)이라는 것은
곧 유(有)하되 스스로 공(空)이라는 뜻이다.
어찌 거짓으로 병풍을 쳐 가린 다음에야 공(空)이 되겠는가!

경문의 이공공(以空空)에서
앞의 공은 지공(智空)을 뜻하고
뒤의 공(空)은 법공(法空)을 뜻한다.

곧바로 법공(法空)을 밝히면
그것을 취정(取定)할 그 무엇도 찾을 수 없기에
그래서 안으로 진지(眞智)를 이끌어 밖으로 법공(法空)을 증득한다.

【경문】 又問：「空何用空？」

경문의 공하용공(空何用空)에서
앞의 공(空)은 법공(法空)을 의미하고
뒤의 공(空)은 지공(智空)을 의미한다.

제법의 본성이 스스로 공(空)한데
어찌 가짜로 지공(智空)이 있은 연후에 공(空)이 있겠는가!

【경문】 答曰：「以無分別空故空。」

제법이 무상(無相)하기에 지(智)는 분별이 없고
지(智)가 분별이 없어서 곧 지공(智空)이다.

제법이 무상(無相)하면 곧 법공(法空)이다.
지(智)가 법(法)에 분별하는 바 없기에 곧 법공(法空)을 알게 된다.
어찌 따로 지공(智空)이 있어서 가짜로 법공(法空)을 알겠는가!

지(智)가 법(法)에 분별이 없을 때
지(智)와 법(法)이 모두 한 가지로 일공(一空)이며
다시 다른 공(空)이 없어서
유마대사가 무분별(無分別)이 지공(智空)이라고 말씀한 것이다.

【경문】 又問：「空可分別耶？」

앞에서
무분별(無分別)이 혜공(慧空)이 되어 법공(法空)을 알아서
다시 다른 공이 없다고 하였다.

비록 다르지 않다고 했지만
이미 다르지 않다는 상(相)이 생겨서 분별을 일으키게 된다.

만약 지(智)와 법(法)의 공(空)이 서로 다르지 않다면
어찌 무분별이 지공(智空)이 되어 법공(法空)을 알게 된다고 했는가?

그래서 경문에서 문수보살이 다시
지공(智空)과 법공(法空)은 서로 나눌 수 있는 것이냐고 물은 것이다.

지(智)와 법(法)이 모두 공(空)하여
단 한마디로 말하면 일공(一空)이다.
그래서 만족(滿足)이다.

【경문】 答曰:「分別亦空。」

무분별(無分別)에서 분별(分別)이 있다는 것이니
마음에 분별이 없으면
무분별에서 분별한다는 것은
비록 온 종일 분별하지만 분별한 바 그 무엇이 없다는 뜻이다.
그래서 '분별 또한 공이다.'고 유마대사가 말씀한 것이다.

【경문】 又問:「空當於何求?」

위에서 정지명공(正智明空)으로 인해 미혹된 것을
공의(空義)가 정(正)에 있지 사(邪)에 있지 않다는 것을 알려 주기 위해
공의(空義)가 어디 있는 가를 물어 사(邪)와 정(正)의 다른 점을 밝히고 있다.

【경문】 答曰:「當於六十二見中求。」

대저 사(邪)는 정(正)으로 인해 생기고 정(正)은 사(邪)로 인해 생긴다.
그러나 본래 그 성(性)에는 차별이 없어서 서로 둘이 아니기에
정지(正智)의 공을 구하고자 하면 마땅히 사견(邪見) 중에서 찾아야 한다.

【경문】 又問:「六十二見當於何求?」答曰:「當於諸佛解脫中求。」

사견(邪見)을 버리는 것을 이름하여 해탈(解脫)이라 하고
해탈에 어긋나는 것을 이름하여 사견이라 한다.

그러한즉 사견과 해탈이 서로 어긋나서
어느 것이 근원이 되는가?

그 근원을 논하자면 그것은 하나이다.
그래서 모든 사견을 구하려면 마땅히 해탈을 근원으로 삼아야 한다.

【경문】 又問:「諸佛解脫當於何求?」答曰:「當於一切衆生心行中求。

중생의 마음으로 행하면 곧 얽매이는 행위가 된다.
얽매이는 행으로 인해 해탈이 생겨나게 된다.

사(邪)와 정(正)이 한 뿌리이고 해(解)와 박(縛)이 한 문(門)이어서
본래 그 진성(眞性)에 있어서는 서로 다름이 없다.

그래서 부처가 되는 해탈을 구할 때
마땅히 중생의 마음에서 찾는다.

23. 병의 위로와 조복

경문낭독

爾時, 文殊師利 問 維摩詰 言：「菩薩 應 云何 慰喻 有疾 菩薩？」
이시, 문수사리 문 유마힐 언：　보살 응 운하 위유 유질 보살？

維摩詰 言：「說 身 無常, 不說 厭離 於身；說 身 有苦, 不說 樂於 涅槃；
유마힐 언：　설 신 무상, 불설 염리 어신；설 신 유고, 불설 낙어 열반；

說 身 無我, 而說 教導 衆生；說 身 空寂, 不說 畢竟 寂滅；
설 신 무아, 이설 교도 중생；설 신 공적, 불설 필경 적멸；

說悔 先罪, 而 不說 入於 過去。
설회 선죄, 이 불설 입어 과거。

以 己之疾 愍於 彼疾, 當識 宿世 無數劫 苦, 當念 饒益 一切衆生,
이 기지질 민어 피질, 당식 숙세 무수겁 고, 당념 요익 일체중생,

憶所 修福 念於 淨命, 勿生 憂惱, 常起 精進, 當作 醫王 療治 衆病。
억소 수복 염어 정명, 물생 우뇌, 상기 정진, 당작 의왕 요치 중병。

菩薩 應 如是 慰喻 有疾 菩薩, 令 其 歡喜。」
보살 응 여시 위유 유질 보살, 영 기 환희。

文殊師利 言：「居士！有疾 菩薩 云何 調伏 其心？」
문수사리 언：　거사！유질 보살 운하 조복 기심？

維摩詰 言：「有疾 菩薩 應作 是念：『今我 此病,
유마힐 언：　유질 보살 응작 시념：　금아 차병,

皆 從 前世 妄想 顚倒 諸 煩惱 生, 無有 實法, 誰受 病者？』
개 종 전세 망상 전도 제 번뇌 생, 무유 실법, 수수 병자？

所以者何？四大 合 故, 假名 爲 身, 四大 無主, 身 亦 無我。
소이자하？사대 합 고, 가명 위 신, 사대 무주, 신 역 무아。

又 此病 起, 皆 由 著我, 是故 於我 不應 生著。
우 차병 기, 개 유 저아, 시고 어아 불응 생저。

旣知 病本, 卽除 我想 及 衆生想, 當起 法想, 應作 是念：
기지 병본, 즉제 아상 급 중생상, 당기 법상, 응작 시념：

『但以 衆法 合成 此身, 起唯 法起, 滅唯 法滅。』
 단이 중법 합성 차신, 기유 법기, 멸유 법멸。

又 此法 者, 各 不 相知, 起時 不言 我起, 滅時 不言 我滅。
우 차법 자, 각 불 상지, 기시 불언 아기, 멸시 불언 아멸。

彼 有疾 菩薩 爲滅 法想, 當作 是念：
피 유질 보살 위멸 법상, 당작 시념：

『此 法想 者, 亦是 顚倒, 顚倒者 是卽 大患, 我 應 離之。』
 차 법상 자, 역시 전도, 전도자 시즉 대환, 아 응 리지。

云何 爲離？離 我 我所。云何 離 我 我所？謂 離 二法。
운하 위리？이 아 아소。운하 리 아 아소？위 리 이법。

云何 離 二法？謂 不念 內外 諸法, 行於 平等。
운하 리 이법？위 불념 내외 제법, 행어 평등。

云何 平等？謂 我等 涅槃等。所以者何？我 及 涅槃, 此 二 皆空。
운하 평등？위 아등 열반등。소이자하？아 급 열반, 차 이 개공。

以何 爲空？但以 名字 故 空。如此 二法, 無 決定性,
이하 위공？단이 명자 고 공。여차 이법, 무 결정성,

得是 平等, 無有 餘病, 唯有 空病, 空病 亦 空。
득시 평등, 무유 여병, 유유 공병, 공병 역 공。

是 有疾 菩薩, 以 無所受 而 受諸受, 未具 佛法, 亦 不滅受 而 取證 也。
시 유질 보살, 이 무소수 이 수제수, 미구 불법, 역 불멸수 이 취증 야。

設身 有苦, 念 惡趣 衆生, 起 大悲心, 我旣 調伏,
설신 유고, 염 악취 중생, 기 대비심, 아기 조복,

亦當 調伏 一切衆生, 但除 其病 而 不除 法, 爲斷 病本 而 敎導 之。
역당 조복 일체중생, 단제 기병 이 부제 법, 위단 병본 이 교도 지。

何謂 病本? 謂 有 攀緣。 從有 攀緣, 則爲 病本。
하위 병본? 위 유 반연。 종유 반연, 즉위 병본。

何所 攀緣? 謂之 三界。
하소 반연? 위지 삼계。

云何 斷 攀緣? 以 無所得。 若 無所得, 則 無 攀緣。
운하 단 반연? 이 무소득。 약 무소득, 즉 무 반연。

何謂 無所得? 謂 離 二見。
하위 무소득? 위 리 이견。

何謂 二見? 謂 內見 外見, 是 無所得。
하위 이견? 위 내견 외견, 시 무소득。

文殊師利! 是爲 有疾 菩薩 調伏 其心, 爲斷 老病死 苦, 是 菩薩 菩提。
문수사리! 시위 유질 보살 조복 기심, 위단 노병사고, 시 보살 보리。

若不 如是, 已所 修治 爲無 慧利。 譬如 勝怨 乃可 爲勇,
약불 여시, 이소 수치 위무 혜리。 비여 승원 내가 위용,

如是 兼除 老病死者, 菩薩 之謂 也。 彼 有疾 菩薩, 應 復作 是念:
여시 겸제 노병사자, 보살 지위 야。 피 유질 보살, 응 복작 시념:

『如我 此病 非眞 非有, 衆生病 亦 非眞 非有。』
여아 차병 비진 비유, 중생병 역 비진 비유。

作 是觀 時, 於 諸 衆生 若起 愛見 大悲, 卽應 捨離。 所以者何?
작 시관 시, 어 제 중생 약기 애견 대비, 즉응 사리。 소이자하?

菩薩 斷除 客塵 煩惱 而起 大悲, 愛見 悲者, 則於 生死 有 疲厭心,
보살 단제 객진 번뇌 이기 대비, 애견 비자, 즉어 생사 여 피염심,

若能 離此 無有 疲厭, 在在 所生 不爲 愛見 之 所覆 也。 所生 無縛,
약능 리차 무유 피염, 재재 소생 불위 애견 지 소복 야。 소생 무박,

能爲 衆生 說法 解縛。 如佛 所說:『若自 有縛, 能解 彼縛, 無有 是處;
능위 중생 설법 해박。 여 불 소설: 약자 유박, 능해 피박, 무유 시처;

若自 無縛, 能解 彼縛, 斯有 是處。』 是故, 菩薩 不應 起縛。
약자 무박, 능해 피박, 사유 시처。 시고, 보살 불응 기박。

경문해석

그때에 문수보살이 묻기를,
"보살은 병든 보살을 어떻게 위로해야 합니까?"
유마대사가 대답했습니다.

"문수사리여!
몸이 덧없는 것임을 일깨우면서 몸을 싫어하는 생각이 들지 않게 합니다.
몸에 고통이 있는 것이 당연함을 일깨우면서 열반을 좋아하는 생각이 들지 않게 합니다.
몸이 무아(無我)임을 일깨우면서 중생에게 무아의 도리를 가르치게 합니다.
몸이 공적(空寂)함을 일깨우면서 적멸(寂滅)의 영원함을 말하지 않습니다.
지은 죄를 뉘우치게 일깨우면서 자책감에 빠지지 않게 합니다.
자신에게 병이 있지만 병든 사람의 치유를 돕도록 일깨웁니다.
지난 날 수없이 고통스러웠던 삶을 회상하면서 중생을 이롭게 하도록 일깨웁니다.
지난 날 쌓은 복덕을 회상하면서 청정하게 살아갈 것을 일깨웁니다.
번뇌에 집착하지 않고 열심히 정진할 것을 일깨웁니다.
중생의 몸과 마음의 병을 치유하는 대의왕(大醫王)이 되겠다는 소원을 일깨웁니다.
보살은 마땅히 이와 같이 병든 보살을 위로하여 그로 하여금 환희심으로 충만하게 도와야 됩니다."

문수보살이 다시 묻기를,
"유마대사여! 병든 보살은 어떻게 그 마음을 조복해야 합니까?"
유마대사가 대답했습니다.

"문수사리여!
병든 보살은 마땅히 이렇게 생각해야 합니다.
'지금 이 병은 모두 전생의 망상, 전도, 번뇌로부터 생겨났다.
본질적으로 말하면 몸 안에는 이 병을 앓을 만한 실제의 법이 없다.
왜냐하면 이 몸은 사대(四大)가 복합적으로 모여서 생겼는데 이 사대는 실체가 없기 때문이다.
이 몸 안에 나[我]라고 부를 만한 그 무엇도 없다. 그런데 나[我]가 실제로 존재한다고 집착하기 때문에 병이 생긴 것이다. 이러한 잘못된 집착을 내려놓아야 한다.'

병든 보살은 이와 같이 병의 근본을 알았으니 아상(我相)을 없애고 법상(法相)을 체득하겠다는 생각을 일으켜야 합니다. 그래서 다음과 같이 생각합니다.
'이 몸은 여러 가지 법이 모여 생긴 것이고 없어질 때도 오직 법이 사라지는 것뿐이다. 그런데 법이 생겼다 사라졌다 하면서도 서로 그 사실을 알지 못한다. 법이 생길 때 내가 생긴다고 말하는 바 없고, 법이 사라질 때 내가 사라진다고 말하는 바 없다.'

그래서 병든 보살은 이 법상(法相)마저 없애기 위해 다음과 같이 생각합니다.
'이 법(法)이라는 생각 또한 전도망상이다. 전도는 큰 병으로 내가 반드시 그것을 떠나리라!
이 전도망상을 어떻게 떠나지?
나라는 생각과 내 것이라는 생각을 떠나면 전도망상이 자연스럽게 없어진다.

나라는 생각과 내 것이라는 생각을 어떻게 떠나지?

두 가지 법을 떠나면 나라는 생각과 내 것이라는 생각이 자연스럽게 사라진다.

어떻게 두 가지 법을 떠나지?

평등하면 안과 밖의 모든 법에 대한 생각이 없어 자연스럽게 두 가지 법을 떠난다.

어떻게 하면 평등하지?

나와 열반에 평등하다. 왜냐하면 나와 열반은 모두 공(空)하기 때문이다.

나와 열반이 왜 공(空)한가?

이 둘은 단지 이름뿐이기 때문에 공(空)하다.

이와 같이 두 가지 법은 결정성(決定性)이 없어서 평등하게 되면 모든 병은 자연스럽게 사라진다.

오직 공병(空病)이 있게 되는데 이 공병(空病) 또한 공(空)하다.'

병든 보살은 감각기능에 얽매이지 않고 감각작용을 발휘해야 합니다.

불법(佛法)을 아직 다 갖추지 않았으나 감각작용에 깨어 있으면서 열반을 증득해야 합니다.

자신에게 고통이 다가올 때 좋지 않은 삶의 길에 떨어져 있는 중생을 생각하며 대비심(大悲心)을 일으켜야 합니다.

자신의 병을 조복하면서 마땅히 모든 중생의 병을 조복하는데 도와야 합니다.

단지 그 병을 다스리게 하되 법을 제거하게 하지 않습니다.

병의 근원을 끊게 하기 위해서 정법을 일깨웁니다.

무엇이 병의 근원인가?

반연(攀緣)이 병의 근원입니다.

반연으로부터 병의 뿌리가 생기게 됩니다.

무엇이 반연이 되는가?
삼계(三界)가 반연이 됩니다.
어떻게 하면 반연을 끊을 수 있는가?
무소득의 마음을 유지합니다.
무소득의 마음상태에서 반연은 자연스럽게 없어집니다.
어떻게 무소득의 마음을 유지할 수 있는가?
두 가지 견해(見解)를 떠나면 됩니다.
무엇이 두 가지 견해인가?
내견(內見)과 외견(外見)이니 이 둘의 견해가 없는 것을 무소득이라 합니다.

문수사리여!
보살은 이와 같이 자신의 병을 조복합니다.
늙고 병들고 죽는 고통을 여의게 되니 이것이 보살의 깨달음입니다.
만약 이와 같지 않으면 이미 병을 다스리고 수행했다 하더라도 지혜의 수승함이 없는 것입니다.
비유컨대 원수를 이기는 것을 용사라 하는 것처럼 늙고 병들고 죽는 고통을 이기는 수행자를 보살이라 합니다.
병든 보살은 또한 다음과 같이 생각합니다.
'내 병이 실체로 존재하지 않는 것처럼 중생의 병도 실존하는 것이 아니다.'

이와 같이 관(觀)할 때 만약에 모든 중생에 대한 애견(愛見)의 대비심(大悲心)이 일어나면 곧바로 그러한 생각을 버려야 합니다. 왜냐하면 보살은 중생의 객진번뇌(客塵煩惱)를 끊게 하기 위해 대비심을 일으키기 때문입니다.
애견의 대비심을 일으켰을 경우 보살이 생사윤회에 쉽게 피곤하고 싫어하는 마음을 내게 됩니다.
만약에 이러한 애욕에 물든 마음을 버리고 진정한 대비심을 일으키면 피곤하고 싫어하는 마음이 일어나지 않아 언제 어디서나 중생을 이롭게 하면서도 애견(愛見)에 얽매이지 않게 됩니다.

부처님께서 말씀하신 것처럼

'만약에 자신이 결박되어 있으면 다른 사람의 결박을 풀어줄 수 없다. 스스로 결박된 바 없을 때 다른 사람이 결박을 풀고 해탈하는데 도울 수 있다.'

그러므로 보살은 결박되어 있으면 안 됩니다."

수행용어

• **공병**(空病)

선 수행자는 먼저 무상(無常)의 이치를 체득하고 공문(空門)으로 들어갑니다. 공문(空門)에 들어간 것부터 출세간(出世間)에서 노닌다고 표현합니다. 이때부터 선 수행입니다.

문제는 공(空)의 달콤한 맛에 있습니다. 공(空)의 단맛에 집착하기 시작하면 큰 문제입니다. 그 단맛에 안주(安住)하려 하고 만약 안주할 경우 그것은 이미 출세간의 선 수행이 아닙니다. 왜냐하면 안주 그 자체가 집착이기 때문입니다. 이러한 것을 공병(空病)이라 합니다.

많은 종류의 공병이 있습니다.

• **반연**(攀緣)

서로 얽혀 있는 관계입니다. 특히 사람과의 정(情)으로 얽혀 있는 경우 선 수행자의 마음 상태를 유지하기가 쉽지 않습니다. 정(情)을 유지하면서 정(情)으로부터 초연해서 자재할 수 있는 것, 정말 쉽지 않습니다.

《유마경》 공부에서 모든 반연에 초연할 수 있는 이치를 체득합니다.

방편설법

　선 수행자가 병을 조복 받을 때 무아(無我)의 이치를 관(觀)함으로써 그 근원을 다스릴 수 있다는 도리(道理)를 승조대사는 다음과 같이 밝히고 있습니다.

　병을 치유하려면 먼저 그 병의 근원에 대해서 알아야 한다.
　병이 생겨나는 것은 모두 전생의 전도망상으로 인해 비롯된다.
　망상으로 전도되어 번뇌가 생겨난다.
　번뇌가 이미 생겼으면 몸이 안 생길 수 없다.
　이미 몸이 있으면 근심이 없을 수 없다.
　역(逆)으로 그 근원을 찾으면 허환(虛幻)이라 실(實)한 그 무엇이 없다.
　본래 이처럼 실(實)함이 없는데 누가 병의 고통을 받겠는가!
　이것은 처음 선 수행에 입문한 수행자가 닦는 무아관(無我觀)이다.

　만물이 분분하여 모이고 흩어지는데 이것이 누구의 짓인가?
　인연(因緣)이 모이면 현상(現象)이 생겨나고 인연이 흩어지면 현상이 사라진다.
　모이고 흩어짐에 먼저 기약된 바 없어 법법(法法)이 서로 알지 못한다.

　스스로 잘 조복하는 수행자는
　유(有)에 처하지만 유(有)에 물들지 않고
　공(空)에 있지만 공에 물들지 않아
　그 무엇의 간섭도 받는 바 없다.

　마음에 받은 바 없으니 그 무엇도 받지 않은 바 없고
　받은 바 그 무엇도 없기에 능히 중생과 더불어 동거동락(同居同樂)한다.

모든 받는 것은 고(苦), 낙(樂), 불고불낙(不苦不樂)이 있다.

도반이 정진 중에 병나면 어떻게 위로하시죠?

다음처럼?
"다 자업자득이여. 자네가 전생에 얼마나 남을 못살게 괴롭혔기에 금생에 이 모양이 겠어. 정신 차려!"

아니면 다음처럼?
"그대가 병들어 누워 있으니 내 맘이 정말 유마대사처럼 그러네. 중생이 병들어 나도 병이 났네. 유마대사의 그 심정 정말 이해해!"

아니면 다시 다음처럼?
"증세가 어떠한가? 어떤 치료 방법이 좋을까? 몸이란 어쩔 수 없나봐. 언제 병이 온다는 말없이 이렇게 아프게 되니. 그래서 옛 성인들이 마음공부를 강조하셨나봐!"

수행도반을 부처님과 같이 인식해야 합니다.
수행도반의 건강을 자신의 몸보다 더 소중하게 생각해야 합니다.
수행도반을 위하는 마음이 자신을 위함보다 더 많아야 합니다.

자리이타의 이타의 첫 번째 대상이 도반입니다.
지금 함께 정진하고 있는 도반입니다.
지금 좌선할 때 숨결이 서로 느껴지는 도반입니다.
지금 차 마실 때 따스한 청량한 기운을 함께 느끼는 도반입니다.

선 수행자에게 제일 중요한 사람은 지금 이 순간 일념(一念) 중에 계합되는 불이선경(不二禪境)과 함께 상응(相應)하는 선지식(善知識)입니다.

서로 수행을 돕기 위해 함께하는데 만약 일념의 불이선경에서 상응하지 않고 인지상정(人之常情)의 세속적인 마음에서 접하게 되면 쉽게 집착하게 됩니다.

이러한 집착은 사람과 사람 사이에서 뿐만 아니라 사람과 사물 사이에서도 생기는 선 수행에 방해되는 요소입니다.

예를 들어 보죠!

옛날 절실하게 선 수행하던 거사님 한 분이 계셨는데 그분 집 정원에 큰 바위가 하나 있었습니다. 비온 뒤 태양 빛이 드러날 땐 그곳에 올라가 눕기도 하고 좌선도 하고 차도 마시고 했죠.

어느 날 산책하다가 문득 그 바위를 바라보는 순간,
"저 바위 벽면에 부처님을 모시면 좋겠다."는 생각이 들어 석공을 청해 불상을 조각했습니다.

그런 뒤부터 그 앞을 지날 때면 항상 합장하고 예를 드렸습니다.

참 좋았습니다.

전에는 산책할 때 사색에 잠겨 있었지만 이제는 경건한 마음가짐으로 산책하면서 사색도 하게 되니 전에 느껴보지 못했던 뿌듯함이 있었습니다.

그런데 어느 날 습관적으로 차 마시기 위해 잔을 챙기고 동자에게 찻물 끓이게 하고 정원 중앙에 위치한 그 바위를 향했습니다.

바위 위로 한발을 올리려고 하는 순간 문득 불상이 이 바위 벽면에 새겨 있다는 생각이 떠올랐습니다.

이것을 어찌 한담!

올라가면 부처님 머리 위에 엉덩이를 붙이고 차 마시는 꼴이 될 텐데!

그 바위 위를 올라가지도 못하고 한참 번민하다가 결국은 올라가지 않고 다시 방으로 돌아왔습니다.

매일 한 번 이상 정원에 산책하던 것이 그 뒤부터는 며칠에 한 번으로 줄었습니다.

자!
보세요!
바위에 불상을 조각하기 전에는 그 바위에 올라가 차도 마시고 조용히 명상도 하고 때로는 예술인을 청해 음악도 감상하고 피곤할 땐 그곳에서 자리 펴고 낮잠도 즐겼지요!
이와 같은 행동은 자연적으로 이루어지는 자아의식이 본래면목과 자연스럽게 계합된 모습으로 무엇에 집착된 바 없이 무위자연의 무심(無心)에서 이루어지는 행위였습니다.

이러한 의식의 발원지는 자신의 내면입니다.
자신의 마음에서 비롯된 것이죠!
그런데 불상을 조각한 후부턴 그 바위를 생각하면 불상이 떠올라 그동안 자연스럽게 해 왔던 산책 행동에 제약을 받게 되었습니다.

바위의 불상이 마음속에 바위에 올라갈 수 없게 하는 의식으로 작용했습니다.
이러한 의식의 발원지는 정원 바위에 새겨진 불상에 있습니다.
바위의 불상이 자신을 편안하게 돕는 것이 아니라 자신의 편안함을 얻지 못하게 만들고 있습니다.

사실은 바위의 불상이 계속 자신의 편안함을 얻지 못하게 막고 있는 것이 아닙니다.
그러한 생각이 마음속에 고정관념으로 자리매김하면서 그 고정관념이 자신을 바위 위에서 얻어지는 편안함을 얻지 못하게 방해하고 있는 것이지요!

24. 보살행

경문낭독

何謂 縛? 何謂 解?
하위 박? 하위 해?

貪著 禪味 是 菩薩 縛, 以 方便 生 是 菩薩 解;
탐착 선미 시 보살 박, 이 방편 생 시 보살 해;

又 無方便 慧 縛, 有方便 慧 解; 無慧 方便 縛, 有慧 方便 解。
우 무방편 혜 박, 유방편 혜 해; 무혜 방편 박, 유혜 방편 해。

何謂 無方便 慧 縛?
하위 무방편 혜 박?

謂 菩薩 以 愛見心 莊嚴 佛土 成就 衆生,
위 보살 이 애견심 장엄 불토 성취 중생,

於 空、無相、無作法 中 而 自 調伏, 是 名 無方便 慧 縛。
어 공、무상、무작법 중 이 자 조복, 시 명 무방편 혜 박。

何謂 有方便 慧 解?
하위 유방편 혜 해?

謂 不以 愛見心 莊嚴 佛土 成就 衆生,
위 불이 애견심 장엄 불토 성취 중생,

於 空、無相、無作法 中 以 自 調伏 而 不 疲厭, 是 名 有方便 慧 解。
어 공、무상、무작법 중 이 자 조복 이 불 피염, 시 명 유방편 혜 해。

何謂 無慧 方便 縛?
하위 무혜 방편 박?

謂 菩薩 住 貪欲 瞋恚 邪見 等 諸 煩惱, 而 植 衆 德本,
위 보살 주 탐욕 진에 사견 등 제 번뇌, 이 식 중 덕본,

是名 無慧 方便 縛。
시명 무혜 방편 박.

何謂 有慧 方便 解?
하위 유혜 방편 해?

謂 離 諸 貪欲 瞋恚 邪見 等 諸 煩惱,
위 리 제 탐욕 진에 사견 등 제 번뇌,

而 殖 衆 德本 迴向 阿耨多羅三藐三菩提, 是名 有慧 方便 解。
이 식 중 덕본 회향 아뇩다라삼먁삼보리, 시명 유혜 방편 해.

文殊師利! 彼 有疾 菩薩 應 如是 觀 諸法,
문수사리! 피 유질 보살 응 여시 관 제법,

又復 觀 身 無常、苦、空、無我, 是名 爲慧。
우복 관 신 무상、고、공、무아, 시명 위혜.

雖身 有疾, 常在 生死, 饒益 一切 而 不 厭倦, 是名 方便。
수신 유질, 상재 생사, 요익 일체 이 불 염권, 시명 방편.

又復 觀身, 身 不離 病, 病 不離 身, 是病 是身, 非新 非故, 是名 爲慧。
우복 관신, 신 불리 병, 병 불리 신, 시병 시신, 비신 비고, 시명 위혜.

設身 有疾, 而 不 永滅, 是名 方便。
설신 유질, 이 불 영멸, 시명 방편.

文殊師利! 有疾菩薩 應 如是 調伏 其心, 不住 其中, 亦復 不住 不調伏心。
문수사리! 유질보살 응 여시 조복 기심, 부주 기중, 역부 부주 부조복심.

所以者何? 若住 不調伏心, 是 愚人法; 若住 調伏心, 是 聲聞法。
소이자하? 약주 부조복심, 시 우인법; 약주 조복심, 시 성문법.

是故, 菩薩 不當 住於 調伏 不調伏 心, 離 此 二法, 是 菩薩行;
시고, 보살 부당 주어 조복 부조복 심, 이 차 이법, 시 보살행;

在於 生死 不爲 汙行, 住於 涅槃 不 永 滅度, 是 菩薩行;
재어 생사 불위 오행, 주어 열반 불 영 멸도, 시 보살행;

非 凡夫行 非 賢聖行, 是 菩薩行; 非 垢行 非 淨行, 是 菩薩行;
비 범부행 비 현성행, 시 보살행; 비 구행 비 정행, 시 보살행;

雖過 魔行 而現 降伏 衆魔, 是 菩薩行;
수과 마행 이현 항복 중마, 시 보살행;

雖求一切智無非時求, 是菩薩行;
수구일체지무비시구, 시보살행;

雖觀諸法不生而不入正位, 是菩薩行;
수관제법불생이불입정위, 시보살행;

雖觀十二緣起而入諸邪見, 是菩薩行;
수관십이연기이입제사견, 시보살행;

雖攝一切衆生而不愛著, 是菩薩行;
수섭일체중생이불애착, 시보살행;

雖樂遠離而不依身心盡, 是菩薩行;
수락원리이불의신심진, 시보살행;

雖行三界而不壞法性, 是菩薩行;
수행삼계이불괴법성, 시보살행;

雖行於空而殖衆德本, 是菩薩行;
수행어공이식중덕본, 시보살행;

雖行無相而度衆生, 是菩薩行;
수행무상이도중생, 시보살행;

雖行無作而現受身, 是菩薩行;
수행무작이현수신, 시보살행;

雖行無起而起一切善行, 是菩薩行;
수행무기이기일체선행, 시보살행;

雖行六波羅密而徧知衆生心心數法, 是菩薩行;
수행육바라밀이변지중생심심수법, 시보살행;

雖行六通而不盡漏, 是菩薩行;
수행육통이부진루, 시보살행;

雖行四無量心而不貪著生於梵世, 是菩薩行;
수행사무량심이불탐착생어범세, 시보살행;

雖行禪定解脫三昧而不隨禪生, 是菩薩行;
수행선정해탈삼매이불수선생, 시보살행;

雖行四念處而不永離身受心法, 是菩薩行;
수행사념처이불영리신수심법, 시보살행;

雖 行 四正勤 而 不捨 身心 精進, 是 菩薩行;
수 행 사정근 이 불사 신심 정진, 시 보살행;

雖 行 四如意足 而得 自在 神通, 是 菩薩行;
수 행 사여의족 이득 자재 신통, 시 보살행;

雖 行 五根 而 分別 衆生 諸根 利鈍, 是 菩薩行;
수 행 오근 이 분별 중생 제근 이둔, 시 보살행;

雖 行 五力 而 樂求 佛十力, 是 菩薩行;
수 행 오력 이 낙구 불십력, 시 보살행;

雖 行 七覺分 而 分別 佛之 智慧, 是 菩薩行;
수 행 칠각분 이 분별 불지 지혜, 시 보살행;

雖 行 八正道 而 樂行 無量 佛道, 是 菩薩行;
수 행 팔정도 이 낙행 무량 불도, 시 보살행;

雖 行 止觀 助道 之法 而不 畢竟 墮於 寂滅, 是 菩薩行;
수 행 지관 조도 지법 이불 필경 타어 적멸, 시 보살행;

雖 行 諸法 不生 不滅 而以 相好 莊嚴 其身, 是 菩薩行;
수 행 제법 불생 불멸 이이 상호 장엄 기신, 시 보살행;

雖 現 聲聞 辟支佛 威儀 而 不捨 佛法, 是 菩薩行;
수 현 성문 벽지불 위의 이 불사 불법, 시 보살행;

雖 隨 諸法 究竟 淨相 而隨 所應 爲現 其身, 是 菩薩行;
수 수 제법 구경 정상 이수 소응 위현 기신, 시 보살행;

雖 觀 諸佛 國土 永寂 如空 而現 種種 淸淨 佛土, 是 菩薩行;
수 관 제불 국토 영적 여공 이현 종종 청정 불토, 시 보살행;

雖 得 佛道 轉於 法輪, 入於 涅槃 而 不捨 於 菩薩 之道, 是 菩薩行。」
수 득 불도 전어 법륜, 입어 열반 이 불사 어 보살 지도, 시 보살행。

說 是 語 時, 文殊師利 所將 大衆,
설 시 어 시, 문수사리 소장 대중,

其中 八千 天子 皆 發 阿耨多羅三藐三菩提心。
기중 팔천 천자 개 발 야뇩다라삼먁삼보리심。

경문해석

결박(結縛)이란 무엇이고 해탈(解脫)이란 무엇인가?
선정(禪定)의 황홀경에 집착하는 것은 결박이요.
방편(方便)으로 생활하면서 불이선경(不二禪境)에 노니는 것은 해탈입니다.

방편이 없는 지혜는 결박이요 방편이 있는 지혜는 해탈입니다.
지혜가 없는 방편은 결박이요 지혜가 있는 방편은 해탈입니다.

무엇을 '방편이 없는 지혜의 결박'이라 하는가?
보살이 애견심(愛見心)으로 불국토를 장엄하고 중생을 성취하면서 공(空), 무상(無相), 무작(無作)의 법에서 스스로를 조복하려하는 것을 '방편이 없는 지혜의 결박'이라 합니다.

무엇을 '방편이 있는 지혜의 해탈'이라 하는가?
애견심(愛見心)이 없이 불국토를 장엄하고 중생을 성취하며 공(空), 무상(無相), 무작(無作)의 법에서 스스로를 조복하면서도 피곤하고 싫어하는 마음이 없는 것을 '방편이 있는 지혜의 해탈'이라 합니다.

무엇을 '지혜가 없는 방편의 결박'이라 하는가?
보살이 탐욕(貪慾), 진에(瞋恚), 사견(邪見) 등 번뇌에 머물면서 공덕의 뿌리를 심으려하는 것을 '지혜가 없는 방편의 결박'이라 합니다.

무엇을 '지혜가 있는 방편의 해탈'이라 하는가?

보살이 탐욕(貪慾), 진에(嗔恚), 사견(邪見) 등 번뇌를 떠나 공덕의 뿌리를 심고 아뇩다라삼먁삼보리를 얻고자 회향하는 것을 '지혜가 있는 방편의 해탈'이라 합니다.

문수사리여!
병든 보살은 마땅히 다음과 같이 모든 법을 관(觀)해야 합니다.

'이 몸이 무상(無常), 고(苦), 공(空), 무아(無我)라고 관(觀)하는 것을 지혜라 한다. 비록 몸에 병이 있으나 생사윤회하면서 항상 중생을 이롭게 하되 피곤하고 싫어하는 마음이 없는 것을 방편이라 한다.
몸은 병을 떠나지 않고 병은 몸을 떠나지 않으며, 병과 몸이 새롭게 생기는 것도 아니고 또한 과거에 있지도 않음을 관(觀)하는 것을 지혜라 한다.
몸에 병이 있더라도 영원히 멸(滅)하지 않는 것을 방편이라 한다.'

문수사리여!
병든 보살은 마땅히 이와 같이 그 마음을 조복하되 그 안에 머물지 않으며 또한 조복하지 않는 마음에도 머물지 않습니다.
왜냐하면
만약에 조복하지 않은 마음에 머물면 이것은 우인법(愚人法)이요
만약에 조복하는 마음에 머물면 이것은 성문법(聲聞法)입니다.
그러므로 보살은 조복하거나 조복하지 않는 마음에 머물지 않습니다.
이 두 가지 법을 떠난 것이 보살행입니다.
생사에 있으면서 더러운 행위를 하지 않고 열반에 머물지만 영원히 멸도하지 않는 것이 보살행입니다.
범부의 행이 아니면서 현성의 행도 아닌 것이 보살행입니다.

더러운 행이 아니면서 깨끗한 행도 아닌 것이 보살행입니다.

마구니를 이미 넘어섰지만 여전히 마구니를 항복시키는 모습을 보이는 것이 보살행입니다.

일체지(一切智)를 구하지만 때 아닌 때에 구하지 않는 것이 보살행입니다.

제법의 불생(不生)을 관하지만 정위(正位)에 들어가지 않는 것이 보살행입니다.

십이연기(十二緣起)를 관하지만 모든 사견(邪見)에 들어가는 것이 보살행입니다.

모든 중생을 섭수하지만 애착하지 않는 것이 보살행입니다.

멀리 떠나 있기를 좋아하지만 몸과 마음의 다함에 의지하지 않는 것이 보살행입니다.

삼계(三界)에서 생활하지만 법성(法性)에 계합되어 있는 것이 보살행입니다.

공(空)의 이치를 따라 수행하지만 갖가지 공덕의 뿌리를 심는 것이 보살행입니다.

무상(無相)의 이치를 따라 수행하지만 중생을 이롭게 하는 것이 보살행입니다.

무작(無作)의 이치를 따라 수행하지만 현실의 삶을 유지하는 것이 보살행입니다.

무기(無起)의 이치를 따라 수행하지만 모든 선행(善行)을 실천하는 것이 보살행입니다.

육바라밀을 수행하지만 중생의 마음과 그 마음으로 인해 생긴 법들을 두루 아는 것이 보살행입니다.

육신통을 수행하지만 무루(無漏)가 되지 않는 것이 보살행입니다.

사무량심을 수행하지만 천상에 태어나려고 탐착하지 않는 것이 보살행입니다.

선정(禪定), 해탈(解脫), 삼매(三昧)를 수행하지만 그 선열(禪悅)을 탐착하지 않는 것이 보살행입니다.

사념처(四念處)를 수행하지만 그 몸과 감각기능과 의식작용과 법을 영원히 떠나버리지 않는 것이 보살행입니다.

사정근(四正勤)을 수행하지만 몸과 마음을 버리지 않고 정진하는 것이 보살행입니다.

사여의족(四如意足)을 수행하지만 자재신통(自在神通)함을 얻는 것이 보살행입니다.

오근(五根)을 수행하지만 중생 근기의 이둔(利鈍)을 분별하는 것이 보살행입니다.

오력(五力)을 수행하지만 불십력(佛十力)을 갖추고자 하는 것이 보살행입니다.

칠각분(七覺分)을 수행하지만 불지혜(佛智慧)를 분별하는 것이 보살행입니다.

팔정도(八正道)를 수행하지만 무량한 불도(佛道)를 즐겨 닦는 것이 보살행입니다.

지관(止觀)의 조도법(助道法)을 수행하지만 적멸(寂滅)에 떨어지지 않는 것이 보살행입니다.

모든 법의 불생불멸(不生不滅)을 수행하지만 상호로 몸을 장엄하는 것이 보살행입니다.

성문과 연각의 위의를 드러내지만 불법(佛法)을 버리지 않는 것이 보살행입니다.

제법이 궁극적으로 청정한 실상(實相)임을 따르지만 인연 따라 몸을 드러내는 것이 보살행입니다.

모든 불국토가 영원히 공적함을 관(觀)하면서도 갖가지 청정한 불국토를 나타내 보이는 것이 보살행입니다.

불도(佛道)를 얻고 법륜(法輪)을 굴리며 열반(涅槃)에 들었다 할지라도 보살의 길을 버리지 않는 것이 보살행입니다.

유마대사가 이와 같이 말씀했을 때 문수보살과 함께 온 대중 가운데 팔천 명의 천자가 모두 아뇩다라삼먁삼보리심을 발했습니다.

방편설법

선 수행자는 쉽게 선(禪) 맛에 집착하여 번뇌에 속박됩니다.
선 수행자가 선의 어떤 맛에 쉽게 얽매이는가에 대해 나즙대사는 다음과 같이 말씀하고 있습니다.

선 수행자가 선(禪)의 맛에 집착하여 얽매이게 되는데 그 중에서 크게 얽매이는 두 가지 요소가 있다. 열반(涅槃)과 보살도(菩薩道)이다

열반(涅槃)!
보살도(菩薩道)!

보살도는 열반에 가기 위한 길입니다. 곧 실천수행입니다.
보살도(菩薩道)는 지혜(智慧)를 바탕으로 성취됩니다.
지혜가 없으면 보살도의 실천 자체가 불가능합니다.
만약 지혜가 없으면서 보살도를 실천한다고 말하면 그것은 이름이 보살도일 뿐 그 실천은 보살도가 아닙니다. 이것은 곧 불빛이 없는 어두운 밤에 천길 벼랑의 오솔길을 가는 것과 같습니다.

보살행은 보살도입니다.
보살행은 보살도의 실천입니다.
진정한 보살행이 무엇인가 명확하게 체득하고 선 수행했을 때 밝은 등불 아래 천길 벼랑의 오솔길을 가는 것과 같습니다.

이 장에서 다양한 보살행의 덕목을 공부합니다.
반복해서 일깨워야 합니다.

특히 열반락에 속박되지 않도록 일깨워야 합니다.
특히 보살도정신에 속박되지 않도록 일깨워야 합니다.

6
부사의품

25 불가사의

25. 불가사의

경문낭독

爾時, 舍利弗 見 此室 中 無有 牀座, 作 是念:
이시, 사리불 견 차실 중 무유 상좌, 작 시념:

「斯 諸菩薩 大弟子 衆, 當 於何 坐?」
사 제보살 대제자 중, 당 어하 좌?

長者 維摩詰 知 其意, 語 舍利弗 言:
장자 유마힐 지 기의, 어 사리불 언:

「云何 仁者, 爲法 來 耶? 求 牀座 耶?」
운하 인자, 위법 래 야? 구 상좌 야?

舍利弗 言:「我 爲法 來, 非爲 牀座。」
사리불 언: 아 위법 래, 비위 상좌。

維摩詰 言:「唯, 舍利弗! 夫 求法 者, 不貪 軀命, 何況 牀座?
유마힐 언: 유, 사리불! 부 구법 자, 불탐 구명, 하황 상좌?

夫 求法 者, 非有 色受想行識 之求, 非有 界入 之求,
부 구법 자, 비유 색수상행식 지구, 비유 계입 지구,

非有 欲色無色 之求。
비유 욕계무색 지구。

唯, 舍利弗! 夫 求法 者, 不著佛 求, 不著法 求, 不著衆 求。
유, 사리불! 부 구법자, 불 착불 구, 불 착법 구, 불 착중 구。

夫 求法者, 無 見苦 求, 無 斷集 求, 無 造 盡證 修道 之求。
부 구법자, 무 견고 구, 무 단집 구, 무 조 진증 수도 지구。

所以者何？法 無 戲論。若言 我當 見苦 斷集 證滅 修道, 是則 戲論,
소이자하？법 무 희론。약언 아당 견고 단집 증멸 수도, 시즉 희론,

非 求法 也。
비 구법 야。

唯, 舍利弗！法 名 寂滅, 若 行 生滅, 是 求 生滅, 非 求 法 也;
유, 사리불！법 명 적멸, 약 행 생멸, 시 구 생멸, 비 구법 야;

法 名 無染, 若 染 於法, 乃至 涅槃, 是則 染著, 非 求法 也;
법 명 무염, 약 염 어법, 내지 열반, 시즉 염저, 비 구법 야;

法 無 行處, 若 行 於法, 是則 行處, 非 求法 也;
법 무 행처, 약 행 어법, 시즉 행처, 비 구법 야;

法 無 取捨, 若 取捨 法, 是則 取捨, 非 求法 也;
법 무 취사, 약 취사 법, 시즉 취사, 비 구법 야;

法 無 處所, 若 著 處所, 是則 著處, 非 求法 也;
법 무 처소, 약 저 처소, 시즉 저처, 비 구법 야;

法 名 無相, 若 隨相 識, 是則 求相, 非 求法 也;
법 명 무상, 약 수상 식, 시즉 구상, 비 구법 야;

法 不可住, 若 住 於法, 是則 住法, 非 求法 也;
법 불가주, 약 주 어법, 시즉 주법, 비 구법 야;

法 不可 見聞覺知, 若 行 見聞覺知, 是則 見聞覺知, 非 求法 也;
법 불가 견문각지, 약 행 견문각지, 시즉 견문각지, 비 구법 야;

法 名 無爲, 若 行 有爲, 是 求 有爲, 非 求法 也。
법 명 무위, 약 행 유위, 시 구 유위, 비 구법 야。

是故, 舍利弗！若 求法者, 於 一切法 應 無所求。」
시고, 사리불！약 구법자, 어 일체법 응 무소구。

說 是語 時, 五百 天子 於 諸法 中 得 法眼 淨。
설 시어 시, 오백 천자 어 제법 중 득 법안 정。

爾時, 長者 維摩詰 問 文殊師利 言：「仁者 遊於 無量 千萬億 阿僧祇國,
이시, 장자 유마힐 문 문수사리 언： 인자 유어 무량 천만억 아승기국,

何等 佛土 有好 上妙 功德, 成就 師子 之座?」
하등 불토 유호 상묘 공덕, 성취 사자 지좌?

文殊師利 言:「居士! 東方 度 三十六 恒河沙國,
문수사리 언: 거사! 동방 도 삼십육 항하사국,

有 世界 名 須彌相, 其 佛號 須彌燈王, 今 現在。
유 세계 명 수미상, 기 불호 수미등왕, 금 현재。

彼佛 身長 八萬四千 由旬, 其 師子座 高 八萬四千 由旬, 嚴飾 第一。」
피불 신장 팔만사천 유순, 기 사자좌 고 팔만사천 유순, 엄식 제일。

於是, 長者 維摩詰 現 神通力, 卽時 彼佛 遣 三萬二千 師子之座,
어시, 장자 유마힐 현 신통력, 즉시 피불 견 삼만이천 사자지좌,

高廣 嚴淨, 來入 維摩詰 室。諸菩薩 大弟子, 釋梵 四天王 等,
고광 엄정, 내입 유마힐 실。제보살 대제자, 석범 사천왕 등,

昔 所 未見, 其室 廣博, 悉皆 包容 三萬二千 師子之座,
석 소 미견, 기실 광박, 실개 포용 삼만이천 사자지좌,

無所 妨閡, 於 毗耶離城 及 閻浮提 四天下, 亦 不 迫迮, 悉見 如故。
무소 방핵, 어 비야리성 급 염부제 사천하, 역 불 박책, 실견 여고。

爾時, 維摩詰 語 文殊師利:「就 師子座! 與 諸菩薩 上人 俱坐,
이시, 유마힐 어 문수사리: 취 사자좌! 여 제보살 상인 구좌,

當自 立身, 如彼 座像。」
당자 입신, 여 피 좌상。

其得 神通菩薩, 卽 自 變形 爲 四萬二千 由旬, 坐 師子座。
기득 신통보살, 즉 자 변형 위 사만이천 유순, 좌 사자좌。

諸 新發意 菩薩 及 大弟子, 皆 不能 昇。
제 신 발의 보살 급 대제자, 개 불능 승。

爾時, 維摩詰 語 舍利弗:「就 師子座。」
이시, 유마힐 어 사리불: 취 사자좌。

舍利弗 言:「居士! 此座 高廣, 吾 不能 昇。」
사리불 언: 거사! 차좌 고광, 오 불능 승。

維摩詰 言:「唯, 舍利弗! 爲 須彌燈王 如來 作禮, 乃可 得坐。」
유마힐 언: 유, 사리불! 위 수미등왕 여래 작례, 내가 득좌.

於是, 新 發意 菩薩 及 大弟子 卽爲 須彌燈王 如來 作禮, 便得 坐 師子座.
어시, 신 발의 보살 급 대제자 즉위 수미등왕 여래 작례, 변득 좌 사자좌.

舍利弗 言:「居士! 未曾有 也。 如是 小室, 乃 容受 此 高廣 之座,
사리불 언: 거사! 미증유 야. 여시 소실, 내 용수 차 고광 지좌,

於 毗耶離城 無所 妨礙, 又於 閻浮提 聚落城邑,
어 비야리성 무소 방애, 우어 염부제 취락성읍,

及 四天下 諸天 龍王 鬼神 宮殿, 亦不 迫迮。」
급 사천하 제천 룡왕 귀신 궁전, 역불 박책.

維摩詰 言:「唯, 舍利弗! 諸佛菩薩 有 解脫, 名 不可思議.
유마힐 언: 유, 사리불! 제불보살 유 해탈, 명 불가사의.

若 菩薩 住 是 解脫 者, 以 須彌之高廣 內 芥子 中 無所 增減,
약 보살 주 시 해탈 자, 이 수미지고광 내 개자 중 무소 증감,

須彌山王 本相 如故, 而 四天王 忉利 諸天 不覺 不知 己之 所入,
수미산왕 본상 여고, 이 사천왕 도리 제천 불각 부지 기지 소입,

唯 應度 者, 乃 見 須彌 入 芥子 中, 是名 不可思議解脫法門.
유 응도 자, 내 견 수미 입 개자 중, 시명 불가사의해탈법문.

又, 以 四大海水 入 一毛孔, 不嬈 魚鼈 黿鼉 水性 之屬,
우, 이 사대해수 입 일모공, 불뇨 어별 원타 수성 지속,

而彼 大海 本相 如 故, 諸龍 鬼神 阿修羅
이피 대해 본상 여 고, 제룡 귀신 아수라

等 不覺 不知 己之 所入, 於 此 衆生 亦無 所嬈.
등 불각 부지 기지 소입, 어 차 중생 역무 소뇨.

又 舍利弗! 住 不可思議解脫 菩薩, 斷取 三千大千世界 如 陶家 輪,
우 사리불! 주 불가사의해탈 보살, 단취 삼천대천세계 여 도가 륜,

著 右掌 中 擲過 恒沙世界 之外, 其中 衆生 不覺 不知 己之 所往.
저 우장 중 척과 항사세계 지외, 기중 중생 불각 부지 기지 소왕.

又復 還置 本處, 都 不使人 有 往來想, 而此 世界 本相 如故。
우복 환치 본처, 도 불사인 유 왕래상, 이차 세계 본상 여 고.

又, 舍利弗! 或有 眾生 樂 久住世 而 可度者, 菩薩 卽演 七日 以爲 一劫,
우, 사리불! 혹유 중생 락 구주세 이 가도자, 보살 즉연 칠일 이위 일겁,

令彼 眾生 謂之 一劫, 或有 眾生 不樂 久住 而 可度者,
영피 중생 위지 일겁, 혹유 중생 불락 구주 이 가도자,

菩薩 卽促 一劫 以爲 七日, 令 彼 眾生 謂之 七日。
보살 즉촉 일겁 이위 칠일, 영 피 중생 위지 칠일.

又, 舍利弗! 住 不可思議解脫 菩薩,
우, 사리불! 주 불가사의해탈 보살,

以 一切佛土 嚴飾之事 集在 一國 示於 眾生。
이 일체불토 엄식지사 집재 일국 시어 중생.

又 菩薩 以 一佛土 眾生 置之 右掌, 飛到 十方, 徧示 一切, 而 不動 本處。
우 보살 이 일불토 중생 치지 우장, 비도 시방, 편시 일체, 이 부동 본처.

又, 舍利弗! 十方眾生 供養 諸佛 之具,
우, 사리불! 시방중생 공양 제불 지구,

菩薩 於 一毛孔 皆令 得見。 又 十方國土 所有 日月星宿,
보살 어 일모공 개령 득견. 우 시방국토 소유 일월성수,

於 一毛孔 普使 見之。
어 일모공 보사 견지.

又, 舍利弗! 十方世界 所有 諸風,
우, 사리불! 시방세계 소유 제풍,

菩薩 悉能 吸著 口中 而身 無損, 外 諸 樹木 亦 不 摧折。
보살 실능 흡저 구중 이신 무손, 외 제 수목 역 부 최근.

又 十方世界 劫 盡燒時, 以 一切火 內於 腹中, 火事 如故 而 不爲害。
우 시방세계 겁 진소시, 이 일체화 내어 복중, 화사 여고 이 불위해.

又 於 下方 過 恒河沙 等 諸佛世界 取 一佛土,
우 어 하방 과 항하사 등 제불세계 취 일불토,

舉著 上方 過 恒河沙 無數世界, 如持 針鋒 擧 一棗葉 而無所嬈。
거저 상방 과 항하사 무수세계, 여 지 침봉 거 일조엽 이 무소뇨.

又, 舍利弗! 住 不可思議解脫 菩薩, 能以 神通, 現作 佛身,
우, 사리불! 주 불가사의해탈 보살, 능이 신통, 현작 불신,

或現 辟支佛身, 或現 聲聞身, 或現 帝釋身, 或現 梵王身,
혹현 벽지불신, 혹현 성문신, 혹현 제석신, 혹현 범왕신,

或現 世主身, 或現 轉輪王身。
혹현 세주신, 혹현 전륜왕신.

又 十方世界 所有 衆聲 上中下 音, 皆能 變之 令作 佛聲,
우 시방세계 소유 중성 상중하 음, 개능 변지 령작 불성,

演出 無常、苦、空、無我 之音, 及 十方諸佛 所說 種種 之法,
연출 무상、고、공、무아 지음, 급 시방제불 소설 종종 지법,

皆於 其中 普令 得聞。
개어 기중 보령 득문.

舍利弗! 我 今 略說 菩薩 不可思議解脫 之力, 若 廣說者 窮劫 不盡。」
사리불! 아 금 약설 보살 불가사의해탈 지력, 약 광설자 궁겁 부진.

是時, 大迦葉 聞說 菩薩 不可思議解脫法門, 歎 未曾有,
시시, 대가섭 문설 보살 불가사의해탈법문, 탄 미증유,

謂 舍利弗:「譬如 有人 於 盲者前 現 衆色像, 非 彼所見,
위 사리불: 비여 유인 어 맹자전 현 중색상, 비 피소견,

一切 聲聞 聞 是 不可思議解脫法門 不能 解了, 爲 若此 也。
일체 성문 문 시 불가사의해탈법문 불능 해료, 위 약차 야.

智者 聞是, 其誰 不發 阿耨多羅三藐三菩提心!
지자 문시, 기수 불발 아뇩다라삼먁삼보리심!

我等 何爲 永絶 其根, 於 此 大乘 已如 敗種。
아등 하위 영절 기근, 어 차 대승 이여 패종.

一切聲聞 聞 是 不可思議解脫法門, 皆應 號泣聲震 三千大千世界,
일체성문 문 시 불가사의해탈법문, 개응 호읍성진 삼천대천세계,

一切菩薩 應 大 欣慶, 頂受 此法。
일체보살 응 대 흔경, 정수 차법

若有 菩薩 信解 不可思議解脫法門 者, 一切魔衆 無如之何。」
약유 보살 신해 불가사의해탈법문 자, 일체마중 무여지하。

大迦葉 說 是語 時, 三萬二千 天子 皆 發 阿耨多羅三藐三菩提心。
대가섭 설 시어 시, 삼만이천 천자 개 발 아뇩다라삼먁삼보리심。

爾時, 維摩詰 語 大迦葉:
이시, 유마힐 어 대가섭:

「仁者! 十方 無量 阿僧祇 世界 中 作 魔王者,
 인자! 시방 무량 아승지 세계 중 작 마왕자,

多是 住 不可思議解脫菩薩, 以 方便力 教化 衆生, 現作 魔王。
다시 주 불가사의해탈보살, 이 방편력 교화 중생, 현작 마왕。

又, 迦葉! 十方 無量 菩薩, 或 有人 從 乞 手足、耳鼻、頭目、
우, 가섭! 시방 무량 보살, 혹 유인 종 걸 수족、이비、두목、

髓腦、血肉、皮骨、聚落、城邑、妻子、奴婢、象馬、車乘、金銀瑠璃、
수뇌、혈육、피골、취락、성읍、처자、노비、상마、거승、금은유리、

硨磲碼碯、珊瑚琥珀、眞珠珂貝、衣服 飲食, 如此 乞者,
차거마노、산호호박、진주가패、의복 음식, 여차 걸자,

多是 住 不可思議解脫 菩薩, 以 方便力 而 往 試之, 令 其 堅固。
다시 주 불가사의해탈 보살, 이 방편력 이 왕 시지, 영 기 견고。

所以者何? 住 不可思議解脫 菩薩, 有 威德力, 故 行 逼迫,
소이자하? 주 불가사의해탈 보살, 유 위덕력, 고 행 핍박,

示 諸 衆生 如是 難事。凡夫 下劣, 無有 力勢, 不能 如是 逼迫 菩薩。
시 제 중생 여시 난사。범부 하열, 무유 력세, 불능 여시 핍박 보살。

譬如 龍象 蹴踏, 非 驢 所堪,
비여 용상 축답, 비 려 소감,

是名 住 不可思議解脫 菩薩 智慧 方便 之門。」
시명 주 불가사의해탈 보살 지혜 방편 지문。

경문해석

그때에 사리불이 방안에 좌석이 없는 것을 보고 이런 생각을 했습니다.
"이 많은 대중이 어디에 앉지?"
유마대사가 그 마음을 알고 다음과 같이 말씀했습니다.
"그대는 법을 구하러 왔소, 앉을 자리를 구하러 왔소?"
"법을 구하러 왔지, 자리를 구하러 온 것이 아닙니다."
유마대사가 다시 말씀했습니다.

"그렇습니다, 사리불존자여!
법을 구하고자 하는 사람은 몸을 아끼지 않고 신명(身命)을 탐내지 말아야 하는데 하물며 앉을 자리 따위를 탐내서 되겠습니까?
법을 구하는 선 수행자는 색수상행식(色受想行識)과 계(界), 입(入)을 구하지 않습니다.
법을 구하는 선 수행자는 불(佛), 법(法), 중(衆)에 집착해서 구하지 않습니다.
법을 구하는 선 수행자는 고(苦)를 봄이 없이 구하고, 집(集)을 끊음이 없이 구하며, 증(證)을 다함이 없이 구하고, 도(道)를 닦음이 없이 구합니다.
왜냐하면 법에는 희론(戱論)이 없기 때문입니다.
선 수행자가 고(苦)를 본다, 집(集)을 끊는다, 멸(滅)을 증득한다, 도(道)를 닦는다는 것은 쓸데없는 말장난이지 법을 구하는 것이 아닙니다.

사리불존자여!
법은 적멸(寂滅)입니다. 만약 생멸(生滅)을 행하면 생멸을 구하는 것이지 법을 구하는 것이 아닙니다.

법은 물듦이 없습니다. 만약 법이나 열반에 물든다면 그것은 염착(染着)이지 법을 구하는 것이 아닙니다.

법은 행처(行處)가 없습니다. 만약 법을 행(行)한다면 그것은 행처(行處)이지 법을 구하는 것이 아닙니다.

법은 취사(取捨)가 없습니다. 만약 법을 취하거나 버리고 한다면 그것은 취사이지 법을 구하는 것이 아닙니다.

법은 어떤 장소가 없습니다. 만약 수행도량에 집착하면 그것은 환경에 집착하는 것이지 법을 구하는 것이 아닙니다.

법은 무상(無相)입니다. 만약 상(相)을 좇아 분별하면 그것은 상(相)을 구하는 것이지 법을 구하는 것이 아닙니다.

법은 어디에도 머물지 않습니다. 만약 법에 머문다면 그것은 법에 머무는 것이지 법을 구하는 것이 아닙니다.

법은 견문각지(見聞覺知)할 수 있는 그 무엇이 아닙니다. 만약 견문각지 한다면 그것은 감각과 의식의 작용이지 법을 구하는 것이 아닙니다.

법은 무위(無爲)입니다. 그런데 유위(有爲)를 행한다면 그것은 유위를 구하는 것이지 법을 구하는 것이 아닙니다.

그러므로 사리불존자여!
구법(求法)하는 선 수행자는 모든 법에 대해 구하는 바 없어야 됩니다."

유마대사가 이와 같이 말씀했을 때 오백 명의 천자가 모두 법을 대하면서 법안(法眼)의 청정함을 얻었습니다.

그때에 유마대사가 문수보살에게 물었습니다.
"문수사리여! 그대는 무량 천만 억 아승지나 되는 우주의 수많은 나라를 돌아보았는데 어느 부처님 나라가 가장 훌륭한 공덕을 성취한 사자좌를 가지고 있습니까?"

문수보살이 말씀하기를,

"유마대사여! 동방으로 삼십육 항하사만큼 많은 나라를 지나 수미상이라는 세계가 있습니다. 그 나라의 부처님 이름은 수미등왕이고 지금 현재 그 부처님의 신장은 팔만 사천 유순이나 되며 그 사자좌의 높이도 팔만 사천 유순으로 아름다움의 으뜸입니다."

그때 유마대사가 신통력을 보이자 수미등왕 여래는 삼만 이천 개의 사자좌를 방장실로 들어오게 하였는데 그 사자좌들은 모두 높고 광대하며 장엄하고 청정했습니다. 많은 보살과 대제자, 제석천, 대범천, 사천왕 등이 일찍이 본적이 없었습니다.

그때 유마대사의 방은 넓고 커서 이 삼만 이천 개의 사자좌를 모두 포용하고도 방해되거나 옹색함이 없었습니다. 비야리성과 염부제도 궁색함 없이 예전과 같았습니다.

그때 유마대사가 사리불에게 말씀했습니다.

"사자좌에 앉으시오. 모든 대중도 함께 몸을 사자좌에 맞게 키워서 앉으시오."

신통을 갖춘 보살들은 자신의 몸을 사만 이천 유순으로 키워서 사자좌에 앉았으나 아직 수행력이 부족한 보살과 대제자는 사자좌에 오르질 못했습니다.

그때 유마대사가 사리불에게 말씀하기를,

"사자좌에 오르시오."

사리불이 대답하기를,

"너무 높고 커서 오를 수가 없습니다."

유마대사가 다시 말씀하기를,

"수미등왕 여래께 예를 올리면 사자좌에 오를 수 있습니다."

그래서 신참보살과 대제자가 수미등왕 여래에게 예를 올리니 자연스럽게 사자좌에 오르게 되었습니다.

사리불이 말하기를,

"유마대사여!

미증유한 일입니다. 이와 같이 작은 방이 이 높고 크고 넓은 사자좌를 수용한다는 것이. 그리고 비야리성에 아무런 지장도 주지 않았고 또 염부제의 마을, 성읍과 사천하의 제천(諸天)에도 아무런 영향을 미치지 않았다는 것이 실로 미증유한 일입니다."

유마대사가 말씀했습니다.

"사리불존자여!

제불보살에게는 불가사의(不可思議)라는 해탈(解脫)이 있습니다.

만약 보살이 이 해탈에 머무르면 높고 넓은 수미산을 겨자씨 속에 넣고도 겨자씨가 불어나거나 수미산이 줄어든 바 없이 본래 그대로이며 사천왕이나 도리천과 같은 제천(諸天)이 그들이 어디에 들어갔는지를 깨닫지 못하고 오직 마땅히 제도 받을 만한 수행자만이 수미산이 겨자씨 속에 들어간 사실을 발견합니다.

이것을 보살이 불가사의해탈법문(不可思議解脫法門)에 머문다고 합니다.

또 사리불존자여!

사대해(四大海)의 바닷물을 하나의 털구멍 속에 넣되 물고기, 자라, 악어 등 물 속의 동물에 피해가 없고 바다는 본래의 모습 그대로이며 용과 귀신과 아수라 등이 그 속에 들어가 있다는 사실을 깨닫지 못하며 또한 이들에게도 아무런 손상이 없습니다.

또 사리불존자여!

불가사의해탈에 머무는 보살은 삼천대천세계를 오른쪽 손아귀에 움켜쥐기를 마치 도자기를 만드는 사람이 하듯 삼천대천세계를 항하사보다 더 많은 세계의 밖으로 내던지는 것과 같이 하지만 그 세계의 중생들이 자기들이 어디로 갔는지를 깨닫지 못하며 또 본래 있던 곳으로 되돌아오는데 사람들로 하여금 왔다 갔다 했다는 상(想)을 일으키지 않게 하며 그리고 이 세계는 본래의 모습 그대로입니다.

또 사리불존자여!
어떤 중생이 이 세상에 오래 머물러 있기를 좋아하면 그를 제도할 때 보살은 그 중생이 칠일을 일겁(一劫)처럼 느끼게 합니다.
또 어떤 중생이 이 세상에 오래 머물기를 원하지 않으면 그를 제도할 때 보살은 그 중생이 일겁을 칠일처럼 느끼게 합니다.

또 사리불존자여!
불가사의해탈에 머무는 보살은 모든 불국토가 갖춘 장엄장식을 한 나라 안에 모아 놓고 중생들에게 보여줍니다.
또 보살은 중생을 오른쪽 손바닥 안에 놓고 시방세계를 날아다니며 우주의 모든 불국토를 보여줍니다. 그러나 그때 본래 있던 곳을 떠나 움직인 바 없습니다.

또 사리불존자여!
보살은 모든 중생으로 하여금 모든 부처님께 드릴 공양의 도구를 하나의 모공 속에서 모두 볼 수 있게 하며 또 시방국토의 일월성수(日月星宿)를 하나의 털구멍 속에 나타나게 하여 모든 중생들이 볼 수 있게 합니다.

또 사리불존자여!

보살은 신통력으로 시방세계의 갖가지 바람, 태풍, 선풍, 폭풍 등을 모두 입으로 들이 마십니다. 그때 몸에 아무런 손상을 입지 않습니다. 그리고 밖에 크고 작은 나무들도 바람에 부러지거나 꺾이는 일이 없습니다.

또 사리불이여!

시방세계의 겁(劫)이 불타 없어질 때 보살은 그 모든 불길을 자신의 배 속으로 끌어들입니다. 이때 모든 불길이 들어오지만 아무런 해를 입지 않습니다.

또 사리불이여!

아래쪽으로 항하사보다 더 많은 제불세계를 지나 보살이 하나의 불국토를 위로 들어 올려 항하사보다 더 많은 무수한 세계를 지나 이 불국토를 한 정상에다가 오려 놓습니다. 그런데 그렇게 하기를 보살은 마치 대추나무 잎사귀 하나를 바늘 끝 위에 올려놓고도 떨어뜨리는 일 없듯 손쉽게 합니다.

또 사리불존자여!

불가사의해탈에 머무는 보살은 신통력으로 부처의 몸을 나타내기도 하고 벽지불, 성문, 제석천, 범왕, 세주, 전륜성왕의 몸을 나타내기도 합니다.

또 사리불존자여!

시방세계의 모든 중생이 지닌 갖가지 소리를 보살은 부처님의 음성으로 만들어 무상(無常)과 고(苦)와 공(空)과 무아(無我)를 알리는 소리로 변하게 하고 또한 시방의 모든 부처님께서 설하시는 갖가지 법을 그 소리를 통해 언제 어디서나 들을 수 있게 합니다.

사리불존자여!

내가 지금 보살의 불가사의한 해탈의 힘에 관해 설한 것은 극히 일부의 내용입니다. 만약 자세히 말하자면 겁(劫)이 다할 때까지 말해도 끝나지 않을 것입니다."

그때에 대가섭이 보살이 갖춘 불가사의해탈법문을 듣고 미증유한 일이라 탄식하며 사리불에게 말했습니다.

"비유컨대 장님에게 갖가지 색상을 보여줄 때 장님이 그것을 보지 못하는 것과 같이 모든 성문은 이 불가사의해탈법문을 들어도 무슨 뜻인지 알아듣지 못합니다. 지혜 있는 사람이라면 이 가르침을 듣고 그 누가 아뇩다라삼먁삼보리심을 발하지 않겠습니까!

우리 성문수행자는 어찌하여 세상을 이롭게 하는 마음을 멸하게 되었을까!

모든 성문이 불가사의해탈법문을 듣고 안타까운 마음에 대성통곡하여 그 울음소리가 삼천대천세계를 진동시키지 않겠는가!

모든 보살은 이 법문을 듣고 환희심으로 충만하여 마음 깊이 가르침을 받아들이지 않겠는가!

만약 보살이 이 불가사의해탈법문을 믿고 이해하고 있다면 어떤 마구니도 보살의 선 수행을 방해할 수 없을 것이다."

대가섭이 이와 같이 말했을 때 삼만 이천의 천자가 모두 아뇩다라삼먁삼보리심을 발했습니다.

그때 유마대사가 대가섭에게 말씀했습니다.

"가섭존자여!

시방세계에서 마왕이 된 자 중에는 불가사의해탈에 머무는 보살이 많습니다. 방편력으로 중생을 이롭게 하기 위해 마왕의 모습을 나타내고 있습니다.

시방의 무량한 보살들에게 손, 발, 귀, 코, 머리, 눈, 골수, 뇌, 피와 살, 가죽과 뼈, 마을, 도시, 처자, 노비, 코끼리나 말, 갖가지 탈 것들, 금, 은, 유리,

호박, 진주, 흰 마노로 만든 도구들, 의복, 음식 이런 것들을 애절하게 구걸하는 사람이 있으면 이 사람들은 대부분 불가사의해탈에 머무는 보살로서 그대들을 방편력으로 시험하면서 선 수행력의 향상을 돕기 위해 온 것입니다.

왜냐하면 불가사의해탈에 머무는 보살은 위덕의 힘이 있어 핍박하는 모습을 보이면서 중생들의 어려운 일을 해결합니다.

보살만이 할 수 있는 이와 같은 수승한 보살행은 범부는 수행력이 약해 해내지 못합니다. 용이나 코끼리가 땅을 걸어차며 습격해 올 때 당나귀가 감히 대적할 수 없는 것과 같이 힘차고 불가사의한 존재, 이것을 이름하여 불가사의해탈에 머무는 보살의 지혜방편문(智慧方便門)이라 합니다."

방편설법

큰마음으로 선 수행하는 선지식을 법신대사(法身大士)라 합니다.
또는 대승(大乘)수행자라 칭합니다.

작은 마음으로 선 수행하는 선지식을 성문(聲聞)이라 합니다.
또는 소승(小乘)수행자라 칭합니다.

무엇을 기준으로 '큰 마음'과 '작은 마음'으로 나누죠?
법(法)에 대한 인식의 차이에 기준합니다.

어떤 법에 대한 인식의 차이죠?
아(我)와 타(他)에 대한 법의 인식의 차이입니다.

어떤 차이가 있는 거죠?
선 수행으로 이롭게 되는 대상이 아(我)에 국한 되면 그 선 수행자는 작은 마음의 수행자입니다.
선 수행으로 이롭게 되는 대상이 아(我)뿐만 아니라 타(他)도 포함되면 그 선 수행자는 큰마음의 수행자입니다.
이것을 다시 말하면 자신만을 위해서 선 수행하는 사람은 작은 마음의 수행자입니다. 반면 나와 남을 함께 위해 선 수행하는 사람은 큰마음의 수행자입니다.

왜 이러한 마음의 크기에 차이가 있습니까?
마음은 작아지면 겨자씨에도 들어가고, 커지면 우주를 감싸 안을 만큼 큽니다.

불안하고 옹졸해질수록 마음이 작아집니다.
가슴이 두근거리죠!
그것은 마음이 작아질수록 몸 안에 숨어들기 때문입니다.

사실 몸은 마음이 숨을 만한 곳이 못됩니다.
이미 앞에서 공부한 바처럼 몸은 다양한 성분들이 모여 복합적으로 이루고 있는 하나의 공동체이며 막상 그 안에 들어가면 안심할 만한 그 어떤 곳도 없습니다.
왜냐하면 몸 안의 모든 기능들이 불안전하기 때문입니다.
그래서 몸을 기준 삼아 선 수행하면 쉽게 피곤해지고 몸과 연관된 사물의 영향을 받게 됩니다. 그러나 우주가 내 마음 안에 있다는 큰마음으로 세상사에 노닐면 선 수행뿐만 아니라 나에게 와 닿는 경계들로부터도 항상 여여(如如)할 수 있습니다.
왜 그렇죠? 모두가 자신의 일부이기 때문입니다.
사리불존자가 앉을 곳을 찾은 이유에 대해 나즙대사는 이러한 원리에 의해 설명하고 있습니다.

법신대사는 몸과 마음에 피로함이 없다.
성문은 업으로 만들어진 몸이라 마음은 비록 법에 즐거워하고 있지만 몸은 피로함이 쌓여서 쉬고 싶은 생각이 일어난 것이다.
사리불이 부처님 제자 중에서 나이가 연로하고 체력이 허약해서 먼저 앉을 자리에 대한 생각이 일어난 것이다.

어떤 마음으로 법(法)을 구해야 하는가?
이 장에서 공부해야할 중요한 가르침입니다.

신통에 대해 어떻게 이해해야 하는가?
역시 이 장에서 체득해야할 중요한 개념입니다.

법이 무엇인지 명확히 알면 어떻게 구법(求法)해야 하는가의 이치를 자연스럽게 알게 됩니다.

신통이 무엇인지 명확히 알면 신통에 대해 어떻게 인식하고 받아들이고 노닐어야 되는가를 자연스럽게 알게 됩니다.

법이 무엇이죠?
신통이 무엇이죠?

신통(神通)의 가치(價値)는 인식(認識)의 차이(差異)에서 정해집니다.
제법(諸法)의 정사(正邪)는 지혜(智慧)의 안목(眼目)에서 정해집니다.

7
관중생품

26 관중생
27 자비희사
28 무주
29 집착과 해탈
30 남녀평등

26. 관중생

경문낭독

爾時, 文殊師利 問 維摩詰 言:「菩薩 云何 觀於 衆生?」
이시, 문수사리 문 유마힐 언: 보살 운하 관어 중생?

維摩詰 言:「譬如 幻師 見所 幻人, 菩薩 觀 衆生 爲 若此。
유마힐 언: 비여 환사 견소 환인, 보살 관 중생 위 약차。

如 智者 見 水中月, 如 鏡中 見 其 面像, 如 熱時 炎,
여 지자 견 수중월, 여 경중 견 기 면상, 여 열시 담,

如 呼聲 響, 如 空中 雲, 如 水聚 沫, 如 水上 泡, 如 芭蕉 堅,
여 호성 향, 여 공중 운, 여 수취 말, 여 수상 포, 여 파초 견,

如 電 久住, 如 第五大, 如 第六陰, 如 第七情, 如 十三入,
여 전 구주, 여 제오대, 여 제육음, 여 제칠정, 여 십삼입,

如 十九界, 菩薩 觀 衆生 爲 若此。
여 십구계, 보살 관 중생 위 약차。

如 無色界 色, 如 燋穀牙, 如 須陀洹 身見, 如 阿那含 入胎,
여 무색계 색, 여 초곡아, 여 수타환 신견, 여 아나함 입태,

如 阿羅漢 三毒, 如 得忍菩薩 貪恚 毁禁, 如 佛 煩惱習,
여 아라한 삼독, 여 득인보살 탐에 훼금, 여 불 번뇌습,

如 盲者 見色, 如 入滅盡定 出入息, 如 空中 鳥跡,
여 맹자 견색, 여 입멸진정 출입식, 여 공중 조적,

如 石女 兒, 如 化人 煩惱, 如 夢 所見 已寤, 如 滅度者 受身,
여 석녀 아, 여 화인 번뇌, 여 몽 소견 이오, 여 멸도자 수신,

如 無烟之火, 菩薩 觀 衆生 爲 若此。」
여 무연 지화, 보살 관 중생 위 약차。

경문해석

그때에 문수보살이 유마대사에게 물었습니다.
"보살은 어떻게 중생을 관(觀)해야 합니까?"
유마대사가 대답했습니다.

"문수사리여!
마술사가 마술로 만든 사람을 보듯 보살은 중생을 그렇게 보아야 합니다.

지혜 있는 사람이 물속의 달 보듯
거울 속의 얼굴 보듯
열기의 아지랑이 보듯
메아리 소리 듣듯
허공의 구름 보듯
파도의 물방울 보듯
수면의 물거품 보듯
파초의 빈 모습 보듯
순간 스쳐가는 번개 보듯
제오대(第五大)의 없는 것 보듯
제육음(諸六陰)의 없는 것 보듯
제칠정(第七情)의 없는 것 보듯
십삼입(十三入)의 없는 것 보듯
십구계(十九界)의 없는 것 보듯

무색계(無色界)의 색을 보듯
불탄 곡식에서 새싹 보듯
수타원(須陀洹)의 신견(身見) 보듯
아나함(阿那舍)의 입태(入胎) 보듯
아라한(阿羅漢)의 삼독(三毒) 보듯
득인(得忍)한 보살의 탐에(貪恚)와 훼금(毀禁) 보듯
부처님의 번뇌습기(煩惱習氣) 보듯
장님이 색(色)을 보듯
멸진정(滅盡定)에 든 수행자의 출입식(出入息) 보듯
허공(虛空)의 새 발자국 보듯
석녀(石女)의 아이 보듯
허수아비가 고뇌하는 모습 보듯
꿈속에서 이미 깨어난 모습 보듯
멸도자(滅度者)의 수신(受身) 보듯
연기(煙氣) 없는 불 보듯
보살은 중생을 이와 같이 관(觀)해야 합니다."

방편설법

선 수행은 불이중도(不二中道)를 잘 유지하면서 이어져야 합니다.
그렇지 않으면 쉽게 유(有) 또는 공(空) 어느 한쪽에 집착하여 진정한 깨달음과는 점점 멀어지게 됩니다.
《유마경》의 가르침도 불이중도의 이치에 맞추어 전개되어 있습니다.

왜 유(有)와 공(空)을 평등(平等)하게 운용(運用)해야 하는지에 대해 나즙대사는 다음과 같이 설명하고 있습니다.

불법(佛法)에는 두 가지가 있다.
하나는 유(有)이고 또 하나는 공(空)이다.
만약 항상 유(有)에만 있으면 생각이 복잡하게 얽혀 얽매이게 된다.
만약 항상 공(空)만 관(觀)하고 있으면 선행(善行)의 근본을 잃게 된다.
만약 공(空)과 유(有)가 함께 운용(運用)되면 어느 쪽에도 치우침이 없어
마치 해와 달이 밤낮으로 교대로 운용되는 것처럼 만물이 원만히 성취하게 된다.
앞에서 이미 유(有)를 말해서 여기에선 공(空)을 밝히고 있다.

'앞'이란 〈부사의품〉을 뜻합니다.
'여기'는 〈관중생품〉을 뜻합니다.

앞의 〈부사의품〉에서 주로 보살의 신통에 대해 가르침을 펴고 있습니다.
신통이란 현상(現象)으로 드러난 모습입니다.
현상이란 눈으로 보이는 사물(事物)의 모습뿐만 아니라 마음에 일어나는 생각도 포함

됩니다.

즉 상(相)을 뜻합니다.

상(相)이란 모든 존재하는 것들의 모습입니다.

그것이 물질이든 정신이든.

이러한 상(相)으로 드러난 것을 유(有)라 합니다.

유(有)는 색(色)과 같은 의미입니다.

그래서 공색(空色)과 공유(空有)는 같은 말입니다.

공(空)과 유(有)를 무(無)와 유(有)로 표현할 때도 있습니다.

그러나 무(無)의 개념이 도가(道家)의 중심개념인 무(無), 무위(無爲), 무위자연(無爲自然) 등과 혼용되기 쉬어 무(無)보다는 공(空)을 사용하는 것이 뜻이 명료합니다.

27. 자비희사

경문낭독

文殊師利 言:「若 菩薩 作 是觀 者, 云何 行慈?」
문수사리 언: 약 보살 작 시관 자, 운하 행자?

維摩詰 言:「菩薩 作 是觀 已, 自念 我 當爲 衆生 說如 斯法,
유마힐 언: 보살 작 시관 이, 자념 아 당위 중생 설여 사법,

是卽 眞實慈 也。
시즉 진실자 야。

行 寂滅慈, 無 所生 故; 行 不熱慈, 無 煩惱 故;
행 적멸자, 무 소생 고; 행 불열자, 무 번뇌 고;

行 等之慈, 等 三世 故; 行 無諍慈, 無 所起 故;
행 등지자, 등 삼세 고; 행 무쟁자, 무 소기 고;

行 不二慈, 內外 不合 故; 行 不壞慈, 畢竟 盡 故;
행 불이자, 내외 불합 고; 행 불괴자, 필경 진 고;

行 堅固慈, 心 無毀 故; 行 淸淨慈, 諸 法性 淨 故;
행 견고자, 심 무훼 고; 행 청정자, 제 법성 정 고;

行 無邊慈, 如 虛空 故; 行 阿羅漢慈, 破 結賊 故;
행 무변자, 여 허공 고; 행 아라한자, 파 결적 고;

行 菩薩慈, 安 衆生 故; 行 如來慈, 得 如相 故;
행 보살자, 안 중생 고; 행 여래자, 득 여상 고;

行 佛之慈, 覺 衆生 故; 行 自然慈, 無 因得 故;
행 불지자, 각 중생 고; 행 자연자, 무 인득 고;

行菩提慈, 等一味故; 行無等慈, 斷諸愛故;
행보리자, 등일미고; 행무등자, 단제애고;

行大悲慈, 導以大乘故; 行無厭慈, 觀空無我故;
행대비자, 도이대승고; 행무염자, 관공무아고;

行法施慈, 無遺惜故; 行持戒慈, 化毀禁故;
행법시자, 무유석고; 행지계자, 화훼금고;

行忍辱慈, 護彼我故; 行精進慈, 荷負衆生故;
행인욕자, 호피아고; 행정진자, 하부중생고;

行禪定慈, 不受味故; 行智慧慈, 無不知時故;
행선정자, 불수미고; 행지혜자, 무부지시고;

行方便慈, 一切示現故; 行無隱慈, 直心清淨故;
행방편자, 일체시현고; 행무음자, 직심청정고;

行深心慈, 無雜行故; 行無誑慈, 不虛假故;
행심심자, 무잡행고; 행무광자, 불허가고;

行安樂慈, 令得佛樂故。菩薩之慈爲若此也。」
행안락자, 영득불락고。보살지자위약차야。

文殊師利又問:「何謂爲悲?」
문수사리우문: 하위위비?

答曰:「菩薩所作功德, 皆與一切衆生共之。」
답왈: 보살소작공덕, 개여일체중생공지。

「何謂爲喜?」答曰:「有所饒益, 歡喜無悔。」
하위위희? 답왈: 유소요익, 환희무회。

「何謂爲捨?」答曰:「所作福祐, 無所悕望。」
하위위사? 답왈: 소작복우, 무소희망。

경문해석

문수보살이 묻기를,
"만약 보살이 중생을 이와 같이 존재하지 않는 것으로 관(觀)한다면 어떻게 자(慈)를 행(行)해야 합니까?"
유마대사가 대답했습니다.
"보살은 위와 같이 관(觀)한 다음 다시 다음과 같이 다짐합니다.

생(生)하는 바 없기에 적멸(寂滅)의 자(慈)를 실천한다.
번뇌(煩惱)가 없기에 불열(不熱)의 자(慈)를 실천한다.
삼세(三世)에 평등하기에 등지(等之)의 자(慈)를 실천한다.
생기(生起)하는 바 없기에 무쟁(無諍)의 자(慈)를 실천한다.
안과 밖이 불합(不合)하기에 불이(不二)의 자(慈)를 실천한다.
필경(畢竟)에 진(盡)하기에 불괴(不壞)의 자(慈)를 실천한다.
무훼(無毀)의 마음이기에 견고(堅固)의 자(慈)를 실천한다.
제법(諸法)의 성(性)이 청정하기에 청정(淸淨)의 자(慈)를 실천한다.
허공(虛空)과 같기에 무변(無邊)의 자(慈)를 실천한다.
결적(結賊)을 타파하기에 아라한(阿羅漢)의 자(慈)를 실천한다.
중생(衆生)을 안심(安心)시키기에 보살(菩薩)의 자(慈)를 실천한다.
여상(如相)을 얻기에 여래(如來)의 자(慈)를 실천한다.
중생을 깨우치기에 부처의 자(慈)를 실천한다.
인득(因得)이 없기에 자연(自然)의 자(慈)를 실천한다.
일미(一味)로 한결같기에 보리(菩提)의 자(慈)를 실천한다.

모든 애착(愛着)을 끊기에 무등(無等)의 자(慈)를 실천한다.
큰마음으로 인도(引導)하기에 대비(大悲)의 자(慈)를 실천한다.
공(空), 무아(無我)를 관(觀)하기에 무염(無厭)의 자(慈)를 실천한다.
아쉬움이 없기에 법시(法施)의 자(慈)를 실천한다.
훼금(毀禁)을 정화(淨化)하기에 지계(持戒)의 자(慈)를 실천한다.
남과 나를 보호(保護)하기에 인욕(忍辱)의 자(慈)를 실천한다.
중생의 짐을 덜어주기에 정진(精進)의 자(慈)를 실천한다.
선미(禪味)를 불수(不受)하기에 선정(禪定)의 자(慈)를 실천한다.
알지 못하는 경우가 없기에 지혜(智慧)의 자(慈)를 실천한다.
모든 것을 드러내 보이기에 방편(方便)의 자(慈)를 실천한다.
직심(直心)으로 청정하기에 무은(無隱)의 자(慈)를 실천한다.
잡행(雜行)이 없기에 심심(深心)의 자(慈)를 실천한다.
거짓이 없기에 무광(無誑)의 자(慈)를 실천한다.
불락(佛樂)을 얻게 하기에 안락(安樂)의 자(慈)를 실천한다.

보살의 자(慈)는 위와 같이 실천합니다.

다시 문수보살이 묻고 유마대사가 답합니다.
"무엇이 비(悲)입니까?"
"보살의 공덕은 모두 중생과 함께 공유(共有)합니다. 이것이 비(悲)입니다."
"무엇이 희(喜)입니까?"
"중생을 환희심(歡喜心)으로 충만하게 돕는 것이 희(喜)입니다."
"무엇이 사(捨)입니까?"
"복덕을 베풀어 중생을 이롭게 하지만 기대하는 바 없는 것이 사(捨)입니다."

방편설법

분별이 없는 마음으로 선 수행을 이어가야 합니다.
분별(分別)이 없는 마음을 무분별(無分別)이라 하며 그러한 마음상태를 무분별심(無分別心)이라 표현합니다.
분별없는 마음을 유지하려면 분별이 무엇인지 알아야합니다.
승조대사의 가르침을 통해서 분별의 뜻을 공부하겠습니다.

법은 본래 유(有)가 아닌데 전도된 생각으로 인해 유(有)가 있게 된다.
이미 유(有)가 있으면 좋고 나쁨 등 시비선악을 가리게 된다.
이것을 분별이라 한다.

승조대사의 말씀처럼 시비와 선악 등 좋고 나쁜 상대적인 개념에서 분별의식(分別意識)이 생겨납니다.
상대적인 개념은 유(有)에서 비롯된다고 승조대사가 밝히고 있습니다.

유(有)란 무엇이죠?
'있다'는 뜻입니다.
'있다'는 것은 무엇이 실제로 존재한다고 인식하게 만듭니다.
우리의 인식이 그렇게 길들어져 있습니다.
'있다'고 해서 그것이 사실로 꼭 존재하는 것은 아닙니다.
'있다'는 생각 또는 말이 있는 것이지 '있다'고 하는 그 무엇이 실제로 존재하는 것은 아닙니다.
다시 말하면 생각일 뿐입니다.

말일 뿐입니다.

설사 그것이 사물로 존재했다 하더라도 그것은 이미 과거의 일이며, 지금에 있어서 그것은 환상일 뿐입니다.

환상이란 그러한 개념만 존재하고 있다는 뜻입니다.

사실로 그 무엇이 지금에도 존재하는 것은 아닙니다.

이렇게 묻습니다.

" '내'가 태어나서 지금까지 '나'로 변함없이 존재하지 않느냐고?"

그렇습니다.

'나'라는 개념이 변함없이 존재해오고 있는 것이며 '나'라는 생명이 변함없이 이어져 온 것은 아닙니다.

이것이 인(人)의 무상(無常)입니다.

더 깊이 분석하면 '나'라는 개념 또한 변함없이 존재해 오고 있는 것이 아닙니다.

무수히 변화되고 있습니다.

이것이 법(法)의 무상(無常)입니다.

이와 같이 모든 사물은 변화(變化)합니다.

이것을 무상(無常)이라 합니다.

무상(無常)하기 때문에 공(空)입니다.

사물의 성(性)이 공(空)하기 때문에 변화합니다.

28. 무주

경문낭독

文殊師利 又問：「生死 有畏, 菩薩 當 何所依？」
문수사리 우문: 생사 유외, 보살 당 하소의?

維摩詰 言：「菩薩 於 生死畏 中, 當依 如來 功德 之力。」
유마힐 언: 보살 어 생사외 중, 당의 여래 공덕 지력.

文殊舍利 又問：「菩薩 欲依 如來 功德 之力, 當於 何住？」
문수사리 우문: 보살 욕의 여래 공덕 지력, 당어 하주?

答曰：「菩薩 欲依 如來 功德力 者, 當住 度脫 一切衆生。」
답왈: 보살 욕의 여래 공덕력 자, 당주 도탈 일체중생.

又問：「欲度 衆生, 當何 所除？」答曰：「欲度 衆生 除 其 煩惱。」
우문: 욕도 중생, 당하 소제?   답왈: 욕도 중생 제 기 번뇌.

又問：「欲除 煩惱, 當何 所行？」答曰：「當行 正念。」
우문: 욕제 번뇌, 당하 소행?   답왈: 당행 정념.

又問：「云何 行於 正念？」答曰：「當行 不生 不滅。」
우문: 운하 행어 정념?   답왈: 당행 불생 불멸.

又問：「何法 不生？何法 不滅？」答曰：「不善 不生, 善法 不滅。」
우문: 하법 불생 하법 불멸?   답왈: 불선 불생, 선법 불멸.

又問：「善 不善 孰 爲本？」答曰：「身 爲本。」
우문: 선 불선 숙 위본?   답왈: 신 위본.

又問：「身 孰 爲本？」答曰：「欲貪 爲本。」
우문: 신 숙 위본?   답왈: 욕탐 위본.

又問：「欲貪 孰 爲本？」答曰：「虛妄 分別 爲本。」
우문:　욕탐 숙 위본?　답왈:　허망 분별 위본.

又問：「虛妄 分別 孰 爲本？」答曰：「顚倒想 爲本。」
우문　허망 분별 숙 위본?　답왈:　전도상 위본.

又問：「顚倒想 孰 爲本？」答曰：「無住 爲本。」
우문:　전도상 숙 위본?　답왈:　무주 위본.

又問：「無住 孰 爲本？」答曰：「無住 則 無本。
우문:　무주 숙 위본?　답왈:　무주 즉 무본.

文殊師利！從 無住本 立 一切法。」
문수사리! 종 무주본 립 일체법.

경문해석

계속 문수보살이 묻고 유마대사가 답합니다.

"생사윤회에 두려움이 있는 보살은 무엇에 의지해야 합니까?"
"보살이 생사윤회에 두려움이 있을 때 마땅히 여래의 공덕의 힘에 의지해야 합니다."
"보살이 여래의 공덕의 힘에 의지하고자할 때 어디에 머물러야 합니까?"
"보살이 여래의 공덕의 힘에 의지하고자할 때 마땅히 모든 중생의 해탈을 돕는데 머물러야 합니다."
"중생을 돕고자 원하면 마땅히 제거해야할 것이 무엇입니까?"
"중생의 해탈을 돕고자 하면 마땅히 그 번뇌를 제거해야 합니다."
"번뇌를 제거하려면 무엇을 해야 합니까?"
"정념(正念)해야 합니다."
"어떻게 정념(正念)합니까?"
"불생불멸(不生不滅)을 행합니다."
"무엇이 불생(不生)이며 무엇이 불멸(不滅)입니까?"
"불선(不善)이 불생(不生)이고 선법(善法)이 불멸(不滅)입니다."
"선(善)과 불선(不善)은 무엇을 근본으로 삼습니까?"
"몸을 근본으로 삼습니다."
"몸은 무엇을 근본으로 삼습니까?"
"욕심(慾心)과 탐심(貪心)을 근본으로 삼습니다."
"욕심과 탐심의 근본은 무엇입니까?"

"허망분별(虛妄分別)입니다."
"허망분별의 근본은 무엇입니까?"
"전도망상(顚倒妄想)입니다."
"전도망상의 근본은 무엇입니까?"
"무주(無住)가 근본입니다."
"무주는 무엇을 근본으로 삼습니까?"
"무주(無住)는 곧 무본(無本)으로 그것 자체가 근본(根本)입니다.

문수사리여!
무주(無住)의 근본(根本)으로부터 모든 법(法)이 성립(成立)됩니다."

 수행용어

• 무주(無住)

주(住)는 머물음을 뜻합니다.
안주(安住)입니다.
사람은 안주하고자 합니다.
그래서 안주할 공간을 만들고 자신만의 공간 또는 가족만의 공간으로 담을 쌓습니다.
선 수행에서 주(住)는 곧 집착을 뜻합니다.
어디에도 주하면 안 됩니다.
왜냐하면 일체법이 항상 변화하기 때문입니다.
무상(無常)이기 때문입니다.
무엇에도 집착하지 않고 주(住)하지 않음을 무주(無住)라 표현합니다.

방편설법

　선 수행자가 생사(生死)와 열반(涅槃)을 평등(平等)하게 대하면서 정진해야 하는 까닭을 승조대사는 다음과 같이 밝히고 있습니다.

　생사(生死)는 낮게 보면서 자신이 닦는 도(道)는 존귀하게 여기는 사람을 증상만(增上慢)이라 한다.
　이런 사람은 얽혀 있는 업연(業緣)을 떠나야 해탈(解脫)을 성취한다고 말한다.
　만약에 생사(生死)도 낮게 보지 않고 자신이 닦는 도(道)도 존귀하게 여기지 않으면 모든 업(業)으로 얽혀 있는 삼독(三毒)의 성(性)이 바로 해탈(解脫)이라서 번뇌(煩惱)를 떠나 따로 해탈(解脫)이 없게 된다.

　생사는 낮은 수준이고 열반은 높은 차원이다.
　생사는 멀리해야할 것이고 열반은 가까이 벗해야 한다.
　생사는 나를 괴롭히는 마장이고 열반은 나를 안심시키는 보살이다.

　위와 같이 생각하면서 선 수행하면, 이 선지식을 작은 마음으로 정진하는 수행자라 합니다.

　생사와 열반은 평등하다.
　생사를 멀리하지도 않고 열반을 가까이 하지도 않는다.
　생사와 열반은 모두 공(空)하며 좋은 도량(道場)이다.

　위와 같이 생각하면서 선 수행하면, 이 선지식을 큰마음으로 정진하는 수행자라 합니다.

　무상(無相) 무념(無念) 무주(無住)는 선 수행의 정신이요 사상이며 경지입니다.

　이 셋을 이해하기 쉽게 다음과 같이 비유할 수 있습니다.
　그러나 비유는 비유일 뿐입니다.
　비유하는 비유의 속뜻이 무엇일까 하고 의미를 부여하면 사상의 그림자에 집착되기 쉽습니다.

　상(相)은 공간의 개념이요 염(念)은 시간의 개념이며 주(住)는 시간과 공간에 머무는 것을 뜻합니다.
　삶은 시간과 공간을 바탕으로 이루어집니다.
　시간과 공간을 초월한 경지를 해탈이라 합니다.
　과거 현재 미래로 이어지는 시간에서 변화가 생깁니다.
　그러한 변화의 무대는 공간입니다.
　공간이 없으면 시간은 변화로 작용하지 않습니다.
　시간이 없으면 공간은 멈춰있습니다.
　상(相)에 집착하는 염(念)을 분별심이라 합니다.

　집착은 주(住)의 뜻입니다.
　눈으로 보이는 환경도 공간이며 생각 속에만 존재하는 정신세계도 공간입니다.
　시간의 개념이 없으면 생각의 개념도 존재하지 않습니다.
　생각의 개념이 없으면 시간의 개념 또한 없습니다.
　생각의 개념이 없으면 공간의 개념인 상(相)이 존재하지 않습니다.
　생각의 개념이 없는 것이 무념(無念)이며 공간의 개념이 없는 것이 무상(無相)입니다.
　무념이면 상(相)에 머무는 그 무엇이 존재하지 않게 됩니다.
　주(住)란 염(念)이 상(相)에 머무는 것을 뜻하니 무념(無念)이고 무상(無相)이면 자연스럽게 무주(無住)입니다.

　무념(無念)이면 무상(無相)이요 무주(無住)입니다.

　이와 같이 보았을 때 선 수행은 무념이 근본입니다.

　무념의 마음을 일깨우기 위해 열심히 정진합니다.

　그런데 무념(無念)일 수 있습니까?

　선 수행의 선정(禪定)상태인 일념(一念)은 무념(無念)에 해당할까요?

　비록 한 생각이라도 생각은 생각이니 일념이 직접적으로 무념이라고 표현할 수는 없겠죠!

　생명체의 특성이 한 순간도 생각이 멈출 수 없습니다.

　혈관 속의 피가 끊임없이 순환하는 것과 같습니다.

　심장의 맥동이 멈추면 죽음이겠죠.

　생각이 멈추면 뇌사이겠죠.

　일념(一念)이 불이법(不二法)과 계합(契合)이 법신(法身)과 상응(相應)이요 해탈(解脫)입니다.

　수없이 많은 모든 생각이 분산되지 않고 합해지고 합해지면 궁극에 그것을 일념(一念)이라 칭합니다.

　수없이 많은 모든 법이 분산되지 않고 합해지고 합해지면 궁극에 그것을 불이법(不二法)라 합니다.

　이때 유일법(唯一法)이라 표현하지는 않습니다.

　경전 공부할 때 열심히 참구해야 합니다.

　연구(研究)와 참선(參禪)의 두 가지 정신을 함께 계합하여 정진하는 것이 참구(參究)입니다.

　열심히 《유마경》 참구합시다!

29. 집착과 해탈

경문낭독

時, 維摩詰室有一天女, 見諸大人聞所說法, 便現其身,
시, 유마힐실유일천녀, 견제대인문소설법, 변현기신,

卽以天華散諸菩薩大弟子上。華至諸菩薩卽皆墮落,
즉이천화산제보살대제자상。화지제보살즉개타락,

至大弟子便著不墮, 一切弟子神力去華, 不能令去。
지대제자변착불타, 일체제자신력거화, 불능령거。

爾時, 天問舍利弗:「何故去華?」答曰:「此華不如法, 是以去之。」
이시, 천문사리불: 화고거화? 답왈: 차화불여법, 시이거지。

天曰:「勿謂此華爲不如法。所以者何?
천왈: 물위차화위불여법。소이자하?

是華無所分別, 仁者自生分別想耳。
시화무소분별, 인자자생분별상이。

若於佛法出家, 有所分別, 爲不如法, 若無所分別, 是則如法。
약어불법출가, 유소분별, 위불여법, 약무소분별, 시칙여법。

觀諸菩薩華不著者, 已斷一切分別想故。
관제보살화불저자, 이단일체분별상고。

譬如人畏時非人得其便, 如是弟子畏生死故,
비여인외시비인득기변, 여시제자외생사고,

色聲香味觸得其便也。已離畏者, 一切五欲無能爲也。
색성향미촉득기변야。이리외자, 일체오욕무능위야。

結習 未盡, 華 著身耳 ; 結習 盡者, 華 不著 也。」
결습 미진, 화 저신 이 ; 결습 진자, 화 부저 야.

舍利弗言:「天 止 此室, 其已 久如?」
사리불언: 천 지 차실, 기이 구여?

答曰:「我 止 此室, 如 耆年 解脫。」
답왈: 아 지 차실, 여 기년 해탈.

舍利弗言:「止 此 久耶?」 天曰:「耆年 解脫, 亦何 如久?」
사리불언: 지 차 구야? 천왈: 기년 해탈, 역하 여구?

舍利弗 默然 不答。 天曰:「如何 耆舊 大智 而默?」
사리불 묵연 부답. 천왈: 여하 기구 대지 이묵?

答曰:「解脫者 無所 言說, 故 吾 於是 不知 所云。」
답왈: 해탈자 무소 언설, 고 오 어시 부지 소운.

天曰:「言說 文字 皆 解脫相。 所以者何?
천왈: 언설 문자 개 해탈상. 소이자하?

解脫者 不內 不外, 不在 兩間 ; 文字 亦 不內 不外, 不在 兩間。
해탈자 불내 불외, 부재 양간 ; 문자 역 불내 불외, 부재 양간.

是故, 舍利弗! 無離 文字 說 解脫也。 所以者何? 一切諸法 是 解脫相。」
시고, 사리불! 무리 문자 설 해탈야. 소이자하? 일체제법 시 해탈상.

舍利弗言:「不復 以離 淫怒癡 爲 解脫 乎?」
사리불언: 불부 이리 음노치 위 해탈 호?

天曰:「佛 爲 增上慢人 說 離 淫怒癡 爲 解脫 耳,
천왈: 불위 증상만인 설 리 음노치 위 해탈 이,

若 無 增上慢 者, 佛說 淫怒癡性 卽是 解脫。」
약 무 증상만 자, 불설 음노치성 즉시 해탈.

舍利弗言:「善哉善哉, 天女! 汝何所得, 以何爲證, 辯乃 如是?」
사리불언: 선재 선재, 천녀! 여 하소득, 이 하위증, 변내 여시?

天曰:「我 無得 無證, 故 辯 如是。 所以者何?
천왈: 아 무득 무증, 고 변 여시. 소이자하?

若有得有證者, 則於佛法爲增上慢。」
약유득유증자, 즉어불법위증상만。

舍利弗問:「天！汝於三乘爲何志求？」
사리불문: 천！여어삼승위하지구？

天曰:「以聲聞法化衆生故, 我爲聲聞;
천왈: 이성문법화중생고, 아위성문;

以因緣法化衆生故, 我爲辟支佛;
이인연법화중생고, 아위벽지불;

以大悲法化衆生故, 我爲大乘。
이대비법화중생고, 아위대승

舍利弗！如人入瞻蔔林, 唯嗅瞻蔔, 不嗅餘香。
사리불！여인입첨복림, 유후첨복, 불후여향。

如是若入此室, 但聞佛功德之香, 不樂聞聲聞辟支佛功德香也。
여시약입차실, 단문불공덕지향, 불락문성문벽지불공덕향야。

舍利弗！其有釋梵四天王諸天龍鬼神等入此室者,
사리불！기유석범사천왕제천룡귀신등입차실자,

聞斯上人講說正法, 皆樂佛功德之香, 發心而出。
문사상인강설정법, 개락불공덕지향, 발심이출。

舍利弗！吾止此室十有二年, 初不聞說聲聞辟支佛法,
사리불！오지차실십유이년, 초불문설성문벽지불법,

但聞菩薩大慈大悲不可思議諸佛之法。
단문보살대자대비불가사의제불지법。

舍利弗！此室常現八未曾有難得之法。何等爲八？
사리불！차실상현팔미증유난득지법。하등위팔？

此室常以金色光照, 晝夜無異, 不以日月所照爲明,
차실상이금색광조, 주야무이, 불이일월소조위명,

是爲一未曾有難得之法;
시위일미증유난득지법;

此室 入者 不爲 諸垢 之 所惱 也, 是爲 二 未曾有 難得之法;
차실 입자 불위 제구 지 소뇌 야, 시위 이 미증유 난득지법;

此室 常有 釋梵 四天王 他方 菩薩 來會 不絶, 是爲 三 未曾有 難得之法;
차실 상유 석범 사천왕 타방 보살 래회 부절, 시위 삼 미증유 난득지법;

此室 常說 六波羅密 不退轉法, 是爲 四 未曾有 難得之法;
차실 상설 육바라밀 불퇴전법, 시위 사 미증유 난득지법;

此室 常作 天人 第一 之 樂絃, 出 無量 法化 之 聲,
차실 상작 천인 제일 지 락현, 출 무량 법화 지성,

是爲 五 未曾有 難得之法;
시위 오 미증유 난득지법;

此室 有 四大藏, 衆寶 積滿, 周窮 濟乏, 求得 無盡,
차실 유 사대장, 중보 적만, 주궁 제핍, 구득 무진,

是爲 六 未曾有 難得之法;
시위 육 미증유 난득지법;

此室 釋迦牟尼佛、阿彌陀佛、阿閦佛、寶德、寶炎、寶月、寶嚴、
차실 석가모니불、아미타불、아축불、보덕、보담、보월、보엄、

難勝、師子響、一切利成, 如是 等 十方 無量 諸佛, 是 上人 念時,
난승、사자향、일체리성, 여시 등 시방 무량 제불, 시 상인 념시,

卽皆 爲來 廣說 諸佛 秘要 法藏, 說已 還去, 是爲 七 未曾有 難得之法;
즉개 위래 광설 제불 비요 법장, 설이 환거, 시위 칠 미증유 난득지법;

此室 一切 諸天 嚴飾 宮殿, 諸佛 淨土 皆於 中現,
차실 일체 제천 엄칙 궁전, 제불 정토 개어 중현,

是爲 八 未曾有 難得之法。
시위 팔 미증유 난득지법。

舍利弗! 此室 常現 八 未曾有 難得之法,
사리불! 차실 상현 팔 미증유 난득지법,

誰有 見 斯 不思議事 而 復樂 於 聲聞法 乎!」
수유 견 사 부사의사 이 복락 어 성문법 호!

경문해석

그때에 유마대사와 문수보살의 법담(法談)을 듣고 있던 천녀가 환희심에 충만하여 허공에서 하늘의 꽃을 뿌렸습니다.

꽃이 보살들의 몸에서는 자연스럽게 흘러내렸으나 대제자들의 몸에는 붙어 떨어지지 않았습니다.

그래서 스님들은 그 꽃을 떼려고 애썼습니다.

그때 천녀가 사리불에게 묻습니다.

"왜 꽃을 떼 내려고 합니까?"

사리불이 대답하기를,

"이 꽃은 여법하지 않습니다. 그래서 떼 내려고 합니다."

천녀가 말하기를,

"사리불존자여!

이 꽃이 여법하지 않다고 말씀하지 마세요.

왜냐하면 이 꽃 자체는 분별하는 바 없기 때문입니다.

스님께서 스스로 분별상(分別相)을 일으키고 있습니다.

만약 출가한 수행자에게 분별이 있으면 그것이야말로 여법(如法)하지 못한 모습입니다.

모든 법이 해탈의 상입니다.

만약 분별하는 바 없으면 그것이 바로 여법한 모습입니다.

저 보살들은 분별상이 없기에 꽃이 붙지 않은 것입니다.

비유컨대 어떤 사람이 겁이 많으면 귀신이 곧 그 허점을 치고 들어옵니다.

이와 같이 작은 마음으로 수행하는 사람은 생사를 두려워하기 때문에 색성향미촉(色聲香味觸)이 그 허점을 치고 들어옵니다.

이미 두려움이 없는 선 수행자에게는 모든 오욕이 방해되지 않습니다.

번뇌망상(煩惱妄想)의 악습(惡習)이 아직도 남아 있기 때문에 꽃이 몸에 붙는 것입니다.

번뇌의 악습이 다 없어진 사람에게는 꽃이 달라붙지 않습니다."

천녀와 사리불의 대화가 계속 이어집니다.

"천녀여! 그대는 이곳에 머문 지가 얼마나 되었습니까?"
"제가 이곳에 머문 지는 스님께서 해탈하신 것만큼 오래 되었습니다."
"여기에 오래 머물러 있었습니까?"
"스님께서 해탈하신지도 오래 되셨나요, 얼마나 됩니까?"
사리불이 아무 말이 없자 천녀가 다시 말하기를
"스님께서는 큰 지혜를 가지신 분인데 어찌 침묵하고 계십니까?"
"해탈이란 말로써 표현할 수 없기에 뭐라 말해야 될지 모르겠소!"

"스님께서 하신 모든 말씀은 다 해탈의 상(相)입니다.

왜냐하면 해탈이란 안에 있는 것도 아니고 밖에 있는 것도 아니며 그 사이에 있는 것도 아닙니다. 말과 글도 마찬가지로 안에 있는 것도 아니고 밖에 있는 것도 아니며 그 사이에 있는 것도 아닙니다.

그러므로 사리불존자여!

문자를 떠나서 해탈을 표현하려는 그 무엇이 필요하지 않습니다. 왜냐하면 모든 법이 바로 해탈의 상(相)이기 때문입니다."

"음(淫), 노(怒), 치(癡)를 떠나는 것을 해탈이라 하지 않습니까?"
"부처님께서는 증상만(增上慢)에 사로잡힌 사람들을 위해 '음노치(淫怒癡)를 떠나는 것이 해탈'이라고 말씀하신 겁니다. 증상만이 없는 사람에게는 부처님께서 다음과 같이 말씀하셨습니다. '음노치의 자성(自性)이 바로 해탈이다!'"

"말씀 잘하셨소, 천녀여! 그대가 얻은 것이 무엇 이길래, 무엇을 깨달았기에 변재(辯才)가 그렇게 뛰어납니까?"
"저는 아무것도 얻고 깨달은 것이 없습니다. 그러므로 이렇게 말할 수 있습니다. 왜냐하면 무언인가를 얻었다 깨달았다고 생각하면 그 사람은 이미 불법(佛法)에 대해 증상만에 사로잡힌 사람이기 때문입니다."

"천녀여! 그대는 삼승(三乘) 중에 어느 것에 뜻을 두고 수행합니까?"
"사리불존자여!
성문법(聲聞法)으로 중생을 이롭게 하기에 저는 성문이라 할 수 있습니다.
인연법(因緣法)으로 중생을 이롭게 하기에 저는 벽지불이라 할 수 있습니다.
대비법(大悲法)으로 중생을 이롭게 하기에 저는 보살이라 할 수 있습니다.

어떤 사람이 참파까 숲에 들어가면 오직 그 나무의 향기를 맡을 뿐 다른 향기를 맡지 않습니다. 그와 같이 여기 방장실에 들어오면 큰마음에서 나오는 법향(法香)을 맡을 뿐 작은 마음에서 나오는 법향(法香)은 맡지 않습니다.

사리불존자여!
제석천, 대범천, 사천왕, 기타 천인 그리고 용과 귀신 등이 여기에 오면 유마대사에서 베푸시는 정법(正法)을 듣고 모두 큰마음을 일깨우고 돌아갑니다.

사리불존자여!
저는 이 집에 머문 지 12년 되었습니다. 처음부터 저는 작은 마음을 일깨우는 법보다는 큰마음을 일깨우는 대자대비(大慈大悲)의 불가사의(不可思議)한 불법(佛法) 듣기를 좋아했습니다.

　사리불존자여!
　이 방장실에는 항상 여덟 가지 미증유(未曾有)한 난득(難得)의 법(法)으로 충만합니다.
　여덟 가지 미증유한 법은 다음과 같습니다.
　첫째는 방장실은 항상 황금빛 광명이 비치고 있어 낮과 밤의 차별이 없습니다. 해와 달보다도 밝은 광명입니다.
　둘째는 방장실에 들어온 사람은 어떠한 죄업의 방해도 받지 않습니다.
　셋째는 우주 곳곳에서 불이법문의 가르침을 받기 위해 방장실로 옵니다.
　넷째는 방장실에서는 항상 육바라밀의 불퇴전의 가르침이 설해지고 있습니다.
　다섯째는 방장실에서 항상 선열(禪悅)을 일깨우는 다양한 음악이 연주됩니다.
　여섯째는 방장실에 다양한 보배가 있어 필요로 하는 사람에게 베풀어주되 재보(財寶)가 다하는 일이 없습니다.
　일곱째는 유마대사가 염(念)만 하면 그와 상응한 부처님이 오셔서 비요법장(秘要法藏)을 설하고 가십니다.
　여덟째는 모든 하늘나라의 화려한 궁전과 부처님의 장엄한 정토가 방장실에 나타납니다.

　사리불존자여!
　방장실에는 위와 같은 여덟 가지의 미증유한 난득의 법이 나타납니다.
　이러한 불가사의한 불사(佛事)를 본 사람이면 누가 큰마음의 공덕과 지혜를 일깨우려하지 않겠습니까!"

 수행용어

- **증상만**(增上慢)

선 수행법에 대해 잘 알고 있다는 상(相)을 뜻합니다.

이러한 상(相)에 의해 아상(相)이 생기고 일체법(一切法)에 대한 차별상(差別相)이 생깁니다.

증상만은 선 수행에 큰 방해요소로 하심(下心)으로 다스릴 수 있습니다.

주변 모든 선 수행자를 자신의 스승처럼 존경하면서 정진합니다.

- **삼승**(三乘)

선 수행자를 크게 세 종류로 구분합니다.

성문(聲聞), 연각(緣覺), 보살(菩薩)입니다.

성문과 연각을 소승이라 칭하고 보살을 대승이라 칭합니다.

사람마다 고정된 삼승의 차별상은 없습니다.

선 수행할 때 자신이 어느 법에 따라 정진하느냐에 따라 성문이 되고 연각이 되며 보살이 됩니다.

방편설법

경문에서 꽃이 옷에 붙고 붙지 않는 것을 예로 들어 분별심(分別心)이 있을 때와 분별심이 없을 때의 차이를 밝히고 있습니다.
분별이 없는 마음을 무분별심(無分別心)이라 합니다.

선 수행은 마음 키우는 작업입니다.
마음이 작아서 키우는 것이 아니라 본래 우주처럼 큰마음을 다시금 일깨우는 작업입니다.

마음이 작아질수록 나와 남의 차별이 커집니다.
마음이 커질수록 나와 남이 평등해집니다.

선 수행할 때 대부분 사람과의 부딪침에서 마장이 생깁니다.
사리불존자가 옷에 붙은 꽃을 떼는 것은 여법(如法)하지 못하기 때문이라고 밝히고 있는데, 왜 여법하지 못한 것이죠?
사리불존자가 꽃 그 자체로써 여법하지 못함을 인식한 것이 아니라 천녀와의 관계에 있는 꽃이 여법하지 못함을 인식한 것입니다.
바로 천녀가 뿌린 꽃이기 때문입니다.

예를 들어보죠!
사리불존자가 조용한 아름다운 숲 큰 나무 아래에 앉아 깊은 선정에 들었습니다.
그때 바람이 불어 나무에 꽃들이 떨어지면서 사리불존자의 옷에 붙었습니다.
이때 사리불존자가 '이 꽃은 여법하지 못하지, 그러니 떼어 내야지' 하고 선정에서 깨어나 옷에서 꽃을 떼어낸 다음 다시 선정에 들어갑니까?

   그렇게 할 리가 없겠죠!
   같은 꽃인데 그에 대한 생각이 왜 다른 것이죠?
   바로 사람의 관계입니다.
   선 수행의 모든 것이 사람과의 관계에서 분별이 일어납니다.
   설사 그것이 직접적으로 사람과의 관계라 아니라 하더라도 그 바탕에는 사람과의 반연이 연관되어 있습니다.
   사람을 일반적으로 중생이라 부릅니다.
   세상사 그 무엇 하나 사람의 흔적을 떠나서 존재할 수 없습니다.
   사람의 흔적이 없는, 사람과의 반연이 없는 곳을 찾아 선 수행하는 것은 불가능합니다.
   선 수행법 그 자체도 사람이 체계화한 것입니다.
   선 수행한다는 그 자체가 이미 사람과의 반연 속에서 이루어지고 있습니다.
   큰마음으로 만사만물을 모두 포용해야 선 수행을 원만히 성취할 수 있습니다.
   가능한 부딪침 없이!
   큰마음으로 만사를 포용할 수 있는 것은 그 선 수행자가 분별이 없는 마음, 즉 무분별심(無分別心)을 유지하고 있기 때문입니다.

30. 남녀평등

경문낭독

舍利弗言：「汝 何以 不轉 女身？」
사리불언： 여 하이 부전 여신?

天曰：「我 從 십이년 來，求 女人相 了 不可得，當 何所轉？」
천왈： 아 종 십이년 래, 구 여인상 료 불가득, 당 하소전?

譬如 幻師 化作 幻女, 若 有人 問：『何以 不轉 女身？』
비여 환사 화작 환녀, 약 유인 문: 하이 부전 여신?

是人 爲正 問不？」
시인 위정 문부?

舍利弗 言：「不也。幻 無 定相, 當 何所轉？」
사리불 언: 불야。환 무 정상, 당 하소전?

天曰：「一切 諸法, 亦復 如是, 無有 定相, 云何 乃問 不轉 女身？」
천왈： 일체 제법, 역부 여시, 무유 정상, 운하 내문 부전 여신?

卽時, 天女 以 神通力 變 舍利弗 令如 天女, 天 自化身 如 舍利弗,
즉시, 천녀 이 신통력 변 사리불 령여 천녀, 천 자화신 여 사리불,

而 問言：「何以 不轉 女身？」
이 문언: 하이 부전 여신?

舍利弗 以 天女像 而 答言:「我 今 不知 所轉 而 變爲 女身。」
사리불 이 천녀상 이 답언: 아 금 부지 소전 이 변위 여신。

天曰：「舍利弗！若能 轉 此 女身, 則 一切女人 亦當 能轉。
천왈： 사리불! 약능 전 차 여신, 즉 일체여인 역당 능전。

如 舍利弗 非女 而現 女身, 一切女人 亦復 如是, 雖現 女身 而 非女 也。
여 사리불 비여 이현 여신, 일체여인 역부 여시, 수현 여신 이 비여 야。

是故, 佛說:『一切諸法 非男 非女。』」
시고, 불설:　일체제법 비남 비여。

卽時, 天女 還攝 神力, 舍利弗 身 還復 如 故。
즉시, 천녀 환섭 신력, 사리불 신 환복 여 고。

天 問 舍利弗:「女身 色相, 今 何 所在?」
천 문 사리불:　여신 색상, 금 하 소재?

舍利弗 言:「女身 色相, 無在 無不在。」
사리불 언:　여신 색상, 무재 무부재。

天曰:「一切 諸法, 亦復 如是 無在 無不在。
천왈:　일체 제법, 역부 여시 무재 무부재。

夫 無在 無不在 者, 佛 所說 也。」
부 무재 무부재 자, 불 소설 야。

舍利弗 問:「天! 汝 於 此 沒, 當 生 何 所?」
사리불 문:　천! 여 어 차 몰, 당 생 하 소?

天曰:「佛 化所生, 吾 如彼生。」 曰:「佛 化所生, 非 沒生 也。」
천왈:　불 화소생, 오 여피생。　왈:　불 화소생, 비 몰생 야

天曰:「衆生 猶然, 無 沒生 也。」
천왈:　중생 유연, 무 몰생 야。

舍利弗 問:「天! 汝 久如 當得 阿耨多羅三藐三菩提?」
사리불 문:　천! 여 구여 당득 아뇩다라삼먁삼보리?

天曰:「如 舍利弗 還爲 凡夫, 我 乃 當成 阿耨多羅三藐三菩提。」
천왈:　여 사리불 환위 범부, 아 내 당성 아뇩다라삼먁삼보리。

舍利弗 言:「我 作 凡夫 無有 是處。」
사리불 언:　아 작 범부 무유 시처。

天曰:「我 得 阿耨多羅三藐三菩提 亦無 是處。所以者何?
천왈:　아 득 아뇩다라삼먁삼보리 역무 시처。소이자하?

菩提 無 住處, 是故 無有 得者。」
보리 무 주처, 시고 무유 득자。

舍利弗 言:「今 諸佛 得 阿耨多羅三藐三菩提 已得 當得 如 恒河沙
사리불 언: 금 제불 득 아뇩다라삼먁삼보리 이득 당득 여 항하사

皆謂 何乎?」
개위 하호?

天曰:「皆以 世俗 文字 數 故, 說有 三世, 非謂 菩提 有 去來今。」
천왈: 개이 세속 문자 수 고, 설유 삼세, 비위 보리 유 거래금。

天曰:「舍利弗!汝 得 阿羅漢道 耶?」曰:「無所得 故 而得。」
천왈: 사리불!여 득 아라한도 야?   왈: 무소득 고 이득。

天曰:「諸佛 菩薩 亦復 如是, 無所得 故 而得。」
천왈: 제불 보살 역부 여시, 무소득 고 이득。

爾時, 維摩詰 語 舍利弗:「是 天女 曾已 供養 九十二億 諸佛,
이시, 유마힐 어 사리불: 시 천녀 증이 공양 구십이억 제불,

已能 遊戲 菩薩 神通, 所願 具足, 得 無生忍, 住 不退轉,
이능 유희 보살 신통, 소원 구족, 득 무생인, 주 불퇴전,

以 本願 故, 隨意 能現, 教化 眾生。」
이 본원 고, 수의 능현, 교화 중생。

7. 관중생품 393

경문해석

사리불과 천녀의 문답이 계속 이어집니다.

"천녀여! 그대는 왜 여인의 몸을 바꾸지 않고 있습니까?"
"저는 이곳에 머문 12년 동안 여인의 상(相)을 찾아보았지만 찾아낼 수 없었습니다. 바꿔야할 그 무엇이 없습니다.
비유컨대 마법사가 마법으로 가짜 여인을 만들어 놓았습니다.
그때 어떤 사람이 그 가짜 여인에게 '당신은 왜 여인의 몸을 바꾸지 않습니까?' 하고 묻는다면 이것을 말이 된다고 생각하십니까?"

"말이 안 되지요. 허깨비에게는 고정된 상(相)이 없습니다. 어찌 그것을 바꾼다 하겠습니까!"
"제법(諸法)이 이와 같습니다. 고정된 상(相)이 없습니다. 이와 같은데 어찌 여인의 몸을 안 바꾸느냐고 물을 수 있겠습니까?"

천녀는 신통력으로 사리불을 자신과 같은 천녀의 모습으로 변하게 하고, 자신은 남성인 사리불 모습으로 변한 다음 이렇게 물었습니다.

"왜 여인의 몸을 바꾸지 않습니까?"
"내가 지금 어떻게 여인의 몸으로 바뀌었는지 알 수 없습니다."
"사리불존자여!
이 여인의 몸을 능히 바꿀 수 있듯이 모든 여인의 몸도 능히 바꿀 수 있습니다. 스님께서 여인이 아니면서 여인의 몸을 나타내듯이 모든 여인이 또 그와 같이 할 수 있습니다. 비록 여인의 몸을 나타내고는 있지만 여인이 아닙니다. 그러므로 부처님께서 '일체제법(一切諸法)은 남자도 아니고 여자도 아니다.'고 설하셨습니다."

천녀가 신통을 거두자 사리불과 천녀는 본래 모습으로 돌아왔습니다.
다시 천녀와 사리불의 대화가 이어집니다.

"사리불존자여! 여인의 몸이 지금 어디에 있습니까?"
"여인의 몸은 있지도 않고 없지도 않습니다."
"일체제법도 또한 그와 같아서 있지도 않고 없지도 않습니다. 그것이 바로 부처님께서 설하신 불이법문입니다."

"천녀여! 그대가 죽은 다음 어디에서 다시 태어나게 됩니까?"
"부처님이 화현(化現)해서 태어나는 그곳에 저도 태어나게 됩니다."
"부처님의 화현(化現)은 죽고 태어나는 모습이 없습니다."
"모든 법과 중생이 그와 같습니다. 죽는 일도 없고 다시 태어나는 일도 없습니다."

"천녀여! 그대는 얼마나 지나면 아뇩다라삼먁삼보리를 얻게 됩니까?"
"스님께서 다시 속인으로 돌아가는 날 저는 그때 아뇩다라삼먁삼보리를 얻게 됩니다."
"내가 다시 속인으로 돌아가는 일은 없습니다."
"제가 아뇩다라삼먁삼보리를 얻는다는 것이 있을 수 없습니다. 왜냐하면 보리(菩提)는 머무는 곳이 없기에 얻는다는 것 또한 없습니다."
"항하사보다 더 많은 과거 현재 미래의 부처님이 아뇩다라삼먁삼보리를 얻었고 얻는다고 하지 않았습니까?"

"세속의 문자와 숫자로 삼세(三世)를 말씀하신 것이며 보리(菩提)에 과거 미래 현재가 있는 것이 아닙니다.

사리불존자여! 스님께서는 아라한의 도(道)를 얻었습니까?"

"얻었습니다. 아무것도 얻은 바 없기에 얻은 것입니다."

"제불보살도 역시 그와 같이 무소득(無所得)이기에 얻은 것입니다."

그때 유마대사가 사리불에 말씀했습니다.

"이 천녀보살은 이미 구십 이억의 부처님께 공양드렸고 보살의 신통력을 마음대로 쓰면서 지혜와 자비를 갖추고 모든 소원을 구족하였으며 무생법인(無生法忍)을 얻어 보리를 향한 길에서 물러섬이 없는 경지에 이르렀습니다. 그 본원력(本願力)으로 모습을 자유로이 바꾸어가며 중생을 이롭게 하고 있습니다."

방편설법

남녀평등은 크게 세 가지 종류가 있습니다.

1. 개인에 대한 남녀평등입니다.
개인에 대한 대표적인 남녀평등은 남녀의 연인관계입니다.
사랑에 있어서 남녀에 대한 평등입니다.
이것이 외형의 모습으로 가정에서 드러납니다.
가정의 구성원인 가족은 개인에 대한 남녀평등이 제일 필요로 한 곳입니다.
이러한 남녀평등은 정(情)을 바탕으로 이루어집니다.
정(情)에 의해서 남녀평등의 관계성이 형성되고 유지됩니다.
객관적인 논리성으로 파악해 알 수 없습니다.
정(情)이란 이론으로 정립해서, 학문으로 공부해서 키워가는 것이 아닙니다.
개인의 남녀평등이 잘 유지되려면 서로 대할 때 사회적인 지식을 떠나 순수한 마음에서 상대방을 받아들여야 합니다.

2. 사회에 대한 남녀평등입니다.
사회에 대한 대표적인 남녀평등은 사회 참여권입니다.
정치에 대한 참여 또는 직장생활에 있어서의 평등입니다.

3. 수행에 대한 남녀평등입니다.
이 장에서 수행에 대한 남녀평등의 이치를 밝히고 있습니다.
사리불존자가 사회에 대한 남녀평등의 입장에서 물었는데 천녀는 수행에 대한 남녀평등의 입장에서 대답합니다.

그 당시 사회가 여성은 깨달음을 위한 선 수행자의 길을 가기에 적합하지 않았습니다.

사리불존자가 보기에 천녀의 지혜가 수승하여 능히 대도(大道)를 성취할 수 있을 것 같아 선 수행에 전념하려면 남성의 몸이라야 되지 않겠느냐는 뜻의 물음이었습니다.

그런데 천녀의 입에서 뜻밖의 말이 나왔습니다.

천녀가 말씀한 내면의 뜻은 도(道)를 성취하는데 있어서 사회적 신분인 남녀에 차별이 없다는 것입니다.

사회에 있어서는 남녀의 차별이 크지만 깨달음을 위한 선 수행에서는 남자의 몸이든 여자의 몸이든 전혀 관계가 없으며, 여성의 몸이라 남성에 비해 선 수행에 더 불리한 그 무엇이 없다는 뜻입니다.

그러나 사회적인 입장에서 보았을 때 선 수행하는 환경에서 여성이 자유로이 정진하기가 쉽지 않습니다. 사회적 환경에서 보았을 때 분명 차이가 있습니다.

우리는 여기에서 중요한 이치를 깨닫게 됩니다.

진정한 깨달음을 성취할 수 있는 도량은 '이곳이 선 수행도량'이라고 정해진 곳이 아니라 자신이 존재하고 있는 어떤 곳이든 모두 선 수행하기에 좋은 장소라는 것입니다.

자신이 지금 집에 있으면 집이 선 수행하기에 좋은 도량입니다.
자신이 지금 선방에 있으면 선방이 선 수행하기에 좋은 도량입니다.
자신이 지금 화장실에 있으면 화장실이 선 수행하기에 좋은 도량입니다.

자신이 지금 여성이면 그 몸이 선 수행하기에 좋은 도량입니다.
자신이 지금 남성이면 그 몸이 선 수행하기에 좋은 도량입니다.

어떻게 하면 이와 같이 어떤 환경에서도 그곳 분위기에 얽매이지 않고 정진이 순일할 수 있죠?

직심(直心)의 상태에서 선 수행합니다.

직심은 법신이라 이미 남녀 등 외형의 차별을 초월했습니다.

8
불도품

31 깨달음의 성취
32 진흙 속의 연꽃
33 유마의 노래

31. 깨달음의 성취

경문낭독

爾時, 文殊師利 問 維摩詰 言:「菩薩 云何 通達 佛道?」
이시, 문수사리 문 유마힐 언: 보살 운하 통달 불도?

維摩詰 言:「若 菩薩 行於 非道, 是爲 通達 佛道。」
유마힐 언: 약 보살 행어 비도, 시위 통달 불도

又問:「云何 菩薩 行於 非道?」
우문: 운하 보살 행어 비도?

答曰:「若 菩薩 行 五無間 而無 惱恚; 至於 地獄 無 諸 罪垢;
답왈: 약 보살 행 오무간 이무뇌에; 지어 지옥 무 제 죄구;

至於 畜生 無有 無明 憍慢 等過; 至於 餓鬼 而 具足 功德;
지어 축생 무유 무명 교만 등과; 지어 아귀 이 구족 공덕;

行 色無色界道 不以 爲勝。示行 貪慾 離 諸 染著;
행 색무색계도 불이위승。시행 탐욕 리 제 염저;

示行 瞋恚 於 諸 衆生 無有 恚閡; 示行 愚癡 而以 智慧 調伏 其心;
시행 진에 어 제 중생 무유 에핵; 시행 우치 이이 지혜 조복 기심;

示行 慳貪 而捨 內外 所有 不惜 身命;
시행 간탐 이사 내외 소유 불석 신명;

示行 毀禁 而 安住 淨戒, 乃至 小罪 猶懷 大懼;
시행 훼금 이 안주 정계, 내지 소죄 유회 대구;

示行 瞋恚 而常 慈忍; 示行 懈怠 而 勤修 功德;
시행 탐에 이상 자인; 시행 해태 이 근수 공덕;

示行 亂意 而常 念定 ; 示行 愚癡 而 通達 世間 出世間 慧 ;
시행 란의 이상 념정 ; 시행 우치 이 통달 세간 출세간 혜 ;

示行 諂偽 而 善方便 隨 諸經義 ; 示行 憍慢 而於 衆生 猶如 橋梁 ;
시행 첨위 이 선방편 수 제경의 ; 시행 교만 이어 중생 유여 교량 ;

示行 諸 煩惱 而 心 常 淸淨 ; 示入 於魔 而順 佛智慧 不隨 他敎 ;
시행 제 번뇌 이 심 상 청정 ; 시입 어마 이순 불지혜 불수 타교 ;

示入 聲聞 而爲 衆生 說 未聞法 ; 示入 辟支佛 而 成就 大悲 敎化 衆生 ;
시입 성문 이위 중생 설 미문법 ; 시입 피지불 이 성취 대비 교화 중생 ;

示入 貧窮 而有 寶手 功德 無盡 ; 示入 形殘 而具 諸 相好 以自 莊嚴 ;
시입 빈궁 이유 보수 공덕 무진 ; 시입 형잔 이구 제 상호 이자 장엄 ;

示入 下賤 而生 佛種姓 中 具 諸 功德 ;
시입 하천 이생 불종성 중 구 제 공덕 ;

示入 羸劣 醜陋 而得 那羅延身 一切衆生 之所 樂見 ;
시입 리렬 추루 이득 나라연신 일체중생 지소 낙견 ;

示入 老病 而 永斷 病根 超越 死畏 ;
시입 노병 이 영단 병근 초월 사외 ;

示有 資生 而 恒觀 無常 實無 所貪 ;
시유 자생 이 항관 무상 실무 소탐 ;

示有 妻妾 綵女 而常 遠離 五欲 淤泥, 現於 訥鈍 而 成就 辯才 總持 無失 ;
시유 처첩 채녀 이상 원리 오욕 어니, 현어 눌둔 이 성취 변재 총지 무실 ;

示入 邪濟 而 以正 濟度 諸 衆生 ;
시입 사제 이 이정 제도 제 중생 ;

現 徧入 諸道 而斷 其 因緣, 現於 涅槃 而不斷 生死。
현 편입 제도 이단 기 인연, 현어 열반 이 부단 생사。

文殊師利 ! 菩薩 能 如是 行於 非道, 是爲 通達 佛道。」
문수사리 ! 보살 능 여시 행어 비도, 시위 통달 불도。

경문해석

그때에 문수보살이 유마대사에게 물었습니다.
"보살은 어떻게 해야 불도(佛道)를 통달(通達)합니까?"
유마대사가 대답하기를,
"만약 보살이 '길 아닌 길'을 간다면 불도를 통달합니다."
문수보살이 다시 묻기를,
"어떻게 하면 보살이 '길 아닌 길'을 갑니까?"
유마대사가 다음과 같이 대답했습니다.

"보살이 다음과 같이 실천하면 '길 아닌 길'을 가는 것입니다.
　보살이 오무간죄(五無間罪)를 지을 때 악의나 해치고자 하는 마음, 미워하는 마음이 없습니다.
　보살이 지옥에 갈 때 죄나 잘못이 없습니다.
　보살이 짐승이 되었을 때 무명(無明)과 교만이 없습니다.
　보살이 아귀가 되어서도 온갖 공덕을 구족하고 있습니다.
　보살이 색계, 무색계에 가서도 잘났다는 상(相)이 없습니다.
　탐욕을 부리는 모습이지만 애욕과 집착이 없습니다.
　화내는 모습이지만 적개심이나 증오심이 없습니다.
　바보 같이 보이지만 지혜로서 마음을 조복하고 있습니다.
　인색하고 탐욕스럽게 보이지만 보시하며 신명(身命)을 아끼지 않습니다.
　부도덕하게 보이지만 정계(淨戒)에 안주하고 작은 죄에도 크게 조심합니다.
　화를 잘 내지만 인자하고 관대합니다.

나태하고 게으르게 보이지만 부지런히 공덕을 닦습니다.

마음이 산란해보이지만 염정(念定)을 유지합니다.

어리석은 모습이지만 세간과 출세간의 지혜에 통달해 있습니다.

아첨하고 위선하는 모습이지만 가르침에 따라 좋은 방편으로 세상을 이롭게 합니다.

교만한 행동으로 보이지만 중생을 좋은 곳으로 인도(引導)합니다.

고뇌하는 모습이지만 마음이 항상 청정(淸淨)합니다.

마구니처럼 보이지만 불지혜(佛智慧)에 상응하면서 외도에 들어서지 않습니다.

성문(聲聞)의 모습이지만 중생의 큰마음을 일깨웁니다.

벽지불(辟支佛)의 모습이지만 대비(大悲)로 중생을 이롭게 합니다.

빈궁한 모습이지만 자비의 손길로 중생을 이롭게 합니다.

불구자의 모습이지만 마음속에 항상 청정한 공덕장엄신(功德莊嚴身)을 일깨우고 있습니다.

미천한 모습이지만 마음이 항상 법신(法身)에 계합되어 있습니다.

연약하고 추하며 비참한 모습이지만 모든 중생의 아름다운 생각을 일깨웁니다.

늙고 병든 모습이지만 병의 뿌리를 끊고 죽음의 공포를 벗어났습니다.

삶의 의욕으로 충만한 모습이지만 항상 무상(無常)을 관(觀)하며 탐착(貪着)이 없습니다.

애정을 나누는 반려자가 있지만 오욕의 욕망이 정화되었습니다.

말을 더듬고 둔한 모습이지만 불이법문(不二法門)의 이치를 체득하여 선설(善說)합니다.

외도(外道)의 모습이지만 중생을 정법(正法)으로 인도합니다.

갖가지 세속생활에 젖은 모습이지만 그 인연에 얽매이지 않습니다.

열반에 들어간 모습이지만 생사를 끊지 않습니다.

문수사리여!

보살이 능히 이와 같이 '길이 아닌 길'을 가면 이것이 불도(佛道)를 통달(通達)하는 것입니다."

방편설법

불도(佛道)의 통달(通達)!

불도(佛道)는 불법(佛法)과 같은 뜻입니다.

불법(佛法)이 법(法)의 입장에서 만들어진 용어인 반면 불도(佛道)는 도(道)의 입장에서 만들어진 용어입니다.

법(法)은 우주의 이치를 뜻하고, 도(道)는 그러한 이치를 체득하는 길 또는 방법을 뜻합니다. 그러한 의미에서 선 수행에서 불법(佛法)이라는 용어보다는 불도(佛道)라는 용어를 더 많이 사용합니다.

선 수행은 마음으로 이치를 체득한다는 의미를 내포하면서 그러한 이치체득을 위한 몸소 실천을 더욱 강조하고 있습니다.

선 수행자가 어떻게 하면 불도(佛道)를 성취할 수 있는지에 대해 이 장에서 자세히 밝히고 있습니다.

선 수행자가 불도를 성취하고자 할 때 큰마음으로 정진에 임해야 합니다.

법신의 입장에서 모든 불보살과 중생은 서로 평등합니다.

큰마음을 일깨울수록 정진에 도움이 됩니다.

쉽게 사물의 현상과 법의 이치에 얽매이지 않습니다.

선 수행자는 다음과 같이 선 수행의 혜명의식(慧命意識)을 일깨웁니다.

석가(釋迦) ― 혜능(慧能) ― 자신(自身)

석가모니 부처님의 선법(禪法) 선심(禪心) 선경(禪境)이 혜능선사를 거쳐 나에게 계합(契合)되어 있다.

이때 물론 매우 겸허하고 겸손하고 아상이 없는 무분별의 마음으로 일깨워야 합니다.
선 수행자 자신의 내면에 잠재한 일체법과 일체 성인과 평등한 큰마음을 일깨우기 위해서 이와 같이 석가와 혜능과 자신을 평등하게 인식하는 마음을 발현합니다.
그러한 의식이 일상생활에서 현실로 작용하여 안하무인격이 되어서는 안 되겠죠!
항상 경책해야 합니다.
선 수행자일수록 쉽게 아상이 충천합니다. 자신의 인위적인 생각에 의해서 증상만의 아상이 만들어지는 경우도 있지만 대부분 선 수행한다는 상(相)이 축적되면서 자신도 모르게 선 수행의 가장 큰 방해요소인 아상이 심지(心地) 깊이 뿌리내립니다.

"마음이 바로 수행도량이다."
"마음을 떠나 그 무엇도 존재하지 않는다."
부처님의 이러한 "지금 이 마음이 바로 부처"라는 생활선 정신을 계승한 분이 혜능대사입니다.

혜능선사는 《유마경》의 불이법문이 선 수행자의 진정한 깨달음의 도량이란 것을 일깨웠습니다.

선 수행할 때 선맥(禪脈)을 집안의 조상 계보처럼 중시해야 합니다.
세간의 족보가 혈맥(血脈)이라면 출세간의 족보는 선맥(禪脈)이며 혜명의 등불입니다.

조상이 없이 어찌 자신이 오늘날 존재하고 있겠습니까?
옛 선지식이 없이 어찌 자신이 오늘날 의식하고 있겠습니까?

조상을 떠나면 몸이 존재할 수 없고
선지식을 떠나면 마음이 존재할 수 없습니다.

선(禪)은
자아의식이 본래면목(本來面目)과
계합(契合)할 수 있게 돕는 실천법(實踐法)이면서

동시에 실천법을 정진하는 도량이며 수행하는 마음입니다.
선(禪)을
실천이라 할 때는 선법(禪法)이라 표현하고
도량이라 할 때는 선경(禪境)이라 표현하며
마음이라 할 때는 선심(禪心)이라 표현합니다.

32. 진흙 속의 연꽃

경문낭독

於是, 維摩詰 問 文殊師利:「何等 爲 如來種?」
어시, 유마힐 문 문수사리: 하등 위 여래종?

文殊師利 言:「有身 爲種, 無明 有愛 爲種, 貪恚癡 爲種,
문수사리 언: 유신 위종, 무명 유애 위종, 탐에치 위종,

四顚倒 爲種, 五蓋 爲種, 六入 爲種, 七識住 爲種,
사전도 위종, 오개 위종, 육입 위종, 칠식주 위종,

八邪法 爲種, 九惱處 爲種, 十不善道 爲種。
팔사법 위종, 구뇌처 위종, 십불선도 위종。

以要 言之, 六十二見 及 一切煩惱, 皆是 佛種。」
이요 언지, 육십이견 급 일체번뇌, 개시 불종。

曰:「何謂 也?」
왈: 하위 야?

答曰:「若見 無爲 入 正位 者, 不能 復發 阿耨多羅三藐三菩提心。
답왈: 약견 무위 입 정위 자, 불능 부발 아뇩다라삼먁삼보리심。

譬如 高原陸地 不生 蓮華, 卑濕 淤泥 乃生 此華。
비여 고원육지 불생 연화, 비습 어니 내생 차화。

如是, 見 無爲法 入 正位者, 終不復能 生於 佛法,
여시, 견 무위법 입 정위자, 종불부능 생어 불법,

煩惱 泥中 乃有 衆生 起 佛法 耳。
번뇌 니중 내유 중생 기 불법 이。

又如, 殖種 於空 終 不得 生, 糞壤 之地 乃能 滋茂。
우여, 식종 어공 종 부득 생, 분양 지지 내능 자무。

如是, 入 無爲 正位者 不生 佛法, 起於 我見 如 須彌山,
여시, 입 무위 정위자 불생 불법, 기어 아견 여 수미산,

猶能 發於 阿耨多羅三藐三菩提心, 生 佛法 矣。
유능 발어 아뇩다라삼먁삼보리심, 생 불법 의。

是故, 當知 一切煩惱 爲 如來種。
시고, 당지 일체번뇌 위 여래종。

譬如 不下 巨海 不能 終得 無價 寶珠,
비여 불하 거해 불능 종득 무가 보주,

如是 不入 煩惱 大海 則 不能 得 一切智寶。」
여시 불입 번뇌 대해 즉 불능 득 일체지보。

爾時, 大迦葉 歎言：「善哉 善哉！文殊師利 快說 此語,
이시, 대가섭 탄언 :   선재 선재！문수사리 쾌설 차어,

誠如 所言, 塵勞 之儔 爲 如來種,
성여 소언, 진로 지주 위 여래종,

我等 今者 不復 堪任 發 阿耨多羅三藐三菩提心,
아등 금자 불복 감임 발 아뇩다라삼먁삼보리심,

乃至 五無間罪 猶能 發意 生於 佛法, 而今 我等 永 不能 發。
내지 오무간죄 유능 발의 생어 불법, 이금 아등 영 불능 발。

譬如 根敗 之士, 其於 五欲 不能 復利, 如是 聲聞 諸 結斷者,
비여 근패 지사, 기어 오욕 불능 복리, 여시 성문 제 결단자,

於 佛法 中 無所 復益, 永不 志願。
어 불법 중 무소 복익, 영부 지원。

是故, 文殊師利！凡夫 於 佛法 有 反復, 而 聲聞 無也。
시고, 문수사리！범부 어 불법 유 반복, 이 성문 무야。

所以者何？凡夫 聞 佛法 能起 無上道心 不斷 三寶,
소이자하？범부 문 불법 능기 무상도심 부단 삼보,

正使 聲聞 終身 聞 佛法 力 無畏 等, 永 不能 發 無上道意。」
정사 성문 종신 문 불법 력 무외 등, 영 불능 발 무상도의。

경문해석

그때에 유마대사가 문수보살에게 물었습니다.
"무엇을 불성(佛性)이라 합니까?"
문수보살이 대답하기를,

"유마대사여!
유신(有身)이 곧 불성입니다.
무명(無明)과 애착(愛着)이 곧 불성입니다.
탐진치(貪嗔痴)가 곧 불성입니다.
사전도(四顚倒)가 곧 불성입니다.
오개(五蓋)가 곧 불성입니다.
육입(六入)이 곧 불성입니다.
칠식주(七識住)가 곧 불성입니다.
팔사법(八邪法)이 곧 불성입니다.
구뇌처(九惱處)가 곧 불성입니다.
십불선도(十不善道)가 곧 불성입니다.
요지(要旨)를 말하자면 62견(六十二見)과 모든 번뇌가 부처가 되는 근원인 불성(佛性)입니다."

유마대사가 묻기를,
"그게 무슨 뜻입니까?"
문수보살이 대답하기를,

"만약에 무위(無爲)를 보고 정위(正位)에 들어간 사람은 다시 아뇩다라삼먁삼보리심을 발하지 못합니다.

그것은 마치 건조한 고원에서 연꽃이 생장하지 못하고 진흙 속 습한 곳에서 연꽃이 생겨나는 것과 같습니다.

이와 같이 무위법(無爲法)을 보고서 정위(正位)에 들어간 사람은 다시 불법(佛法)에 뜻을 내지 못하며 번뇌라는 진흙 속에서 사는 중생이라야 불법에 뜻을 일으키게 됩니다.

또 허공에 씨를 뿌렸다고 그것이 돋아나는 것은 아닙니다.

거름 똥으로 기름진 땅에서 뿌린 씨가 무성하게 자랍니다.

그와 같이 무위정위(無爲正位)에 들어간 사람은 불법(佛法)을 돋아나게 하지 못하지만 아견(我見)을 수미산처럼 크게 일으킨다 해도 그 사람은 아뇩다라삼먁삼보리심을 발할 수 있고 불법(佛法)으로 세상을 이롭게 할 수 있습니다.

그러므로 마땅히 알아야 합니다.

모든 번뇌가 여래의 종자인 불성이 된다는 것을!

비유컨대 깊은 바다 밑까지 내려가지 않고서 무가(無價)의 보주(寶珠)를 얻을 수 없듯 번뇌의 대해(大海) 속에 들어가지 않고서 일체지(一切智)를 성취할 수 없습니다.

그때 대가섭이 탄식하며 말했습니다.

"참으로 잘 말씀했습니다, 문수사리여!

온갖 번뇌가 모두 여래의 종자입니다.

우리들은 지금 아뇩다라삼먁삼보리심을 발할만한 처지에 있지 못합니다.

어떤 큰 죄악을 지은 중생도 불법(佛法)에 마음을 내어 도의(道意)를 성취할 수 있지만 저희들은 지금 상태로는 영원히 아뇩다라삼먁삼보리심을 발할 수 없습니다.

비유컨대 육근(六根)이 끊어진 사람에게 오욕(五慾)의 의미가 없듯 성문은 모든 번뇌를 끊은 자이니 불법(佛法) 중에 또다시 이익 되는 바가 없으니 영원히 아뇩다라삼먁삼보리심에 뜻을 일으키지 못합니다.

그러므로 문수사리여!
범부는 불법(佛法)으로 되돌아 올 수 있지만 성문에게는 그런 가능성이 없습니다.
왜냐하면 범부는 불법(佛法)을 듣고 능히 아뇩다라삼먁삼보리심을 일으킬 수 있고 삼보(三寶)를 지켜갈 수 있지만 성문은 종생토록 불법(佛法)을 듣고 십력(十力), 사무외(四無畏) 등을 듣더라도 영원히 아뇩다라삼먁삼보리심을 발하지 못합니다."

방편설법

《유마경》에서 성문은 부처님께 직접 법을 듣고 배우는 스님을 뜻하는 것이 아니라 자신 스스로만을 위해 수행하는 사람을 뜻합니다.
승조대사의 주석을 보죠!

범부가 법(法)을 들으면 능히 불종(佛種)을 이어서 불은(佛恩)에 보답하게 되어 불법(佛法)이 끊이지 않고 지속된다.
그러나 성문은 단독으로 자신만을 위해 수행한다. 그래서 삼보(三寶)의 홍양(弘揚)이 없어 불법(佛法)이 이어지지 못하고 끊기게 된다.

법은 사람에 의해서 상응됩니다.
법 그 자체는 본래면목처럼 본래 그대로의 모습입니다.
석가모니 부처님이 불법(佛法)을 만든 것이 아닙니다.
생사해탈을 돕는 불법이란 법은 본래 그대로 존재하고 있습니다.
그러한 법이 있다는 것을 부처님께서 아시고 드러내 보이신 것이죠!
이것을 창시(創始) 또는 창시인(創始人)이라 합니다.
물론 현상세계에서 보면 새롭게 만들었다고 표현할 수도 있습니다.
이전에 그러한 법이 보이지 않았으니까요.
이처럼 법은 사람에 의해서 드러나며 그러한 법과 계합하는 것을 인(人)과 법(法)의 상응하라 표현합니다.
예를 들면 선(禪) 수행자는 선(禪) 수행법과 상응합니다.
수행자는 사람이죠.
선 수행하는 사람인 선인(禪人)에 의해서 선 수행의 길잡이인 선법(禪法)과 상응하는 법연(法緣)이 이루어집니다.

경전을 공부할 때 인(人)과 법(法)의 관계를 잘 이해하셔야 됩니다.

법(法)은 선 수행하는 이치를 밝혀둔 가르침입니다.

인(人)은 그 법에 따라 선 수행하는 선지식입니다.

아무리 좋은 법이 있어도 그것을 실천하고 선양하는 선지식이 없으면 의미가 없습니다.

아무리 잘 실천하고 선양할 수 있는 선지식이 있어도 좋은 법이 없으면 그 수행자는 주화입마에 빠져들기 쉽습니다.

《유마경》의 법은 그대로 법의 모습으로 오늘에까지 내려오지만 이 법을 깨닫고 선양하는 선지식은 세월의 흐름에 따라 다른 사람이지요.

법은 변함없이 그대로지만 그 법을 선양하던 사람이 시간과 공간의 변화에 따라 무수히 바뀌고 있습니다.

오늘날 《유마경》으로 공부하고 이타하는 수행자가 이미 이 법을 선양했던 과거 선지식의 방편법문(方便法門)을 잘 이해하고 있으면 함께 정진하는 이 시대 사람들에게 잘 부합되는 유마의 이치를 일깨워주는데 큰 도움이 됩니다.

우리는 쉽게 자신만을 생각하는 습관이 길들여져 있습니다.

그래서 습관적으로 공부하다보면 자기중심의 고정관념에서 가르침을 받아들이게 됩니다.

이러한 이미 습관화 된 공부버릇을 고치기 위해 먼저 타인을 위하는 마음을 더욱 강하게 드러내면서 공부합니다.

이와 같이 이타행(利他行) 위주의 마음상태로 공부하다보면 어느 시점에서 나와 남이 둘이 아닌 중도의 경지가 도래합니다.

그 때를 놓치지 않고 곧바로 불이중도(不二中道)의 선 수행문에 들어갑니다.

이것을 시절인연(時節因緣)이라 합니다.

이때를 놓치면 언제 다시 기연(機緣)이 도래할지 알 수 없습니다.

이러한 때를 놓쳐 허리 펴고 주야장창 방석귀신으로 지내는 선지식도 있습니다.

처음 기연에 곧바로 계합하는 선지식도 있습니다.
선 수행은 앉은 회수와는 관계없습니다.
어떻게 하면 그 시절인연이 도래한 것을 알 수 있죠?
항상 깨어 있으면 됩니다.

시절인연이 도래할 때 어떤 느낌이죠?
글쎄!
어떤 느낌이라고 표현해야 할지?
자아의식이 본래면목에 계합되어 있으면 스스로 알 수 있습니다.

사실 많은 선지식이 그러한 기연이 와 닿았는데도 그 시점을 놓쳐 아쉬운 경우가 많습니다.
그나마 그러한 불이중도에 계합하는 때였구나 하고 뒤늦게나마 알게 된 선지식도 드물죠.
대부분이 그러한 지나간 느낌마저 없습니다.
왜 그렇죠?
습관적으로 공부하고 좌선하고 사경하고 독송하고 염불하고 있기 때문입니다.
그럼 어떻게 정진하죠?
큰마음으로 깨어 있는 상태에서 습관적으로 공부하고 좌선하고 사경하고 독송하고 염불합니다.

33. 유마의 노래

경문낭독

爾時, 會中 有 菩薩 名 普現色身, 問 維摩詰 言：
이시, 회중 유 보살 명 보현색신, 문 유마힐 언：

「居士！父母 妻子, 親戚 眷屬, 吏民 知識, 悉爲 是誰？
 거사！부모 처자, 친척 권속, 이민 지식, 실위 시수？

奴婢 僮僕 象馬 車乘 皆何 所在？」
노비 동복 상마 차승 개하 소재？

於是, 維摩詰 以偈 答曰：
어시, 유마힐 이게 답왈：

「智度 菩薩母, 方便 以爲父, 一切 衆導師, 無不 由是 生。
 지도 보살모, 방편 이위부, 일체 중도사, 무불 유시생。

法喜 以爲妻, 慈悲心 爲女, 善心 誠實男, 畢竟空 寂舍。
법희 이위처, 자비심 위녀, 선심 성실남, 필경공 적사。

弟子衆 塵勞, 隨意 之 所轉, 道品 善知識, 由是 成正覺。
제자중 진로, 수의 지 소전, 도품 선지식, 유시 성정각。

諸 度法 等侶, 四攝 爲 妓女, 歌詠 誦 法言, 以此 爲 音樂。
제 도법 등려, 사섭 위 기녀, 가영 송 법언, 이차 위 음악。

總持 之 園苑, 無漏 法林樹, 覺意 淨妙華, 解脫 智慧果。
총지 지원원, 무루 법림수, 각의 정묘화, 해탈 지혜과。

八解 之 浴池, 定水 湛然滿, 布以 七淨華, 浴此 無垢人。
팔해 지 욕지, 정수 담연만, 포이 칠정화, 욕차 무구인。

象馬 五通馳, 大乘 以爲車, 調御 以一心, 遊於 八正路。
상마 오통치, 대승 이위거, 조어 이일심, 유어 팔정로。

相具 以嚴容, 衆好 飾其姿, 慚愧 之上服, 深心 爲華鬘。
상구 이엄용, 중호 식기자, 참괴 지상복, 심심 위화만。

富有 七財寶, 敎授 以滋息, 如 所說 修行, 廻向 爲大利。
부유 칠재보, 교수 이자식, 여 소설 수행, 회향 위대리。

四禪 爲牀座, 從於 淨命 生, 多聞 增 智慧, 以爲 自 覺音。
사선 위상좌, 종어 정명 생, 다문 증 지혜, 이위 자 각음。

甘露 法之食, 解脫 味爲漿, 淨心 以澡浴, 戒品 爲塗香。
감로 법지식, 해탈 미위장, 정심 이조욕, 계품 위도향。

摧滅 煩惱賊, 勇健 無能踰, 降伏 四種魔, 勝幡 建 道場。
최멸 번뇌적, 용건 무능유, 항복 사종마, 승번 건 도량。

雖知 無起滅, 示 彼故 有生, 悉現 諸國土, 如日 無不見。
수지 무기멸, 시 피고 유생, 실현 제국토, 여일 무불견。

供養 於 十方, 無量億 如來, 諸佛 及 己身, 無有 分別想。
공양 어 시방, 무량억 여래, 제불 급 기신, 무유 분별상。

雖知 諸佛國, 及與 衆生空, 而常 修淨土, 敎化 於羣生。
수지 제불국, 급여 중생공, 이상 수정토, 교화 어군생。

諸有 衆生類, 形聲 及 威儀, 無畏力 菩薩, 一時 能盡現。
제유 중생류, 형성 급 위의, 무외력 보살, 일시 능진현。

覺知 衆魔事, 而示 隨其行, 以 善方便 智, 隨意 皆能現。
각지 중마사, 이시 수기행, 이 선방편 지, 수의 개능현。

或示 老病死, 成就 諸羣生, 了知 如幻化, 通達 無有閡。
혹시 노병사, 성취 제군생, 요지 여환화, 통달 무유핵。

或現 劫盡燒, 天地 皆 洞然, 衆生 有常想, 照令 知 無常。
혹현 겁진소, 천지 개 통연, 중생 유상상, 조령 지 무상。

無數億 衆生, 俱來 請 菩薩, 一時 到 其舍, 化令 向 佛道。
무수억 중생, 구래 청 보살, 일시 도 기사, 화령 향 불도。

8. 불도품 417

經書 禁呪術, 工巧 諸技藝, 盡 現行 此事, 饒益 諸羣生。
경서 금주술, 공교 제기예, 진 현행 차사, 요익 제군생。

世間 衆 道法, 悉 於中 出家, 因以 解人惑, 而 不墮 邪見。
세간 중 도법, 실 어중 출가, 인이 해인혹, 이 불타 사견。

或作 日月天, 梵王 世界主, 或時 作地水, 或復 作風火。
혹작 일월천, 범왕 세계주, 혹시 작지수, 혹부 작풍화。

劫中 有疾疫, 現作 諸藥草, 若有 服之者, 除病 消衆毒。
겁중 유질역, 현작 제약초, 약유 복지자, 제병 소중독。

劫中 有饑饉, 現身 作飲食, 先救 彼飢渴, 卻以 法語人。
겁중 유 기근, 현신 작 음식, 선구 피 기갈, 욕이 법어인。

劫中 有刀兵, 爲之 起 慈悲, 化彼 諸衆生, 令住 無諍地。
겁중 유 도병, 위지 기 자비, 화피 제중생, 영주 무쟁지。

若有 大戰陣, 立之 以等力, 菩薩 現 威勢, 降伏 使 和安。
약유 대전진, 입지 이등력, 보살 현 위세, 항복 사 화안。

一切 國土中, 諸有 地獄處, 輒往 到於彼, 勉濟 其苦惱。
일체 국토중, 제유 지옥처, 첩왕 도어피, 면제 기고뇌。

一切 國土中, 畜生 相食噉, 皆現 生於彼, 爲之 作利益。
일체 국토중, 축생 상식담, 개현 생어피, 위지 작이익。

示 受於 五欲, 亦復 現行禪, 令魔 心 憒亂, 不能 得 其便。
시 수어 오욕, 역부 현행선, 영마 심 궤란, 불능 득 기변。

火中 生 蓮華, 是 可謂 希有, 在欲 而 行禪, 希有 亦 如是。
화중 생 연화, 시 가위 희유, 재욕 이 행선, 희유 역 여시。

或現 作 淫女, 引 諸 好色者, 先 以欲 鉤牽, 後 令 入 佛智。
혹현 작 음녀, 인 제 호색자, 선 이욕 구견, 후 령 입 불지。

或爲 邑中主, 或作 商人導, 國師 及 大臣, 以 祐利 衆生。
혹위 읍중주, 혹작 상인도, 국사 급 대신, 이 우리 중생。

諸有 貧窮者, 現作 無盡藏, 因以 勸導之, 令發 菩提心。
제유 빈궁자, 현작 무진장, 인이 권도지, 영발 보리심。

我心 憍慢者, 爲現 大力士, 消伏 諸貢高, 令住 無上道。
아심 교만자, 위현 대력사, 소복 제공고, 영주 무상도.

其有 恐懼者, 居前 而 慰安, 先 施以 無畏, 後令 發 道心。
기유 공구자, 거전 이 위안, 선 시이 무외, 후령 발 도심.

或現 離 淫欲, 爲 五通 仙人, 開導 諸羣生, 令住 戒忍慈。
혹현 이 음욕, 위 오통 선인, 개도 제군생, 영주 계인자.

見須 供事者, 現爲 作 僮僕, 旣悅 可 其意, 乃 發以 道心。
견수 공사자, 현위 작 동복, 기열 가 기의, 내 발이 도심.

隨 彼之 所須, 得入 於 佛道, 以 善方便 力, 皆能 給足之。
수 피지 소수, 득입 어 불도, 이 선방편 력, 개능 급족지.

如是 道 無量, 所行 無有涯, 智慧 無邊際, 度脫 無數衆。
여시 도 무량, 소행 무유애, 지혜 무변제, 도탈 무수중.

假令 一切佛, 於 無數億 劫, 讚歎 其 功德, 猶尚 不能盡。
가령 일체불, 어 무수억 겁, 찬탄 기 공덕, 유상 불능진.

誰聞 如是法, 不發 菩提心, 除彼 不肖人, 癡冥 無智者。
수문 여시법, 불발 보리심, 제피 불초인, 음명 무지자.

경문해석

 그때 회중(會中)에 보현색신보살이 유마대사에게 물었습니다.
 "유마대사님! 대사님의 부모, 처자, 친척, 권속, 이민(吏民), 지식(知識)은 모두 누구이며 또한 노비와 하인, 심부름꾼, 코끼리, 말, 수레, 가마 등은 다 어디에 있습니까?"

 그때 유마대사가 게송으로 답했습니다.

 "대중들이여!

 지혜는 보살의 어머니
 방편은 보살의 아버지
 일체중생의 모든 스승이
 여기에서 나왔네!

 법의 환희는 아내요
 자비의 마음은 딸이며
 착하고 성실함은 아들이고
 필경(畢竟)에 공적(空寂)함은 집이로다.

 번뇌의 제자들
 뜻 따라 법 비풀 때

도품(道品)을 선지식 삼아
정각(正覺) 성취돕네.

육바라밀(六波羅密)은 도반(道伴)
사섭법(四攝法)은 예인(藝人)
독경(讀經)과 설법(說法)으로
법음(法音) 세계 펼쳐지네.

다라니(多羅尼)는 아름다운 동산
무루(無漏)는 법의 숲
각의(覺意)는 깨끗한 꽃
해탈(解脫)은 지혜의 열매.

팔해탈(八解脫)은 연못
그 속에 선정(禪定)의 물 가득하여
물 위에 칠정화(七淨華) 떠 있으니
목욕하여 모두 때 없는 사람이네.

신통(神通)으로 힘 삼고
대승(大乘)으로 수레 삼아
일심(一心)의 선 수행자
팔정도(八正道)를 달리네.

훌륭한 용모
잘 꾸민 장식
참괴(慙愧)의 예복

심심(深心)의 모자.

부유한 칠재보(七財寶)로
재산 증식하는 법
가르침대로 실천하면
큰 이익 성취하리라.

사선(四禪)을 자리 삼아
정명(淨命)을 일깨워
다문(多聞)으로 지혜(智慧) 발현하여
각음(覺音)으로 중생 이롭게 하네.

감로법(甘露法)의 밥 먹고
해탈미(解脫味)의 국 마셔
정심(淨心)으로 목욕하니
계품향(戒品香) 온몸 감싸네.

번뇌 무찌른
무적의 영웅
사마(四魔) 항복시켜
도량 건립하네.

생멸(生滅) 없으나
생사(生死)를 나타내어
모든 국토에서
청정광명 밝히네.

시방세계 수많은
부처님께 공양하여
나와 부처님 상응하니
둘이 아닌 불이선경(不二禪境)이네.

부처님과 중생
모두 공(空)하지만
중생 이롭게 하는 마음으로
정토(淨土) 건립하네.

중생의 행동
거칠고 위험해도
세상 이롭게 하는 마음
일념(一念)으로 일체법(一切法) 발현하네.

중생의 집착 정화하고자
중생의 집착 함께하면서
보살의 방편지혜로
중생의 방편지혜 일깨우네.

늙은 모습
병든 모습
죽은 모습 보이면서
중생의 무애심(無碍心) 일깨우네.

영원한 생명

집착하는 중생 위해
천지(天地)와 공생(共生)하는 장수의 맛보여
무상(無常)의 이치 일깨우네.

우주 시방세계
수많은 중생
일심(一心) 동시에 일깨워
한 가족으로 한집에 모였네.

수행문에 들어가
열심히 정진하고 지혜 일깨워
미혹에 헤매는 중생 이롭게 하면서
사견(邪見)과 정견(正見)이 둘이 아닌 불이법문 밝히네.

중생을 이롭게 하는 간절함에서
우주의 주인으로
우주의 종으로
우주의 그 무엇으로 나타나네.

병든 중생
고통 받는 모습 안타까워
약초 되어
질병 다스리네.

굶주린 중생
고통 받는 모습 안타까워

음식 되어
기아 다스리네.

싸움하는 중생
고통 받는 모습 안타까워
해침이 없는 무기되어
다툼 다스리네.

싸움하는 장소에서
평등심의 천사되어
그들 마음속 자비심 일깨워
싸움 중에 안심(安心)하는 이치 깨닫게 하네.

고뇌에 시달리는 중생
자신이 처한 곳이 지옥이라 하니
지옥이 아닌 지옥에 함께하면서
지옥에서 지옥 아닌 즐거움 깨닫게 하네.

짐승처럼 서로 할퀴는
사람들과 상응하면서
할퀴는 그 속에서
자비심 일깨우네.

오욕에 젖은 모습에서
선 수행하는 성자의 모습 보여
오욕에 집착하는 중생 스스로

즐겨 따라와 해탈케 돕네.

불속의 연꽃 모습처럼
열심히 또 열심히 선 수행하는 모습 보여
열심히 해야만 성취된다는 중생이
그에 감응되어 스스로 선 수행하게 돕네.

몸을 맞대는 성관계로
수승한 즐거움에 노니는 모습 보여
그보다 더 수승한 즐거움인
불이선경(不二禪境)의 깨달음으로 인도하네.

자애로운 어른 모습
사업 잘하는 부호 모습
사회 안정시키는 관리 모습으로
다양한 중생 이롭게 하네.

많은 재물로
가난한 사람에게 베풀어
생활고에서 벗어나게 한 다음
그의 보리심 발현하게 돕네.

금강신장이 되어
아상이 강한 사람을
비참하게 자존심 상하게 만들어
그로 하여금 무상도(無上道) 일깨우게 돕네.

불안해하는 사람에게
불안에서 벗어나
무외(無畏)의 안심법(安心法) 얻어
도심(道心) 발현하게 돕네.

음욕을 떠난
선인(仙人)의 모습으로
중생을 개도(開導)하여
계(戒), 인(忍), 자(慈)를 일깨우네.

꼭 인도하려는 사람에겐
그가 좋아하는 모습으로
그 사람을 기쁘게 한 다음
그의 도심(道心) 발현 돕네.

불도(佛道)에 들어가는 중생에게
그가 원하는 방법으로
능히 따라 정진할 수 있게
불이도량(不二道場) 펼쳐주네.

이와 같이
중생 이롭게 하는
도(道), 행(行), 지혜(智慧)
한량없네.

중생 이롭게 하는 공덕

과거 현재 미래
선 수행의 뿌리요
선 수행의 정토이네.

어리석은 사람 어리석음 떠나
지혜로운 사람 지혜등불 밝혀
불이법문(不二法門) 가르침과 상응(相應)하여
법신(法身) 일깨워 보리심(菩提心) 성취하네!"

방편설법

네 가지 종류의 해탈에 대해 나즙대사는 다음과 같이 설명하고 있습니다.

1. 출가(出家)해서 오욕락을 멀리하는 것이다.
2. 선(禪) 수행으로 어지러운 생각을 멀리하는 것이다.
3. 지혜(智慧)로 망상을 멀리하는 것이다.
4. 열반(涅槃)에 들어 생사를 멀리하는 것이다.

해탈은 다시 두 가지가 있는데 번뇌로부터 해탈과 구속으로부터 벗어나는 것이다.

유마대사는 불이선경에 노니는 자재인생의 이치를 흥에 겨워 노래하고 있습니다.
흥이 없다면 노래의 언어로 표현되지 않겠죠.
유마대사가 노래한 가사의 많은 내용 그리고 《유마경》 전체의 불이법문이 우주와 본성의 이치를 허심탄회하게 대화하면서 체득하고 밝히는 현학(玄學)의 사유방식과 비슷합니다.
반야성공(般若性空) 사상의 불교경전과 한자문화권(漢字文化圈) 특유의 사유문화가 조화를 이루면서 혜능선사 중심의 선종수행문화(禪宗修行文化)가 꽃피웠습니다.

무속의 기복신앙이 한참 유행하고 있을 때 불교가 한자문화권으로 들어옵니다.
처음 불교를 받아들일 때 이곳 민중과 황제는 부처님을 신과 같이 여겨 인간을 보호해주고 복되게 지켜주는 원시적인 전지전능한 신으로 인식하게 되었습니다.
그러나 그 무렵 일부 사대부들은 부처님의 가르침은 기복신앙의 무속적인 형태가 아니라 노자의 가르침처럼 인간의 지혜를 성숙시켜주는 도법(道法)이란 것을 알았습니다.
그와 같이 받아들일 수 있게 된 것은 현학(玄學)의 영향이 컸습니다.

현학은 한자문화권에서 꽃피운 학문 중에서 가장 바람직한 학문형태라 할 수 있습니다. 현학의 이해는《유마경》공부에 큰 도움이 됩니다.
특히 21세기 지금의 우리들의 경전공부에 잘 맞는 학문형태이기도 합니다.

현학(玄學)!
현(玄)을 드러낸 학문입니다.
현(玄)을 드러내는 학문입니다.
현(玄)은 현문(玄門)을 뜻합니다.

현문(玄門)을
《도덕경》에서는 중묘지문(衆妙之門)으로 표현하고
《유마경》에서는 불이법문(不二法門)으로 표현합니다.

중묘지문과 불이법문은
모두 직심(直心)으로 들어가는 길입니다.
직심으로 통하는 불이법문과 중묘지문은 도량 아닌 게 없습니다.

한(漢)나라 말엽 사회가 어지러워지자 뜻있는 지식인들은 그렇게 혼란케 된 원인과 그러한 혼란 속에서도 안심해탈(安心解脫)할 수 있는 방법을 찾았습니다.

어디에서 안심법문(安心法門)을 찾지?
깊이 사색하고 사유한 결과 주로 세 가지 경전에서 그 방법을 찾기로 정했습니다.
바로《노자》와《장자》와《주역》이며 이 세 경전을 삼현(三玄)이라 일컫습니다.
《노자(老子)》를《도덕경(道德經)》,《장자(莊子)》를《남화진경(南華眞經)》,《주역(周易)》을《역경(易經)》이라 존칭해서 표현합니다.
《노자》는 노자가 직접 집필한 책이고《장자》는 장자가 쓴 또는 장자의 말씀을 모아 만든 책입니다.

《노자》와 《장자》를 묶어 '노장(老莊)'이라 표현하는데, 그것은 노자의 도(道) 사상을 장자가 계승했기 때문입니다.

이 두 경전 모두 도의 실천, 도의 이치, 도의 세계에 대해 말씀하고 있지만 그것을 표현하는 방식에는 상당한 차이가 있습니다.

《도덕경》은 짧은 글속에 깊은 도의 세계를 드러내고 있습니다.

반면 《남화진경》은 비교적 긴 문장에 광대한 도의 세계를 드러내고 있습니다.

《도덕경》은 직접적인 언어표현 방식을 선택한 반면

《남화진경》은 우화적인 표현으로 초월적인 도의 세계를 표현하고 있습니다.

《역경》은 운명을 알기 위해 탐구하는 대표적인 경전입니다.

옛 선지식들은 삼현(三玄)을 연구하면서 도의 세계에 노닐었습니다.

여기에서 표현하는 '연구'는 현대 학문에서 인식하는 '연구'와는 차이가 있습니다.

현대학문에서 '연구'란 객관적인 사실을 밝혀내는데, 알아내는데 목적이 있습니다.

예를 들어, 불교의 선(禪)을 연구하는 학문을 선학(禪學)이라 합니다.

연구자가 선학을 연구할 때 선의 실천에 대한 깊이가 없어도 선학을 연구할 수 있습니다.

그것은 선학이란 선의 객관적으로 일어나는 현상을 연구하는 학문이기 때문입니다.

선(禪)이 가리키는 즉 손가락 아닌 달에 직접 계합하는 것이 선 수행자가 하는 것이라면 선학연구는 그러한 선 수행의 과정을, 현상을 제 삼자의 입장에서 분석하는 것입니다. 마치 의사가 환자를 치료하듯!

이러한 학문방식을 서구적인 학문법이라 합니다.

우리는 근대에서부터 서구방식의 학문연구법을 도입하여 가르치며 배우고 있습니다.

이러한 학문연구법이 원래 서구에서 발생된 학문세계를 분석하기에 좋은 방법입니다.

그러나 그것으로 우리 전통문화를 연구 분석할 경우 상당한 부적합한 현상이 생기게 됩니다.

특히 선(禪)과 현학(玄學)처럼 형이상학의 세상에 직접 계합하는 학문은 더 말할 필요가 없습니다.
그러면 그 당시 현학을 연구하는 태도가 지금의 현대학문연구 방식과 어떻게 달랐는지 알아보죠!

분석(分析)과 사유(思惟)와 체득이 함께 이루어집니다.
노자의 무위자연설(無爲自然說)을 예로 들어보죠!

자연(自然)은 천(天)을 지칭하는데 무위(無爲)를 통해 천(天)의 자연에 계합하는 것입니다.
무위를 통해 천(天)과 내[인(人)]가 하나가 되는 천인합일(天人合一)의 경지에 들어갑니다.
이때 천인합일의 경지에 들어가는 관건은 무위입니다!

무엇이 무위(無爲)인가?
어떻게 하는 것이 무위의 실천인가?

연구자 자신이 무위의 실천을 하기 위해 그 무위가 무엇인지에 대해 연구합니다.
이러한 연구를 참구(參究)라 합니다.
이것은 산에 오를 때 산에 오르는 길을 안내서를 통해 보는 것과 같습니다.
그런데 이렇게 안내서를 보면서 연구하는 과정 또한 산에 오르는 실천에 포함됩니다.
왜냐하면 올라가면서 보기 때문입니다. 보면서 올라가기 때문입니다.
행(行)과 지(知)가 동시에 이루어집니다. 이것을 지행합일(知行合一)이라 칭합니다.
현학연구는 일반적으로 말하는 선 수행처럼 시작 그 자체에서부터 선 수행입니다.
그러나 현학연구가 우리가 일상적으로 아는 정좌하고 선정에 몰입하는 선(禪)과는 다릅니다.

일반적으로 좌선이라 말하면 관(觀) 또는 간(看)의 방법으로 사유 또는 사색의 연구하는 마음상태를 포함하고 있지 않습니다.

현학은 사색(思索) 또는 사유(思惟)의 진리탐구에서 관(觀)과 간(看)의 명상(冥想)을 함께 진행하고 있습니다.

현학의 현(玄)은 명상 또는 선정에서 계합되는 경지 또는 그러한 이치를 뜻합니다.

현학은 이러한 현의 경지 또는 이치를 드러낸 학문입니다.

위진 시대에는 이러한 현학자가 사회 지식인의 주류를 이루고 있었기에 행주좌와 어묵동정 어느 때나 선 수행 아닌 게 없다고 천명한 《유마경》의 불이법문이 그들에게 큰 길잡이가 되어줄 수 있었던 것입니다.

이처럼 《유마경》에서 주장하는 세상사를 떠나지 않고 출세간의 법열을 얻을 수 있다는 이치를 그들은 이미 알고 있었습니다.

나즙대사에 의해 《유마경》이 제대로 번역되면서 세상사뿐만 아니라 그들 자신 마음까지도 모두가 선 수행하는 도량이라는 것을 일깨워 주었습니다.

궁극적으로 찾고자했던 직심(直心)이 처음 연구에 들어가면서부터 함께하고 있다는 이치를 알게 해준 것이죠!

유마대사가 노래 부르면서 불이선경을 전개한 것처럼!

9
입불이법문품

34 불이선경의 다양한 문

34. 불이선경의 다양한 문

경문낭독

爾時, 維摩詰 謂 衆菩薩 言:
이시, 유마힐 위 중보살 언:

「諸仁者! 云何 菩薩 入 不二法門? 各隨 所樂 說之。」
제인자! 운하 보살 입 불이법문? 각수 소락 설지.

會中 有 菩薩 名 法自在, 說言: 「諸仁者! 生滅 爲二, 法本 不生,
회중 유 보살 명 법자재, 설언: 제인자! 생멸 위이, 법본 불생,

今則 無滅, 得 此 無生法忍, 是爲 入 不二法門。」
금즉 무멸, 득 차 무생법인, 시위 입 불이법문.

德守菩薩 曰: 「我 我所 爲二, 因有我 故, 便 有我所,
덕수보살 왈: 아 아소 위이, 인유아 고, 변 유아소

若 無有我, 則 無我所, 是爲 入 不二法門。」
약 무유아, 즉 무아소, 시위 입 불이법문.

不眴菩薩 曰: 「受 不受 爲二, 若法 不受, 則 不可得, 以 不可得 故,
불순보살 왈: 수 불수 위이, 약법 불수, 즉 불가득, 이 불가득 고,

無取 無捨, 無作 無行, 是爲 入 不二法門。」
무취 무사, 무작 무행, 시위 입 불이법문.

德頂菩薩 曰: 「垢 淨 爲二, 見 垢 實性, 則 無淨相,
덕정보살 왈: 구 정 위이, 견 구 실성, 즉 무정상,

順於 滅相, 是爲 入 不二法門。」
순어 멸상, 시위 입 불이법문.

善宿菩薩 曰:「是動 是念 爲二, 不動 則 無念, 無念 則 無分別,
선숙보살 왈: 시동 시념 위이, 부동 즉 무념, 무념 즉 무분별,

通達 此者, 是爲 入 不二法門。」
통달 차자, 시위 입 불이법문.

善眼菩薩 曰:「一相 無相 爲二, 若知 一相 卽是 無相,
선안보살 왈: 일상 무상 위이, 약지 일상 즉시 무상,

亦 不取 無相, 入於 平等, 是爲 入 不二法門。」
역 불취 무상, 입어 평등, 시위 입 불이법문.

妙臂菩薩 曰:「菩薩心 聲聞心 爲二, 觀 心相 空 如 幻化 者,
묘비보살 왈: 보살심 성문심 위이, 관 심상 공 여 환화 자,

無 菩薩心 無 聲聞心, 是爲 入 不二法門。」
무 보살심 무 성문심, 시위 입 불이법문.

弗沙菩薩 曰:「善 不善 爲二, 若 不起 善 不善, 入 無相際 而 通達者,
불사보살 왈: 선 불선 위이, 약 불기 선 불선, 입 무상제 이 통달자,

是爲 入 不二法門。」
시위 입 불이법문.

師子菩薩 曰:「罪 福 爲二, 若達 罪性, 則 與福 無異,
사자보살 왈: 죄 복 위이, 약달 죄성, 칙 여복 무이,

以 金剛慧 決了 此相, 無縛 無解 者, 是爲 入 不二法門。」
이 금강혜 결료 차상, 무박 무해 자, 시위 입 불이법문.

師子意菩薩 曰:「有漏 無漏 爲二, 若得 諸法 等, 則 不起 漏 不漏 想,
사자의보살 왈: 유루 무루 위이, 약득 제법 등, 즉 불기 루 불루 상,

不著 於相, 亦 不住 無相, 是爲 入 不二法門。」
불착 어상, 역 부주 무상, 시위 입 불이법문.

淨解菩薩 曰:「有爲 無爲 爲二, 若離 一切數, 則 心如 虛空,
정해보살 왈: 유위 무위 위이, 약리 일체수, 즉 심여 허공,

以 清淨慧 無所閡 者, 是爲 入 不二法門。」
이 청정혜 무소애 자, 시위 입 불이법문.

那羅延菩薩 曰:「世間 出世間 爲二, 世間 性 空, 卽是 出世間,
나라연보살 왈: 세간 출세간 위이, 세간 성 공, 즉시 출세간,

於 其中 不入 不出, 不溢 不散, 是爲 入 不二法門。」
어 기중 불입 불출, 불일 불산, 시위 입 불이법문.

善意菩薩 曰:「生死 涅槃 爲二, 若 見 生死 性, 則 無 生死,
선의보살 왈: 생사 열반 위이, 약 견 생사 성, 즉 무 생사,

無縛 無解, 不然 不滅, 如是 解者, 是爲 入 不二法門。」
무박 무해, 불연 불멸, 여시 해자, 시위 입 불이법문.

現見菩薩 曰:「盡 不盡 爲二, 法若 究竟, 盡若 不盡, 皆是 無盡 相,
현견보살 왈: 진 부진 위이, 법약 구경, 진약 부진, 개시 무진 상,

無盡相 卽是 空, 空 則 無有 盡 不盡 相, 如是 入者, 是爲 入 不二法門。」
무진상 즉시 공, 공 즉 무유 진 불진 상, 여시 입자, 시위 입 불이법문.

普守菩薩 曰:「我 無我 爲二, 我 尙 不可得, 非我 何 可得,
부수보살 왈: 아 무아 위이, 아 상 불가득, 비아 하 가득,

見 我 實性 者, 不復 起二, 是爲 入 不二法門。」
견 아 실성 자, 불부 기이, 시위 입 불이법문.

電天菩薩 曰:「明 無明 爲二, 無明 實性 卽是 明, 明 亦 不可取,
전천보살 왈: 명 무명 위이, 무명 실성 즉시 명, 명 역 불가취,

離 一切數 於其中 平等無二 者, 是爲 入 不二法門。」
이 일체수 어기중 평등무이 자, 시위 입 불이법문.

喜見菩薩 曰:「色 色空 爲二, 色 卽是 空, 非 色滅 空,
희견보살 왈: 색 색공 위이, 색 즉시 공, 비 색멸 공,

色性 自空, 如是 受想行識 識空 爲二, 識 卽是 空, 非 識滅 空,
색성 자공, 여시 수상행식 식공 위이, 식 즉시 공, 비 식멸 공,

識性 自空, 於其中 而 通達者, 是爲 入 不二法門。」
식성 자공, 어기중 이 통달자, 시위 입 불이법문.

明相菩薩 曰:「四種異 空種異 爲二, 四種性 卽是 空種性,
명상보살 왈: 사종이 공종이 위이, 사종성 즉시 공종성,

如 前際 後際 空, 故 中際 亦 空, 若能 如是 知 諸種性 者,
여 전제 후제 공, 고 중제 역 공, 약능 여시 지 제종성 자,

是 爲 入 不二法門。」
시위 입 불이법문。

妙意菩薩 曰:「眼 色 爲二, 若知 眼性, 於色 不貪 不恚 不癡,
묘의보살 왈: 안 색 위이, 약지 안성, 어색 불탐 불에 불응,

是名 寂滅, 如是 耳聲 鼻香 舌味 身觸 意法 爲二, 若知 意性,
시명 적멸, 여시 이성 비향 설미 신촉 의법 위이, 약지 의성,

於法 不貪 不恚 不癡, 是名 寂滅, 安住 其中, 是爲 入 不二法門。」
어법 불탐 불에 불응, 시명 적멸, 안주 기중, 시위 입 불이법문。

無盡意菩薩 曰:「布施 迴向一切智 爲二, 布施 性 卽是 迴向一切智 性,
무진의보살 왈: 보시 회향일체지 위이, 보시 성 즉시 회향일체지 성,

如是 持戒、忍辱、精進、禪定、智慧、迴向一切智 爲二,
여시 지계、인욕、정진、선정、지혜、회향일체지 위이,

智慧性 卽是 迴向一切智性, 於其中 入 一相 者, 是爲 入 不二法門。」
지혜성 즉시 회향일체지성, 어기중 입 일상 자, 시위 입 불이법문。

深慧菩薩 曰:「是 空、是 無相、是 無作 爲二, 空 卽 無相,
심혜보살 왈: 시 공、시 무상、시 무작 위이, 공 즉 무상,

無相 卽 無作, 若 空、無相、無作, 卽 無心、意、識,
무상 즉 무작, 약 공、무상、무작, 즉 무심、의、식,

於 一 解脫門 卽是 三 解脫門 者, 是爲 入 不二法門。」
어 일 해탈문 즉시 삼 해탈문 자, 시위 입 불이법문。

寂根菩薩 曰:「佛、法、衆 爲二, 佛 卽是 法, 法 卽是 衆,
적근보살 왈: 불、법、중 위이, 불 즉시 법, 법 즉시 중,

是 三寶 皆 無爲相, 與 虛空 等, 一切法 亦爾, 能隨 此行者,
시 삼보 개 무위상, 여 허공 등, 일체법 역이, 능수 차행자,

是爲 入 不二法門。」
시위 입 불이법문。

心無閡菩薩 曰:「身 身滅 爲二, 身 卽是 身滅, 所以者何?
심무애보살 왈: 신 신멸 위이, 신 즉시 신멸, 소이자하?

見 身 實相者, 則 不起 見身 及 見滅身, 身與 滅身 無二 無分別,
견 신 실상자, 즉 불기 견신 급 견멸신, 신여 멸신 무이 무분별,

於其中 不驚 不懼 者, 是爲 入 不二法門。」
어기중 불경 불구 자, 시위 입 불이법문。

上善菩薩 曰:「身、口、意業 爲二, 是 三業 皆 無作相,
상선보살 왈: 신、구、의업 위이, 시 삼업 개 무작상,

身 無作相 卽 口 無作相, 口 無作相 卽 意 無作相,
신 무작상 즉 구 무작상, 구 무작상 즉 의 무작상,

是 三業 無作相, 卽 一切法 無作相, 能 如是 隨 無作慧 者,
시 삼업 무작상, 즉 일체법 무작상, 능 여시 수 무작혜 자,

是爲 入 不二法門。」
시위 입 불이법문。

福田菩薩 曰:「福行 罪行 不動行 爲二, 三行 實性 卽是 空,
복전보살 왈: 복행 죄행 부동행 위이, 삼행 실성 즉시 공,

空 卽 無福行、無罪行、無不動行, 於此 三行而 不起 者,
공 즉 무복행、무죄행、무부동행, 어차 삼행이 불기 자,

是爲 入 不二法門。」
시위 입 불이법문。

華嚴菩薩 曰:「從我 起二 爲二, 見 我實相者 不起 二法,
화엄보살 왈: 종아 기이 위이, 견 아실상 자 불기 이법,

若 不住 二法, 則 無有識 無所識 者, 是爲 入 不二法門。」
약 부주 이법, 즉 무유식 무소식 자, 시위 입 불이법문。

德藏菩薩 曰:「有所得 相 爲二, 若 無所得, 卽 無 取捨,
덕장보살 왈: 유소득 상 위이, 약 무소득, 즉 무 취사,

無 取捨者, 是爲 入 不二法門。」
무 취사자, 시위 입 불이법문。

月上菩薩 曰:「闇 與 明 爲二, 無闇 無明, 卽 無有二, 所以者何?
월상보살 왈: 암 여 명 위이, 무암 무명, 즉 무유이, 소이자하?

如入 滅受想定 無闇 無明, 一切法相 亦復 如是,
여입 멸수상정 무암 무명, 일체법상 역복 여시,

於其中 平等入 者, 是爲入 不二法門。」
어기중 평등입 자, 시위 입 불이법문.

寶印手菩薩 曰:「樂涅槃 不樂世間 爲二,
보인수보살 왈: 낙열반 불락세간 위이,

若 不樂涅槃 不厭世間, 則 無有二, 所以者何? 若 有縛 則 有解,
약 불락열반 불염세간, 즉 무유이, 소이자하? 약 유박 즉 유해,

若 本 無縛, 其誰 求解? 無縛 無解, 則 無樂厭, 是爲入 不二法門。」
약 본 무박, 기수 구해? 무박 무해, 즉 무락염, 시위 입 불이법문.

珠頂王菩薩 曰:「正道 邪道 爲二, 住 正道者 則 不分別 是邪 是正,
주정왕보살 왈: 정도 사도 위이, 주 정도자 즉 불분별 시사 시정,

離 此 二者, 是爲入 不二法門。」
이 차 이자, 시위 입 불이법문.

樂實菩薩 曰:「實 不實 爲二, 實見者 尙 不見實, 何況 非實,
요실보살 왈: 실 부실 위이, 실견자 상 부견실, 하황 비실,

所以者何? 非 肉眼 所見, 慧眼 乃能見, 而此 慧眼 無見 無不見,
소이자하? 비 육안 소견, 혜안 내능견, 이차 혜안 무견 무불견,

是爲入 不二法門。」
시위 입 불이법문.

如是 諸菩薩 各各 說已, 問 文殊師利 何等 是 菩薩 入 不二法門。
여시 제보살 각각 설이, 문 문수사리 하등 시 보살 입 불이법문.

文殊師利 曰:「如 我意者, 於 一切法 無言 無說, 無示 無識,
문수사리 왈: 여 아의자, 어 일체법 무언 무설, 무시 무식,

離 諸 問答, 是爲入 不二法門。」
이 제 문답, 시위 입 불이법문.

於是, 文殊師利 問 維摩詰：
어시, 문수사리 문 유마힐：

「我等 各自 說已, 仁者 當說 何等 是 菩薩 入 不二法門。」
 아등 각자 설이, 인자 당설 하등 시 보살 입 불이법문.

時 維摩詰 默然 無言。
시 유마힐 묵연 무언.

文殊師利 歎曰：「善哉 善哉！乃至 無有 文字 語言, 是 眞入 不二法門。」
문수사리 탄왈 :   선재 선재！내지 무유 문자 어언, 시 진입 불이법문.

說 是 入不二法門品 時, 於此衆中 五千菩薩 皆入 不二法門, 得 無生法忍。
설 시 입불이법문품 시, 어차중생 오천보살 개입 불이법문, 득 무생법인.

경문해석

그때 유마대사가 보살대중에게 말씀했습니다.
"보살들이여! 불이(不二)에 들어가는 법문에 대해 각자 체득한 바대로 말씀해 보시오!"

법자재보살이 다음과 같이 말했습니다.
"생(生)과 멸(滅)은 서로 다릅니다. 그러나 법은 본래 생한 바 없고 다시 멸하는 바 없습니다. 이러한 무생법인(無生法忍)의 이치를 체득하면, 이것이 바로 입불이법문(入不二法門)입니다."

덕수보살이 다음과 같이 말했습니다.
"아(我)와 아소(我所)는 서로 다릅니다. 아(我)로 인해 아소(我所)가 있습니다. 만약 아(我)가 없으면 아소(我所) 또한 없으니 이러한 이치를 체득하면, 이것이 바로 입불이법문(入不二法門)입니다."

불현보살이 다음과 같이 말했습니다.
"수(受)와 불수(不受)는 서로 다릅니다. 만약 법에 있어서 불수(不受)하면 이것이 곧 불가득(不可得)입니다. 불가득(不可得)이기에 취(取)도 없고 사(捨)도 없으며 작(作)도 없고 행(行)도 없으니 이러한 이치를 체득하면, 이것이 바로 입불이법문(入不二法門)입니다."

덕정보살이 다음과 같이 말했습니다.

"구(垢)와 정(淨)은 서로 다릅니다. 구(垢)의 실성(實性)을 보게 되면 이것이 곧 정상(淨相)이 없어 멸상(滅相)에 순응하니 이러한 이치를 체득하면, 이것이 바로 입불이법문(入不二法門)입니다."

선숙보살이 다음과 같이 말했습니다.
"동(動)과 염(念)은 서로 다릅니다. 부동(不動)하면 곧 무염(無念)입니다. 무염(無念)이면 곧 무분별(無分別)이니 이러한 이치를 체득하면, 이것이 바로 입불이법문(入不二法門)입니다."

선안보살이 다음과 같이 말했습니다.
"일상(一相)과 무상(無相)은 서로 다릅니다. 만약 일상(一相)이 곧 무상(無相)임을 알면 무상(無相) 또한 취(取)하지 않아 평등경지(平等境地)에 들어가니 이러한 이치를 체득하면, 이것이 바로 입불이법문(入不二法門)입니다."

묘비보살이 다음과 같이 말했습니다.
"보살심(菩薩心)과 성문심(聲聞心)은 서로 다릅니다. 심상(心相)이 환화(幻化)와 같이 공(空)함을 관(觀)하면 보살심(菩薩心)도 없고 성문심(聲聞心)도 없으니 이러한 이치를 체득하면, 이것이 바로 입불이법문(入不二法門)입니다."

불사보살이 다음과 같이 말했습니다.
"선(善)과 불선(不善)은 서로 다릅니다. 만약 선(善)과 불선(不善)의 차별심(差別心)을 일으키지 않으면 곧 무상(無相)의 경지에 들어가니 이러한 이치를 체득하면, 이것이 바로 입불이법문(入不二法門)입니다."

사자보살이 다음과 같이 말했습니다.
"죄(罪)와 복(福)은 서로 다릅니다. 만약 죄(罪)의 본성(本性)을 통달하면 그것이 복(福)과 다르지 않습니다. 금강혜(金剛慧)로 이러한 차별상을 타파하면 결박도 없고 해탈도 없으니 이러한 이치를 체득하면, 이것이 바로 입불이법문(入不二法門)입니다."

사자의보살이 다음과 같이 말했습니다.
"유루(有漏)와 무루(無漏)는 서로 다릅니다. 만약 제법(諸法)이 평등(平等)한 이치를 깨우치면 루(漏), 불루(不漏)의 차별상이 일어나지 않아, 상(相)에 집착하지도 않고 무상(無相)에 머물지도 않으니 이러한 이치를 체득하면, 이것이 바로 입불이법문(入不二法門)입니다."

정해보살이 다음과 같이 말했습니다.
"유위(有爲)와 무위(無爲)는 서로 다릅니다. 만약 사량분별(思量分別)을 떠나면 마음이 곧 허공(虛空)과 같아 청정혜(淸淨慧)로 걸림 없으니 이러한 이치를 체득하면, 이것이 바로 입불이법문(入不二法門)입니다."

나라연보살이 다음과 같이 말했습니다.
"세간(世間)과 출세간(出世間)은 서로 다릅니다. 세간(世間)의 성(性)이 공(空)하면 곧 출세간(出世間)입니다. 이러한 경지에선 출입(出入)도 없고 넘치고 흩어짐도 없으니 이러한 이치를 체득하면, 이것이 바로 입불이법문(入不二法門)입니다."

선의보살이 다음과 같이 말했습니다.
"생사(生死)와 열반(涅槃)은 서로 다릅니다. 만약 생사(生死)의 성(性)을 보게 되면 곧 생사(生死)가 없어 결박(結縛)도 없고 해탈(解脫)도 없으며 불생불멸(不生不滅)하니 이러한 이치를 체득하면, 이것이 바로 입불이법문(入不二法門)입니다."

현견보살이 다음과 같이 말했습니다.

"진(盡)과 부진(不盡)은 서로 다릅니다. 법(法)의 구경(究竟)에선 진(盡)과 부진(不盡)이 모두 무진상(無盡相)입니다. 무진상(無盡相)은 곧 공(空)이며, 공(空)하면 곧 진(盡)과 부진(不盡)의 상(相)이 없으니 이러한 이치를 체득하면, 이것이 바로 입불이법문(入不二法門)입니다."

보수보살이 다음과 같이 말했습니다.

"아(我)와 무아(無我)는 서로 다릅니다. 아(我)도 불가득(不可得)인데 어찌 비아(非我)를 얻겠습니까! 아(我)의 실성(實性)을 보게 되면 다시 차별상(差別相)을 일으키지 않으니 이러한 이치를 체득하면, 이것이 바로 입불이법문(入不二法門)입니다."

전천보살이 다음과 같이 말했습니다.

"명(明)과 무명(無明)은 서로 다릅니다. 그러나 무명(無明)의 실성(實性)이 곧 명(明)이며, 이 명(明) 또한 취할 그 무엇이 없어 모든 사량분별(思量分別)을 떠나게 됩니다. 이러한 경지에서 불이평등(不二平等)의 선경(禪境)에 노닐게 되니 이러한 이치를 체득하면, 이것이 바로 입불이법문(入不二法門)입니다."

희견보살이 다음과 같이 말했습니다.

"색(色)과 색공(色空)은 서로 다릅니다. 그러나 색(色)이 곧 공(空)이며, 색(色)이 멸(滅)해서 공(空)이 되는 게 아니라 색성(色性) 그 자체가 바로 공(空)입니다.

이와 같이 수(受), 상(想), 행(行), 식(識)도 그와 같습니다. 식(識)과 공(空)은 서로 다르지만 식(識)이 곧 공(空)이며, 식(識)이 멸한 다음 공(空)이 되는 게 아니라 식성(識性) 그 자체가 바로 공(空)입니다.

이러한 이치를 체득하면, 이것이 바로 입불이법문(入不二法門)입니다."

명상보살이 다음과 같이 말했습니다.

"사종이(四種異)와 공종이(空種異)는 서로 다릅니다. 그러나 사종(四種)의 성(性)이 곧 공종(空種)의 성(性)입니다. 이것은 전제(前際)와 후제(後際)가 공(空) 하기에 중제(中際) 또한 공(空)한 이치와 같습니다. 만약 이와 같이 모든 종(種)의 성(性)에 대해 체득하면, 이것이 바로 입불이법문(入不二法門)입니다."

묘의보살이 다음과 같이 말했습니다.

"안(眼)과 색(色)은 서로 다릅니다. 만약 안(眼)의 성(性)이 공(空)함을 알면 색(色)에 대해 불탐(不貪), 불에(不恚), 불치(不痴) 하니 이것을 적멸이라 합니다.

이와 같이 이(耳)와 성(聲), 비(鼻)와 향(香), 설(舌)과 미(味), 신(身)과 촉(觸), 의(意)와 법(法)은 서로 다릅니다. 만약 의(意)의 성(性)이 공(空)함을 알게 되면 법(法)에 불탐(不貪), 불에(不恚), 불치(不痴) 하니 이것을 적멸(寂滅)이라 합니다.

이 가운데 안주(安住)하면, 이것이 바로 입불이법문(入不二法門)입니다."

무진의보살이 다음과 같이 말했습니다.

"보시(布施)와 회향일체지(回向一切智)는 서로 다릅니다. 그러나 보시(布施)의 성(性)이 곧 회향일체지(回向一切智)의 성(性)입니다.

이와 같이 지계(持戒), 인욕(忍辱), 정진(精進), 선정(禪定), 지혜(智慧)와 회향일체지(回向一切智)는 서로 다릅니다. 그러나 지혜(智慧)의 성(性)이 곧 회향일체지(回向一切智)의 성(性)입니다. 이러한 경지에서 일상(一相)에 들어가면, 이것이 바로 입불이법문(入不二法門)입니다."

심혜보살이 다음과 같이 말했습니다.

"공(空)과 무상(無相)과 무작(無作)은 서로 다릅니다. 그러나 공(空)이 곧 무상(無相)이요, 무상(無相)이 곧 무작(無作)입니다. 만약 공(空), 무상(無相), 무작(無作)이면 곧 심의식(心意識)이 없으니, 일해탈문(一解脫門)이 곧 삼해탈문(三解脫門)

인 이치를 체득하면 이것이 바로 입불이법문(入不二法門)입니다."

적근보살이 다음과 같이 말했습니다.
"불(佛), 법(法), 중(衆)의 삼보(三寶)는 서로 다릅니다. 그러나 불(佛)이 곧 법(法)이며, 법(法)이 곧 중(衆)입니다. 이 삼보(三寶)가 모두 무위(無爲)의 상(相)이라 허공과 같이 차별이 없습니다. 모든 법도 이와 같이 알고 행하면, 이것이 바로 입불이법문(入不二法門)입니다."

심무애보살이 다음과 같이 말했습니다.
"신(身)과 신멸(身滅)은 서로 다릅니다. 그러나 신(身)이 곧 신멸(身滅)입니다. 왜냐하면 신(身)의 실상(實相)을 보게 되면 견신(見身)과 견멸신(見滅身)의 분별을 일으키지 않습니다. 신(身)과 신멸(身滅)이 둘이 아닌 무차별(無差別)의 경지에서 놀라거나 두려워하지 않으면, 이것이 바로 입불이법문(入不二法門)입니다."

상선보살이 다음과 같이 말했습니다.
"신(身), 구(口), 의(意)의 삼업(三業)은 서로 다릅니다. 그러나 삼업(三業)은 모두 무작상(無作相)입니다. 신(身)의 무작상(無作相)이 곧 구(口)의 무작상(無作相)이며, 구(口)의 무작상(無作相)이 곧 의(意)의 무작상입니다.
이러한 삼업의 무작상이 곧 일체법의 무작상입니다.
능히 이와 같이 무작혜(無作慧)에 순응하면, 이것이 바로 입불이법문(入不二法門)입니다."

복전보살이 다음과 같이 말했습니다.
"복행(福行)과 죄행(罪行)과 부동행(不動行)은 서로 다릅니다. 그러나 삼행(三行)의 실성(實性)이 곧 공(空)입니다. 공(空)이면 곧 무복행(無福行), 무죄행(無罪行), 무부동행(無不動行)이니 이 삼행(三行)에 차별심(差別心)을 일으키지 않으면,

이것이 바로 입불이법문(入不二法門)입니다."

화엄보살이 다음과 같이 말했습니다.
"아(我)와 아(我) 아닌 것은 서로 다릅니다. 그러나 아(我)의 실성(實性)을 보게 되면 이에 대한 차별심(差別心)이 일어나지 않습니다. 만약 이 차별상(差別相)에 머물지 않으면 곧 식(識)이 없으며, 식(識)의 분별(分別)이 없으면, 이것이 바로 입불이법문(入不二法門)입니다."

덕장보살이 다음과 같이 말했습니다.
"모든 상(相)은 서로 다릅니다. 만약 무소득(無所得)이면 곧 취사(取捨)가 없습니다. 취사(取捨)가 없으면, 이것이 바로 입불이법문(入不二法門)입니다."

월상보살이 다음과 같이 말했습니다.
"암(暗)과 명(明)은 서로 다릅니다. 암(暗)도 없고 명(明)도 없으면 곧 서로 다르지 않습니다. 왜냐하면 멸수상정(滅受想定)의 경지(境地)에선 암(暗)도 없고 명(明)도 없습니다.
모든 법상(法相)이 이와 같아 이러한 평등불이(平等不二)의 경지에 노닐면, 이것이 바로 입불이법문(入不二法門)입니다."

보인수보살이 다음과 같이 말했습니다.
"열반(涅槃)을 좋아하는 것과 세간(世間)을 싫어하는 것은 서로 다릅니다. 만약 열반(涅槃)도 좋아하지 않고 세간(世間)도 싫어하지 않으면 이것은 곧 차별이 없습니다. 왜냐하면 결박(結縛)이 있으면 그것을 푸는 해탈(解脫)이 있습니다. 그런데 본래 결박(結縛)된 바 없으면 누가 해탈(解脫)을 구하겠습니까! 결박도 없고 해탈도 없으면 곧 좋아함도 없고 싫어함도 없으니, 이것이 바로 입불이법문(入不二法門)입니다."

주정왕보살이 다음과 같이 말했습니다.

"정도(正道)와 사도(邪道)는 서로 다릅니다. 그러나 정도(正道)에 머물면 곧 사(邪)와 정(正)의 분별(分別)이 없어 차별상(差別相)을 떠나게 되니 이러한 이치를 체득하면, 이것이 바로 입불이법문(入不二法門)입니다."

요실보살이 다음과 같이 말했습니다.

"실(實)과 부실(不實)은 서로 다릅니다. 그러나 진실(眞實)로 보는 자는 실(實)도 보는 바 없는데 어찌 비실(非實)을 본다 하겠습니까! 왜냐하면 이것은 육안(肉眼)이 아니라 혜안(慧眼)으로 보는 바이니 이 혜안은 보는 바도 없고 보지 않는 바도 없습니다. 이러한 이치를 체득하면, 이것이 바로 입불이법문(入不二法門)입니다."

이와 같이 여러 보살이 각기 입불이법문을 설한 다음 문수보살에게 물었습니다.

"문수사리여! 입불이법문에 대해 가르침을 설하소서!"

문수보살이 말씀하기를,

"내 의견으로는 일체법(一切法)에 대해 언설(言說)이 없고 드러내 보이는 바도 없으며 식별(識別)하는 바도 없어 문답(問答) 또한 없는 것이 입불이법문(入不二法門)이라 생각합니다."

이때 문수보살이 유마대사에게 물었습니다.

"우리들은 각자 나름대로 입불이법문(入不二法門)에 대해 설했습니다. 대사께서는 어떻게 생각하십니까?"

그때 유마대사는 아무 말 없이 침묵했습니다.

문수보살이 감탄하며 말씀하기를,

"과연 옳습니다. 문자와 말과 설명 그런 것 모두 없는 것이 진짜 불이에 들어가는 법문입니다."

  이와 같이 제보살(諸菩薩)이 입불이법문(入不二法門)을 설할 때 대중 가운데 오천 명의 보살이 모두 불이법문에 들어가 무생법인(無生法忍)을 얻었습니다.

 수행용어

- 생(生)과 멸(滅)

생(生)은 태어나거나, 생겨나는 것.
멸(滅)은 죽거나 없어지는 것.

- 아(我)와 아소(我所)

아(我)는 나.
아소(我所)는 내 것.

- 수(受)와 불수(不受)

수(受)는 상(相)을 취하는 것.
불수(不受)는 상(相)을 취하지 않는 것.

- 구(垢)와 정(淨)

구(垢)는 더러움.
정(淨)은 깨끗함.

- 동(動)과 염(念)

동(動)은 미혹한 마음의 움직임.
염(念)은 아상(我相)을 갖는 생각.

- 일상(一相)과 무상(無相)

일상(一相)은 하나의 상(相).

무상(無相)은 상(相)이 없는 것.

- 보살심(菩薩心)과 성문심(聲聞心)

보살심(菩薩心)은 큰마음.

성문심(聲聞心)은 작은 마음.

- 선(善)과 불선(不善)

선(善)은 착함.

불선(不善)은 착하지 못함.

- 죄(罪)와 복(福)

죄(罪)는 죄악.

복(福)은 복덕.

- 유루(有漏)와 무루(無漏)

유루(有漏)는 세간 법.

무루(無漏)는 출세간 법.

- 유위(有爲)와 무위(無爲)

유위(有爲)는 행위가 있는 것.

무위(無爲)는 행위가 없는 것.

- 세간(世間)과 출세간(出世間)

세간(世間)은 집착이 있는 세상. 색신(色身)의 세계.

출세간(出世間)은 집착을 떠난 세상. 법신(法身)의 세계.

• 생사(生死)와 열반(涅槃)
생사(生死)는 윤회가 있는 것.
열반(涅槃)은 윤회를 초월한 것.

• 진(盡)과 부진(不盡)
진(盡)은 다하는 것.
부진(不盡)은 다함이 없는 것.

• 아(我)와 무아(無我)
아(我)는 '나'라는 존재가 있는 것.
무아(無我)는 '나'라는 존재가 없는 것.

• 명(明)과 무명(無明)
명(明)은 밝음.
무명(無明)은 밝음이 없는 것.

• 색(色)과 색공(色空)
색(色)은 형상(形象)이 있는 것.
색공(色空)은 형상(形象)이 공한 것.
이와 같이 수(受), 상(想), 행(行), 식(識)도 수공(受空), 상공(想空), 행공(行空), 식공(識空)과 상대적입니다.

• 사종이(四種異)와 공종이(空種異)
사종이(四種異)는 몸을 형성하고 있는 지(地), 수(水), 화(火), 풍(風)의 사대가 서로 다르다는 것.
공종이(空種異)는 공(空)의 성격이 다르다는 것.

- **안(眼)과 색(色)**

안(眼)은 보는 눈.

색(色)은 보이는 색.

- **보시(布施)와 회향일체지(回向一切智)**

보시(布施)는 수행 성취를 위해 하는 것.

회향일체지(回向一切智)는 성취한 수행을 베푸는 것.

지계(持戒), 인욕(忍辱), 정진(精進), 선정(禪定), 지혜(智慧)도 그와 같습니다.

- **공(空)과 무상(無相)과 무작(無作)**

공(空), 무상(無相), 무작(無作)은 삼해탈문(三解脫門)으로 각기 독립적인 일해탈문(一解脫門)의 특성을 지니고 있습니다.

- **불(佛)과 법(法)과 중(衆)**

삼보(三寶)인 부처님과 가르침과 선 수행자.

- **신(身)과 신멸(身滅)**

신(身)은 몸.

신멸(身滅)은 몸의 소멸.

- **신(身)과 구(口)와 의(意)**

신(身)은 몸.

구(口)는 입.

의(意)는 마음.

- **복행(福行)과 죄행(罪行)과 부동행(不動行)**

복행(福行)은 욕계의 복덕.

죄행(罪行)은 욕계의 죄악.

부동행(不動行)은 색계(色界), 무색계(無色界)의 복덕.

• 아(我)와 아(我) 아닌 것
아(我)는 '나'.
아(我) 아닌 것은 '나' 이외의 것.

• 모든 상(相)
일체 삼라만상. 사물의 모든 모습.

• 암(暗)과 명(明)
암(暗)은 어두움.
명(明)은 밝음.

• 열반(涅槃)을 좋아하는 것과 세간(世間)을 싫어하는 것
열반과 세간을 좋고 나쁜 곳으로 단정 짓는 생각에서 차별하는 분별심이 생겨납니다.

• 정도(正道)와 사도(邪道)
정도(正道)는 깨달음으로 가는 길.
사도(邪道)는 미혹으로 가는 길.

• 실(實)과 부실(不實)
실(實)은 진실.
부실(不實)은 진실이 아닌 것.

• 입불이법문(入不二法門)
불이법문의 경지에 들어가는 것을 뜻합니다.

방편설법

불이법문은 《유마경》의 핵심용어입니다.
불이법문(不二法門)을 약칭으로 불이(不二)라 하며, 그 내면의 이치를 불이사상(不二思想)이라 표현합니다.
불이의 이치를 밝혀 중생을 이롭게 하고자 많은 선지식이 방장회상에 모여 불이선경(不二禪境)을 드러내고 있습니다.

《유마경》의 구성은 종합예술(綜合藝術)과도 같습니다.
선 수행법을 세상(世上) 사람들이 쉽게 받아들일 수 있도록 실감나는 다양한 방법으로 전개하고 있습니다.
불이사상의 근본인 공(空) 도리를 그대로 드러내면 대다수의 선(禪) 수행자(修行者)가 쉽게 받아들일 수 없기에 다양한 의식의 중생을 이롭게 하고자 유(有)의 입장에서 실감나는 현상을 많이 드러내 보이고 있습니다.

이 무대에서 주인공(主人公)이 유마대사(維摩大士)라면 특별출연(特別出演)은 문수보살(文殊菩薩)이 되겠죠!
공(空)의 이치를 현상으로 드러내 보일 수 있게 사건을 전환시키는 역할은 사리불존자(舍利弗尊者)가 하고 있습니다.
사실 이 세 분은 좋은 수행도반(修行道伴)입니다.
중생(衆生)을 이롭게 하기 위해 각자 배역을 잘 하셨습니다.

공(空)의 이치가 현상(現象)으로 드러날 때 반드시 사건이 있어야 합니다.
이것을 선 수행에서 기연(機緣)이라 하며, 기연이 적기에 잘 상응할 때를 선기(禪機)라 표현합니다.

공(空) 그 자체가 '나는 공이요!' 하고 스스로 드러낼 수 없습니다.
왜냐하면 공(空)은 법(法)의 이치 그 자체이기 때문입니다.
이치란 현상으로 드러나지 않습니다.
법이 현상으로 드러나려면 반드시 도구(道具)가 필요합니다.
법을 현상으로 드러내는 대표적인 도구가 유(有)와 무(無)입니다.
유(有)와 무(無)는 법을 드러내는 대표적인 방편(方便)입니다.

유(有)와 무(無)의 관계성은?

유를 말하면, 이것은 이미 무(無)에 상대되는 유(有)에 집착입니다.
즉 법에 대해 편견을 일으킨 것입니다.
이러한 편견을 타파하기 위해 무(無)를 말하게 됩니다.
이와 같이 유(有)와 무(無)를 말하는 과정에서 있다 없다 하는 것이 모두 본성(本性)을 일깨우는 근원(根源)이 아니라는 것을 깨닫게 됩니다.

이치(理致)를 깨닫는 것을 체득(體得)이라 하며, 증득(證得)이라 하며, 도(道)를 깨우쳤다고 표현(表現)합니다.
깨달음은 처음부터 근원(根源)을 붙잡아 그곳으로부터 몰입해 들어가는 것이 아니라 허상(虛想)의 줄기를 잡고 들어가 본성(本性)에 계합(契合)하는 경우가 대부분입니다.
그래서 불이(不二)와 공(空)을 포함한 모든 수행법(修行法)을 방편(方便)이라 표현합니다.

불이(不二)를 밝히는 법회(法會)인 유마회상(維摩會上)에서 연출(演出)의 절정(絶頂)으로 불이법문(不二法門)이 무엇인가에 대해 밝히는 모습이 전개(展開)되는데, 궁극(窮極)에 유마대사(維摩大士)의 묵언(默言)으로 회향(回向)합니다.

불이법문(不二法門)이 무엇인가에 대해 먼저 나즙대사의 가르침을 보겠습니다.

유(有)와 무(無)를 함께 운용(運用)하면 불법(佛法)이 밝게 드러난다.
앞의 불도품(佛道品)에서 유(有)를 드러냈기에 여기 입불이법문품(入不二法門品)에서는 공문(空門)을 밝히고 있다.

유마회상의 법회가 시작되면서부터 지금까지 줄곧 유마대사와 문수보살 두 분의 법만 밝혀지면서 다른 선지식들은 모두 침묵을 지키고 있었다.
그래서 여기에서는 여러 선지식(善知識)이 각기 자신들의 법(法)을 드러내 보이는 장이 마련되었다.
그런 까닭은 중생(衆生)의 미혹(迷惑)된 바 습기(習氣)가 각기 달라 그에 맞는 가르침을 드러내어 깨닫게 하고자 여러 선지식이 각기 자신들이 체득(體得)한 바의 경험(經驗)을 바탕으로 어떻게 하면 불이법문에 들어갈 수 있는지 그 도리(道理)를 밝히고 있다.

대저 종(宗)을 밝히는 모임을 가졌으면 반드시 유종의 미를 거두어야 하기에 이제 모임이 해산되기 전이라서 깊이 있는 이치를 드러내 널리 불이(不二)를 설한 것이니 그 설법(說法)이 궁극을 드러냈다.

질문: 삼(三), 사(四)도 있고 무량법문(無量法門)도 있는데 왜 유독 불이(不二)만 드러내는 까닭이 무엇인지?
대답: 두 가지의 문(門)은 일이 적어서 분별(分別)하는데 있어 미혹(迷惑)되는 바도 그만큼 적다.
여러 문(門)은 일이 많아서 분별(分別)하는데 있어 피곤함이 그만큼 커진다.
두 가지를 서로 맞대어 타파(打破)하면 다른 것들도 함께 타파된다.
만법(萬法)이 생겨나는 것은 모두 연(緣)으로 인해서 일어난다.
연기(緣起)로 법(法)이 생겨나는데 그 종류(種類)가 많아 천차만별(千差萬別)이다.
그 중에서 가장 적은 개념(概念)은 둘의 인연(因緣)이다. '하나의 인연(因緣)만으로 생겨나는 것이 있다.'는 말은 들어본 적이 없다.

 그러한즉 연기(緣起)의 변화(變化)가 있으면 그 극(極)은 두 법(法)이니 이 두 법(法)을 이미 타파(打破)하면 곧 현경(玄境)에 들게 되어 불이법문(不二法門)이 일체법문(一切法門)을 섭수(攝受)한다고 표현(表現)한다.

 질문: 왜 하나는 타파할 수 없는가?
 대답: 만약에 숫자로 그것을 표현한다면 하나는 성립되지 않는다.
 왜냐하면 만약에 하나는 하나가 된다고 한다면 이것 또한 이법(二法)을 떠나지 못한 것이다. 둘을 타파하면 하나마져 없어진다.

 법문(法門)의 뜻에 대해 승조대사는 다음과 같이 밝히고 있습니다.

 세상을 이롭게 하는 말을 법(法)이라 하고
 성인(聖人)들이 배출되어 나오는 곳을 문(門)이라 한다.

 불이법문에 대해 여러 선지식이 밝힌 까닭을 승조대사는 다음과 같이 설명하고 있습니다.

 이 경(經)의 처음부터 지금까지 이치를 드러내는 가르침의 내용은 서로 다르지만 모두 대승무상(大乘無相)의 도(道)를 밝히고 있다.
 무상(無相)의 도(道)는 곧 불가사의해탈법문(不可思議解脫法門)이며 곧 제일의무이법문(第一義無二法門)이다.

 여기에서 유마대사는 병(病)을 보이고, 문수보살은 병(病)을 물으면서 불이정토(不二淨土)가 건립(建立)된다.
 범부(凡夫)와 성인(聖人)이 도(道)를 성취(成就)함에 모두 이로 말미암아 이루어진다.
 그래서 일로는 편단(篇端)이 되고 말로는 언수(言首)가 되어 궁극(窮極)에 모두 하나로 돌아간다.

그러나 도(道)를 배우는 사람이 마음을 여는 견지(見地)가 있고 받아들이는 습관(習慣)이 서로 다르다.

어떤 사람은 생멸(生滅)을 관(觀)하면서 근본(根本)에 계합(契合)된다.
어떤 사람은 유무(有無)를 추론(推論)하면서 체진(體眞)을 체득한다.
어떤 사람은 죄복(罪福)을 찾으면서 하나를 얻게 된다.
어떤 사람은 신구(身口)를 관찰(觀察)하면서 명적(冥寂)에 들어간다.
이처럼 사람마다 도(道)에 계합(契合)되는 인연(因緣)이 서로 다르지만 그 모이는 곳은 다르지 않다.
다르지 않기에 선지식(善知識)이 함께 도(道)를 드러내어 이 경(經)의 큰 뜻을 증명(證明)한 것이다.

〈입불이법문품〉에서 첫 번째 선지식이 밝힌 생멸불이(生滅不二)에 대해 승조대사는 다음과 같이 설명하고 있습니다.

멸(滅)이라는 것은 생(生)이 멸(滅)한다는 뜻이다.
만약 생(生)이 없는 도리(道理)를 깨달으면 무슨 멸(滅)하는 바 그 무슨 멸(滅)이 있겠는가!
이것이 곧 무생법인(無生法忍)이다.
이 선지식은 생멸(生滅)을 관(觀)하여 도(道)를 성취했기에 자신이 직접 체득(體得)한 바를 경험으로 삼아 불이법문(不二法門)을 밝히고 있다.

여러 선지식이 상대적인 개념(概念)을 전개(展開)하여 불이법문(不二法門)에 들어가는 이치(理致)를 밝혔습니다.
그다음 문수보살이 "진정한 불이법문은 여러분처럼 말로 표현할 수 없다."고 밝히고 있습니다.
불이법문을 언어로 밝힐 수 없는 이치에 대해 승조대사는 다음과 같이 표현하고 있습니다.

앞에서 여러 선지식이 각기 밝히고 있는 핵심(核心)은 모두 같지만 그분들의 체득한 바를 바탕으로 드러내는 불이법문(不二法門)이라, 그 모습에 있어 서로 다르며, 그러한 법상(法相)을 직변(直辯)으로 밝힌 반면 무언(無言)의 이치를 드러내지 않고 있어, 이제 문수보살이 여러 선지식의 말을 회통(會通)하여 '불이(不二)의 문(門)을 여는데 법상(法相)은 불가언(不可言)이다.'고 직언(直言)하고 있다.

법상(法相)에 있어서는 말로 어떻게 표현할 방법이 없다고 밝힌 문수보살의 그 말씀은 말의 궁극(窮極)에 해당한다. 그러나 뒤에 이어지는 유마대사의 정묵(靜黙)에 비해서는 다음이라 하겠다.

유마대사의 묵언(默言)에 대해 나즙대사는 협존자와 마명보살의 이야기를 예로 들어 그 진면목을 밝히고 있습니다.

부처님께서 열반하신 지 육백년 후 한 사람이 있었는데 나이가 육십에 출가하여 오래지 않아 삼장(三藏)을 모두 외우고, 이어서 삼장에 대한 논서(論書)를 저술했다.
집필(執筆)을 마친 다음 깊은 사유명상(思惟冥想)에 들어 다음과 같이 생각했다.
"불법(佛法) 가운데 무슨 다른 일이 있겠는가! 오직 선(禪) 수행만이 내가 가야할 길이다."
그래서 선법(禪法)을 받은 다음 스스로 다음과 같이 맹세했습니다.
"만약 도(道)를 얻지 못하거나 모든 선정공덕(禪定功德)을 갖추기 전에는 절대 자리에 눕지 않으리라!"

그 뒤로 옆구리를 땅에 대지 않고 지낸다 해서 그를 협(脇) 스님이라 불었다.
그 뒤로 그는 짧은 시간에 아라한과(阿羅漢果)를 성취하고, 삼명육통(三明六通)을 구족했으며, 변재(辯才)의 큰 힘이 생겨 논변(論辯)에 수승(殊勝)했다.

그 당시 유명한 외도의 스승이 있었는데 이름이 마명(馬鳴)이다. 근기(根器)가 수승(殊勝)하고 지혜(智慧)를 갖췄으며 모든 경서(經書)에 능통(能通)하여, 그 또한 대변재설(大辯才說)을 갖추어 모든 논의(論議)를 설파(說破)할 수 있었다.

협 스님이 유명하다는 소식을 듣고 마명은 제자들을 데리고 그곳에 가서 큰 소리로 다음과 같이 말했다.

"나는 당신과 모든 논의(論議)에서 승리할 수 있다. 만약 내가 당신의 논의(論議)를 설파(說破)하지 못하면 내 목을 치시오!"

협 스님이 그 말을 듣고 아무 대답이 없었다.

마명이 아무 대꾸를 않는 협 스님을 보고 거만해져서 말하기를

"그는 명성만 크게 나 있지 실체는 그러하지 못하다."고 비판한 다음 제자(弟子)들을 데리고 돌아갔습니다.

돌아가는 도중 마명은 깊은 사유(思惟)에 잠겼다가 깨어나 제자들에게 말하기를,

"그 사람은 정말 깊은 지혜(智慧)를 갖추었다. 내가 논변(論辯)에서 졌다."

그것을 의아하게 생각한 제자가 물었습니다.

"왜 그렇습니까? 사부님!"

대답하기를,

"나는 말로써 모든 말을 설파(說破)하니 이것은 곧 스스로 설파(說破)한 것이요. 그는 말이 없었으니 이것은 곧 내가 아무것도 설파(說破)한 바가 없다."

곧바로 다시 돌아가 협 스님에게 말하기를,

"논변(論辯)에서 내가 졌습니다! 내가 참으로 어리석었소. 이 우둔하고 어리석은 머리는 내가 필요한 것이 아니오. 그러니 내 목을 치시오. 만약 나를 참수하지 않으면 내 스스로 목을 쳐서 죽겠소!"

협 스님이 말씀하기를,

"당신의 목은 베지 않고 당신의 머리카락을 자르겠소. 세간(世間)에서 보면 죽은 것이나 다름없지 않소!"

그 즉시 삭발하고 협 스님의 제자가 되었다.

마명(馬鳴)은 지혜와 변재가 수승해서 세상 누구도 당할 자가 없었다.

많은 경론(經論)을 저술하고 불법(佛法)을 크게 드러내 세상 사람들이 그를 두 번째 부처님이라고 칭송했다.

대저 묵언과 언어는 그 모양은 다르지만 모두 '일(一)'의 종(宗)을 밝히고 있다.

모이는 곳은 비록 하나이지만 자취에 있어 정밀(精密)하고 추잡(麤雜)한 차이가 있다.

유언(有言)으로 무언(無言)을 드러내 보인 것은 아직 무언(無言)으로 무언(無言)을 밝힌 것에 미치지 못한다.

10
향적불품

35 향기의 밥
36 향기설법과 언어설법

35. 향기의 밥

경문낭독

於是, 舍利弗 心念:「日時 欲至, 此 諸菩薩 當於 何食?」
어시, 사리불 심념: 일시 욕지, 차 제보살 당어 하식?

時, 維摩詰 知 其意 而 語言:「佛說 八解脫, 仁者 受行,
시, 유마힐 지 기의 이 어언: 불설 팔해탈, 인자 수행,

豈 雜 欲食 而 聞法 乎? 若 欲食 者, 且待 須臾, 當令 汝得 未曾有 食。」
기 잡 욕식 이 문법 호? 약 욕식 자, 차대 수유, 당령 여득 미증유 식。

時, 維摩詰 卽入 三昧, 以 神通力, 示 諸大衆 上方 界分,
시, 유마힐 즉입 삼매, 이 신통력, 시 제대중 상방 계분,

過 四十二 恒河沙 佛土, 有 國名 衆香, 佛號 香積, 今 現在。
과 사십이 항하사 불토, 유 국명 중향, 불호 향적, 금 현재。

其國 香氣 比於 十方 諸佛 世界 人天 之香, 最爲 第一。
기국 향기 비어 시방 제불 세계 인천 지향, 최위 제일。

彼土 無有 聲聞 辟支佛 名, 唯有 清淨 大菩薩 衆, 佛爲 說法。
피토 무유 성문 벽지불 명, 유유 청정 대보살 중, 불위 설법。

其界 一切 皆 以香 作 樓閣, 經行 香地, 苑園 皆香,
기계 일체 개 이향 작 누각, 경행 향지, 원원 개향,

其食 香氣 周流 十方 無量 世界。
기식 향기 주류 시방 무량 세계。

是時, 彼佛 與 諸菩薩, 方共 坐食, 有 諸天子 皆號 香嚴,
시시, 피불 여 제보살, 방공 좌식, 유 제천자 개호 향엄,

悉發 阿耨多羅三藐三菩提心, 供養 彼佛 及 諸菩薩,
실 발 아뇩다라삼먁삼보리심, 공양 피불 급 제보살,

此諸大衆 莫不 目見。
차제대중 막불 목견

時, 維摩詰 問 衆菩薩 言 : 「諸仁者! 誰能 致 彼佛 飯?」
시, 유마힐 문 중보살 언 :   제인자! 수능 치 피불 반?

以 文殊師利 威神力 故, 咸皆 默然。
이 문수사리 위신력 고, 함개 묵연。

維摩詰 言 : 「仁 此 大衆, 無 乃 可恥。」
유마힐 언 :   인 차 대중, 무 내 가치。

文殊師利 曰 : 「如佛 所言, 勿輕 未學。」
문수사리 왈 :   여불 소언, 물경 미학。

於是, 維摩詰 不起 於座, 居衆 會前, 化作 菩薩, 相好 光明,
어시, 유마힐 불기 어좌, 거중 회전, 화작 보살, 상호 광명,

威德 殊勝, 蔽於 衆會, 而 告之 曰 :
위덕 수승, 폐어 중회, 이 고지 왈 :

「汝往 上方 界分 度 如 四十二 恒河沙 佛土, 有 國名 衆香,
 여왕 상방 계분 도 여 사십이 항하사 불토, 유 국명 중향,

佛號 香積, 與 諸菩薩 方共 坐食, 汝往 到彼, 如我 辭曰 :
불호 향적, 여 제보살 방공 좌식, 여왕 도피, 여아 사왈 :

『維摩詰 稽首 世尊 足下, 致敬 無量, 問訊 起居, 少病 少惱,
 유마힐 계수 세존 족하, 치경 무량, 문신 기거, 소병 소뇌,

氣力 安不? 願得 世尊 所食 之餘, 當於 娑婆世界 施作 佛事,
기력 안부? 원득 세존 소식 지여, 당어 사바세계 시작 불사,

令 此樂 小法 者, 得弘 大道, 亦使 如來 名聲 普聞。』
영 차락 소법 자, 득홍 대도, 역사 여래 명성 보문。

時 化菩薩, 卽於 會前 昇於 上方, 擧衆 皆見 其去,
시 화보살, 즉어 회전 승어 상방, 거중 개견 기거,

到 衆香界 禮 彼佛足, 又聞 其言:「維摩詰 稽首 世尊 足下,
도 중향계 예 피 불족, 우문 기언: 유마힐 계수 세존 족하,

致敬 無量, 問訊 起居, 少病 少惱, 氣力 安不, 願得 世尊 所食 之餘,
치경 무량, 문신 기거, 소병 소뇌, 기력 안부, 원득 세존 소식 지여,

欲於 娑婆世界 施作 佛事, 使 此樂 小法 者, 得弘 大道,
욕어 사바세계 시작 불사, 사 차락 소법 자, 득홍 대도,

亦使 如來 名聲 普聞。」
역사 여래 명성 보문。

彼諸 大士, 見 化菩薩, 歎 未曾有。
피제 대사, 견 화보살, 탄 미증유。

「今 此 上人, 從 何所來? 娑婆世界 爲在 何許? 云何 名爲 樂小法者?」
 금 차 상인, 종 하소래? 사바세계 위재 하허? 운하 명위 낙소법자?

卽以 問佛。佛 告之 曰:「下方 度 如 四十二 恒河沙 佛土,
즉이 문불。불 고지 왈: 하방 도여 사십이 항하사 불토,

有 世界 名 娑婆, 佛號 釋迦牟尼, 今 現在。
유 세계 명 사바, 불호 석가모니, 금 현재。

於 五濁惡世 爲 樂 小法 衆生 敷演道教, 彼有 菩薩 名 維摩詰,
어 오탁오세 위 낙 소법 중생 부연도교, 피유 보살 명 유마힐,

住 不可思議解脫, 爲 諸菩薩 說法, 故 遣化來 稱揚 我名,
주 불가사의해탈, 위 제보살 설법, 고 견화래 칭양 아명,

幷 讚 此土, 令 彼菩薩 增益 功德。」
병 찬 차토, 영 피보살 증익 공덕。

彼菩薩 言:「其人 何如, 乃作 是化, 德力 無畏, 神足 若斯?」
피보살 언: 기인 하여, 내작 시화, 덕력 무외, 신족 약사?

佛言:「甚大。一切 十方, 皆 遣化往, 施作 佛事, 饒益 衆生。」
불언: 심대。일체 시방, 개 견화왕, 시작 불사, 요익 중생。

於是, 香積如來 以 衆香鉢 盛滿香飯 與 化菩薩。
어시, 향적여래 이 중향발 성만향반 여 화보살。

時, 彼 九百萬 菩薩 俱 發聲 言:「我 欲詣 娑婆世界 供養 釋迦牟尼佛,
시, 피 구백만 보살 구 발성 문: 아 욕예 사바세계 공양 석가모니불,

幷 欲見 維摩詰 等 諸菩薩 衆。」
병 욕견 유마힐 등 제보살 중。

佛言:「可往。攝 汝身香, 無令 彼諸衆生 起 惑著心。
불언: 가왕。섭 여신향, 무령 피제중생 기 혹착심。

又當 捨 汝本形, 勿使 彼國 求菩薩者 而 自鄙恥。
우당 사 여본형, 물사 피국 구보살자 이 자비치。

又 汝 於彼 莫懷輕賤, 而 作閡想。所以者何? 十方國土 皆如 虛空。
우 여 어피 막회경천, 이 작애상。소이자하? 시방국토 개여 허공。

又 諸佛 爲欲化 諸樂 小法者, 不盡現 其 淸淨土 耳。」
우 제불 위욕화 제락 소법자, 부진현 기 청정토 이。

時, 化菩薩 旣受 鉢飯, 與彼 九百萬 菩薩 俱,
시, 화보살 기수 발반, 여 피 구백만 보살 구,

承佛威神 及 維摩詰 力, 於彼 世界 忽然 不現, 須臾 之間 至 維摩詰 舍。
승불위신 급 유마힐 력, 어피 세계 홀연 불현, 수유 지간 지 유마힐 사。

時, 維摩詰 卽 化作 九百萬 師子之座, 嚴好 如前, 諸菩薩 皆坐 其上。
시, 유마힐 즉 화작 구백만 사자지좌, 엄호 여전, 제보살 개좌 기상。

時, 化菩薩 以 滿鉢香飯 與 維摩詰,
시, 화보살 이 만발향반 여 유마힐,

飯香 普薰 毗耶離城 及 三千大千世界。
반향 보훈 비야리성 급 삼천대천세계。

時, 毗耶離 婆羅門 居士 等 聞是 香氣, 身意 快然, 歎 未曾有。
시, 비야리 바라문 거사 등 문시 향기, 신의 쾌연, 탄 미증유。

於是, 長者 主月蓋, 從 八萬四千 人 來入 維摩詰 舍,
어시, 장자 주월개, 종 팔만사천 인 내입 유마힐 사,

見其 室中 菩薩 甚多, 諸 師子座 高廣 嚴好, 皆大 歡喜,
견기 실중 보살 심다, 제 사자좌 고광 엄호, 개 대 환희,

禮 衆菩薩 及 大弟子, 卻住 一面。諸 地神 虛空神 及 欲色界 諸天,
예 중보살 급 대제자, 각주 일면。제 지신 허공신 급 욕색계 제천,

聞 此 香氣 亦皆 來入 維摩詰 舍。
문 차 향기 역개 내입 유마힐 사。

時 維摩詰 語 舍利弗 等 諸 大聲聞:「仁者！可食。
시 유마힐 어 사리불 등 제 대성문: 인자！가식。

如來 甘露味飯, 大悲 所薰, 無以 限意 食之, 使 不消 也。」
여래 감로미반, 대비 소훈, 무이 한의 식지, 사 불소 야。

有異 聲聞, 念 是飯 少, 而 此 大衆 人人 當食。
유이 성문, 염 시반 소, 이 차 대중 인인 당식。

化菩薩 曰:「勿以 聲聞 小德 小智 稱量 如來 無量 福慧, 四海 有竭,
화보살 왈: 물이 성문 소덕 소지 칭량 여래 무량 복혜, 사해 유갈,

此飯 無盡, 使 一切人 食摶 若 須彌, 乃至 一劫, 猶 不能盡。所以者何？
차반 무진, 사 일체인 식단 약 수미, 내지 일겁, 유 불능진 소이자하？

無盡 戒 定 智慧 解脫 解脫知見 功德 具足 者, 所食之餘 終 不可盡。」
무진 계 정 지혜 해탈 해탈지견 공덕 구족 자, 소식 지여 종 불가진。

於是, 鉢飯 悉飽 衆會 猶故 不盡。
어시, 발반 실포 중회 유고 부진。

其諸菩薩 聲聞天人 食此飯者, 身安快樂,
기제보살 성문천인 식차반자, 신안쾌락,

譬如 一切樂莊嚴國 諸菩薩 也。
비여 일체낙장엄국 제보살 야。

又 諸 毛孔 皆出 妙香 亦如 衆香國土 諸樹之香。
우 제 모공 개출 묘향 역여 중향국토 제식지향。

경문해석

그때에 사리불이 마음속으로 이런 생각을 했습니다.
"정오가 다 되어 가는데 대중들이 무엇을 먹지?"
그러자 유마대사가 사리불의 마음을 알고 다음과 같이 말씀했습니다.
"부처님께서 여덟 가지 해탈에 관해 설법하셨고 존자께서 그 가르침을 받아 실천하고 있는데 어찌 무엇을 먹을까 하는 생각을 하면서 법을 듣는 것입니까?
배가 고파 먹고 싶다면 잠깐만 기다리시오.
일찍이 맛보지 못한 미증유의 음식을 드시게 하겠소."

그때 유마대사가 곧 삼매에 들어 신통력으로 대중에게 한 부처님 나라를 보여주었습니다.
위로 42 항하사 불국토를 지나 중향국이란 나라가 있고 거기에 향적이라는 부처님이 계시는데 지금 현재 그 나라의 향기는 시방세계에서 가장 뛰어난 향기를 뿜고 있고, 그 불국토에는 작은 마음으로 선 수행하는 선지식은 없고 오직 큰마음으로 선 수행하는 대선지식들만 있습니다.

향적여래께서 설법하시는데, 그 나라의 구석구석에는 향으로 만들어진 누각이 즐비하고, 경행(經行)할 땐 향기가 땅을 뒤덮으며, 숲과 동산이 모두 향기로 가득하고, 그곳 음식의 향기는 시방 무량세계에 퍼져 있습니다.

그때에 향적여래께서 보살대중과 함께 공양하고 계셨습니다.

향엄이라는 이름을 가진 많은 천자들이 모두 아뇩다라삼먁삼보리심을 발하고 저 부처님과 보살들에게 공양을 바치고 있었으니 방장실의 대중들은 그 모습을 빠짐없이 모두 보았습니다.

그때에 유마대사가 보살대중에게 물었습니다.
"선지식들이여! 누가 저 향적여래의 나라에 가서 탁발해 오겠습니까?"
그러나 문수보살의 위신력 때문에 모두가 말을 못하고 있음으로 유마대사가 문수보살에게 말씀하기를,
"문수사리여! 그대는 이 대중이 부끄럽지도 않소?"
문수보살이 대답하기를,
"부처님께서 말씀하신 것처럼 아직 공부가 다 안 된 사람을 가벼이 여기면 안 됩니다."

그때 유마대사가 대중 앞에서 한 사람의 화보살을 만들었는데 상호가 빛나고 위덕이 수승했습니다.
유마대사가 화보살에게 말씀하기를,
"선지식이여! 그대가 위로 42 항하사 불국토를 지난 곳에 향적불이 계시는 중향국에 가서 지금 보살대중과 함께 음식 드시고 계시는 부처님께 내 인사말을 다음과 같이 전하십시오.
'유마힐이 부처님의 발아래 계수하옵고 존경하옵나이다. 기거는 어떠하신지요? 병과 괴로움은 적고 기력이 편안 하온지요?
바라옵건대 부처님이시어! 잡수시다 남은 음식을 얻어 사바세계에서 불사(佛事)를 베풀었으면 하옵니다.
작은 법을 좋아하는 이곳 사람들에게 대도(大道)를 널리 펼 수 있게 하고 또 여래의 명성이 시방에 널리 알려지게 하고자 하옵니다.'"

그러자 화보살은 대중이 보는 앞에서 중향세계에 이르러 향적여래께 예를 올린 후 유마대사의 인사말을 전했습니다.

"유마힐이 부처님의 발아래 계수하옵고 존경하옵나이다. 기거는 어떠하신지요? 병과 괴로움은 적고 기력이 편안 하온지요?

바라옵건대 부처님이시여! 잡수시다 남은 음식을 얻어 사바세계에서 불사(佛事)를 베풀었으면 하옵니다.

작은 법을 좋아하는 이곳 사람들에게 대도(大道)를 널리 펼 수 있게 하고 또 여래의 명성이 시방에 널리 알려지게 하고자 하옵니다."

중향국의 보살대중은 화보살을 보고 미증유한 일이라 경탄하며 지금 이 상인(上人)은 어디에서 왔으며, 사바세계는 어디에 있고, 소법(小法)을 좋아하는 자들이란 어떤 사람을 두고 하는 말인지, 이런 것들을 부처님께 물었습니다.

향적여래가 대답하시기를,

"저 아래로 42 항하사 불국토를 지난 곳에 한 세계가 있는데 그곳을 사바세계라 하며 그곳 부처님을 석가모니불이라 한다.

지금 현재 오탁악세(五濁惡世)에 계시면서 소법을 좋아하는 중생들을 위해 올바른 길을 가르치고 계신다.

그곳에 유마대사라는 이름의 대선지식이 있는데 불가사의해탈에 머물고 있으면서 선 수행자를 위해 법을 설하고 계신다.

그래서 화보살을 보내어 내 이름을 찬양하고 이 불국토를 높이 칭송하며 그 나라의 선 수행자들로 하여금 공덕을 더욱 증장시키도록 돕고 계시느니라."

중향국의 보살들이 말했습니다.

"유마대사란 그분은 어떻게 이렇게 화보살을 만들 정도로 공덕력(功德力)과 무외(無畏)와 신력(神力)이 수승하옵니까?"

향적여래가 말씀하시기를,

"그 힘이 매우 커서 우주 모든 세계에 화보살을 보내어 불사(佛事)를 베풀고 널리 중생을 이롭게 하느니라."

그때에 향적여래가 향기 그윽한 밥을 발우에 가득 채워 화보살에게 주었습니다. 그러자 구백만의 보살이 함께 소리 내어 말하기를,

"우리도 사바세계에 가서 석가모니불께 공양올리고 아울러 유마대사 등 보살대중을 뵙고자 합니다."

향적여래께서 말씀하시기를,

"그래 가도 좋다. 그대들 몸의 향을 거두어라. 그래서 그 나라의 중생들이 그 향기를 맡고 미혹되어 애착하는 마음이 안 생기도록 해야 한다.

또 그대들의 본형(本形)을 숨겨야 한다. 그래서 그 나라의 아직 선 수행력이 약한 자들로 하여금 부끄러워하거나 비굴해하는 마음이 들지 않게 하여라.

그리고 그대들은 그 나라의 중생들을 천하고 가벼이 여기거나 장애가 된다고 생각하지 말아야 한다.

왜냐하면 모든 국토의 참 모습은 텅 비어 허공과 같기 때문이며 또 제불이 소법을 즐기는 자들을 교화하기 위해 청정한 불국토를 그대로 나타내 보이고 있지 않을 따름이니라."

그때 화보살이 밥을 받아 구백만의 보살과 함께 부처님과 유마대사의 위신력을 받아 중행세계에서 홀연히 몸을 감추니 순식간에 방장실에 왔습니다.

그때에 유마대사가 신통력으로 구백만 개의 사자좌를 이미 있는 것과 같게 만들어 중향국에서 온 보살들에게 앉게 했습니다.

화보살이 향반(香飯)을 유마대사에게 바치니 그 향기가 널리 퍼져 비야리성과 삼천대천세계에 가득했습니다.

그때에 비야리성의 바라문과 거사 등이 이 향기를 맡고 몸과 마음이 다 상쾌해지니 일찍이 없었던 일이라 감탄했습니다.

그때에 월개 선지식이 팔만 사천 명의 대중을 데리고 방장실로 들어와 장엄된 사자좌에 훌륭한 대선지식들이 앉아 계신 것을 보고 환희심에 예배하고 한쪽에 자리 잡았습니다.

그때 유마대사가 사리불 등 대성문에게 말씀했습니다.

"선지식들이여! 여래의 감로밥을 드십시오. 대비(大悲)의 향기로 스며있으니 큰마음으로 드시어 소화가 잘 되게 하시오."

그때 한 선지식이 이런 생각을 했습니다.

"밥 양이 이렇게 적은데 이 많은 대중이 어떻게 먹는단 말인가?"

화보살이 말했습니다.

"작은 마음의 수행력으로 이 밥의 공덕력을 측량할 수 없습니다. 사해(四海)의 바닷물이 말라 없어져도 이 밥의 향기는 다함이 없습니다."

모든 대중이 식사한 후에도 향기의 밥은 다하지 않았습니다.

이 밥을 먹은 선지식들은 심신이 쾌적하고 안락하기가 마치 일체낙장엄국에서 온 보살들과 같았습니다.

그리고 몸의 모든 모공에서 묘향이 풍겨 나오는 것이 중향국토의 모든 나무에서 향기가 풍겨 나오는 것과 같았습니다.

방편설법

향기(香氣)만 맡으면 자연스럽게 선정(禪定)에 들어간다!
향기(香氣)만 맡으면 자연스럽게 불도(佛道)를 성취한다!

선 수행자라면 누구나 바라는 수행법일 것 같습니다.
향기선정(香氣禪定) 수행법이 중향국에는 있는데 왜 우리 지구상에는 없을까요?

법(法)의 원리에 의하면 사실 우리가 살고 있는 이곳에도 있습니다.
우주 어느 곳에 있던 그것이 이미 존재하면 우리는 그것을 지금 이곳에서 받아들일 수 있습니다.
우주 어느 곳이든 미래에 그러한 수행법이 존재한다면 우리는 그것을 지금 이곳에서 받아들일 수 있습니다.
왜냐하면 법(法)에는 과거 현재 미래의 개념이 없기 때문입니다.
왜냐하면 법(法)에는 저곳 이곳의 차별이 없기 때문입니다.

문제는 향기수행법을 받아들이려면 그 법에 상응할 수 있는 조건이 자신에게 되어 있어야 합니다.

예불문(禮佛文)의 오분향례(五分香禮)에서 향기수행법과 상응하는 이치를 함께 공부하죠!

계향 정향 혜향 해탈향 해탈지견향.
戒香 定香 慧香 解脫香 解脫知見香.

광명운대   주변법계   공양시방   무량불법승.
光明雲臺   周徧法界   供養十方   無量佛法僧.

계향(戒香)   **정향**(定香)   **혜향**(慧香):
수행법인 계정혜(戒定慧) 삼학을 향(香)에 비유하고 있습니다.
삼학(三學)은 세 가지의 배움을 뜻합니다. 배움이란 수행을 의미합니다.
오분향례(五分香禮)는 다섯 가지의 향을 부처님께 올린다는 뜻입니다.
다섯 가지 중에서 앞의 세 가지가 계정혜입니다.
우리는 그동안 선 수행하는 방법과 지혜로만 삼학을 생각했습니다.
그런데 매일 불보살님께 계정혜의 향을 올리고 있었습니다.
사실 우리는 매일 향기수행법을 실천하고 있었던 것이죠!

향기로 계율을 지키고
향기로 선정에 들며
향기로 지혜를 발현합니다.

향기를 통해 계율이 자연스럽게 성취되고
향기를 통해 선정이 자연스럽게 성취되며
향기를 통해 지혜가 자연스럽게 성취됩니다.

해탈향(解脫香)   **해탈지견향**(解脫知見香):
나머지 두 가지는 해탈향과 해탈지견향입니다.

광명운대(光明雲臺): 광명의 구름을 타고. 운대는 구름으로 만들어진 탈 것.
주변법계(周徧法界): 우주법계를 다니면서.
공양시방(供養十方)   **무량불법승**(無量佛法僧):
시방세계의 무량한 불법승 삼보에 공양드립니다.

어떤 공양이죠?

향공양입니다.

얼마나 즐겁고 신나는 여행입니까!
오색구름을 타고 우주여행하면서 훌륭하신 선지식께 공양 올리면서 가르침 받고, 그러면서 그 자체가 법보시가 되어 성불의 구비조건인 공덕과 지혜를 갖추게 되니!
참으로 재미난 수행 아닐 수 없습니다.
《유마경》 공부는 우주법계를 무대로 불이선경(不二禪境)에 노니는 즐거운 선 수행입니다.

36. 향기설법과 언어설법

경문낭독

爾時, 維摩詰 問 衆香菩薩:「香積如來 以何說法?」
이시, 유마힐 문 중향보살: 향적여래 이하설법?

彼菩薩 曰:「我土如來 無 文字說, 但以 衆香 令 諸天人 得入 律行。
피보살 왈: 아토여래 무 문자설, 단이 중향 영 제천인 득입 율행。

菩薩 各各 坐 香樹下, 聞 斯 妙香, 卽獲 一切 德藏 三昧, 得是 三昧 者,
보살 각각 좌 향수하, 문 사 묘향, 즉획 일체 덕장 삼매, 득시 삼매 자,

菩薩 所有 功德 皆悉 具足。」
보살 소유 공덕 개실 구족。

彼諸菩薩 問 維摩詰:「今 世尊 釋迦牟尼 以何說法?」
피제보살 문 유마힐: 금 세존 석가모니 이하설법?

維摩詰 言:「此土衆生 剛强 難化, 故 佛 爲 說 剛强之語 以 調伏 之。
유마힐 언: 차토중생 강강 난화, 고 불 위 설 강강지어 이 조복 지。

言:是 地獄, 是 畜生, 是 餓鬼, 是 諸難處, 是 愚人生處。
언 : 시 지옥, 시 축생, 시 아귀, 시 제난처, 시 우인생처。

是 身邪行, 是 身邪行報;是 口邪行, 是 口邪行報;
시 신사행, 시 신사행보;시 구사행, 시 구사행보;

是 意邪行, 是 意邪行報;是 殺生, 是 殺生報;
시 의사행, 시 의사행보;시 살생, 시 살생보;

是 不與取, 是 不與取報;是 邪淫, 是 邪淫報;
시 불여취, 시 불여취보;시 사음, 시 사음보;

是 妄語, 是 妄語報 ; 是 兩舌, 是 兩舌報 ;
시 망어, 시 망어보 ; 시 양설, 시 양설보 ;

是 惡口, 是 惡口報, 是 無義語, 是 無義語報 ;
시 악구, 시 악구보 ; 시 무의어, 시 무의어보 ;

是 貪嫉, 是 貪嫉報 ; 是 瞋惱, 是 瞋惱報 ;
시 탐질, 시 탐질보 ; 시 진뇌, 시 진뇌보 ;

是 邪見, 是 邪見報 ; 是 慳悋, 是 慳悋報 ;
시 사견, 시 사견보 ; 시 간린, 시 간린보 ;

是 毁戒, 是 毁戒報 ; 是 瞋恚, 是 瞋恚報 ;
시 훼계, 시 훼계보 ; 시 진에, 시 진에보 ;

是 懈怠, 是 懈怠報 ; 是 亂意, 是 亂意報 ;
시 해태, 시 해태보 ; 시 난의, 시 난의보 ;

是 愚癡, 是 愚癡報 ; 是 結戒, 是 持戒, 是 犯戒 ;
시 우치, 시 우치보 ; 시 결계, 시 지계, 시 범계 ;

是 應作, 是 不應作 ; 是 障閡, 是 不障閡 ;
시 응작, 시 불응작 ; 시 장애, 시 불장애 ;

是 得罪, 是 離罪 ; 是 淨, 是 垢 ;
시 득죄, 시 리죄 ; 시 정, 시 구 ;

是 有漏, 是 無漏 ; 是 邪道, 是 正道 ;
시 유루, 시 무루 ; 시 사도, 시 정도 ;

是 有爲, 是 無爲 ; 是 世間, 是 涅槃。
시 유위, 시 무위 ; 시 세간, 시 열반。

以 難化之人, 心 如 獼猴, 故以 若干 種法 制御 其心, 乃可 調伏。
이 난화지인, 심 여 원후, 고이 약간 종법 제어 기심, 내가 조복。

譬如 象馬 憃悷 不調, 加諸 楚毒, 乃至 徹骨, 然後 調伏。
비여 상마 농려 부조, 가제 초독, 내지 철골, 연후 조복。

如是 剛强 難化 衆生, 故以 一切 苦切之言 乃可 入律。」
여시 강강 난화 중생, 고이 일체 고체지언 내가 입률。

彼諸菩薩 聞說是已, 皆曰:「未曾有也。
피제보살 문설시이, 개왈: 미증유야.

如 世尊 釋迦牟尼佛, 隱 其 無量自在 之力, 乃以 貧所 樂法 度脫 衆生,
여 세존 석가모니불, 은 기 무량자재 지력, 내이 빈소 낙법 도탈 중생,

斯諸菩薩 亦能 勞謙 以 無量大悲 生 是 佛土。」
사제보살 역능 노겸 이 무량대비 생 시 불토.

維摩詰 言:「此土菩薩 於諸衆生 大悲 堅固, 誠如 所言,
유마힐 언: 차토보살 어제중생 대비 견고, 성여 소언,

然 其 一世 饒益 衆生, 多於 彼國 百千 劫行。所以者何?
연 기 일세 요익 중생, 다어 피국 백천 겁행. 소이자하?

此 娑婆世界 有 十事善法, 諸餘 淨土 之所 無有。何等 爲十?
차 사바세계 유 십사선법, 제여 정토 지소 무유. 하등 위십?

以 布施, 攝 貧窮;以 淨戒, 攝 毀禁;以 忍辱, 攝 瞋恚;
이 보시, 섭 빈궁;이 정계, 섭 훼금;이 인욕, 섭 진에;

以 精進, 攝 懈怠;以 禪定, 攝 亂意;以 智慧, 攝 愚癡;
이 정진, 섭 해태;이 선정, 섭 난의;이 지혜, 섭 우치;

以 除難法, 度 八難者;以 大乘法, 度 樂 小乘 者;
이 제난법, 도 팔난자;이 대승법, 도 낙 소승 자;

以 諸善根, 濟 無德者;常 以 四攝, 成就 衆生, 是爲十。」
이 제선근, 제 무덕자;상 이 사섭, 성취 중생, 시위십.

彼菩薩 曰:「菩薩 成就 幾法, 於此 世界 行 無 瘡疣, 生於 淨土?」
피보살 왈: 보살 성취 기법, 어 차 세계 행 무 창우, 생어 정토?

維摩詰 言:「菩薩 成就 八法, 於 此 世界 行 無 瘡疣, 生於 淨土。
유마힐 언: 보살 성취 팔법, 어 차 세계 행 무 창우, 생어 정토.

何等 爲八?饒益 衆生, 而 不望 報;代 一切衆生, 受 諸苦惱;
하등 위팔? 요익 중생, 이 불망 보;대 일체중생, 수 제고뇌;

所作 功德, 盡以 施之;等心 衆生, 謙下 無閡, 於 諸菩薩 視之 如佛;
소작 공덕, 진이 시지;등심 중생, 겸하 무애, 어 제보살 시지 여불;

所未聞經, 聞之不疑 ; 不與聲聞, 而相違背 ;
소미문경, 문지불의 ; 불여성문, 이상위배 ;

不嫉彼供, 不高己利, 而於其中調伏其心 ;
부질피공, 불고기리, 이어기중조복기심 ;

常省己過不訟彼短, 恒以一心求諸功德, 是爲八法。」
상성기과불송피단, 항이일심구제공덕, 시위팔법。

維摩詰、文殊師利於大衆中說是法時,
유마힐、문수사리어대중중설시법시,

百千天人皆發阿耨多羅三藐三菩提心, 十千菩薩得無生法忍。
백천천인개발아뇩다라삼먁삼보리심, 십천보살득무생법인。

경문해석

그때에 유마대사가 중향보살에게 물었습니다.
"향적여래께서는 어떻게 설법하십니까?"
중향보살이 대답하기를,
"우리나라의 부처님께서는 문자로 설법하지 않고 갖가지 향기로 선 수행자로 하여금 율행(律行)에 들어가게 합니다.

선 수행자가 향기가 나는 나무 아래 앉아 그 묘향을 맡으면 자연스럽게 일체덕장(一切德藏)의 삼매(三昧)를 얻습니다. 이 삼매를 얻으면 선 수행자가 갖추어야할 모든 공덕이 자연스럽게 구족됩니다."

중향국의 보살들이 유마대사에게 물었습니다.
"지금 석가모니 부처님께서는 어떻게 설법하십니까?"
유마대사가 다음과 같이 대답했습니다.

"이 땅의 중생들은 거칠고 고집이 세어 교화하기가 어렵습니다. 그래서 부처님께서도 거칠고 강한 어조로 다음과 같은 언어를 사용하여 중생들을 조복하십니다.

여기가 지옥입니다.
이것은 축생입니다.
이것은 아귀입니다.
여기가 갖가지 난을 겪는 자가 처하는 곳입니다.
여기가 어리석은 자가 태어나는 곳입니다.

이것이 몸으로 하는 삿된 행위요, 이것이 몸으로 하는 삿된 행위의 과보입니다.

이것이 입으로 하는 삿된 행위요, 이것이 입으로 하는 삿된 행위의 과보입니다.

이것이 생각으로 하는 삿된 행위요, 이것이 생각으로 하는 삿된 행위의 과보입니다.

이것이 살생(殺生)이요, 이것이 살생의 과보입니다.

이것이 불여취(不與取)요, 이것이 불여취의 과보입니다.

이것이 사음(邪淫)이요, 이것이 사음의 과보입니다.

이것이 망어(妄語)요, 이것이 망어의 과보입니다.

이것이 양설(兩舌)이요, 이것이 양설의 과보입니다.

이것이 악구(惡口)요, 이것이 악구의 과보입니다.

이것이 무의미한 말이요, 이것이 무의미한 말의 과보입니다.

이것이 탐욕과 질투요, 이것이 탐욕과 질투의 과보입니다.

이것이 성냄이요, 이것이 성냄의 과보입니다.

이것이 사견(邪見)이요, 이것이 사견의 과보입니다.

이것이 인색함이요, 이것이 인색함의 과보입니다.

이것이 계(戒)를 훼손함이요, 이것이 계(戒)를 훼손한 과보입니다.

이것이 성냄이요, 이것이 성냄의 과보입니다.

이것이 나태요, 이것이 나태의 과보입니다.

이것이 산란함이요, 이것이 산란함의 과보입니다.

이것이 어리석음이요, 이것이 어리석음의 과보입니다.

이것은 계(戒) 받는 것이요, 계(戒) 지키는 것이며, 계(戒) 범하는 것입니다.

이것은 해야 할 일이고, 이것은 해서는 안 되는 일입니다.

이것은 장애가 되는 일이요, 이것은 장애가 되지 않는 일입니다.

이것은 죄를 짓는 일이요, 이것은 죄를 벗어나는 일입니다.

이것은 깨끗한 일이요, 이것은 더러운 일입니다.
이것은 유루(有漏)요, 이것은 무루(無漏)입니다.
이것은 사도(邪道)요, 이것은 정도(正道)입니다.
이것은 유위(有爲)요, 이것은 무위(無爲)입니다.
이것은 세간(世間)이요, 이것은 열반(涅槃)입니다.

교화하기 어려운 사람들은 마치 원숭이 떼들과 같이 갖가지 법으로 그 마음을 제어한 다음에야 조복할 수 있습니다.
코끼리나 말처럼 사납고 성질 나쁜 중생이 있습니다. 그들에게는 갖가지 채찍질을 가해 뼈에 그 아픔이 사무쳐야 비로소 다스려집니다.
그와 같이 고집이 세고 성질이 고약한 중생들이 있기 때문에 갖가지 아프고 쓰라린 고언(苦言)을 사용한 다음에야 그들을 율(律)에 들어가게 할 수 있습니다."

중향국 보살들이 이 말씀을 듣고 미증유한 일이라 생각하면서 말하기를,
"석가모니 부처님께서 그 무량한 자재의 힘을 지니고 계시면서도 그 힘을 감추고 저 가난하고 미천하여 보잘것없는 법만을 좋아하는 중생들의 입장이 되어 중생을 제도하고 해탈케 하시듯이 이곳 많은 선 수행자들도 역시 능력이 있으면서도 겸손하게 자신을 낮추어 애써 일하고 수고하며 무량대비로서 중생을 이롭게 합니다."
유마대사가 말씀하기를,

"이 땅의 선 수행자는 모든 중생에 대한 대비심이 견고하여 그대들이 말한 바와 같이 중생을 이롭게 합니다. 그래서 일생 동안 중생을 이롭게 한 정도가 그대들 나라에서 백천겁 동안 한 만큼에 해당합니다.
왜냐하면 이 사바세계에는 열 가지 착한 일이 있습니다. 다른 정토에는 없

는 것입니다.

그 열 가지 착한 일이란 다음과 같습니다.

첫째 가난한 사람을 보시로써 섭수합니다.
둘째 부도덕한 사람을 계로써 섭수합니다.
셋째 화 잘 내는 사람을 인욕으로 섭수합니다.
넷째 게으른 사람을 정진으로 섭수합니다.
다섯째 산란한 사람을 선정으로 섭수합니다.
여섯째 어리석은 사람을 지혜로 섭수합니다.
일곱째 여덟 가지 재난에 처한 사람을 그곳에서 벗어나는 법을 가르쳐줍니다.
여덟째 작은 마음으로 선 수행하는 사람에게 큰마음으로 선 수행하는 법을 가르쳐줍니다.
아홉째 덕 없는 사람에게 덕을 증장하는 법을 가르쳐줍니다.
열째 항상 사섭법으로 중생을 성취합니다."

중향국 보살이 물었습니다.

"선 수행자는 어떤 법을 성취해야 이 세계에서 상처 받지 않고 정토에 태어날 수 있습니까?"

유마대사가 대답하기를,

"선 수행자가 여덟 가지 법을 성취하면 이 세계에서 상처 받지 않고 정토에 태어날 수 있습니다.

그 여덟 가지란 다음과 같습니다.

1. 중생을 이롭게 하면서 그 보답을 바라지 않습니다.
2. 일체중생을 대신해서 갖가지 고뇌를 받으면서 지은 바 공덕을 모두 일체중생에게 회향합니다.

3. 평등심으로 중생을 대하면서 겸허하고 무애합니다.

4. 모든 선 수행자를 부처님과 같이 대합니다.

5. 아직 듣지 못했던 큰마음을 일깨우는 경전을 들었을 때 의심하지 않고, 작은 마음으로 선 수행하는 선지식과 부딪치지 않습니다.

6. 다른 사람 공양 받는 것을 보고 질투하지 않으며 자기 이익에 교만하지 않습니다.

7. 선 수행 중에 자신의 마음을 조복하고 반성하면서 남의 잘못을 들추지 않습니다.

8. 항상 일심(一心)으로 갖가지 공덕을 닦습니다."

유마대사와 문수보살이 대중과 함께 이와 같이 설법했을 때 수많은 천인(天人)이 아뇩다라삼먁삼보리심을 발했고, 많은 선 수행자가 무생법인(無生法忍)을 얻었습니다.

방편설법

부처님의 방편설법의 외형에 대해 나즙대사는 다음과 같이 설명하고 있습니다.

부처님께서 법을 설하실 때 세 가지 종류가 있다.
1. 부드러운 어투로 말씀하신다.
2. 강한 어투로 말씀하신다.
3. 섞인 어투로 말씀하신다.
선행(善行)하면 좋은 과보를 얻는다고 말씀하실 때는 부드러운 어투를 사용하신다.
악행(惡行)하면 나쁜 과보를 받는다고 말씀하실 때는 강한 어투를 사용하신다.
선(善)을 찬탄하고 악(惡)을 비판할 때는 섞인 어투를 사용하신다.

중생이 무상(無常)을 느껴 도를 성취할 때 크게 다섯 종류의 근기로 나누어 표현합니다. 그것을 나즙대사는 다음과 같이 설명하고 있습니다.

1. 사물의 어떤 현상이 무상한 것을 보고 곧바로 무상의 도리를 깨우친다.
2. 지식으로 무상하다는 이치를 꿰뚫어 안 다음에야 무상의 도리를 깨우친다.
3. 형제친척의 무상함을 보고난 다음에야 무상의 도리를 깨우친다.
4. 부 모의 무상함을 보고나서야 무상의 도리를 깨우친다.
5. 자신의 몸이 무상해서 극도로 피로해지고 더 이상 말도 잘 할 수 없으면 그때에서야 무상의 도리를 깨우친다.

나즙대사가 밝힌 다섯 가지 무상의 도리를 체득하는데 첫 번째 방법이 제일 맘에 들죠?
첫 번째 방법은 큰마음에서 체득할 수 있습니다.

큰마음은 명상상태에서 깨어 있습니다.
명상은 몸과 마음이 조화로울 때 유지됩니다.
잡념이 없고 기혈이 순조로울 때 마음과 몸이 조화롭습니다.

몸과 마음의 조화를 돕는 많은 방법이 있습니다.
그 중에서 호흡법 또한 탁월한 효과를 발휘합니다.
마음과 몸이 조화로우면서 명상을 유지하게 돕는 호흡법을 호흡명상법이라 합니다.
호흡명상법 수련은 심신불이(心身不二)의 불이중도(不二中道)에 계합하여 불이선경(不二禪境)에 노니는 자재인생(自在人生)을 실현하는데 큰 도움이 됩니다.

어떻게 알죠? 자신이 심신불이의 불이중도에 계합되고 있다는 것을!
호흡(呼吸)으로 압니다.
호흡을 선(禪)에 진입하는 문으로 삼습니다.
호흡은 몸과 마음을 결합하고 있는 기운입니다.
호흡에 의해서 몸과 마음이 함께 있는 생명체가 유지되고 있습니다.

호흡은 몸과 마음에 직접적으로 연관되어 있기에 건강한 몸과 지혜로운 마음에서 호흡수행이 성취됩니다.

사실 《유마경》 공부하면서 마음뿐만 아니라 몸도 함께 건강해집니다.
그러나 잘못 형성된 자아의식의 고정관념에 의해 경전공부는 마음의 지혜를 일깨우는 작용으로만, 신체수련은 몸의 건강을 돕는 작용으로만 인식하고 있습니다.
이미 이와 같이 고정되어 있는 의식에서는 공부나 수련이 생명에 미치는 영향도 역시 그와 같이 한정되어집니다.

질문: 어떻게 호흡하지요?
대답: 사람마다 그 방법에 차이가 있습니다. 사람마다 몸의 건강상태와 자아의식의 고정관념이 서로 다르기 때문입니다. 또한 정진력이 향상하면서 호흡 방법도 함께 달라집

니다. 자신에게 맞는 호흡법을 스승에게 배우는 것이 좋습니다.

    명상(冥想)에 몰입은 들숨과 날숨의 사이에서 이루어집니다.
    들숨[흡(吸)]과 날숨[호(呼)]의 사이는 지식(止息)입니다.
    지식이란 숨을 쉬지 않고 멈춰있는 상태입니다.
    지식을 호흡의 양 극이라 표현합니다.
    그것은 자연호흡 중에 숨의 공기가 체내로 들어오다가 어느 상황에 이르면 들어오는 숨이 자연스럽게 멈춥니다. 그리고 다시 숨의 공기가 자연스럽게 체외로 빠져나가죠.

    들어오는 숨이 끝나는 순간 바로 이어 나가는 숨이 시작하는 것이 아닙니다.
    들숨도 아니고 날숨도 아닌 중간 상태가 존재하게 되어 있습니다.
    평소 호흡에서 이 지식된 상태의 숨은 매우 짧은 시간입니다.
    지식상태에서 많은 생각을 복잡하게 일으키고 있던 자아의식이 단순한 한 가지 생각으로 의식이 몰입하게 됩니다.
    이때의 한 생각으로의 몰입을 선정이라 하며 명상이라 하며 삼매라 합니다.
    그러나 그러한 이치를 염두에 두고 정진하는 것은 아닙니다.
    이것은 이치이며 실천수행 중에 그러한 생각을 갖지 않습니다.
    명상 중엔 일체의 생각이 일념(一念)으로 모여야 하며 일념 이외 그 어떤 생각도 잡념입니다.

    몸의 상태가 깊은 명상에 몰입할 수 있는 상태가 되었어도 《유마경》 공부가 아직 덜 성숙되어 있으면 지식을 통한 깊은 명상에 몰입하는 것은 뒤로 미뤄야 됩니다.
    왜냐하면 지혜가 뒷받침 안 된 몸만의 깊은 명상에 몰입이란 마치 불빛 없이 천길 벼랑 위를 걸어가는 것과 같기 때문이죠!

11
보살행품

37 불사
38 무진법문

37. 불사

경문낭독

是時, 佛 說法 於 菴羅樹園, 其地 忽然 廣博 嚴事, 一切衆會 皆作 金色,
시시, 불 설법 어 암라수원, 기지 홀연 광박 엄사, 일체중회 개작 금색,

阿難 白佛言:「世尊! 以何 因緣 有 此 瑞應, 是處 忽然 廣博 嚴事,
아난 백불언: 세존! 이하 인연 유 차 서응, 시처 홀연 광박 엄사,

一切衆會 皆作 金色?」
일체중회 개작 금색?

佛 告 阿難:「是 維摩詰、文殊師利 與 諸大衆 恭敬 圍遶,
불 고 아난: 시 유마힐、문수사리 여 제대중 공경 위요,

發意 欲來, 故 先爲 此 瑞應。」
발의 욕래, 고 선위 차 서응。

於是, 維摩詰 語 文殊師利:「可共 見佛, 與 諸菩薩 禮事 供養。」
어시, 유마힐 어 문수사리: 가공 견불, 여 제보살 예사 공양。

文殊師利 言:「善哉! 行矣。今 正是 時。」
문수사리 언: 선재! 행의。금 정시 시。

維摩詰 卽以 神力 持 諸大衆 并 師子座 置於 右掌, 往詣 佛所。
유마힐 즉이 신력 지 제대중 병 사자좌 치어 우장, 왕예 불소。

到已 著地, 稽首 佛足, 右遶 七帀, 一心 合掌, 在 一面 立。
도이 착지, 계수 불족, 우요 칠잡, 일심 합장, 재 일면 립。

其 諸菩薩, 卽皆 避座, 稽首 佛足, 亦遶 七帀, 於 一面 立。
기 제보살, 즉개 피좌, 계수 불족, 역요 칠잡, 어 일면 립。

諸 大弟子, 釋梵 四天王 等, 亦皆 避座, 稽首 佛足, 在 一面 立。
제 대제자, 석범 사천왕 등, 역개 피좌, 계수 불족, 재 일면 립。

於是, 世尊 如法 慰問 諸菩薩 已, 各令 復座, 卽皆 受敎。
어시, 세존 여법 위문 제보살 이, 각령 복좌, 즉개 수교。

衆坐 已定, 佛語 舍利弗:「汝 見 菩薩大士 自在神力 之 所爲 乎?」
중좌 이정, 불 어 사리불: 여 견 보살대사 자재신력 지 소위 호?

「唯然, 已見。」 「於, 汝意 云何?」
유연, 이견。   어, 여의 운하?

「世尊! 我 觀 其爲 不可思議, 非 意 所圖, 非 度 所測。」
세존! 아 도 기위 불가사의, 비 의 소도, 비 도 소측。

爾時, 阿難 白佛言:「世尊! 今 所聞 香, 自昔 未有, 是爲 何香?」
이시, 아난 백불언: 세존! 금 소문 향, 자석 미유, 시위 하향?

佛告 阿難:「是 彼菩薩 毛孔之香。」
불 고 아난: 시 피보살 모공지향。

於是, 舍利弗 語 阿難 言:「我等 毛孔 亦出 是香。」
어시, 사리불 어 아난 언: 아등 모공 역출 시향。

阿難言:「此 所從 來?」
아난언: 차 소종 래?

曰:「是 長者 維摩詰 從 衆香國 取 佛 餘飯, 於舍 食者,
왈: 시 장자 유마힐 종 중향국 취 불 여반, 어사 식자,

一切 毛孔 皆香 若此。」
일체 모공 개향 약차。

阿難 問 維摩詰:「是 香氣 住當 久如?」
아난 문 유마힐: 시 향기 주당 구여?

維摩詰 言:「至 此飯 消。」
유마힐 언: 지 차반 소。

曰:「此飯 久如 當消?」
왈: 차반 구여 당소?

曰：「此飯 勢力 至於 七日, 然後 乃消。
왈：   차반 세력 지어 칠일, 연후 내소。

又, 阿難！若 聲聞人 未入 正位, 食 此飯者, 得入 正位, 然後 乃消；
우, 아난！약 성문인 미입 정위, 식 차반자, 득입 정위, 연후 내소；

已入 正位, 食 此飯者, 得心解脫, 然後 乃消；
이입 정위, 식 차반자, 득심해탈, 연후 내소；

若 未發 大乘 意, 食 此飯者, 至 發意 乃消；
약 미발 대승 의, 식 차반자, 지 발의 내소；

已 發意, 食 此飯者, 得 無生忍, 然後 乃消；
이 발의, 식 차반자, 득 무생인, 연후 내소；

已得 無生忍, 食 此飯者, 至 一生補處, 然後 乃消。
이득 무생인, 식 차반자, 지 일생보처, 연후 내소。

譬如 有藥 名曰 上味, 其有服者, 身 諸毒 滅, 然後 乃消。
비여 유약 명왈 상미, 기 유복자, 신 제독 멸, 연후 내소。

此飯 如是, 滅除 一切 諸煩惱毒, 然後 乃消。」
차반 여시, 멸제 일체 제번뇌독, 연후 내소。

阿難 白佛 言：「未曾有 也。世尊！如此 香飯, 能作 佛事？」
아난 백불 언： 미증유 야。세존！여차 향반, 능작 불사？

佛言：「如是 如是。阿難！或有 佛土 以佛 光明, 而作 佛事；
불언： 여시 여시。아난！혹유 불토 이 불 광명, 이작 불사；

有以 諸菩薩, 而作 佛事；有以 佛 所化人, 而作 佛事；
유이 제보살, 이작 불사；유이 불 소화인, 이작 불사；

有以 菩提樹, 而作 佛事；有以 佛 衣服 臥具, 而作 佛事；
유이 보리수, 이작 불사；유이 불 의복 와우, 이작 불사；

有以 飯食, 而作 佛事；有以 園林 臺觀, 而作 佛事；
유이 반식, 이작 불사；유이 원림 대관, 이작 불사；

有以 三十二相 八十 隨形好, 而作 佛事；有以 佛身, 而作 佛事；
유이 삼십이상 팔십 수형호, 이작 불사；유이 불신, 이작 불사；

有以 虛空, 而作 佛事；衆生 應以 此緣, 得入 律行；
유이 허공, 이작 불사；중생 응이 차연, 득입 율행；

有以 夢幻 影響, 鏡中像, 水中月, 熱時炎, 如是 等喩, 而作 佛事；
유이 몽환 영향, 경중상, 수중월, 열시담, 여시 등유, 이작 불사；

有以 音聲 語言 文字, 而作 佛事；
유이 음성 어언 문자, 이작 불사；

或有 淸淨佛土 寂寞, 無言 無說, 無示 無識, 無作 無爲, 而作 佛事。
혹유 청정불토 적막, 무언 무설, 무시 무식, 무작 무위, 이작 불사。

如是, 阿難！諸佛 威儀 進止, 諸所 施爲, 無非 佛事。
여시, 아난！제불 위의 진지, 제소 시위, 무비 불사。

阿難！有 此 四魔 八萬四千 諸 煩惱門, 而 諸衆生 爲之 疲勞,
아난！유 차 사마 팔만사천 제 번뇌문, 이 제중생 위지 피로,

諸佛 卽以 此法 而作 佛事, 是名 入 一切 諸佛 法門。
제불 즉이 차법 이작 불사, 시명 입 일체 제불 법문。

菩薩 入 此門者, 若見 一切淨好 佛土, 不以 爲喜, 不貪 不高；
보살 입 차문자, 약견 일체정호 불토, 불이 위희, 불탐 불고；

若見 一切不淨 佛土, 不以 爲憂, 不閡 不沒。
약견 일체부정 불토, 불이 위우, 불애 불몰。

但於 諸佛 生 淸淨心, 歡喜 恭敬, 未曾有 也。
단어 제불 생 청정심, 환희 공경, 미증유 야。

諸佛 如來, 功德 平等, 爲 敎化 衆生 故, 而現 佛土 不同。
제불 여래, 공덕 평등, 위 교화 중생 고, 이현 불토 부동。

阿難！汝 見 諸佛國土 地 有 若干, 而 虛空 無 若干 也。
아난！여 견 제불국토 지 유 약간, 이 허공 무 약간 야。

如是, 見 諸佛 色身 有 若干耳, 其 無閡慧 無 若干 也。
여시, 견 제불 색신 유 약간 이, 기 무애혜 무 약간 야。

阿難！諸佛 色身, 威相 種姓, 戒 定 智慧 解脫 解脫知見,
아난！제불 색신, 위상 종성, 계 정 지혜 해탈 해탈지견,

力 無所畏, 不共 之法, 大慈 大悲、威儀 所行, 及 其 壽命,
역 무소외, 불공 지법, 대자 대비、위의 소행, 급 기 수명,

說法 教化, 成就 衆生, 淨 佛國土, 具 諸 佛法, 悉皆 同等,
설법 교화, 성취 중생, 정 불국토, 구 제 불법, 실개 동등,

是故, 名爲 三藐三佛陀, 名爲 多陀阿伽度, 名爲 佛陀。
시고, 명위 삼먁삼불타, 명위 다타아가도, 명위 불타.

阿難!若 我 廣說 此 三句義, 汝以 劫壽 不能 盡受,
아난! 약 아 광설 차 삼구의, 여이 겁수 불능 진수,

正使 三千大千世界 滿中 衆生, 皆如 阿難 多聞第一, 得念 總持。
정사 삼천대천세계 만중 중생, 개여 아난 다문제일, 득념 총지.

此 諸人 等 以劫之壽, 亦 不能 受。
차 제인 등 이겁지수, 역 불능 수.

如是, 阿難!諸佛 阿耨多羅三藐三菩提 無有 限量, 智慧 辯才 不可思議。」
여시, 아난! 제불 아뇩다라삼먁삼보리 무유 한량, 지혜 변재 불가사의.

阿難 白佛言:「我 從今已往, 不敢 自謂 以爲 多聞。」
아난 백불언: 아 종금이왕, 불감 자위 이위 다문.

佛 告 阿難:「勿起 退意。所以者何?我 說 汝 於 聲聞 中 爲 最 多聞,
불 고 아난: 물기 퇴의. 소이자하? 아 설 여 어 성문 중 위 최 다문,

非 謂 菩薩。且止, 阿難!其 有智 者 不應 限度 諸菩薩 也,
비 위 보살. 차지, 아난! 기 유지 자 불응 한도 제보살 야,

一切海淵 尚可 測量, 菩薩 禪定 智慧, 總持 辯才, 一切功德, 不可量 也。
일체해연 상가 측량, 보살 선정 지혜, 총지 변재, 일체공덕, 불가량 야.

阿難!汝等 捨置 菩薩 所行, 是 維摩詰 一時 所現 神通之力,
아난! 여등 사치 보살 소행, 시 유마힐 일시 소현 신통지력,

一切 聲聞 辟支佛 於 百千劫 盡力 變化 所 不能 作。」
일체 성문 벽지불 어 백천겁 진력 변화 소 불능 작.

경문해석

그때에 부처님께서 암라수 동산에서 설법하고 계셨는데, 갑자기 땅이 넓어져 장엄해지고 그곳에 모인 모든 대중이 황금빛 찬란하게 광채를 발했습니다.
아난이 부처님께 묻기를,
"부처님이시여! 무슨 인연으로 이와 같이 상서로운 일이 생깁니까?
이곳이 갑자기 넓어지고 장엄해지며 모든 사람들이 황금빛 찬란하게 되었습니다."
부처님께서 아난에게 말씀하시기를,
"이것은 유마대사와 문수보살이 대중들과 함께 이곳에 오려고 뜻을 세운 까닭에 먼저 이런 상서로움이 있게 된 것이니라."

한편 방장실에서 유마대사가 문수보살에게 말씀했습니다.
"함께 부처님을 뵙고 예배 공양드리는 것이 어떻겠습니까?"
문수보살이 말씀하기를,
"좋습니다. 지금이 바로 그 때입니다."

유마대사가 신력으로 대중들과 그들이 앉았던 사자좌를 오른손바닥 위에 놓고 부처님 계신 곳으로 갔습니다.
도착하자 땅에 엎드려 부처님께 예배드리고 오른쪽으로 부처님을 일곱 바퀴 돈 다음 일심으로 합장하고 한쪽 구석에 섰습니다.
제대제자와 제석천과 대범천과 사천왕 등도 부처님께 예배드린 다음 한쪽 구석에 섰습니다.

그때에 부처님께서 법대로 모든 보살들을 위문하신 다음 모두 분부에 따라 각자 자리로 돌아가 앉았습니다.

부처님께서 사리불에게 물었습니다.
"사리불이여! 유마대사의 자재한 신력이 하는 일을 보았는가?"
"예, 보았습니다."
"그대 생각이 어떠하냐?"
"부처님이시여! 저는 그분이 불가사의한 일을 하시는 것을 보았습니다. 어떤 생각으로도 헤아릴 수 없고 측량할 수 없습니다."
그때 아난이 부처님께 말씀드리기를,
"부처님이시여! 지금 와 닿는 향기는 전혀 맡아본 적 없습니다. 이것이 무슨 향기입니까?"
부처님께서 아난에게 말씀하시기를,
"이 향은 중향국의 모공에서 나오는 향기이니라."
그러자 사리불이 아난에게 말했습니다.
"우리들의 모공에서도 그 향기가 나옵니다."
아난이 부처님께 다시 묻기를,
"이 향이 어디서 온 것입니까?"
부처님께서 말씀하시기를,
"이 향은 유마대사가 중향국 부처님께서 드시는 밥을 얻어와 방장실에서 먹은 선지식들의 모공에서 나오는 향기이니라."

아난이 유마대사에게 물었습니다.
"이 향기는 얼마나 오래 머무릅니까?"
유마대사가 말씀하기를
"이 밥이 다 소화될 때까지 남습니다."

"그럼 언제쯤 다 소화됩니까?"
"이 밥의 기운이 칠일이 지난 다음에야 소화됩니다.
그리고 아난이여!
만약 성문수행자로 아직 정위(正位)에 들어서지 못한 사람이 이 밥을 먹었으면 정위(正位)에 들어선 다음에야 소화됩니다.
만약 정위(正位)에 이미 들어선 선지식이 이 밥을 먹었으면 심해탈(心解脫)을 얻은 후에야 소화됩니다.
만약 대승의 도의(道意)를 아직 발하지 않은 선지식이 이 밥을 먹었으면 도의(道意)를 발한 연후에 소화됩니다.
만약 도의(道意)를 발한 선지식이 이 밥을 먹었으면 무생법인(無生法忍)을 얻은 연후에 소화됩니다.
만약 무생법인(無生法忍)을 이미 얻은 선지식이 이 밥을 먹었으면 일생보처(一生補處)가 된 연후에 소화됩니다.
비유컨대 상미(上味)라는 약이 있는데 그 약을 먹으면 몸의 모든 독이 사라진 다음에야 그 약 기운이 사라집니다. 이와 같이 이 밥을 먹으면 일체 번뇌가 모두 없어진 다음에야 그 향기가 사라집니다."

아난이 부처님께 말씀드리기를,
"미증유한 일입니다, 부처님이시여! 이 향반(香飯)이 능히 불사(佛事)를 합니다."
부처님이 말씀하시기를,
"그렇다 아난이여!
어떤 불국토에서는 부처님의 광명으로 불사하고
보살로서 불사하고
부처님이 변화시킨 화인(化人)으로 불사하고
보리수로 불사하고

부처님의 의복과 침구로 불사하고
음식으로 불사하고
동산, 숲, 누각 등으로 불사하고
삼십이상과 팔십종호로 불사하고
불신(佛身)으로 불사하고
허공(虛空)으로 불사하여
중생이 이와 같은 인연으로 율행(律行)에 들어가게 하느니라.

또 어느 때는 꿈, 허깨비, 그림자, 메아리, 거울 속의 모습, 물속의 달, 열기의 아지랑이 등으로 불사를 하느니라.
또 어느 때는 음성, 언어, 문자로 불사하며
또 어느 때는 청정한 불국토가 적막하여 말이 없으며, 설함도 없으며, 보임도 없으며, 식별함도 없는 무작무위(無作無爲)로 불사하느니라.

아와 같이 아난이여!
제불의 모든 위의와 활동이 불사 아님이 없느니라.
이난이여!
인간 세상에는 사마(四魔)가 일으키는 팔만 사천 가지 번뇌문(煩惱門)이 있고 중생이 이 때문에 피곤해 하고 괴로워 하지만 모든 부처님은 이 법으로써 불사하느니라.

이것이 입일체제불법문(入一切諸佛法門)이니라.
선 수행자가 이 법문에 들어가면 청정하고 아름다운 불국토를 보아도 좋아하거나 탐내거나 교만해지거나 마음에 걸리거나 또는 의기소침하지 않느니라.
언제나 모든 부처님에 대한 청정심을 일으키고 환희 공경하며 일찍이 없었던 일이라고 기뻐할 따름이니라.

제불여래는 그 공덕이 평등하지만 근기가 다른 중생들을 교화하기 위해 불국토에 차이가 있음을 나타내 보이시는 것이니라.

아난이여!
그대가 불국토를 보았을 때 땅에는 약간의 차이가 있으나 허공에는 그 차이가 없지 않던가! 그와 같이 제불의 색신(色身)은 차이가 있지만 무애(無碍)한 지혜(智慧)는 차이가 없느니라.

아난이여!
제불의 색신(色身)의 위상(威相), 종성(種姓), 계(戒), 정(定), 혜(慧), 해탈(解脫), 해탈지견(解脫知見), 십력(十力), 사무소외(四無所畏), 십팔불공법(十八不共法), 대자(大慈), 대비(大悲), 위의소행(威儀所行), 및 수명(壽命), 설법(說法), 교화(敎化), 성취중생(成就衆生), 청정불국토(淸淨佛國土), 구제불법(具諸佛法)은 모두 평등하니라.
그러므로 부처님을 이름하여 삼먁삼불타(三藐三佛陀), 다타아가도(多陀阿伽度), 불타(佛陀)라고 부르니라.

아난이여!
만약 내가 이 삼구(三句)의 뜻을 자세히 설명하자면 그대가 한량없는 수명을 누려도 다 받아들일 수 없을 것이다.
또 삼천대천세계의 모든 중생이 그대와 같이 다문제일(多聞第一)이요, 좋은 기억력을 가지고 있고 총지(摠持)의 힘이 있어도 이 사람들 역시 겁으로 헤아릴 긴 수명을 누린다 해도 다 받아들이지 못하느니라.

이와 같이 아난이여!
제불의 아뇩다라삼먁삼보리는 한량없고 지혜와 변재는 불가사의 하느니라."

아난이 부처님께 말씀드리기를,

"제가 이제부터 감히 스스로 다문이라 말하지 않겠습니다."

부처님께서 아난에게 말씀하시기를,

"그렇게 실망하고 후회하는 생각을 일으키지 말라.

내가 그대를 다문제일이라 했던 것은 성문 중에서 그렇다는 말이지 보살 중에서도 그렇다는 말이 아니니라.

그런 생각하지 말라, 아난이여!

보살의 지혜는 보통 지혜 있는 사람이 측량하고 생각할 수 없느니라.

바다의 깊이는 측량할 수 있어도 보살의 선정(禪定), 지혜(智慧), 총지(摠持), 변재(辯才), 일체공덕(一切功德)은 측량할 수 없느니라.

아난이여!

그대들은 보살의 영역에 속하는 행위에 대해 섣불리 경쟁할 생각을 하지 말라.

유마대사가 일시(一時)에 나타낸 신통력은 모든 성문, 벽지불이 백천 겁에 거쳐 힘을 다해 변화해도 능히 하지 못하는 바이니라."

방편설법

나즙대사는 불사(佛事)의 종류에 대해 다음과 같이 밝히고 있습니다.

불사(佛事)는 모두 세 가지 종류가 있다.
1. 선행(善行)으로 불사하는 경우로 광명(光明), 신통(神通), 설법(說法) 등이 여기에 속한다.
2. 무기(無記)로서 허공(虛空)이 여기에 속한다.
3. 선행(善行)이 아닌 것으로 팔만사천번뇌(八萬四千煩惱)가 여기에 속한다.
이것은 마치 약사여래가 양약과 독약으로 중생의 병을 다스리는 것과 같다.

세 번째 선행이 아닌 불사에 대해 승조대사는 다음과 같이 설명하고 있습니다.

중생은 모두 번뇌(煩惱)로서 병을 삼고 제불은 곧 그러한 병을 치유한다.
예를 들면 색(色)의 욕망(慾望)으로 충동되어 있는 여인에게 그 열정이 더욱 강하게 한 다음 도(道)를 깨우치게 인도(引導)한다.
독을 품은 용(龍)이 화에 치받쳐 있을 때 그 화가 더욱 극에 달하게 한 다음 그를 깨달음으로 인도(引導)한다.
욕망으로서 욕망을 제거하게 하고, 화로서 화를 다스리게 하며, 독으로서 독을 해소시키는 것이 불사 아닌 것이 없다.

나즙대사는 깨닫는 법에 대해 다음과 같이 둘로 나누어 설명하고 있습니다.

깨달음은 두 가지 종류가 있다.
사제(四諦) 가운데서 깨닫는 것과 일체법(一切法) 가운데서 깨닫는 것이다.

'법의 인연(因緣)'을 법연(法緣)이라 하며, 법연이 원만했을 때 선 수행에 필요한 법, 도량, 도반, 재물의 네 가지 요소가 갖추어져 정진을 순조롭게 이어갈 수 있습니다.

    법(法)은 수행의 길잡이요
    도량(道場)은 수행하는 장소이며
    도반(道伴)은 수행이 이어갈 수 있게 돕는 경책이고
    재물(財物)은 수행을 유지시켜주는 원료입니다.

    법을 구하기 위해 움직이면 재물이 필요합니다.
    정진할 장소 역시 재물이 있어야 찾을 수 있습니다.
    재물은 구비되었지만 자신에게 맞는 수행법을 만나지 못하면 정진에 들어갈 수 없습니다.

    일반적인 관념에서 선 수행은 밖으로 모든 반연(攀緣)을 떠나 오로지 홀로 존재하면서 정진하는 것으로 인식되고 있습니다.
    이러한 생각으로 인해 안과 밖을 구분 짓는 분별심(分別心)이 일어나게 됩니다.
    더 나아가 '선 수행할 수 있는 장소'와 '선 수행할 수 없는 장소'로 나누는 불평등의 망상에 휩싸이게 됩니다.

    현대사회는 대형화, 다양화, 집단화로 만들어진 공통체입니다.
    홀로 존재할 수 있는 시간보다는 외부와 접하면서 살아야 하는 시간을 더 많이 필요로 합니다.
    현대사회처럼 복잡하고 다양한 환경에서 정진할 때 그러한 환경을 떠나 홀로 선 수행할 수 있는 도량을 얻기란 매우 힘듭니다.
    사실 불가능합니다.
    때문에 고요한 곳에서 정진하겠다는 마음이 강하면 강할수록 선 수행과는 점점 멀어지게 됩니다.

주변 사람과 더불어 정진할 수밖에 없습니다.

이때 진정한 선 수행으로 이어지려면 직접 자신이 먼저 주변 사람에게 베풀면서 깊은 정진에 들어서야 됩니다.

베푸는 과정에서 안에 쌓여 있는 업장이 함께 녹아 없어집니다.

중생의 가장 큰 병이 안으로 이것은 '내 것이다.' 하고 집착하는 소유욕입니다.

마음수행의 중요성을 강조한 혜능선사는 《금강경》에서 밝히고 있는 무상보시(無相布施) 정신을 선 수행의 입문으로 삼고 있습니다.

본성에서 우러나오는 순수한 마음의 보시정신으로 수행할 때 마음이 스스로 정화(淨化)되기 때문입니다.

38. 무진법문

경문낭독

爾時, 衆香世界 菩薩 來者, 合掌 白佛言 :
이시, 중향세계 보살 래자, 합장 백불언 :

「世尊! 我等 初見 此土 生 下劣 想, 今 自 悔責, 捨離 是心。
세존! 아등 초견 차토 생 하렬 상, 금 자 회책, 사리 시심。

所以者何? 諸佛 方便 不可思議, 爲度 衆生 故, 隨其 所應, 現 佛國 異。
소이자하? 제불 방편 불가사의, 위도 중생 고, 수기 소응, 현 불국 이。

唯然, 世尊! 願賜 少法 還於 彼土, 當念 如來。」
유연, 세존! 원사 소법 환어 피토, 당념 여래。

佛 告 諸菩薩 : 「有盡 無盡 無閡法門, 汝等 當學。
불 고 제보살 : 유진 무진 무애법문, 여등 당학。

何謂 爲盡? 謂 有爲法。 何謂 無盡? 謂 無爲法。
하위 위진? 위 유위법。 하위 무진? 위 무위법。

如 菩薩 者, 不盡 有爲, 不住 無爲。
여 보살 자, 부진 유위, 부주 무위。

何謂 不盡有爲?
하위 부진유위?

謂 不離 大慈, 不捨 大悲 ; 深發 一切智心, 而 不忽忘 ;
위 불리 대자, 불사 대비 ; 심발 일체지심, 이 불홀망 ;

教化 衆生, 終不 厭倦 ; 於 四攝法, 常念 順行 ;
교화 중생, 종불 염권 ; 어 사섭법, 상념 순행 ;

護持 正法, 不惜 軀命。種 諸善根, 無有 疲厭, 志 常 安住,
호지 정법, 불석 구명。종 제선근, 무유 피염, 지 상 안주,

方便 迴向, 求法 不懈, 說法 無悋, 勤供 諸佛, 故 入 生死 而 無所畏。
방편 회향, 구법 불해, 설법 무린, 근공 제불, 고 입 생사 이 무소외。

於 諸 榮辱, 心 無 憂喜, 不輕 未學, 敬學 如佛, 墮 煩惱 者,
어 제 영욕, 심 무 우희, 불경 미학, 경학 여불, 타 번뇌 자,

令發 正念, 於 遠離 樂, 不以 爲貴, 不著 己樂, 慶於 彼樂。
영발 정념, 어 원리 락, 불이 위귀, 불착 기락, 경어 피락。

在 諸 禪定, 如 地獄 想;於 生死 中, 如 園 觀想;
재 제 선정, 여 지옥 상;어 생사 중, 여 원 관상;

見 來 求者, 爲 善師 想;捨 諸 所有, 具 一切智想;
견 래 구자, 위 선사 상;사 제 소유, 구 일체지상;

見 毀戒 人, 起 救護 想;諸 波羅密, 爲 父母 想;
견 훼계 인, 기 구호 상;제 바라밀, 위 부모 상;

道品 之法, 爲 眷屬 想。發行 善根,
도품 지법, 위 권속 상。발행 선근,

無有 齊限, 以 諸 淨國 嚴飾 之事, 成 己 佛土。
무유 제한, 이 제정국 엄식 지사, 성 기 불토。

行 無限 施, 具足 相好;除 一切惡, 淨 身口意;
행 무한 시, 구족 상호;제 일체악, 정 신구의;

生死 無數劫, 意而 有勇;聞 佛 無量德, 志而 不倦;
생사 무수겁, 의 이 유용 문 불 무량덕, 지 이 불권

以 智慧劒, 破 煩惱賊;出 陰界入 荷負 衆生, 永使 解脫;
이 지혜검, 파 번뇌적;출 음계입 하부 중생, 영사 해탈;

以 大精進 摧伏 魔軍;常求 無念, 實相 智慧;
이 대정진 최복 마군;상구 무념, 실상 지혜;

行 少欲 知足, 而 不捨 世法;不壞 威儀, 而 能 隨俗;
행 소욕 지족, 이 불사 세법;불괴 위의, 이 능 수속;

起 神通慧, 引導 衆生;得念 總持, 所聞 不忘;
기 신통혜, 인도 중생;득념 총지, 소문 불망;

善別 諸根, 斷 衆生 疑;以 樂說 辯 演法 無閡;
선별 제근, 단 중생 의;이 요설 변 연법 무애;

淨 十善道, 受 天人 福;修 四無量, 開 梵天 道;
정 십선도, 수 천인 복;수 사무량, 개 범천 도;

勸請 說法, 隨喜 讚善;得 佛 音聲, 身口意 善;
권청 설법, 수희 찬선;득 불 음성, 신구의 선;

得 佛 威儀, 深修 善法, 所行 轉勝;以 大乘教, 成 菩薩僧;
득 불 위의, 심수 선법, 소행 전승;이 대승교, 성 보살승;

心 無 放逸, 不失 衆 善本。行 如此 法, 是名 菩薩 不盡有爲。
심 무 방일, 불실 중 선본。행 여차 법, 시명 보살 부진유위。

何謂 菩薩 不住無爲?
하위 보살 부주무위?

謂 修學 空, 不以 空 爲證;修學 無相無作, 不以 無相無作 爲證;
위 수학 공, 불이 공 위증;수학 무상무작, 불이 무상무작 위증;

修學 無起, 不以 無起 爲證。
수학 무기, 불이 무기 위증。

觀於 無常, 而 不厭 善本;觀 世間苦, 而 不惡 生死;
관어 무상, 이 불염 선본;관 세간고, 이 불악 생사;

觀於 無我, 而 誨人 不倦;觀於 寂滅, 而 不永 寂滅;
관어 무아, 이 회인 불권;관어 적멸, 이 불영 적멸;

觀於 遠離, 而 身心 修善;觀 無所歸, 而 歸趣 善法;
관어 원리, 이 신심 수선;관 무소귀, 이 귀취 선법;

觀於 無生, 而以 生法 荷負 一切;觀於 無漏, 而 不斷 諸漏;
관어 무생, 이이 생법 하부 일체;관어 무루, 이 부단 제루;

觀 無所行, 而以 行法 教化 衆生;觀於 空無, 而 不捨 大悲;
관 무소행, 이이 행법 교화 중생;관어 공무, 이 불사 대비;

觀 正法位, 而 不隨 小乘 ; 觀 諸法 虛妄, 無牢 無人,
관 정법위, 이 불수 소승 ; 관 제법 허망, 무뢰 무인,

無主 無相, 本願 未滿, 而 不虛 福德 禪定 智慧。
무주 무상, 본원 미만, 이 불허 복덕 선정 지혜。

修 如此法, 是名 菩薩 不住無爲。
수 여차법, 시명 보살 부주무위。

又, 具 福德 故, 不住無爲, 具 智慧 故, 不盡有爲;
우, 구 복덕 고, 부주무위, 구 지혜 고, 부진유위;

大慈悲 故, 不住無爲, 滿本願 故, 不盡有爲;
대자비 고, 부주무위, 만본원 고, 부진유위;

集 法藥 故, 不住無爲, 隨 授藥 故, 不盡有爲;
집 법약 고, 부주무위, 수 수약 고, 부진유위;

知 衆生病 故, 不住無爲, 滅 衆生病 故, 不盡有爲。
지 중생병 고, 부주무위, 멸 중생병 고, 부진유위。

諸 正士! 菩薩 已修 此法, 不盡有爲, 不住無爲,
제 정사! 보살 이수 차법, 부진유위, 부주무위,

是名 盡無盡 無閡法門, 汝等 當學。」
시명 진무진 무핵법문, 여등 부학。

爾時, 彼諸菩薩 聞說 是法, 皆 大 歡喜, 以衆 妙華 若干 種色,
이시, 피제보살 문설 시법, 개 대 환희, 이 중 묘화 약간 종색,

若干 種香, 散徧 三千大千世界, 供養 於佛 及此經法 幷 諸菩薩 已,
약간 종향, 산편 삼천대천세계, 공양 어불 급 차경법 병 제보살 이,

稽首 佛足, 歎 未曾有, 言 釋迦牟尼佛 乃能 於此 善行方便。
계수 불족, 탄 미증유, 언 석가모니불 내능 어차 선행방편。

言已, 忽然 不現, 還到 彼國。
언이, 홀연 불현, 환도 피국。

경문해석

그때에 중향세계에서 온 보살들이 합장하고 부처님께 말씀드렸습니다.
"부처님이시여!
저희들이 처음 이 사바세계를 보았을 때 이 세계에 대해 하열(下劣)하다는 생각을 했습니다. 지금 스스로 자책하며 뉘우치고 그런 생각을 버립니다.
왜냐하면 제불이 쓰시는 방편은 불가사의하옵니다. 중생을 이롭게 하기 위해 그 상응하는 바에 따라 불국토를 나타내심에 차이가 있사옵니다.
그러하옵니다. 부처님이시여! 원하옵건대 가르침을 내려주소서!
돌아가서 항상 여래를 기억하고 생각하겠나이다."

부처님께서 보살대중에게 말씀하셨습니다.

"선 수행자들이여!
진(盡), 무진(無盡)의 두 가지 해탈법문(解脫法門)이 있으니 그대들이 배워야 하느니라.
진(盡)이란 유위법(有爲法)이고, 무진(無盡)이란 무위법(無爲法)을 말하느니라.
선 수행자는 유위법도 없애서는 안 되지만 무위법에 머물러서도 안 되느니라.

'유위법을 없애지 않는다.'는 것은 다음과 같이 함을 뜻하느니라.

대자(大慈)를 떠나지 않고 대비(大悲)를 버리지 않으며

깊이 일체지(一切智)를 얻겠다는 마음을 유지하면서
조금도 소홀히 하거나 잊지 않으며
중생을 이롭게 하면서 싫증내거나 피곤해 하지 않으며
사섭법(四攝法)으로 항상 순행(順行)을 생각하며
정법(正法)을 지키면서 신명(身命)을 아끼지 않으며
갖가지 선근(善根)을 심으면서 피로나 염증을 느끼지 않으며
선 수행에 안주하면서 방편으로 회향하며
법을 구하면서 태만하지 않고 법을 설하면서 인색하지 않으며
부지런히 모든 부처님께 공양드리며
생사에 들어가면서 두려움이 없으며
온갖 영욕에도 마음에 근심과 기쁨이 없으며
배우지 못한 선지식을 가벼이 여기지 않고
배운 선지식을 부처님처럼 존경하며
번뇌에 떨어져 있는 사람에게 바른 생각을 일으키게 하며
홀로 선 수행하는 기쁨을 귀하게 여기지 않으며
자신의 낙에 집착하지 않고 다른 사람의 낙을 기뻐하며
갖가지 선정에 있으면서 지옥에 있는 것처럼 생각하며
생사윤회하면서 아름다운 동산에 노닌다고 생각하며
자신에게 무엇을 얻으러 오는 사람을 선지식 만난 듯 대하며
가진 것을 베풀면서 일체지(一切智)를 구족한다고 생각하며
계(戒)에 문란한 사람을 보면서 그를 인도하는 생각을 일으키며
모든 바라밀(波羅密)이 부모와 같다고 생각하며
도품(道品)의 법이 권속이라 생각하며
선근(善根)을 일으켜 행하면서 제한 없이 지속하며
모든 정토의 장엄으로 자신의 불국토를 건립하며
무한한 보시(布施)로 상호(相好)를 갖추며

모든 악(惡)을 제거하면서 신구의(身口意)를 청정하게 하며
무수겁의 생사에서 마음은 용기에 가득하며
부처님의 무량공덕을 들으면서 굳은 의지로 피곤해하지 않으며
지혜의 칼로 번뇌의 적을 물리치며
오음(五陰), 십팔계(十八界), 십이입(十二入)에서 나와 중생의 해탈을 도우며
대정진으로 마군을 항복시키며
항상 무념(無念)의 실상지혜(實相智慧)를 구하며
세간법을 행하면서 소욕지족(少欲知足)하며
출세간에 싫증내지 않으면서 세간법을 버리지 않으며
위의법을 깨뜨리지 않으면서 세속에 순응하며
신통지혜를 일으켜 중생을 인도하며
염(念)과 총지(摠持)로 들은 바를 잊지 않으며
모든 근기(根器)를 잘 분별하여 중생의 의심(疑心)을 끊게 하며
요설(樂說)의 변재(辯才)로 설법(說法)에 걸림이 없으며
십선도(十善道)를 잘 닦아 천인(天人)의 복을 누리며
사무량(四無量)을 닦아 범천(梵天)의 길을 열며
설법(說法)을 청하여 기뻐하면서 선행(善行)을 찬양하며
부처님 음성(音聲)으로 신구의(身口意)가 청정해지며
부처님 위의(威儀)를 얻어 선법(善法)을 깊이 닦아 행(行)이 더욱 수승해지며
대승의 가르침으로 보살승(菩薩僧)을 이루며
마음에 방일함이 없고 모든 선본(善本)을 잃지 않느니라.
이와 같이 법을 행하면, 이것이 곧 선 수행자의 부진유위(不盡有爲)이니라.

선 수행자가 '무위법에 주하지 않는다.'는 것은 다음과 같이 함을 뜻하느니라.

공(空)을 수학(修學)하면서 공(空)을 증(證)하지 않으며
무상(無相)과 무작(無作)을 수학(修學)하면서 무상(無相)과 무작(無作)을 증(證)하지 않으며
무기(無記)를 수학(修學)하면서 무기(無記)를 증(證)하지 않느니라.
무상(無常)을 관(觀)하면서 선본(善本)을 싫어하지 않으며
세간의 고통(苦痛)을 관(觀)하면서 생사(生死)를 미워하지 않으며
무아(無我)를 관(觀)하면서 게으르지 않게 일깨우며
적멸(寂滅)을 관(觀)하면서 영원히 멸하지 않으며
원리(遠離)를 관(觀)하면서 심신(心身)을 잘 닦으며
무소귀(無所歸)를 관(觀)하면서 선법(善法)으로 돌아가며
무생(無生)을 관(觀)하면서 생멸법(生滅法)으로 중생을 이롭게 하며
무루(無漏)를 관(觀)하면서 유루(有漏)를 끊지 않으며
무소행(無所行)을 관(觀)하면서 행법(行法)으로 중생을 이롭게 하며
공무(空無)를 관(觀)하면서 대비(大悲)를 버리지 않으며
정법위(正位法)를 관(觀)하면서 소승을 따르지 않으며
제법이 허망하여 무뢰(無牢), 무인(無人), 무주(無主),
무상(無相)함을 관(觀)하면서 본원(本願)이 아직 원만하지 않으나
복덕(福德), 선정(禪定), 지혜(智慧)가 허(虛)하지 않느니라.
이와 같이 법을 닦으면, 이것이 곧 선 수행자의 부주무위(不住無爲)이니라.

또한
복덕(福德)을 구족하기에 무위법에 머물지 않으며
지혜(智慧)를 구족하기에 유위법을 다하지 않느니라.

대자대비(大慈大悲)하기에 무위법에 머물지 않으며
본원(本願)을 성취(成就)하기 위해 유위법을 다하지 않느니라.

법약(法藥)을 모으기에 무위법에 머물지 않으며
법약(法藥)을 베풀기 위해 유위법을 다하지 않느니라.

중생의 병(病)을 알기에 무위법에 머물지 않으며
중생의 병(病)을 멸하기 위해 유위법을 다하지 않느니라.

선 수행자는 이와 같은 법을 닦기에 유위법을 다하지도 않고
무위법에 머물지도 않으니,
이것이 바로 진(盡), 무진(無盡) 해탈법문(解脫法門)이니라.
그대들은 마땅히 배워야 하느니라."

그때에 중향국 보살들이 부처님의 가르침을 듣고 크게 환희하며 갖가지 아름다운 색깔의 향기 나는 꽃으로 삼천대천세계에 뿌리고, 부처님과 이 경의 법과 모든 보살들에게 공양 올리고, 부처님께 예배하고 미증유라 경탄하면서
"석가모니 부처님이시니까 이렇게 선행방편을 베푸실 수 있지!"하고 말을 마치자 홀연히 사라져 돌아갔습니다.

방편설법

부진유위(不盡有爲)와 부주무위(不住無爲)의 조화로움에 대해 승조대사는 다음과 같이 설명하고 있습니다.

유위(有爲)는 비록 거짓이지만 그것을 버리면 대업(大業)을 성취할 수 없고
무위(無爲)는 비록 실(實)이지만 그에 머물면 혜심(慧心)이 밝혀지지 않는다.
보살은 유위(有爲)를 다하지 않고서도 덕(德)이 성취되지 않음이 없고
무위(無爲)에 머물지 않으면서도 도(道)가 온 천하를 덮지 않음이 없다.

나즙대사는 선정(禪定)의 종류에 대해 다음과 같이 설명하고 있습니다.

선정(禪定)은 세 가지 종류가 있다.
1. 큰마음의 선정
2. 작은 마음의 선정
3. 범부의 선정
범부의 선정(禪定)에 들어가면 아상(我相)이 충천해서 자신이 유독 잘났다고 생각한다.
작은 마음의 선정(禪定)에 들어가면 혼자서 보리(菩提)를 닦아 깨달음을 증득(證得)하며 그 밖에 모든 선행(善行)은 모두 불살라 없애 무상도근(無上道根)을 파괴시킨다.
큰마음의 선정(禪定)에 들어가면 중생세계의 더러운 악취(惡趣)와 지옥(地獄)의 참상 등에 구애받는 바 없이 자유로이 노닐면서 그곳 중생들을 깨달음으로 인도한다.

무진법문은 모든 가르침을 포함합니다.
세상 모든 가르침이 깨달음을 돕는 수행법 아닌 것이 없습니다.

깨달음을 돕는 수행법이란 깨달음의 성취를 위한 수행과정에서 상응하는 반연하는 모든 현상과 경계를 해결할 수 있는 방법을 뜻합니다.

그래서 때로는 독약으로 질병을 치유할 수 있습니다.

선 수행자가 고금을 막론하고 가장 많은 영향을 받는 사회문화 현상 중에 하나가 운명을 알기 위해 점보는 것입니다.

점을 직접 보진 않지만 그러한 의식이 마음에 존재합니다.

점은 과연 맞을까?
신점이 좋을까?
역학점이 좋을까?
철학관을 찾을까?
무당집을 찾을까?

누구나 한번쯤 생각했을 운명문화입니다.
누구나 자신의 미래에 대해 매우 궁금해 합니다.
알고 보면 선 수행 또한 미래의 불안전성 때문에 정진하고 있습니다.
모든 종교의 신앙이 그렇습니다.
이러한 운명의 이치에 대해 어느 정도 이해하고 있으면 선 수행 중에 많은 잡념을 내려놓는데 큰 도움이 됩니다.

함께 운명의 점에 들어가 보죠!

점이 좋은 것인가?
점이 나쁜 것인가?
점이 맞는가?
점이 맞지 않는가?

궁금하시죠?

자 그럼 우리 한번 점 보러 갑시다!

무슨 점을 먼저 볼까요?
무슨 점들이 있지요?

사주점과 신점이 있습니다.
사주점과 신점이 어떻게 다르죠!

사주점은 생년월일(生年月日)을 근거로 하는 점이고
신점은 신 기운에 의해 보는 점입니다.

점이 무엇인가에 대해 먼저 이야기를 나누죠!
그리고 왜 점을 보는지도 분석해보죠!
그리고 불교의 가르침에 점을 보는 것이 정도인지 외도인지도 확인하고요.
그리고《유마경》공부하는 선지식에게 점보는 것이 도움이 되는지 방해가 되는지도 알아보고요!

점이 무엇인가를 알려면 먼저 점의 유래에 대해 밝히는 것이 좋겠죠.
갑골문자(甲骨文字)라는 말씀 들어 보셨죠!
갑골은 일반적으로 거북의 넓적한 등뼈를 말합니다.
갑골문자란 거북 등에 쓰여 있는 글자를 뜻합니다.

"왜 거북 등에 글자를 썼죠?"
"점보기 위해서였죠."
갑골문자의 유래는 사실은 글자를 쓴 것이 아니라 갑골에 글자모양이 만들어져 나온 것을 의미합니다.
어떻게 글자모양이 나오게 되죠?
불에 굽죠!
거북을 잡아 등뼈만 추려 두었다가 점을 보고 싶을 때 그것을 불에 굽죠!

그러면 거북 등뼈가 갈라지면서 갈라진 모양이 생겨나죠.
그 갈라진 모양을 보고 점을 치죠.
나온 점괘를 그 거북 등뼈에 기록한 것이 갑골문자로 자리 잡으면서 한자가 발전하게 됩니다.

어느 때 사용했죠?
주로 전쟁 때 많이 사용했습니다.
처음엔 이 전쟁이 길한지 흉한지의 단순한 두 가지 형태로 보다가 시간이 흐르면서 점점 다양한 점괘를 보기 시작했고 이러한 점보는 법이 체계성을 갖추면서 역법(易法)이 탄생했습니다.
그 역법이 다시 시간이 흐르면서 주역(周易)이라는 책으로 만들어집니다.

주역 공부하셨다고요?
좋은 공부하셨습니다!

주역을 공부하셨다니 그럼 한 가지 물어보죠!
주역에서 공자님께서 강조하신 것이 무엇이죠?
주역이 우리에게 알게 하려는 가장 중요한 이치가 무엇이죠?

묵묵부답!!!

좋은 대답입니다!
몸으로 부딪칠 때 승산이 없으면 삼십육계가 최고요
언어로 논쟁할 때 막히면 묵묵부답이 제일입니다.

주역이 우리에게 일깨우고 있는 가장 중요한 이치는 '역(易)'의 도리를 알면서 살아가라는 것입니다!
역(易)이 무슨 뜻이죠?
변화를 뜻합니다!

변화(變化)를 불교용어로 말하면 무상(無常)이죠.

《도덕경》에서 이러한 변화의 이치를 알면서 살아가는 모습을 무위자연(無爲自然)이라 합니다.

《유마경》에서 이러한 무상한 이치를 알면서 살아가는 모습을 직심도량(直心道場)이라 합니다.

《주역》과 《도덕경》과 《유마경》이 우리에게 일깨우려는 이치는 눈으로 보이는 현상의 변화에 이끌리지 말고 그 현상의 내면에 항상 부동(不動)으로 존재하는 본성(本性)과 계합된 삶을 살아가라는 것입니다.

《주역》을 보면서 이러한 본래면목을 일깨우려는 진리에 계합하려는 정신은 온 간데없고 눈으로 보이는 이렇게 저렇게 된다는 현상에만 집착되어 있으면 이것은 마치 돌로 부처모양을 만들어 놓고 그 앞에서 '나 재벌 되게 해 주세요!' 하고 밤낮으로 기도하는 것과 같은 행위입니다.

지혜(智慧)가 바탕이 된 상태에서 방편(方便)은 상대를 정도(正道)로 인도합니다.
만약 지혜가 없는 방편의 행위인 경우 자신도 번민으로 빠뜨릴 뿐만 아니라 상대도 함께 지옥으로 들어가게 만들죠!

《주역》으로 점 봐 주는 것 또한 마찬 가지입니다.
자신이 이러한 《주역》의 이치에 밝게 깨어 있는 상태에서 점 보러 온 사람의 근기에 맞게 방편으로 현상적인 모습을 보여주면서 그 사람이 궁극적으로 변화의 이치를 알 수 있도록 도와주어야 됩니다.

그렇지 않고 그 사람을 계속 부적 써라, 굿해라, 내 점괘에 맞추어 지내라, 당신의 전생이 이렇다, 나는 당신의 운명을 환히 알고 있다 등 상대를 미궁으로 빠뜨리는 행위로 계속 이어가면 이 짓은 부처님께 기도하게 하면서 그 기도하는 사람의 본성을 일깨워주는 수행으로 인도하지 않고 계속 불상만 모시면 복 받는다고 하면서 방편으로 펴는 불상 모시면 복 받는다는 행위를 마치 불교 믿는 근본인양 상대에게 주입하는 것과 같은 행위입니다.

이런 방법의 방편은 믿고 따르는 사람의 본래면목을 일깨워 생사해탈할 수 있는 선근을 증장시켜 주는 것이 아니라 자신을 따라 안심(安心), 해탈(解脫), 행복(幸福)을 찾는 선지식을 더욱 미궁으로 빠뜨리는 마구니의 행위입니다.

큰 지혜를 갖추지 않고 크게 방편을 펴는 것은 '크게 어리석은 짓이다!'고《유마경》에서도 일깨우고 있습니다.

한나라 말엽에 성인의 말씀이 담긴 경학을 내세우면서,
'봐라! 성인이 이렇게 말씀했다. 너희들의 운명은 어떻다고!'
그 당시 워낙 문맹이 많은지라 경전을 들이대면서 이렇다고 하니 글을 모르는 다수 사람들은 그 말이 진짜처럼 들려왔고 그러한 말들에 현혹되어 굿하고 점보면서 가사를 탕진했습니다.

이러한 외도행위를 직업으로 일삼던 사람들이 그 당시 사회에 일으킨 가장 큰 문제점은 권선징악의 사회법보다도 사람들이 유언비어를 더 믿고 따르게 만들었다는 점입니다.

질문: '주자도 분명히《주역》은 점보는 책이라고 말했습니다. 그리고 지식인들이 대부분《주역》으로 점을 보면서 자신의 입신양명(立身揚名)을 추구한 것으로 알고 있습니다. 이처럼 지식인들도 점을 통해 미래를 예측했는데 어떻게 점이 무지한 사람을 미궁으로 빠뜨리는 나쁜 행위라고 단정할 수 있습니까?'

좋은 질문입니다.
그렇습니다.
성리학을 체계화해 공자를 이어 유학에서 제2의 성인으로 추앙받는 주자(朱子)께서 분명히 말씀하셨습니다.
'《주역》은 점보는 책이다!'
《주역》을 뜻풀이한 다음 그 서문에서 밝힌 내용이죠!

무엇이 '점'인가?
유행하고 있는 점술과 주자께서 말씀하신 점과는 상당한 차이가 있습니다.

먼저 결론부터 말씀드리면 주자가 말씀한 점은 자아의식의 어지러움에서 오는 사물에 대한 불완전한 판단을 본래면목인 본성을 일깨워 본성에 내재되어 있는 지혜의 힘으로 현상세계의 당면된 현실 문제를 풀려고 행하는 일종의 수행이었습니다.
그러나 우리가 일상적으로 점이라 하는 것은 자신이 맑고 밝기 본래면목이 자아의식에 드러나도록 스스로 점을 보는 것이 아니라 다른 사람에게 자신의 운명을 보아달라는 것이죠!

《주역》의 이치를 점 수행을 통해서 현실의 삶을 알아낸다는 근거이론을 주자는 이일분수(理一分殊)에 두고 있습니다.
이일분수는 성리학의 근본이론이며 송나라 이후의 주된 이념이기도 하였습니다.
이(理)는 하나인데 그것이 사물의 모양으로 나오는 그 모습은 각기 달라진다는 의미입니다.

우선 사람을 보죠!
사람이라는 공통된 모습이 있지만 그 많은 사람 중에 똑 같은 사람은 없습니다.
나무도 그렇습니다. 산에 그 많은 나무가 있지만 완전히 같은 나무는 없습니다.
같은 종의 소나무만 보아도 그와 같습니다. 무엇인가 다른 부분이 있습니다.
주자의 말씀에 의하면 그것은 각기 사물마다 독립적인 특성을 지니고 있기 때문입니다.
왜 그렇죠!
그 사물의 본성인 이(理)는 서로 같지만 그 사물의 모양이 만들어질 때 형성되어진 기(氣)의 작용이 서로 차이가 있기 때문입니다.

이와 같은 주자선생의 주장을 학계에서는 이기이원론(理氣二元論)이라 합니다.
이러한 주장에 반박하여 새로운 체계성을 정립한 유명한 성리학자가 계시죠!
물론 우리나라 분이죠. 퇴계 이황선생이십니다.

그분의 주장은 이기일원론(理氣一元論)입니다.

주자선생이 이(理)와 기(氣)를 둘로 나누어 현상세계를 설명한 반면 이황선생은 이와 기를 하나로 인식하면서 현상세계를 설명하는 것이 더 좋다는 것입니다.

사실 이 둘은 현상세계를 규명하는 방법상의 차이이며 그분들이 주장하는 바가 근본적으로 서로 차이가 있는 것은 아닙니다.

주자께서 말씀하신 점보는 법을 말씀해 드리겠습니다.
여러분 중 점 봤던 분들이 경험했던 것과 어떤 차이가 있는지 확인해 보세요!

아침에 일어나 의식을 맑힌 다음 세수 또는 목욕을 하고 자연의 기운과 교감을 가진 다음 서재에서 홀로 정좌(靜坐)합니다.
정좌하면서 성(誠)의 마음을 일깨웁니다.
성(誠)은 간절한 마음, 지극정성의 마음이며 천(天)과 계합하는 마음입니다.
천(天)이란 이일분수할 때 이(理)로 모든 만사만물이 나오게 된 근원을 뜻합니다.
천(天)은 모든 생명의 근원이며 우주의 본원입니다.
고요히 앉아 명상하면서 의식이 맑고 밝아져 천인합일(天人合一)의 선경(善境)에 계합합니다.
천인합일이란 자아의식이 본래면목과 계합되는 것을 뜻합니다.
이러한 마음상태를 《유마경》에서는 '직심이 도량이다'고 표현하고 있습니다.
몸과 마음이 이미 천인합일의 깊은 명상의 상태에 몰입한 다음 먼저 점을 보는 목적을 인식합니다.

그 다음 점괘를 뽑죠.
예를 들면, 오늘 중요한 계약을 해야 하는지 말아야 하는지!
즉 무엇을 결정해야 하는데 그 결정적인 판단을 이 점괘를 통해서 그 방법을 찾아내는 것입니다.
그런 다음 명상의 상태를 유지하면서 통 안에 들어 있는 대나무 하나를 뽑습니다.
그 대나무에 쓰여 있는 문구를 보면서 이 일을 어떻게 해야 되는지 판단하지요!

자!

보십시오!

의식이 맑고 밝게 깨어 있을 때 무슨 일이든 그것을 보다 더 정확하게 판단할 수 있습니다.

이것은 바로 자신의 수행력을 향상하는 방법입니다.

주자가 말씀하신 점이 무엇인지 아셨죠!

주자선생처럼 점을 보세요!

얼마나 좋습니까?

점을 보면 볼수록 명상이 깊어집니다.

점(占)이란 점(點)으로 바로 자신의 본래면목을 뜻합니다.

자신의 생명체의 중심점(中心點)입니다.

어떻게 사주팔자로 보는 점이 나왔지요?

사주팔자(四柱八字)라!

요놈의 내 사주팔자야! 하고 대다수의 사람이 사주팔자 탓을 하면서 신세타령을 합니다.

이미 잘못되었으니 그것을 팔자에다 돌리는 것도 좋은 방법이긴 하지요!

그러나 내 사주가 이렇게 좋아서 시험에 합격했어! 사업에 성취했어! 국회의원이 되었어! 결혼을 잘했어! 등등 이렇게 말하는 선지식은 극히 없지요!

잘못되었을 때, 불만족스러울 때 팔자타령을 하지만 일이 잘 되었을 때 팔자 덕을 봤어! 하는 경우는 극히 없죠!

왜 그렇죠!

그것은 사주팔자로 점보는 법이 만들어지게 된 목적이 사회적으로 불만족하고 있는 사람들을 달래주기 위한, 그래서 사회혼란을 막기 위해 방편으로 만들었기 때문입니다.

일종의 위안하는 방법이죠!

이러한 위안법이 도가 지나쳐서 마치 운명을 알게 해주는 것처럼 그렇게 하면 진짜 삶이 행복해지는 것처럼 인식하면 그 사람은 불행해집니다.

성인이 만들 때의 의도처럼 무엇이 잘못되었을 때 위안 받기 위하는 마음으로 사주팔자 점을 보는 것으로 만족해야 됩니다.

사주팔자를 통해서 그 속에서 삶의 바른 길을 찾아내는 것으로 인식하면 안 됩니다.

사주팔자를 방편으로 삼아 중생을 인도하는 선지식도 많습니다.

정도(正道)로 사람을 인도하기 위한 징검다리 과정으로 삼을 때 점은 좋은 역할을 합니다.

만약 사심을 채우기 위해 상대에게 점이 마치 절대적인 힘을 지니고 있는 것처럼 인식시키면 본인도 점차 점의 주화입마에 빠져 허덕이게 됩니다.

이러한 사주점이 언제부터 시작되었습니까?

바로 한나라 때 비롯되었습니다.

한말에 사주팔자로 점보는 것이 유행하기 시작했죠.

이러한 현상이 한나라가 망하게 된 주요 원인 중에 하나였죠.

점보는 것을 성인이 방편으로 만들었다 했는데 그 점의 근거를 어디에 두고 있죠?

한나라 초기에 동중수라는 유명한 유학자가 있었습니다.

그분에 의해 한나라의 정책이 노자의 무위자연(無爲自然) 사상에서 공자의 천명사상(天命思想)으로 바뀌게 되었습니다..

그분에 의해 천인감응(天人感應) 학설이 체계화 되었습니다.

사주팔자로 점보는 근거는 이 천인감응 학설에 있습니다.

인간을 다스리는 의지(意志)가 있는 하늘에 절대적인 힘이 있습니다.

그 힘에 의해 인간세상과 하늘과의 관계는 자연적인 규율보다 인위적인 행위를 더 중시하는 현상으로 인식되면서 그러한 관계성 속에서 사람이 잘 살아가는 법을 점이라는 행위를 통해서 알아내는 것입니다.

점보는 사람이 마치 하늘의 뜻을 잘 하고 있으면서 점보는 상대에게 알려주는 것처럼! 이것은 황제가 나만이 하늘의 뜻 즉 천명을 알 수 있고 천명에 의해 인간을 다스릴 수 있다는 것과 그 근본줄기를 같이 하고 있습니다.

그래서 사주팔자가 굿으로 이어지는 사회현상이 생겨나게 된 것입니다.

신기로 점을 보는 것은 무엇에 근거하고 있습니까?
사주팔자로 보는 점의 근원에 비해 신기로 점보는 근원을 설명하기란 복잡합니다.
쉽게 표현하면 자신의 자아의식 기능에 다른 정신요소가 가미되어 그 힘의 작용으로 운명을 보는 방법입니다.
어떤 사람은 상대를 보는 것만으로도 그의 운명에 대해 어떻다고 말문을 열고 어떤 사람은 상대의 사주팔자를 대게 하여 신의 기운으로 상대방의 운명에 대해 말해 줍니다.

선 수행은 집착을 내려놓는 공부입니다.
왜 집착하죠?
두렵기 때문에 집착합니다.
좋아하는 마음의 깊은 내면을 바라보면 그 뿌리는 역시 두려움입니다.
두렵기 때문에 좋아합니다.
두려워하면 할수록 두려워하는 그 현상은 자아의식 속에 깊이 자리 잡게 됩니다.
두려워하는 마음이 바로 가장 큰 집착이기 때문입니다.
세상사에 대한 불안함도 두려움에서 비롯됩니다.
생명의 궁극적인 죽음에 대한 불안함도 그 원인은 두려움에 있습니다.
두려움으로 인해 환상을 진실로 인식하게 됩니다.

이러한 이치를 《반야심경》에서도 선명하게 밝히고 있습니다.

무유공포 원리전도몽상 구경열반
無有恐怖 遠離顚倒夢想 究竟涅槃

무유공포(無有恐怖)는 공포가 없다는 뜻입니다.
공포심이 없다는 것은 두려움이 없는 마음을 뜻합니다.

원리전도몽상(遠離顚倒夢想)은 전도몽상을 멀리 떠나게 된다는 뜻입니다.
전도는 뒤바뀐 것을 의미합니다.
잘못된 것이죠! 거짓을 진실이라 인식하는 것이죠.

정견(正見)이 없는 자아의식에서 이러한 전도가 일어납니다.

전도된 의식으로 인식하는 것은 모두가 몽상일 수밖에 없지요!

몽상은 꿈에서 나타나는 현상을 뜻합니다.

꿈속에서 무엇을 보았고 들었고 만졌고 느꼈고 하더라도 이것은 모두 꿈속에서 일어난 현상이며 현실에서 존재하는 것은 아닙니다.

그런데 전도된 의식에서는 이러한 몽상을 현실로 존재하는 사실로 인식하게 됩니다.

두려움이 없으면 이러한 전도된 몽상이 자연스럽게 멀어집니다.

《유마경》 공부에서 전도몽상의 잘못된 의식이 정화됩니다.

이와 같이 공포심이 없으면 자연스럽게 자아의식이 바르게 되어 궁극에 열반에 도달합니다.

《유마경》을 깊이 있게 공부하는 과정에서 이러한 정신세계와 연관된 사회문화 현상의 이치를 자연스럽게 체득합니다.

12
아축불품

39 관여래
40 유마의 고향

39. 관여래

경문낭독

爾時, 世尊 問 維摩詰:「汝 欲見 如來, 爲以 何等 觀 如來 乎?」
이시, 세존 문 유마힐: 여 욕견 여래, 위이 하등 관 여래 호?

維摩詰 言:「如 自觀 身 實相, 觀佛 亦然。
유마힐 언: 여 자관 신 실상, 관불 역연。

我 觀如來 前際 不來, 後際 不去, 今則 不住。
아 관여래 전제 불래, 후제 불거, 금즉 부주。

不觀 色, 不觀 色如, 不觀 色性;
불관 색, 불관 색여, 불관 색성;

不觀 受想行識, 不觀 識如, 不觀 識性。
불관 수상행식, 불관 식여, 불관 식성。

非 四大 起, 同於 虛空;六入 無積, 眼耳鼻舌身心 已過;
비 사대 기, 동어 허공;육입 무적, 안이비설신심 이과;

不在 三界, 三垢 已離;順 三脫門, 具足 三明 與 無明 等。
부재 세계, 삼구 이리;순 삼탈문, 구족 삼명 여 무명 등。

不 一相 不 異相, 不 自相 不 他相, 非 無相 非 取相。
불 일상 불 이상, 부 자상 불 타상, 비 무상 비 취상。

不 此岸 不 彼岸 不 中流, 而 教化 衆生;觀於 寂滅, 而 不 永滅;
불 차안 불 피안 부 중류, 이 교화 중생;관어 적멸, 이 불 영멸;

不此 不彼, 不以此 不以彼;不可以 智 知, 不可以 識 識。
불차 불피, 불이차 불이피;불가이 지 지, 불가이 식 식。

無晦 無明, 無名 無相, 無强 無弱, 非淨 非穢,
무회 무명, 무명 무상, 무강 무약, 비정 비예,

不在 方 不離 方, 非 有爲 非 無爲, 無示 無說。
부재 방 불리 방, 비 유위 비 무위, 무시 무설。

不施 不慳, 不戒 不犯, 不忍 不恚, 不進 不怠,
불시 불간, 불계 불범, 불인 불에, 부진 불태,

不定 不亂, 不智 不愚, 不誠 不欺, 不來 不去, 不出 不入,
부정 불난, 부지 불우, 불성 불기, 불래 불거, 불출 불입,

一切 言語 道斷, 非 福田 非不 福田, 非應 供養 非不應 供養,
일체 언어 도단, 비 복전 비불 복전, 비응 공양 비불응 공양,

非取 非捨, 非 有相 非 無相, 同 眞際, 等 法性。
비취 비사, 비 유상 비 무상, 동 진제, 등 법성。

不可 稱 不可 量, 過 諸 稱量。非大 非小,
불가 칭 불가 량, 과 제 칭량。비대 비소,

非見 非聞, 非覺 非知, 離 衆 結縛。
비견 비문, 비각 비지, 이 중 결박。

等 諸智, 同 衆生, 於 諸法 無分別, 一切 無得 無失,
등 제지, 동 중생, 어 제법 무분별, 일체 무득 무실,

無濁 無惱, 無作 無起, 無生 無滅, 無畏 無憂,
무탁 무뇌, 무작 무기, 무생 무멸, 무외 무우,

無喜 無厭, 無 已有 無 當有 無 今有, 不可以 一切言說 分別 顯示。
무희 무염, 무 이유 무 당유 무 금유, 불가이 일체언설 분별 현시。

世尊！如來身 爲 若此, 作 如是 觀。
세존！여래신 위 약차, 작 여시 관。

以 斯 觀 者, 名爲 正觀, 若 他 觀 者, 名爲 邪觀。」
이 사 관 자, 명위 정관, 약 타 관 자, 명위 사관。

경문해석

그때에 부처님께서 유마대사에게 물으셨습니다.
"유마대사여! 그대가 여래를 보고자 왔는데, 여래를 어떻게 보는가?"
유마대사가 대답하기를,

"부처님이시여!
자신의 실상(實相)을 보듯 여래(如來)를 봅니다.
여래가 과거로부터 온 것도 아니요, 미래로 가는 것도 아니며,
현재에 머물러 있는 것도 아니라고 봅니다.
여래를 색(色)으로 보지 않고, 색여(色如)로 보지 않으며,
색성(色性)으로 보지 않습니다.
여래를 수(受), 상(想), 행(行), 식(識)으로 보지 않고,
식여(識如)로 보지 않으며, 식성(識性)으로 보지 않습니다.

여래는
사대(四大)가 아닌 허공(虛空)이며
육입(六入)이 쌓인 바 없으며
안(眼), 이(耳), 비(鼻), 설(舌), 신(身), 심(心)을 초월했으며
삼계(三界)에 있지 않으며
삼구(三垢)를 떠났으며
삼해탈문(三解脫門)에 수순하며
삼명(三明)을 구족했으나 무명(無明)과 같으며

일상(一相)도 아니고 이상(異相)도 아니며
자상(自相)도 아니고 타상(他相)도 아니며
무상(無相)도 아니고 취상(取相)도 아니며
차안(此岸)도 아니고 피안(彼岸)도 아니며
중류(中流)도 아니면서 중생을 이롭게 하며
적멸(寂滅)을 관(觀)하면서 영원히 멸(滅)하지 않으며
여기도 아니고 저기도 아니며
이것도 아니고 저것도 아니며
지(智)로 알 수 있는 것도 아니고 식(識)으로 알 수 있는 것도 아니며
어둠도 없고 밝음도 없으며
이름도 없고 상(相)도 없으며
강함도 없고 약함도 없으며
깨끗함도 아니고 더러움도 아니며
정한 곳에 있지도 않고 떠나지도 않으며
유위(有爲)도 아니고 무위(無爲)도 아니며
보이는 바도 없고 설하는 바도 없으며
보시(布施)도 아니고 인색(吝嗇)함도 아니며
지계(持戒)도 아니고 범계(犯戒)도 아니며
인욕(忍辱)도 아니고 진에(嗔恚)도 아니며
정진(精進)도 아니고 나태(懶怠)도 아니며
선정(禪定)도 아니고 산란(散亂)도 아니며
지혜(智慧)도 아니고 우치(愚癡)도 아니며
성실(誠實)도 아니고 사기(詐欺)도 아니며
옴도 아니고 감도 아니며
들어옴도 아니고 나감도 아니라서
어떤 언어로도 표현할 수 없습니다.

복전(福田)도 아니고 복전(福田) 아님도 아니며
공양(供養)에 응(應)함도 아니고 응(應)하지 않음도 아니며
취(取)도 아니고 사(捨)도 아니며
유상(有相)도 아니고 무상(無相)도 아니며
진제(眞際), 법성(法性)과 동등하며
칭량할 수도 없고 그러한 칭량을 초월했으며
크지도 않고 작지도 않으며
견(見), 문(聞), 각(覺), 지(知)가 아니며
모든 결박(結縛)을 떠났으며
모든 지(智)에 평등(平等)하며
중생(衆生)에 평등(平等)하며
모든 법에 분별(分別)이 없으며
모든 실수(失手), 타락(墮落), 고뇌(苦惱)가 없으며
작(作)도 없고 기(起)도 없으며
생(生)도 없고 멸(滅)도 없으며
두려움도 없고 근심도 없으며
기쁨도 없고 싫어함도 없으며
집착(執着)이 없으며
과거(過去), 미래(未來), 현재(現在)가 없어서
어떤 언어로서도 나타내 보일 수 없습니다.

부처님이시여!
여래(如來)의 몸은 이와 같아, 이와 같이 관(觀)합니다.
이와 같이 관(觀)하면 정관(正觀)이요,
이와 다르게 관(觀)하면 사관(邪觀)입니다."

방편설법

부처님께서 유마대사에게 어떻게 여래(如來)를 보느냐고 묻습니다.
즉 여래(如來)의 어떤 모습을 보느냐는 뜻입니다.
예를 들면 '내 몸을 보느냐? 아니면 내 마음을 보느냐?'는 물음입니다.
여기에 대해 나즙대사는 다음과 같이 설명하고 있습니다.

부처님을 관(觀)할 때 세 가지 종류가 있다.
1. 색신(色身)을 관하는 것.
2. 법신(法身)을 관하는 것.
3. 성공(性空)을 관하는 것.
부처님께서 유마대사에게,
'당신은 이 세 가지 중에서 나의 어느 모습을 관(觀)하느냐?'고 물은 것이다.
부처님의 물음에 유마대사는 성공(性空)으로 답하고 있다.

그렇다면 '부처'란 무엇일까요?
여기에 대해 승조대사는 다음과 같이 설명하고 있습니다.

불(佛)이란 무엇인가?
무궁한 이치와 진성(眞性)으로 우주만물을 모두 감싸고 있어서 대각(大覺)이라 칭한다.
그 도(道)가 허현(虛玄)하여 모든 경계(境界)가 끊어졌다.
마음은 어떠한 지(智)로서도 가히 알 수 없고, 형상은 어떠한 모양으로서도 가히 예측할 수 없다.

40. 유마의 고향

경문낭독

爾時, 舍利弗 問 維摩詰:「汝 於 何沒 而來 生此?」
이시, 사리불 문 유마힐: 여 어 하몰 이래 생차?

維摩詰 言:「汝 所得法 有 沒生 乎?」舍利弗 言:「無 沒生 也。」
유마힐 언: 여 소득법 유 몰생 후?   사리불 언: 무 몰생 야.

「若 諸法 無 沒生相, 云何 問言:『汝 於 何沒 而來 生此?』」
 약 제법 무 몰생상, 운하 문언: 여 어 하몰 이래 생차?

於意 云何? 譬如 幻師 幻作 男女, 寧 沒生 耶?」
어의 운하? 비여 환사 환작 남녀, 영 몰생 야?

舍利弗 言:「無 沒生 也。」
사리불 언: 무 몰생 야.

「汝 豈 不聞 佛說, 諸法 如 幻相 乎?」答曰:「如是。」
 여 기 불문 불설, 제법 여 환상 호?   답왈: 여시.

「若 一切法 如 幻相 者, 云何 問言:『汝 於 何沒 而來 生此?』」
 약 일체법 여 환상 자, 운하 문언: 여 어 하몰 이래 생차?

舍利弗! 沒者 爲 虛誑法, 壞敗 之相, 生者 爲 虛誑法, 相續 之相。
사리불! 몰자 위 허광법, 괴패 지상, 생자 위 허광법, 상속 지상.

菩薩 雖 沒, 不盡 善本, 雖 生, 不長 諸惡。」
보살 수 몰, 부진 선본, 수 생, 부장 자악.

是時, 佛 告 舍利弗:
시시, 불 고 사리불:

「有國 名 妙喜, 佛號 無動, 是 維摩詰 於 彼國 沒 而來 生此!
유국 명 묘희, 불호 무동, 시 유마힐 어 피국 몰 이래 생차!

舍利弗 言:「未曾有 也。世尊! 是人 乃能 捨 清淨土,
사리불 언: 미증유 야。세존! 시인 내능 사 청정토,

而來 樂 此多 怒害 處?」
이래 낙 차다 노해 처?

維摩詰 語 舍利弗:「於意 云何, 日光 出時 與 冥 合乎?」
유마힐 어 사리불: 어의 운하, 일광 출시 여 명 합 호?

答曰:「不也。日光 出時 則 無 衆冥。」
답왈: 불야。일광 출시 즉 무 중명。

維摩詰言:「夫 日 何故 行 閻浮提?」答曰:「欲以 明照 爲之 除冥。」
유마힐언: 부 일 하고 행 염부제?   답왈: 욕이 명조 위지 제명。

維摩詰 言:「菩薩 如是, 雖 生 不淨 佛土, 爲化 衆生,
유마힐 언: 보살 여시, 수 생 부정 불토, 위화 중생,

不與 愚闇 而 共合 也。但滅 衆生 煩惱闇 耳。」
불여 우암 이 공합 야。단멸 중생 번뇌암 이。

是時, 大衆 渴仰 欲見 妙喜世界 無動如來 及 其菩薩 聲聞 之衆。
시시, 대중 갈앙 욕견 묘희세계 무동여래 급 기보살 성문 지중。

佛知 一切衆會 所念, 告 維摩詰 言:
불지 일체중회 소념, 고 유마힐 언:

「善男子! 爲 此衆會 現 妙喜國 無動如來 及 諸菩薩 聲聞 之衆,
선남자! 위 차중회 현 묘희국 무동여래 급 제보살 성문 지중,

衆 皆 欲見。」
중 개 욕견。

於是, 維摩詰 心念:「吾 當 不起 於座, 接 妙喜國 鐵圍山川,
어시, 유마힐 심념: 오 당 불기 어좌, 접 묘희국 철위산천,

溪谷江河, 大海泉源, 須彌 諸山, 及 日月星宿,
계곡강하, 대해천원, 수미 제산, 급 일월성수,

天龍鬼神, 梵天 等宮, 并 諸菩薩 聲聞 之衆,
천룡귀신, 범천 등궁, 병 제보살 성문 지중,

城邑聚落, 男女大小, 乃至 無動如來 及 菩提樹 諸 妙蓮華,
성읍취락, 남녀대소, 내지 무동여래 급 보리수 제 묘연화,

能 於 十方 作 佛事者。 三道 寶階, 從 閻浮提 至 忉利天,
능 어 시방 작 불사 자。 삼도 보계, 종 염부제 지 도리천,

以 此 寶階 諸天 來下, 悉爲 禮敬 無動如來, 聽受 經法,
이 차 보계 제천 래하, 실위 례경 무동여래, 청수 경법,

閻浮提 人 亦登 其階, 上升 忉利,
염부제 인 역등 기계, 상승 도리,

見 彼 諸天 妙喜世界 成就 如是 無量 功德。
견 피 제천 묘희세계 성취 여시 무량 공덕。

上至 阿迦膩吒天, 下至 水際, 以 右手 斷取 如 陶家 輪,
상지 아가니타천, 하지 수제, 이 우수 단취 여 도가 륜,

入 此 世界, 猶持 華鬘 示 一切衆。」
입 차 세계, 유지 화만 시 일체중。

作 是念 已, 入於 三昧, 現 神通力, 以 其 右手 斷取 妙喜世界 置於 此土。
작 시념 이, 입어 삼매, 현 신통력, 이 기 우수 단취 묘희세계 치어 차토。

彼得 神通菩薩 及 聲聞衆 并 餘 天人 俱 發聲 言:
피득 신통보살 급 성문중 병 여 천인 구 발성 언:

「唯然, 世尊! 誰 取我 去, 願見 救護。」
유연, 세존! 수 취아 거, 원견 구호。

無動佛 言:「非 我 所爲, 是 維摩詰 神力 所作。」
무동불 언: 비 아 소위, 시 유마힐 신력 소작。

其餘 未得 神通 者 不覺不知 己之 所往。
기여 미득 신통 자 불각부지 기지 소왕。

妙喜世界 雖入 此土 而 不 增減, 於是 世界 亦 不 迫隘, 如本 無異。
묘희세계 수입 차토 이 부 증감, 어시 세계 역 불 박애, 여본 무이。

爾時, 釋迦牟尼佛 告 諸大衆:「汝等 且觀 妙喜世界 無動如來,
이시, 석가모니불 고 제대중: 여등 차관 묘희세계 무동여래,

其國 嚴飾, 菩薩 行淨, 弟子 淸白。」
기국 엄식, 보살 행정, 제자 청백。

皆曰:「唯然, 已見。」
개왈: 유연, 이견。

佛言:「若 菩薩 欲得 如是 淸淨佛土, 當學 無動如來 所行之道。」
불언: 약 보살 욕득 여시 청정불토, 당학 무동여래 소행지도。

現 此 妙喜國 時, 娑婆世界 十四那由他 人 發 阿耨多羅三藐三菩提心,
현 차 묘희국 시, 사바세계 십사나유타 인 발 아뇩다라삼먁삼보리심,

皆 願 生於 妙喜佛土。
개 원 생어 묘희불토。

釋迦牟尼佛 卽 記之曰:「當 生 彼國。」
석가모니불 즉 기지왈: 당 생 피국。

時 妙喜世界 於 此國土 所應 饒益 其事 訖已,
시 묘희세계 어 차국토 소응 요익 기사 흘이,

還復 本處, 擧衆 皆見。
환복 본처, 거중 개견。

佛 告 舍利弗:「汝 見 此 妙喜世界 及 無動佛 不?」
불 고 사리불: 여 견 차 묘희세계 급 무동불 불?

「唯然, 已見。世尊! 願使 一切衆生 得 淸淨土 如 無動佛,
유연, 이견。세존! 원사 일체중생 득 청정토 여 무동불,

獲 神通力 如 維摩詰。
획 신통력 여 유마힐。

世尊! 我等 快得 善利, 得見 是人, 親近 供養, 其 諸 衆生,
세존! 아등 쾌득 선리, 득견 시인, 친근 공양, 기 제 중생,

若 今 現在, 若 佛滅 後, 聞 此經者, 亦得 善利。
약 금 현재, 약 불멸 후, 문 차경자, 역득 선리。

況復 聞已, 信解 受持, 讀誦 解說, 如法 修行。
황복 문이, 신해 수지, 독송 해설, 여법 수행。

若有 手得 是 經典 者, 便爲 已得 法寶 之藏,
약유 수득 시 경전 자, 변위 이득 법보 지장,

若有 讀誦 解釋 其義, 如說 修行, 則爲 諸佛 之所 護念。
약유 독송 해석 기의, 여설 수행, 즉위 제불 지소 호념。

其有 供養 如是 人者, 當知 則爲 供養 於佛。
기유 공양 여시 인자, 당지 즉위 공양 어불。

其有 書持 此 經卷 者, 當知 其室 則有 如來。
기유 서지 차 경권 자, 당지 기실 즉유 여래。

若聞 是經 能隨 喜者, 斯人 則爲 趣 一切智。
약문 시경 능수 희자, 사인 즉위 취 일체지。

若能 信解 此經, 乃至 一四句偈 爲他 說者,
약능 신해 차경, 내지 일사구게 위타 설자,

當知 此人 卽是 受 阿耨多羅三藐三菩提 記。」
당지 차인 즉시 수 아뇩다라삼먁삼보리 기。

경문해석

사리불과 유마대사의 문답이 이어집니다.

"유마대사님! 전생에 어느 곳에 계시다가 이곳으로 오셨습니까?"
"존자께서 깨달은 바에 나고 죽음이 있습니까?"
"아니오. 나고 죽는 그 무엇이 없습니다."

"사리불존자여!
만약 어떤 법도 나고 죽는 그 무엇이 없다면 왜 나에게 어디서 죽어서 다시 여기에 태어났느냐고 묻습니까?
마술사가 허깨비 남녀를 만들었을 때 그 남녀가 죽고 태어납니까?"
"아니오. 죽는 일, 다시 태어나는 일, 그런 것이 없습니다."
"부처님께서 '제법(諸法)은 모두 환상(幻想)이다.'고 말씀하셨지요?"
"그렇습니다."

"만약 일체법(一切法)이 환상이라면 왜 그런 질문을 하십니까?
사리불존자여!
죽음이란 허망(虛妄)한 유위법(有爲法)의 중단일 뿐입니다.
태어남이란 허망한 유위법(有爲法)의 지속일 뿐입니다.
선 수행자는 비록 죽는다할지라도 선(善)의 뿌리에서 나온 행위들을 중단하지 않고, 다시 태어난다할지라도 악(惡)한 법의 행위들을 계속하지 않습니다."

그때 부처님께서 사리불에게 말씀하셨습니다.

"묘희국(妙喜國)에 무동(無動)여래가 계시는데, 유마대사는 그 나라에서 여기 사바세계로 와 태어났느니라."

사리불이 말씀드리기를,

"미증유한 일입니다, 부처님이시여! 유마대사가 그 청정한 나라를 떠나 이렇게 노해(怒害)가 많은 곳으로 즐겨 찾아 오셨다니요!"

유마대사가 사리불에게 말씀하기를,

"사리불존자여! 햇볕 날 때 어둠이 함께 있는 걸 보았습니까?"

"햇볕이 날 때 어둠은 없습니다."

"해가 왜 이곳에 뜨지요?"

"밝게 비치어 어둠을 제거하기 위해서입니다."

"사리불존자여! 선 수행자도 이와 같아 깨끗하지 않은 불국토에 태어나 중생과 상응하면서 그들을 이롭게 하는 과정에서 어리석고 어두운 번뇌가 자연스럽게 소멸됩니다."

그때에 대중들이 묘희세계의 무동여래와 그곳 선 수행자들을 보고자 하니 부처님께서 그 생각을 아시고 유마대사에게 말씀하시기를,

"유마대사여! 대중들을 위해 묘희국의 부동여래와 선 수행자들을 나타내 보여 그들이 볼 수 있게 하면 어떻겠소?"

그때 유마대사가 생각하기를,

'내가 자리에서 일어나지 않고 묘희국의 철위(鐵圍), 산천(山川), 계곡(溪谷), 강하(江河), 대해(大海), 천원(泉源), 수미(須彌), 제산(諸山) 및 일월(日月), 성수(星宿), 천(天), 용(龍), 귀신(鬼神), 범천(梵天) 등 궁전(宮殿), 아울러 모든 선 수행자와 성읍취락(城邑聚落), 남녀대소(男女大小) 내지 무동여래(無動如來) 및 보리수(菩提樹), 제묘련화(諸妙蓮華)가 시방세계(十方世界)에서 불사(佛事)하고 있는 것을 모두 섭수(攝受)하리라!

그리고 염부제(閻浮提)에서 도리천(忉利天)으로 올라가는 세 개의 사다리, 그곳으로 제천(諸天)들이 내려와 무동여래에게 예배드리고 경전설법(經典說法)을 들으며, 염부제 사람들도 그 사다리로 도리천에 올라가 그곳 제천을 보고 묘희세계를 보면서 성취한 무량공덕(無量功德)을 위로 아까니슈타천(阿迦膩吒天)에 이르고 아래로 수제(水際)에 이르는 이 모든 것을 도예가(陶藝家)가 수레를 돌리는 것처럼 내 오른손에 쥐어 이 세계로 옮겨와 마치 꽃송이를 가지고 있는 것처럼 이곳 대중들에게 보이리라.'

이와 같이 생각하고 삼매(三昧)에 들어 신통력(神通力)으로 오른손에 묘희세계(妙喜世界)를 쥐고 이 땅 위에 놓았습니다.

이로 인해 그곳 대중들이 소리 질렀습니다.

"부처님이시여! 누가 우리를 손아귀에 쥐고 갖고 가는 것입니까? 구해주소서!"

무동여래가 말씀하시기를,

"내가 하는 것이 아니라, 유마대사의 신통력이 그렇게 하고 있느니라."

아직 법력(法力)이 약한 수행자는 자신이 어디로 갔는지를 몰랐습니다.

그리고 묘희세계가 이 사바세계 안에 들어 왔지만 그 세계에 증감(增減)이 없고 또 이 세계도 좁아지는 일 없이 본래와 같았습니다.

그때에 석가모니 부처님께서 대중들에게 말씀하시기를,

"그대들은 묘희세계의 무동여래와 그 나라의 장엄함 그리고 선 수행자들의 청정함을 보았는가?"

모두 함께 대답하기를,

"예, 보았습니다!"

부처님께서 다시 말씀하시기를,

"만약 선 수행자가 이와 같은 청정한 불국토 얻기를 원하거든 마땅히 무동여래께서 행하신 그 길을 배워야 하느니라."

유마대사가 신통력으로 묘희세계를 보여 주었을 때 사바세계의 14나유타의 사람들이 모두 아뇩다라삼먁삼보리심을 발하고 묘희 불국토에 태어나기를 발원했습니다.
석가모니 부처님은 그들에게 수기(授記)를 주시며,
"그대들이 마땅히 그 나라에 태어나리라!" 하셨습니다.
그때에 묘희세계는 사바세계에서 요익중생(饒益衆生)의 일을 마친 뒤 본래의 자리로 돌아가니 대중들이 모두 이 광경을 보았습니다.

부처님께서 사리불에게 물었습니다.
"그대가 묘희세계의 무동여래를 보았는가?"

"예, 보았습니다, 부처님이시여!
원하옵건대 일체중생이 무동여래처럼 청정한 불국토를 얻게 하고, 유마대사처럼 신통력을 얻게 되었으면 합니다.
부처님이시여! 저희들은 유마대사를 만나 친히 공양드릴 수 있었으니 얼마나 큰 복인지 알 수 없습니다.
만약 현재 부처님이 계실 때나, 또는 훗날 부처님이 안 계실 때에 이 경을 설하시는 것을 듣는 중생들은 역시 큰 복을 얻은 것이라 하겠습니다.
이 경의 강설을 듣고 신해(信解), 수지(受持), 독송(讀誦), 해설(解說)하며 여법(如法)하게 선(禪) 수행(修行)하는 사람은 그 공덕지혜(功德智慧)의 수승(殊勝)함에 대해 말할 필요가 없습니다.
만약 이 경전을 지닌 사람은 이미 법보(法寶)의 장(藏)을 얻은 것이며, 이 경을 독송하고, 이경의 뜻을 해석하고, 설한 대로 수행하는 사람은 모든 부처님께서 호념(護念)하시는 바가 될 것입니다.

이와 같이 선 수행하는 사람을 공양하는 사람은 마땅히 그 사람은 부처님께 공양드리고 있다는 사실을 알아야 합니다.

이 경을 서사(書寫) 수지(受持)하는 사람이 있다면 그 사람 집에 여래를 모시고 있다는 것을 알아야 합니다.

이 경의 강설을 듣고 환희하는 사람은 일체지(一切智)를 성취하게 됩니다.

이 경을 신해(信解)하고 그 중 한 문구의 가르침이라도 남에 설해주는 사람은 머지않아 아뇩다라삼먁삼보리를 얻으리라는 수기(授記)를 받게 될 것입니다.”

방편설법

고향(故鄕)!

자신이 태어난 곳을 고향이라 합니다.
나이가 들수록 다시 고향으로 회귀하고 싶은 것이 많은 사람의 본능입니다.

선 수행자의 고향은 어디일까요?
선 수행자가 자신의 고향을 아는 방법은 다음과 같습니다.
내가 가서 안주하고 싶은 곳이 어디인가?
바로 그곳이 자신의 고향입니다.

예를 들면 왕생극락을 발원하고 열심히 아미타불을 염불하는 수행자는 그의 고향은 바로 서방극락세계입니다.

우리 선 수행자의 고향은 법신(法身)입니다.
법신의 고향으로 돌아가고자 열심히 《유마경》 공부하고 있습니다.

법신(法身)은 우리 생명(生命)의 시작이요 마지막입니다.
우리 선 수행자는 그 생명이 법신에서부터 시작되었고 마지막 회귀하는 곳도 법신(法身)입니다.

13
법공양품

41 법공양의 공덕

41. 법공양의 공덕

경문낭독

爾時, 釋提桓因 於 大衆中 白佛言:
이시, 석제환인 어 대중중 백불언:

「世尊! 我 雖 從 佛 及 文殊師利 聞 百千經,
세존! 아 수 종 불 급 문수사리 문 백천경,

未曾 聞 此 不可思議 自在神通 決定 實相 經典。
미증 문 차 불가사의 자재신통 결정 실상 경전。

如我 解 佛所說 義趣, 若 有 衆生 聞 此 經法, 信解 受持 讀誦 之者,
여아 해 불소설 의취, 약 유 중생 문 차 경 법, 신해 수지 독송 지자,

必得 是法 不疑, 何況 如說 修行?
필득 시법 불의, 하황 여설 수행?

斯人 則爲 閉 衆 惡趣, 開 諸 善門, 常爲 諸佛 之所 護念,
사인 즉위 폐 중 악취, 개 제 선문, 상위 제불 지소 호념,

降伏 外學, 摧滅 魔怨, 修治 菩提, 安處 道場, 履踐 如來 所行 之跡。
항복 외학, 최멸 마원, 수치 보리, 안처 도량, 이천 여래 소행 지적。

世尊! 若有 受持 讀誦, 如說 修行 者, 我 當 與 諸 眷屬 供養 給事,
세존! 약유 수지 독송, 여설 수행 자, 아 당 여 제 권속 공양 급사,

所在 聚落 城邑 山林 曠野 有 是 經 處,
소재 취락 성읍 산림 광야 유 시 경 처,

我 亦 與 諸 眷屬 聽 受法 故 共到 其所。
아 역 여 제 권속 청 수법 고 공도 기소。

其 未信 者 當令 生信, 其 已信 者 當爲 作護。」
기 미신 자 당령 생신, 기 이신 자 당위 작호。

佛言：「善哉善哉, 天帝, 如 汝 所說, 吾 助 爾喜。
불언： 선재선재, 천제, 여 여 소설, 오 조 이희。

此經 廣說 過去 未來 現在 諸佛 不可思議 阿耨多羅三藐三菩提。
차경 광설 과거 미래 현재 제불 불가사의 아뇩다라삼먁삼보리。

是故 天帝, 若 善男子 善女人 受持讀誦 供養 是經 者,
시고 천제, 약 선남자 선여인 수지독송 공양 시경 자,

則爲 供養 去 來 今 佛。
즉위 공양 거 래 금 불。

天帝！正使 三千大千世界 如來 滿中, 譬如 甘蔗 竹 葦 稻 麻 叢林。
천제！정사 삼천대천세계 여래 만중, 비여 감자 죽 위 도 마 총림。

若有 善男子 善女人 或以 一劫 或減 一劫 恭敬 尊重 讚歎 供養 奉 諸 所安,
약유 선남자 선여인 혹이 일겁 혹감 일겁 공경 존중 찬탄 공양 봉 제 소안,

至 諸佛 滅後, 以 一一 全身 舍利 起 七寶塔, 縱廣 一 四天下,
지 제불 멸후, 이 일일 전신 사리 기 칠보탑, 종광 일 사천하,

高 至 梵天 表刹 莊嚴, 以 一切 華香 瓔珞 幢幡 伎樂 微妙 第一,
고 지 범천 표찰 장엄, 이 일체 화향 영락 당번 기락 미묘 제일,

若 一劫 若 減 一劫 而 供養 之, 天帝！於意云何？其人 植福 寧爲 多不？」
약 일겁 약 감 일겁 이 공양 지, 천제！어의운하？기인 식복 영위 다부？

釋提桓因 言：「多矣。世尊！彼之 福德 若以 百千億劫 說 不能盡。」
석제환인 언： 다의。세존！피지 복덕 약이 백천억겁 설 불능진。

佛告天帝：「當知 是 善男子 善女人 聞 是 不可思議解脫 經典,
불고천제： 당지 시 선남자 선여인 문 시 불가사의해탈 경전,

信解 受持, 讀誦 修行, 福 多 於彼。所以者何？
신해 수지, 독송 수행, 복 다 어피。소이자하？

諸佛 菩提 皆 從是 生, 菩提 之相 不可 限量, 以是 因緣 福 不可 量。」
제불 보리 개 종시 생, 보리 지상 불가 한량, 이시 인연 복 불가 량。

佛告天帝:「過去 無量 阿僧祇劫 時, 世有 佛號 曰 藥王如來、
불고천제:　과거 무량 아승기겁 시, 세유 불호 왈 약왕여래、

應供、正徧知、明行足、善逝、世間解、無上士、調御丈夫、
응공、정변지、명행족、선서、세간해、무상사、조어장부、

天人師、佛世尊, 世界 名 大莊嚴, 劫 名 莊嚴, 佛壽 二十小劫,
천인사、불세존, 세계 명 대장엄, 겁 명 장엄, 불수 이십소겁,

其 聽聞僧 三十六億 那由他, 菩薩僧 有 十二億。
기 청문승 삼십육억 나유타, 보살승 유 십이억。

天帝!是時 有 轉輪聖王 名曰 寶蓋, 七寶 具足, 王 四天下,
천제!시시 유 전륜성왕 명왈 보개, 칠보 구족, 왕 사천하,

王 有 千子, 端正 勇健, 能伏 怨敵。
왕 유 천자, 단정 용건, 능복 원적。

爾時, 寶蓋 與 其 眷屬 供養 藥王如來, 施 諸 所安, 至 滿 五劫,
이시, 보개 여 기 권속 공양 약왕여래, 시 제 소안, 지 만 오겁,

過 五劫 已, 告 其 千子:『汝等 亦當 如我, 以 深心 供養 於佛。』
과 오겁 이, 고 기 천자:　여등 역당 여아, 이 심심 공양 어불。

於是, 千子 受 父王 命, 供養 藥王如來 復 滿 五劫, 一切 施安。
어시, 천자 수 부왕 명, 공양 약왕여래 복 만 오겁, 일체 시안。

其王 一子 名曰 月蓋, 獨坐 思惟:『寧有 供養 殊過 此者?』
기왕 일자 명왈 월개, 독좌 사유:　영유 공양 수과 차자?

以 佛神力, 空中 有天 曰:『善男子!法之 供養, 勝 諸 供養。』
이 불신력, 공중 유천 왈:　선남자!법지 공양, 승 제 공양。

卽問:『何謂 法之 供養?』
즉문:　하위 법지 공양?

天曰:『汝 可往 問 藥王如來, 當廣 爲汝 說 法之 供養。』
천왈:　여 가왕 문 약왕여래, 당광 위여 설 법지 공양。

卽時, 月蓋王子 行詣 藥王如來, 稽首 佛足, 却住 一面, 白佛言:
즉시　월개왕자 행예 약왕여래, 계수 불족, 각주 일면, 백불언:

『世尊! 諸 供養 中 法供養 勝, 云何 名爲 法之 供養?』
세존! 제 공양 중 법공양 승, 운하 명위 법지 공양?

佛言: 『善男子! 法供養 者, 諸佛 所說 深經, 一切世間 難信 難受,
불언: 선남자! 법공양 자, 제불 소설 심경, 일체세간 난신 난수,

微妙 難見, 淸淨 無染, 非但 分別 思惟 之所 能得。
미묘 난견, 청정 무염, 비단 분별 사유 지소 능득。

菩薩法藏 所攝, 陀羅尼 印 印之, 至 不退轉, 成就 六度,
보살법장 소섭, 타라니 인 인지, 지 불퇴전, 성취 육도,

善 分別義, 順 菩提法, 衆經 之上, 入 大慈悲,
선 분별의, 순 보리법, 중경 지상, 입 대자비,

離 衆 魔事 及 諸 邪見, 順 因緣法, 無我 無人 無衆生 無壽命,
이 중 마사 급 제 사견, 순 인연법, 무아 무인 무중생 무수명,

空 無相 無作 無起。能令 衆生 坐於 道場, 而 轉 法輪。
공 무상 무작 무기。 능령 중생 좌어 도량, 이 전 법륜。

諸 天龍神, 乾闥婆 等, 所共 歎譽。 能令 衆生 入 佛法藏,
제 천룡신, 건달바 등, 소공 탄예。 능령 중생 입 불법장,

攝 諸 賢聖 一切 智慧, 說 衆 菩薩 所行 之道, 依於 諸法 實相 之義,
섭 제 성현 일체 지혜, 설 중 보살 소행 지도, 의어 제법 실상 지의,

明宣 無常、苦、空、無我、寂滅 之法, 能救 一切 毁禁 衆生。
명선 무상、고、공、무아、적멸 지법, 능구 일체 훼금 중생。

諸 魔 外道 及 貪著 者, 能使 怖畏。
제 마 외도 급 탐착 자, 능사 포외。

諸佛 賢聖 所共 稱歎, 背 生死苦, 示 涅槃樂, 十方三世 諸佛 所說,
제불 성현 소공 칭탄, 배 생사고, 시 열반락, 시방삼세 제불 소설,

若聞 如是 等經, 信解 受持 讀誦, 以 方便力 爲 諸 衆生 分別 解說,
약문 여시 등경, 신해 수지 독송, 이 방편력 위 제 중생 분별 해탈,

顯示 分明, 守護 法故, 是名 法之 供養。
현시 분명, 수호 법고, 시명 법지 공양。

又 於 諸法 如說 修行, 隨順 十二因緣, 離 諸 邪見, 得 無生忍,
우 어 제법 여설 수행, 수순 십이인연, 이 제 사견, 득 무생인,

決定 無我 無有 衆生, 而於 因緣果報 無違 無諍, 離 諸 我所。
결정 무아 무유 중생, 이어 인연과보 무위 무쟁, 이 제 아소。

依於 義 不依 語, 依於 智 不依 識, 依 了義經 不依 不了義經,
의어 의 불의 어, 의어 지 불의 식, 의 요의경 불의 불요의경,

依於 法 不依 人。
의어 법 불의 인。

隨順 法相, 無所入 無所歸, 無明 畢竟 滅, 故 諸行 亦 畢竟 滅,
수순 법상, 무소입 무소귀, 무명 필경 멸, 고 제행 역 필경 멸,

及 至 生 畢竟 滅, 故 老死 亦 畢竟 滅。
급 지 생 필경 멸, 고 노사 역 필경 멸。

作 如是 觀 十二因緣 無有 盡相, 不復 起見, 是名 最上 法之 供養。』」
작 여시 관 십이인연 무유 진상, 불복 기견, 시명 최상 법지 공양。

佛告天帝: 「王子 月蓋, 從 藥王佛 聞 如是法, 得 柔順忍,
불고천제: 왕자 월개, 종 약왕불 문 여시법, 득 유순인,

卽解 寶衣 嚴身 之具 以 供養 佛, 白佛言:
즉해 보의 엄신 지구 이 공양 불, 백불언:

『世尊! 如來 滅後, 我 當行 法供養, 守護 正法,
 세존! 여래 멸후, 아 당행 법공양, 수호 정법,

願 以 威神 加哀 建立, 令 我 得 降伏 魔怨, 修 菩薩行。』
원 이 위신 가애 건립, 영 아 득 항복 마원, 수 보살행。

佛知 其 深心 所念, 而 記之 曰: 『汝 於 末後, 守護 法城。』
불지 기 심심 소념, 이 기지 왈: 여 어 말후, 수호 법성。

天帝! 時, 王子月蓋 見 法 清淨, 聞 佛 授記, 以信 出家, 修集 善法。
천제! 시, 왕자월개 견 법 청정, 문 불 수기, 이신 출가, 수집 선법。

精進 不久, 得 五神通, 具 菩薩道, 得 陀羅尼 無斷 辯才。
정진 불구, 득 오신통, 구 보살도, 득 다라니 무단 변재。

於 佛滅 後, 以其 所得 神通 總持 辯才 之力, 滿 十小劫,
어 불멸 후, 이기 소득 신통 총지 변재 지력, 만 십소겁,

藥王如來 所轉 法輪, 隨而 分布。月蓋比丘 以 守護 法 勤行 精進,
약왕여래 소전 법륜, 수이 분포。월개비구 이 수호 법 근행 정진,

卽於 此身 化 百萬億 人 於 阿耨多羅三藐三菩提, 立 不退轉,
즉어 차신 화 백만억 인 어 아뇩다라삼먁삼보리, 입 불퇴전,

十四 那由他人 深發 聲聞 辟支佛 心, 無量衆生 得生 天上。
십사 나유타 인 심발 성문 벽지불 심, 무량중생 득생 천상。

天帝！時 王 寶蓋 豈 異人 乎？今現 得佛 號 寶炎如來,
천제！시 왕 보개 기 이인 호？금현 득불 호 보담여래,

其王 千子 卽 賢劫 中 千佛 是 也。
기왕 천자 즉 현겁 중 천불 시 야。

從 迦羅鳩孫馱 爲始 得佛, 最後 如來 號曰 樓至。
종 가라구손타 위시 득불, 최후 여래 호왈 루지。

月蓋比丘 則 我身 是。
월개비구 즉 아신 시。

如是, 天帝！當知 此要, 以 法供養 於 諸 供養 爲上, 爲最, 第一 無比。
여시, 천제！당지 차요, 이 법공양 어 제 공양 위상, 위최, 제일 무비。

是故, 天帝！當以 法之 供養 恭敬 於佛。」
시고, 천제！당이 법지 공양 공경 어불。

경문해석

그때에 석제환인이 대중 안에 있다가 부처님께 말씀드리기를,
"부처님이시여!
제가 부처님과 문수사리보살로부터 수많은 경(經)을 들었습니다만 아직 이렇게 불가사의(不可思議)하고 자재신통(自在神通)한 결정실상(決定實相)의 경전(經典)을 들어보지 못했습니다.
제가 부처님께서 설하신 의취(義趣)를 이해한 대로 말씀드린다면 다음과 같습니다.
만약 중생이 이 경(經)의 법(法)을 듣고 신해(信解), 수지(受持), 독송(讀誦)하면 그 사람은 반드시 이 법을 깨닫게 됩니다.
하물며 설하신 바와 같이 선 수행하는 선지식은 말할 것도 없습니다.
그의 삶은 모든 악취(惡趣)를 닫고 모든 선(善)한 문을 열며 항상 제불께서 보호해 주시어 외도와 마구니를 항복시키며 보리(菩提)를 닦고 도량(道場)에 안주하면서 여래께서 행하신 바 그 발자취를 따라 실천합니다.
부처님이시여!
만약 이 경(經)의 법(法)을 수지(受持), 독송(讀誦)하면서 여실(如實)히 수행(修行)하는 사람은 제가 권속과 함께 그를 찾아가 공양드리고 도와드리겠습니다.
이 경(經)의 법(法)이 있는 곳이 시골이든 도시이든 산림이든 광야이든 저와 권속이 함께 가서 가르침을 받으면서 아직 믿지 않는 사람은 믿게 하고, 이미 믿고 선 수행하는 사람은 보호하겠습니다."

부처님이 말씀하셨습니다.

"좋은 일이다, 천제여! 그대가 말한 바와 같으니라.

그대가 기쁜 마음으로 불사하는 것을 도우리라.

이 경(經)은 과거, 미래, 현재 모든 부처님의 아뇩다라삼먁삼보리에 대해 널리 설한 가르침이니라.

그러므로 천제여! 만약 선남자 선여인이 이 경(經)을 수지(受持), 독송(讀誦), 공양(供養)하는 것은 곧 과거, 미래, 현재의 모든 부처님께 공양하는 것이 되느니라.

천제여!

삼천대천세계에 여래가 마치 사탕수수, 대나무, 갈대, 벼, 삼, 아카시아의 숲처럼 도처에 계시는데, 만약 선남자나 선여인이 일겁 또는 그보다 더 오랫동안 여래를 공경하고 존중하며 찬탄하고 공양하면서 모든 필요한 것을 다 바쳤으며, 칠보로 된 탑(塔)을 사천하(四天下)를 넣을 만큼 크고 범천(梵天)에 이를 만큼 높게 세워 그 안에 전신사리를 모시고 갖가지 꽃, 향, 구슬, 깃발, 음악 등 미묘한 재물로 일겁 또는 그보다 더 오랫동안 공양하였다면 그 선남자나 선여인이 복덕(福德)을 많이 심었다고 하겠는가?"

석제환인이 대답하기를,

"복을 많이 심었습니다, 부처님이시여! 그 사람은 백천 겁에 거쳐 복덕을 사용해도 다함이 없을 것입니다."

부처님께서 천제에게 다시 말씀하시기를,

"마땅히 알라! 이 선남자 선여인이 이 불가사의해탈경전(不可思議解脫經典)을 듣고 신해(信解), 수지(受持), 독송(讀誦)하면서 선 수행하던 그 복덕은 앞에서 말한 것보다 더욱 많으니라. 왜냐하면 제불의 보리가 모두 법공양(法供養)으로부터 생기는 것이며 보리(菩提)의 상(相)은 한량없이 많기 때문에 이런 인연으로 그 복덕을 헤아릴 수 없느니라."

부처님께서 천제에게 말씀하셨습니다.

"과거 무량 아승지겁 때 약왕여래(藥王如來), 응공(應供), 정변지(正徧知), 명행족(明行足), 선서(善逝), 세간해(世間解), 무상사(無上士), 조어장부(調御丈夫), 천인사(天人師), 불세존(佛世尊)이라는 부처님이 계셨다.

그 세계 이름은 대장엄이고 겁의 이름은 장엄이며, 부처님의 나이는 20소겁이고, 성문승의 수가 36나유타이며, 보살승의 수가 12억이었다.

그때 사천하의 주인인 보개라는 전륜성왕에게 천명의 아들이 있었는데 모두 단정하고 용감하였다.

보개왕이 5겁 동안 권속들과 함께 약왕여래께 공양드린 다음 천명의 아들에게 말하기를,

'너희들도 나와 같이 부처님께 깊고 정중한 마음으로 공양하거라.'

그들도 부왕의 명을 받들어 5겁 동안 약왕여래께 공양드렸다.

그들 중에 월개라는 왕자가 조용히 앉아 생각했다.

'이것보다 더 수승한 공양은 없을까?'

부처님께서 신력으로 공중에 천(天)을 나타내어 이렇게 말씀했다.

'선남자여! 공양 중에 법의 공양이 제일 훌륭하니라.'

'법의 공양은 어떻게 합니까?'

'그대가 약왕여래께 여쭈어보아라. 그대를 위해 법공양에 대해 자세히 말씀해 주시리라.'

월개왕자는 이 말씀을 듣고 곧바로 약왕여래를 친견하고 예배드린 다음 말씀드리기를,

'부처님이시여! 모든 공양 중에 법공양이 제일이라 하온데 어떻게 하는 것이 법공양입니까?'

약왕여래께서 말씀하시기를,

'선남자여! 법공양이란 제불께서 설하신 심오한 경(經)으로 중생을 이롭게 하는 공양이니라.

심오한 경전은 세간 사람들이 얻기 어렵고, 받아들이기 어렵고, 미묘하여 보기 어려우며 청정 무염(無染)하니 분별사유(分別思惟)로 얻을 수 있는 것이 아니니라.

보살법장 안에 있으며 다라니의 인(印)이 찍혔느니라.

이 법(法)으로
불퇴전(不退轉)에 이르며
육바라밀을 성취하며
뜻을 잘 분별하며
보리법(菩提法)에 순응하며
모든 경(經)의 위에 있으며
대자대비심을 일으키며
마구니와 사견(邪見)을 떠나며
인연법(因緣法)에 순응하며
무아(無我), 무인(無人), 무중생(無衆生), 무수명(無壽命)이며
공(空), 무상(無相), 무작(無作), 무기(無記)이기
중생으로 하여금 도량에 앉아 법륜을 굴리게 하며
제천(諸天), 용신(龍神), 건달바 등이 칭송하는 바이며
중생으로 하여금 불법장(佛法藏)에 들게 하며
모든 현성(賢聖)의 일체지혜(一切智慧)를 섭수하며
보살이 행해야할 모든 가르침을 알려주며
제법 실상(實相)의 의미에 따라서
무상(無常), 고(苦), 공(空), 무아(無我), 적멸(寂滅)의 법을 밝혀 주며
능히 금계(禁戒)를 훼손한 중생을 구제하며
제마, 외도 그리고 탐착하는 자를 공포에 떨게 하며
제불 현성이 함께 찬탄하는 바이며

생사고(生死苦)를 멀리하고 열반락(涅槃樂)의 길을 보여주며
시방삼세 제불께서 설하신 바이니라.
만약 이 경(經)을 듣고 신해(信解), 수지(受持), 독송(讀誦)하면서
방편의 힘으로 중생을 위해 설하면 이것은 법의 수호로 곧 법공양이니라.

또
제법에 설하신 바대로 수행하며
십이인연에 수순하며
모든 사견을 떠나며
무생법인을 얻어 무아, 무중생의 경지에 노닐며
인연의 과보에 거역하거나 불평하지 않으며
내 것이라는 생각을 갖지 않으며
뜻에 의하면서 말에 의하지 않으며
지혜에 의하면서 식(識)에 의하지 않으며
요의경(了義經)에 의하면서 불요의경(不了義經)에 의하지 않으며
법에 의하면서 사람에 의하지 않으며
법상(法相)에 수순(隨順)하여 입(入)하는 바도 귀(歸)하는 바도 없으며
무명(無明)이 사라지면서 제행(諸行)도 사라지며
나아가 생(生)이 사라지면서 노사(老死)도 함께 사라지며
이와 같이 십이인연을 관하면 진상(盡相)도 없고
다시 견(見)을 일으키지 않으니 이것이 최상의 법공양이니라.'"

부처님이 천제에게 말씀하시기를,
"월개왕자는 약왕여래로부터 이와 같은 법을 듣고 유순인(柔順忍)을 얻어 환희심으로 보의(寶衣)와 장신구를 부처님께 공양하고 말씀드리기를,
'부처님이시여! 여래께서 입적하신 후 저는 마땅히 법공양을 행하면서 정

법을 수호하겠습니다.
 원하옵건대 위신력으로 불쌍히 생각하시어 도와주시며 저로 하여금 마구니와 원수를 항복시키고 보살행을 닦도록 해 주소서!'
 약왕여래께서 그 마음을 아시고 다음과 같이 수기하셨느니라.
 '그대가 먼 훗날 법의 성을 수호하리라.'

 천제여! 그때 월개왕자는 법의 청정함을 보고 부처님 수기(授記)를 받고 출가하여 선법(善法)을 닦은 지 얼마 안 되어 오신통을 얻고 보살도를 통달하였으며 다리니를 얻어 끊임없는 변재를 성취하였느니라.
 약왕여래 입적 후에 그가 얻은 신통력과 총지와 변재의 힘으로 10소겁 동안 약왕여래의 가르침을 도처에 선양하였으니 그때 월개비구의 법을 수호하고 정진하면서 중생을 이롭게 했을 때 백만 억 인이 아뇩다라삼먁삼보리에서 불퇴전하는 법력을 얻었고, 14나유타 인이 성문, 벽지불이 되고자 발심했으며, 무량한 중생이 천상에 태어날 수 있었느니라.

 천제여! 그때의 보개왕은 지금 부처님이 되어 보염여래라 하며, 그의 아들 천명은 현겁 중의 천불(千佛)로 가라구손다여래를 시작으로 누지여래에서 끝나느니라. 그리고 월개비구는 바로 지금의 나이니라.

 이와 같으니, 천제여!
 선 수행함에 마땅히 그 요지(要旨)를 알아야 하느니라.
 법공양(法供養)은 모든 공양에서 으뜸이며 무비(無比)의 공양이니
 천제여!
 그러므로 마땅히 법공양으로 부처님을 공양해야 하느니라."

방편설법

경전의 중요성에 대해 승조대사는 다음과 같이 밝히고 있습니다.

생사(生死)가 비록 고통스럽지만 그를 떠나기가 쉽지 않다.
열반(涅槃)이 비록 즐겁지만 그것을 아는 이가 적다.
이러한 깊은 이치를 일깨우는 경전(經典)이 없으면
누구 그 길을 알고 갈 것인가!
이와 같은 경전은 바로 부처의 법신(法身)이다.
누구든지 유마경을 듣고 신심을 내어 열심히 공부하여 이치를 체득하고 보호하고 간직하면서 널리 드러내어 유마대사의 가르침이 세상을 이롭게 도우면 이것이 바로 법공양(法供養)이며, 법신(法身)을 기르는 선 수행이다.

경전공부의 중요성은 말로 표현하지 않아도 누구나 아는, 수행자라면 누구나 아는, 선 수행자라면 누구나 아는 이치입니다.

《유마경》을 공부하는 그 모습이 선자(禪者)입니다.
《유마경》을 공부하는 그 마음이 선심(禪心)입니다.
《유마경》을 공부하는 그 생각이 지혜(智慧)입니다.
《유마경》을 공부하는 그 일념이 선정(禪定)입니다.
《유마경》을 공부하는 그 자체가 법공양(法供養)입니다.

《유마경》을 공부하면서 중생을 이롭게 하는 보살정토(菩薩淨土)가 건립됩니다!

14
촉루품

42 혜명

42. 혜명

경문낭독

於是, 佛 告 彌勒菩薩 言：
어시, 불 고 미륵보살 언：

「彌勒！我 今 以是 無量億 阿僧祇劫 所集 阿耨多羅三藐三菩提法
 미륵！아 금 이시 무량억 아승지겁 소집 아뇩다라삼막삼보리법

付囑 於汝, 如是 輩經 於佛滅 後 末世 之中,
부촉 어여, 여시 배경 어 불멸 후 말세 지중,

汝等 當以 神力 廣宣 流布 於 閻浮提, 無令 斷絕。
여등 당이 신력 광선 유포 어 염부제, 무령 단절.

所以者何？未來世 中, 當有 善男子 善女人,
소이자하？미래세 중, 당유 선남자 선여인,

及 天龍鬼神 乾闥婆 羅刹 等 發 阿耨多羅三藐三菩提心, 樂於 大法,
급 천룡귀신 건달바 나찰 등 발 아뇩다라삼막삼보리심, 낙어 대법,

若使 不聞 如是 等經, 則 失 善利。如此 輩人 聞 是等 經,
약사 불문 여시 등경, 즉 실 선리. 여차 배인 문 시등경,

必多 信樂, 發 希有心, 當以 頂受 隨 諸 衆生 所應 得利, 而爲 廣說。
필다 신락, 발 희유심, 당이 정수 수 제 중생 소응 득리, 이위 광설.

彌勒！當知 菩薩 有 二相。何謂 爲二？一者 好於 雜句 文飾 之事,
미륵！당지 보살 유 이상. 하위 위이？일자 호어 잡구 문식 지사,

二者 不畏 深義 如實 能入。
이자 불외 심의 여실 능입.

若好雜句文飾事者, 當知是爲新學菩薩,
약호잡구문식사자, 당지시위신학보살,

若於如是無染無著, 甚深經典無有恐畏, 能入其中,
약어여시무염무착, 심심경전무유공외, 능입기중,

聞已心淨, 受持讀誦, 如說修行, 當知是爲久修道行。
문이심정, 수지독송, 여설수행, 당지시위구수도행。

彌勒! 復有二法名新學者, 不能決定於甚深法。何等爲二?
미륵! 복유이법명신학자, 불능결정어심심법。하등위이?

一者所未聞深經聞之驚怖生疑, 不能隨順, 毀謗不信, 而作是言:
일자소미문심경문지경포생의, 불능수순, 훼방불신, 이작시언:

我初不聞從何所來。
아초불문종하소래。

二者若有護持解說如是深經者, 不肯親近供養恭敬,
이자약유호지해설여시심경자, 불긍친근공양공경,

或時於中說其過惡。
혹시어중설기과오。

有此二法, 當知是新學菩薩, 爲自毀傷, 不能於深法中調伏其心。
유차이법, 당지시신학보살, 위자훼상, 불능어심법중조복기심。

彌勒! 復有二法, 菩薩雖信解深法, 猶自毀傷而不能得無生法忍。
미륵! 복유이법, 보살수신해심법, 유자훼상이불능득무생법인。

何等爲二? 一者輕慢新學菩薩而不教誨,
하등위이? 일자경만신학보살이불교회,

二者雖解深法而取相分別, 是爲二法。」
이자수해심법이취상분별, 시위이법。」

彌勒菩薩聞說是已, 白佛言:「世尊! 未曾有也。
미륵보살문설시이, 백불언: 세존! 미증유야。

如佛所說, 我當遠離如斯之惡,
여불소설, 아당원리여사지악,

14. 촉루품 561

奉持 如來 無數 阿僧祇劫 所集 阿耨多羅三藐三菩提法。
봉지 여래 무수 아승지겁 소집 아뇩다라삼먁삼보리법。

若 未來世 善男子 善女人 求 大乘者, 當令 手得 如是 等經,
약 미래세 선남자 선여인 구 대승자, 당령 수득 여시 등경,

與 其 念力, 使 受持 讀誦, 爲他 廣說。
여 기 염력, 사 수지 독송, 위타 광설。

世尊! 若 後 末世 有能 受持 讀誦 爲 他人 說者,
세존! 약 후 말세 유능 수지 독송 위 타인 설자,

當知 皆是 彌勒 神力 之所 建立。」
당지 개시 미륵 신력 지소 건립。

佛言:「善哉善哉, 彌勒! 如 汝 所說, 佛助 爾喜。」
불언: 선재선재, 미륵! 여 여 소설, 불조 이희。

於是, 一切菩薩 合掌 白佛:
어시, 일체보살 합장 백불:

「我等 亦於 如來 滅後, 十方國土 廣宣 流布 阿耨多羅三藐三菩提法,
아등 역어 여래 멸후, 시방국토 광선 유포 아뇩다라삼먁삼보리법,

復當 開導 諸 說法 者, 令得 是經。」
부당 개도 제 설법 자, 영득 시경。

爾時, 四天王 白佛言:「世尊! 在在 處處, 城邑 聚落、
이시, 사천왕 백불언: 세존! 재재 처처, 성읍 취락、

山林 曠野, 有 是 經卷 讀誦 解說 者, 我 當 率 諸 官屬 爲 聽法 故,
산림 광야, 유 시 경권 독송 해설 자, 아 당 솔 제 관속 위 청법 고,

往詣 其所, 擁護 其人, 面 百由旬, 令 無伺 求得 其便者。」
왕예 기소, 옹호 기인, 면 백유순, 영 무사 구득 기편자。

是時, 佛告阿難:「受持 是經, 廣宣 流布。」
시시, 불고아난: 수지 시경, 광선 유포。

阿難 言:「唯, 我 已 受持 要者。世尊, 當 何名 斯經?」
아난 언: 유, 아 이 수지 요자。세존, 당 하명 사경?

佛言：
불언:

「阿難！是經 名爲 維摩詰所說, 亦名 不可思議解脫法門, 如是 受持。」
아난! 시경 명위 유마힐소설, 역명 불가사의해탈법문, 여시 수지。

佛 說 是經 已, 長者 維摩詰、文殊師利、舍利弗、阿難 等,
불 설 시경 이, 장자 유마힐、문수사리、사리불、아난 등,

及 諸 天人 阿修羅, 一切大衆, 聞 佛 所說, 皆 大 歡喜, 信受 奉行。
급 제 천인 아수라, 일체대중, 문 불 소설, 개 대 환희, 신수 봉행。

경문해석

그때 부처님께서 미륵보살에게 말씀하셨습니다.

"미륵이여!
내가 무량억 아승지겁에 거쳐 모아온 아뇩다라삼먁삼보리법을 그대에게 부촉하노라!
이 경은 불멸 후 말세에 그대들이 마땅히 신력으로 널리 선양하여 염부제에서 단절되지 않게 해야 한다. 왜냐하면 미래세(未來世)에 선남자 선여인과 천, 용, 귀신, 건달바, 나찰 등이 아뇩다라삼먁삼보리심을 발하고 큰마음을 성취하려는 선 수행자가 있기 때문이니라.
만약 그때에 그들이 이러한 대법(大法)을 대하지 못하면 수행에 큰 손실이니라. 이와 같은 선지식은 이 경(經)을 듣고서 크게 기뻐하며 불도(佛道)를 성취하면서 중생을 이롭게 하느니라.

미륵이여!
마땅히 알아야 하느니라.
보살에는 두 가지 모습이 있으니,
하나는 잡다한 문구, 화려한 수식을 좋아하는 선지식이요,
또 하나는 깊고 심오한 뜻이 담긴 법을 여실히 듣는 선지식이다.
만약 잡다한 문구나 화려한 수식을 좋아하는 사람은 초심 선 수행자이다.
만약 만법에 물들지 않고, 심오한 경전에 대해 두려워하지 않으며,
그 속에 들어가 배우고 수지 독송하면서 가르침대로 선 수행하면,

이 사람은 오랜 세월 선 수행해온 선지식이니라.

미륵이여!
초심 선 수행자에게 두 가지 특징이 있으니, 이러한 특징으로 인해 심오한 법을 자신과 계합시키지 못하느니라.
첫째는 아직까지 들어보지 못한 가르침이라 두려워하고 믿으려 하지 않으며, '나는 아직 이런 경을 들어보지 못했다. 어디서 온 것인지 알 수 없다.'고 의심을 일으키고 불신하면서 비방하는 것이다.
둘째는 이 심오한 경을 수지하고 해설한다 해도 친근하게 공양, 공경하지 않고 때로는 그에 대해 좋지 않은 말을 한다.
이런 두 가지 일이 생기는 것은,
초심 선 수행자가 자신 스스로를 헐뜯고 상처 입히는 행위이며 깊은 이치에 따라 그 마음을 조복시키지 못하고 있기 때문이다.
또 심오한 법을 믿고 이해해도 일심(一心)으로 선 수행하지 못해 아직 무생법인을 얻지 못한데 두 가지 원인이 있으니,
하나는 초심 선 수행자를 경만히 여기고 잘 가르쳐주지 않는 것이요,
또 하나는 비록 깊은 이치를 알았다 해도 취상분별(取相分別)하기 때문이니라."

미륵보살이 가르침을 받고 부처님께 말씀드리기를,
"부처님이시여! 미증유한 일입니다.
부처님께서 말씀하신대로 제가 반드시 이와 같은 나쁜 일을 멀리 하겠습니다.
그리고 부처님께서 무수한 아승지겁 이래 모아오신 아뇩다라삼먁삼보리법을 받들어 간직하겠습니다.
만약 미래세에 선남자 선여인이 큰마음을 구하면 마땅히 이 경을 손에 쥐

게 하고, 그 염력(念力)으로 수지, 독송하면서 남을 위해 널리 설하게 하겠습니다.

부처님이시여!
만약 말법시대에 능히 이 경을 수지, 독송하고 남을 위해 널리 설하는 선지식이 있으면 모두 저 미륵이 건립하는 바라고 생각하소서!"

부처님께서 말씀하시기를,
"선재(善哉)로다, 미륵이여!
그대가 말한 바와 같이 내가 그대의 기뻐하는 일을 도우리라!"

이에 일체보살이 합장하고 부처님께 말씀드리기를,
"저희들도 부처님께서 입적한 후 시방국토에 아뇩다라삼먁삼보리법을 널리 선양하겠습니다. 그리고 이 경을 설하는 선지식을 잘 인도하고 일깨워 불이법문의 이치를 체득하도록 돕겠습니다."

그때 사천왕이 부처님께 말씀드렸습니다.
"부처님이시여!
이 경의 가르침이 펼쳐지고 있는 어느 곳이든 저희들은 모든 권속을 데리고 가서 청법(請法)하겠습니다. 그리고 그곳 사람들을 옹호하고 그 주위 백유순 안에 방해하는 자가 없도록 하겠습니다."

그때에 부처님께서 아난에게 말씀하셨습니다.
"이 경을 수지하고 널리 선양(宣揚)하여라!"
아난이 말씀드리기를,
"예, 알겠습니다! 제가 이미 그 요지(要旨)를 수지(受持)하였습니다.

부처님이시여! 이 경의 이름을 무엇이라 해야 합니까?"

부처님께서 부촉하시기를,
"아난이여!
이 경의 이름은 《유마힐소설경(維摩詰所說經)》이며, 또한 《불가사의해탈법문경(不可思議解脫法門經)》이라 하느니라. 이와 같이 잘 수지하여라!"

부처님께서 이 경을 설하신 다음 유마대사, 문수사리, 사리불, 아난 등 그리고 제천인, 아수라, 일체대중이 불이법문의 가르침을 받고 모두 크게 환희하였습니다.
그리고 받들어 행하였습니다.

방편설법

혜명(慧命)!
선(禪) 수행(修行)은 혜명정신(慧命精神)에서 시작합니다.

처음 선 수행에 입문할 때 대부분 자신 내면에 혜명이 있다는 것을 알지 못합니다.
이것은 자신이 그 정신과 상응할 수 있는 선경(禪境)에 아직 들어가지 못했기 때문입니다.
선 수행력이 어느 정도 향상된 다음 그때에 가서 혜명정신이 형성되는 것이 아닙니다.
혜명은 법신과 같습니다.
법신은 자신이 선 수행을 하고, 하지 않고를 떠나서 항상 자신의 내면에 존재하고 있습니다.
법신이 있으면 혜명이 함께 있습니다.
법신을 찾는 마음이 생기면 혜명정신은 함께 생겨납니다.
왜냐하면 혜명은 곧 법신의 그림자입니다.
사람의 그림자와 같습니다.
그래서 혜명(慧命)을 등불에 비유합니다.
바로 법신(法身)의 등불입니다.
《유마경》은 법신을 일깨우는 가르침입니다.
《유마경》은 법신과 계합하는 방법을 일깨우는 가르침입니다.
《유마경》 공부로 법신을 일깨워 혜명의 등불을 밝힙시다!
많은 선지식이 《유마경》 공부로 법신과 계합하는 혜명의 등불을 밝힐 수 있도록 법공양합시다!

不二養生1-1
지혜를 일깨우는 維摩經 공부

2쇄 발행 2010년(庚寅年) 5월 28일

편저: 靜岩(정암)

발행인: 김현회
발행처: 하늘북
표지 및 본문디자인: 김지연
등록: 1999년 11월 1일(등록번호 제3000-2003-138)
주소: 서울시 종로구 필운동 139-1
전화: 02-722-2322, 팩스: 02-730-2646
e-mail: hanulbook@yahoo.co.kr

ISBN 978-89-90883-42-1 03220

※ 잘못 만들어진 책은 구입하신 곳에서 교환하여 드립니다.
※ 가격은 뒷면에 있습니다.